KB119644

필패 신드롬

THE SET-UP-TO-FAIL SYNDROME

: How Good Managers Cause Great People to Fail

Original work copyright © 2002 Harvard Business School Publishing Corporation

All rights reserved.

This Korean edition was published by Wisdom House, Inc. in 2022

By arrangement with Harvard Business Review Press through KCC(Korea Copyright Center Inc.), Seoul.

이 책은 (주)한국저작권센터(KCC)를 통한 저작권자와의 독점계약으로
㈜위즈덤하우스에서 출간되었습니다.

THE SET/ UP/ TO/ FAIL 필패 신드롬 SYNDROME

장 프랑수아 만초니, 장 루이 바르수 지음

이아린 옮김

위즈덤하우스

관계에서 신뢰의 중요성은 아무리 강조해도 지나치지 않다. 하지만 이 신뢰가 성급한 결론이 빚어낸 확신이라면 문제는 달라진다. 우리는 조직의 변화 관리 연구를 수년 동안 해오면서 섣부른 확신이 조직뿐만 아니라 개인에게까지 부정적인 영향을 끼친다는 사실을 발견했다. 우리가 만난 사람 중에는 단 10분만 봐도 상대가 어떤 사람인지 알 수 있다며 확신하는 사람도 있었다. 이처럼 조직에서는 첫인상으로 사람을 판단하는 문제, 또 처음의 결과로 사람을 평가하는 문제 등 섣부른 확신이 개입할 가능성이 무수히 많다. 문제는 이처럼 잘못된 확신으로 인해 '꼬리표'가 붙은 사람에게는 공평한 기회도 주어지지 않는다는 사실이다. 꼬리표가 한 번 붙은 사람 역시 적극적으로 나서기보다는 점점 더 위축되어 결국 또다시 성과를 올리지 못하게 된다. 이와 같은 현상은 개인의 문제에 국한되지 않고 조직 전체의 성과에도 영향을 미칠 수밖에 없다.

우리는 이러한 연구 결과를 〈하버드 비즈니스 리뷰Harvard Business Review〉에 다음의 제목으로 발표했다. "필패 신드롬: 상사들이 스스로 직원들의 성과를 떨어뜨리는 방법The Set-Up-to-Fail Syndrome: How Bosses Create Their Own Poor Performers"이라는 제목의 기사는 독자들의 정곡을 찌른 듯했다. 미국과 유럽, 아시아의 각종 언론 매체들이 우리 기사를 대대적으로 보도한 것을 보니 말이다. 기자들마다 다양한 개인 사례들을 통해 우리 기사의 요점을 보도했다. 여러 나라의 관리자들이 편지를 보내왔다. 그중에서도 호주에 사는 의사 2명에게서 받은 편지가 생생하게 기억나는데, 관리자들의 편지에는 하나같이 "기사에 적힌 일에 저도 전적으로 동감합니다. 정말 그래요"라는 내용이 담겨 있었다. 그들 중에는 상사의 확신으로 인해 필패 신드롬에 빠지게 된 사람이 있는가 하면, 부하직원들의 낮은 성과에 대한 책임감을 통감하게 된 상사들도 있었다.

이런 반응이 어찌 만족스럽지 않겠는가. 그건 곧 우리가 직장 내에서 벌어지고 있는 이 현상을 사람들이 공감할 수 있도록 제대로 설명했다는 것을 의미하기 때문이다.

먼저 〈포춘Fortune〉에서 선정한 100대 기업 가운데 4곳의 제조사에서 근무하는 상사와 부하직원 50쌍을 대상으로 집중적인 단면 연구를 실시했다. 부하직원과 상사로 이루어진 50쌍의 피험자들은 최소 두 차례의 면담에 참여해야 했고, 면담과 면담 사이에 설문지를 작성해야 했다. 또한 상사들의 경우에는 부하직원들의 성과를 평가해야 했으며 부하직원들의 경우에는 자신을 대하는 상사의 행동을 묘사해야 했다. 장 프랑수아는 또한 이 연구에 참여한 상사-부하직원들과 밀접한 관련이 있는 다른 직원들도 인터뷰했으며 몇 차례의 회의를 직접 참관하기도 하고 직원들의 상호 관계를 살펴보기도 했다. 이 연구를 끝마치기까지 총 400여 시간의 면담과 관찰을 진행했다. 그중 75퍼센트는 동영상으로 촬영되어 나중에 글로 옮겨졌기 때문에 대단히 풍부한 정보를 제공해주었다.

우리는 또한 여러 임원들과 직속 부하직원들을 코칭하고 컨설팅해주기도 했는데 대개는 직원별 360도 피드백 결과에 대한 논의도 포함되었다. 필패 신드롬은 360도 피드백이 각기 다른 두 가지 결과를 낳을 때 그 실체를 드러내는 일이 많았다.

끝으로 중요한 한 가지는, 기사가 실릴 때까지 임원 발달 프로그램에 참여한 수천 명의 참가자들과 이 주제를 놓고 논의하면서 그들을 상대로 우리의 생각과 해석을 테스트해보기도 하고, 그들이 경험했던 사례를 공유하기도 했다는 것이다. 그들은 전 세계 여러 나라에서 근무하는 임원들로, 중견 간부에서 선임 간부에 이르기까지 다양한 직급으로 구성되어 있었다. 단일 기업에서 근무하는 사람들도 있었고 대기업 그룹사에 소속된 사람들도 있었다. 프로그램에 참여했던 거의 모든 집단마다 강의가 끝날 때면 몇 명의 참가자들이 우리를 찾아와 개인적으로 만나서 논의를 계속하자고 요청했다. "내가 일부 부하직원들에게 무슨 일을 했는지 이제 깨달았습니다"라거나 "나와 둘째 아이 사이에 벌어지고 있는 상황을 이해할 수 있게 도와주셔서 고맙습니다", "우리 상사가 제게 하는 일이 바로 이런 식입니다" 등의 말을 건네면서 말이다.

우리는 임원진들과 지속적인 코칭, 컨설팅을 하면서 많이 배웠다. 또한 발달 프로그램에 참여한 2000명의 다국적 임원들과도 이 주제에 대해 논의했다. 물론 그들에게 우리가 파악한 사항들을 알려주기도 했지만, 새로운 경험과 다각도의 설명, 우리의 생각과 일치하지 않는 근거들을 찾는 데도 이런 인맥을 활용할 수 있었다.

우리의 기본적인 주장에는 변함이 없다.

많은 상사가 자신도 모르는 사이에 일부 부하직원들이 실패하도록 분위기를 조성하며, 용인할 수는 있지만 평균에 못 미치는 성과를 낸다고 생각하는 부하직원들의 다수를 잘못 관리하는 일이 비일비재하다. 이제는 관리자들이 어떤 행동을 통해 부하직원들의 실패를 유발하는지, 그리고 그 이유가 무엇인지 전보다 더 많이 이해하고 있다. 또한 처음에는 대부분 상사들 탓이라고 생각했던 과정에 부하직원들이 어떻게 기여하는지도 더 잘 이해하게 되었다. 확신의 덫에서 빠져나와 필패 신드롬을 멈추고, 그보다 바람직하게는 필패 신드롬이 나타나는 것을 사전에 막기 위해 리더들이 할 수 있는 일이 무엇인지에 대해서도 많이 배웠다. 또한 만족할 만한 성과를 내지 않은 직원들을 다루는 능력을 키우기 위해 일부 리더들이 거치는 개인적인 변화 단계를 이해하는 데 더 많은 시간을 할애하기도 했다.

이 책에는 우리가 대단히 소중하게 생각하는 주제에 관해 15년이 넘는 시간 동안 복합적으로 실시해온 연구 결과가 담겨 있다. 필패 신드롬이 빚어낸 문제로 인해 직장 생활은 물론 부모이자 배우자, 자식이기도 한 개인의 삶에까지 악영향을 미치고 대인관계에 문제가 발생하는 상사와 부하직원들을 너무 많이 봐왔기 때문이다. 실제로 이 책에 담긴 몇 가지 사례를 통해 알 수 있듯이 우리가 설명하는 근본적인 메커니즘은 직장을 넘어 고객, 공급자와의 관계 등 여러 관계에도 똑같이 적용이 가능하다.

작가들은 책을 마무리할 때마다 서로 상반되는 두 가지 느낌을 갖게 된다. 안도감과 성취감을 갖는 동시에 며칠 더, '어쩌면 한두 주 정도' 책을 더 잡고 있으면서 이 부분이나 저 까다로운 부분을 다시 살펴보고 싶다는 열망이 생기기도 한다. 그러나 언젠가는 아이를 세상에 내보내 스스로 경험하게 만들어야 하는 시점이 있는 것처럼 이 책 또한 세상에 나가야 할 때가 있는 법인데 지금이 바로 그때이다.

우리는 권위적인 입장에 놓인 사람들, 특히 상사들이 부하직원들을, 그중에서도 성과나 낮다고 인식한 직원들을 보다 효과적으로 관리할 수 있도록 돕기 위해 이 책을 썼다. 운이 좋게도 우리는 그런 직원들로부터 뛰어난 실적을 이끌어내면서 필패 신드롬에서 빠져나온 몇몇 상사들을 연구하는 기회가 있었다. 대다수의 일반적인 상사들과 비교했을 때 그들이 다르게 행동했던 것은 무엇인지 파악하려고 노력했다. 그와 동시에 그것을 관리자들이 실천할 수 있는 방식으로 설명하려 했다. 다시 말해서, 관리자들이 그런 행동을 실제로 실천하는 모습을 상상할 수 있을 정도로 구체적으로 설명하려고 애썼다는 것이다.

이제 우리는 펜을 놓을 때가 되었다. 지금은 당신이 읽기 시작해야 할 때이다. 이 책을 출간했다고 해서 조직 성과와 직장생활의 질적인 개선에 관한 우리의 관심사가 사라지는 것은 아니다. 앞으로도 계속 이 분야에 관한 연구는 지속될 것이다. 당신 역시 이 책을 읽고 실천해본 후 당신의 생각과 경험을 우리에게 들려주기 바란다.

THE / SET / UP / TO / FAIL / SYNDROME

CONTENTS————————————

THE SET / UP / TO / FAIL

필패 신드롬이란 무엇인가

SYNDROME

가장 커다란 실수는 가장 굵은 로프처럼 여러 개의 작은 실수로 이루어져 있다.

로프를 구성하고 있는 한 가닥 한 가닥을 따로 나누면 하나씩 하나씩 자를 수 있다.

그러면 '고작 이게 전부군!'이라는 생각이 들 것이다.

그러나 그것들을 한데 묶으면 엄청난 무언가가 된다.

- 빅토르 휴고 Victor Hugo

직원이 실패를 하거나 낮은 성과를 내면 관리자들은 대개 그것을 직원 탓으로 돌린다. 관리자 입장에서는 해당 직원이 업무를 이해하지 못했다고 생각할 수도 있다. 아니면 직원이 성공할 의지가 없다거나 업무의 우선순위를 정하지 않았다거나 지시를 따르지 않았다고 탓할 수도 있을 것이다. 이유가 무엇이든 상사는 직원에게 문제가 있다고 생각한다. 따라서 직원의 책임이라고 생각하는 것이다.

하지만 정말 그럴까? 물론 그럴 때도 있다. 어떤 직원들의 경우에는 지식이나 기술 부족, 혹은 단순한 의지 부족으로 주어진 업무를 제대로 처리할 능력을 갖추지 못하고 앞으로도 영원히 갖추지 못하게 되는 경우도 있다. 그러나 직원의 낮은 성과가 상사 탓인 경우도 많다.

'탓'이라는 말이 지나치게 강한 표현일 수는 있지만 결코 틀린 것은 아니다. 사실 우리가 조사한 바에 따르면 상사들이 직원의 성과 부족에 연루된 경우가 많이 있었다. 비록 우연치 않게 연루되고 대개는 좋은 의도에서 비롯되긴 하지만 말이다. 어떻게 그럴 수 있을까? 성과가 낮은 직원들이 실패를 할 수밖에 없는 역학구도를 조성하고 강화하기 때문이다. 이것을 가리켜 우리는 '필패 신드롬'이라고 부른다. 필패 신드롬은 성과가 그저 그렇거나 낮은 직원으로 오해받은 능력 있는 직원들이 낮은 기대치에 맞는 성과를 내게끔 유도되고, 결국에는 자신의 의지든 아니든 회사를 그만두게 되는 역학구도를 말한다.

조사 결과 대부분의 상사들은 최소한 한 번 이상 그런 역학구도를 조성하는 데 기여한 적이 있었다. 따라서 이 퇴행적인 작용을 활성화시키는 상사와 부하직원 양측에 대한 오해와 복합적인 선입견, 눈가리개를 푸는 것이 우리의 목적이다. 관련된 메커니즘을 조명함으로써 악화일로로 치닫는 소용돌이를 멈추고, 궁극적으로는 이런 현상이 애초에 뿌리를 내리지 못하도록 사전에 막기 위한 발판을 마련해줄 것이다.

이 책은 일반적인 리더십에 관한 것이다. 조직의 수장들에게만 해당되는 원대하고 지적인 리더십에 관한 것이 아니다. 따라서 리더십 가운데에서 일상적이고 서로에게 영향을 미치며, 인간적인 면모를 해부할 것이다. 이 책은 1명 이상의 부하직원을 둔 일반인들을 위한 것으로, 사람들을 모아 하나의 팀으로 만든다는 의미에서 리더십 책이라 할 수 있다.

리더가 해야 할 일이 부하직원들을 하나로 모으는 데만 있는 것은 아니지만 리더에게 가장 중요한 역할임에는 틀림이 없다. 또한 리더의 시간과 에너지의 대부분을 차지하는 것이기도 하다. 이는 CEO든 사업부 본부장이든, 프로젝트 그룹 리더든, 태스크포스 팀 팀장이든 모두가 갖춰야 할 능력이다. 상사가 직속 부하직원들과 어떻게 교류하는가에 따라 말단직원에게까지 미치는 리더십의 영향력이 달라진다. 따라서 성과를 이끌어내는 핵심 요소라 할 수 있다. 그러나 이는 스트레스와 좌절감의 주요 원인이기도 하다.

상사와 부하직원의 관계를 좀 더 자세히 살펴보기 전에 먼저 용어부터 정리하고 시작하도록 하자. 우리 동료들 중 다수가 '관리자'와 '리더' 사이에 분명하면서도 기본적인 차이가 있다고 생각한다. 관리자는 기존의 틀 안에서 최적의 성과를 내는 사람인 반면, 리더는 새로운 틀을 만들어내는 사람이라고 그들은 주장한다. 예를 들어 존 코터John Kotter는 "관리는 복잡함에 대처하는 것이다… 리더십은 변화에 대처하는 것이다"라고 말한다.[1] 워렌 베니스Warren Bennis는 "좋은 관리자란 일을 올바로 처리하는 사람을 말한다. 그러나 리더는 옳은 일을 하는 사람이다"[2]라고 즐겨 말하기도 한다. 우리도 이런 차이는 인정한다. 그러나 이 책에서는 관리자와 리더 모두에게 주어진 대인 관계와 업무 수행이라는 리더십 측면에 초점을 맞추기 때문에 이와 같은 구분은 그리 중요하지 않다. 관리자와 리더 모두 하나로 모아야 할 필요가 있는 직속 부하직원들이 있기 때문이다. 따라서 이 책에 등장하는 상사와 관리자, 리더라는 용어들은 모두 같은 것을 의미한다.

또한 우리는 상사 밑에서 일하는 사람들을 지칭할 적절한 용어로 '부하직원'이나 '직원' 또는 '동료' 중에 선택해야 했다. 그런데 직원이라는 용어를 사용하면 대다수의 독자들이 우리가 주로 연구 대상으로 삼은 부하직원인 관리자들보다 노동자나 근로자라는 이미지를 떠올릴 위험이 있다. 또 동료라는 용어는 회사에 따라 직원을 가리키는 곳도 있지만 '입사 동기'를 가리키는 곳도 있기 때문에 아무리 자율권을 주는 조직이라도 부하직원들에 관한 상사의 권한을 부각시키지 못한다. 따라서 다소 시대에 뒤처진 용어이긴 하지만 우리는 '부하직원'이라는 단어를 사용해 상사에게 보고하고 상사에 의해 성과를 평가받는 사람들을 가리키기로 결정했다.

마지막으로, 남성과 여성을 나타내는 용어들을 분명하게 짚고 넘어가는 것도 중요하다. 실제로 조사 대상으로 참여한 관리자들을 언급할 때는 당연히 그들의 실제 성에 따라 구분을 해놓았다. 그러나 일반적인 상사와 부하직원을 가리킬 때는 복수형을 쓰거나 '그'와 '그녀'를 번갈아 사용했다. 완벽하지는 않지만 어쨌든 최선을 다하긴 했다는 것을 알아주기 바란다.

사람보다 결과를 앞세우는 것의 함정

관리자들은 언제나 목표 실적 달성을 가장 중시해왔다. 그러나 이제는 관리자들이 져야 하는 실적에 대한 책임이 점점 더 늘어나고 있다. 실적이 나쁜 기업들을 제재하는 자본 시장의 힘이 그 어느 때보다 강력한데다 인내심이 없어진 요즘, 관리자들은 단기 목표를 달성해야 하는 극심한 압박에 시달리고 있다.

관리자들이 느끼는 실적 달성의 부담감은 업무의 본질이 변하면서 한층 더 가중되었다. 기술의 발전과 더불어 세계 시장에서의 경쟁으로 인해 임원의 업무가 점점 더 복잡해지고 빠른 속도로 처리되지 않으면 안 되기 때문이다. 기술의 발전으로 인해 지리적인 경계와 시간대를 뛰어넘는 위원회나 프로젝트 팀 구성이 가능해지면서 가끔씩만 모여도 되는 일이 가능해졌다. 그 결과 많은 기업들이 태스크포스 팀을 비롯한 일시적이고 임시적인 구조를 갖추게 되었다. 상사가 한꺼번에 관리해야 하는 대상을 몇 배로 늘려 업무를 조각조각 나누게 만들었으며, 구성비용 역시 늘어나는 결과를 초래했다. 프로젝트 관리로 인해 상사는 직속 부하가 아닌 직원들까지 다루지 않으면 안 되게 되었으며, 한층 더 복잡한 업무가 가중되었다. 프로젝트를 감당해야 하는데다 업무 기한이 짧기 때문에 결과에 대한 압박감은 더욱 심해졌다.

이렇게 미친 듯이 복잡한 상태에서 목표 성과를 달성하려면 관리자들이 직원들에게 동기를 부여하고 확실한 방향을 제시하지 않으면 안 된다. 부하직원들이 업무를 효과적으로 수행하도록 하기 위해 관리자들은 강력한 규율과 통제, 그리고 감독을 실시해야 한다. 이것만으로도 충분히 힘들 것이다. 그러나 기업들이 관리자에게 바라는 것은 이보다 훨씬 더 많다. 총성 없는 전쟁이 벌어지고 있다. 따라서 기업들은 관리자들이 긍정적인 가치를 보이면서 사람들을 발전시키기를 기대한다. 기업들은 유능한 사람들이 좌절감을 느끼거나 인정을 받지 못한다고 느끼는 순간, 헤드헌터에게 연락을 받는다면 언제든 그만둘 수 있다는 사실을 알고 있다. 따라서 임원들의 임무는 직원들의 코칭, 권한 부여, 진취적인 태도와 위험 감수의 장려, 충성심과 헌신하는 마음의 조성, 직원들의 공로 인정이다. 실적을 달성하는 것만 중요한 게 아니라 실적을 올리는 방법까지 중시되는 것이다. 많은 기업이 실적은 물론 가치와 행동에 관해서까지 임원들을 평가하는 시스템을 도입했다. 360도 피드백[3]이나 과도한 이직률로 인해 상사의 '언행이 일치하지 않는 것'으로 나타날 경우 해당 상사는 심각한 문제에 직면하게 된다. 360도 평가의 결과에 따라 임원들의 보너스를 지급하는 기업들도 있다.

따라서 상사는 직원들에게 건전하고 만족스러운 업무 환경을 만들어줘야 하는 책임을 점점 더 많이 지게 되었다. 그와 동시에 상사들은 실적을 달성하지 못할 경우 해고될 위험 부담까지 지고 있다. 그 결과 그들은 일종의 줄타기를 하는 수밖에 없게 되었다. 직원들에게 권한을 부여하고 싶은 마음과 직원들이 실적을 올리도록 압박해야 하는 입장 사이에서 고민하는 것이다. 현 상태에 안주하지 않게 종용하면서도 부하직원들에게 배려심을 보여야 하고, 부하직원들과 소원해지지 않으면서도 성과를 내도록 압박을 가해야 한다.

이와 같은 줄타기를 잘하는 상사도 있을 것이고, 잘하지 못하는 상사도 있을 것이다. 하지만 우리가 조사한 바에 따르면 그렇게 단순하게 구분하기가 어려운 것으로 나타났다. 우리는 대부분의 상사들이 부하직원들 가운데 일부에게는 균형 잡힌 행동을 보이면서도 나머지 직원들에게는 그렇지 못하다는 사실을 발견했다. '성과가 높은 직원들'로 구분된 사람들과 이야기해보면 상사가 균형을 잘 잡는다는 것을 알 수 있다. 목표 실적 달성이 어려운 일이긴 하지만 상사의 격려와 지원으로 인해 실적을 달성할 수 있었고 심지어 상사가 활력을 불어넣어 주기까지 했다고 말한다. 물론 규율과 평가도 필요하다고 그들은 말했다. 그런 것이 없다면 어떻게 자기 분야의 업무를 습득해서 '자기 것으로 만들어 나갈 수' 있겠는가?

그러나 '성과가 낮은 직원들'로 구분된 사람들의 이야기는 전혀 달랐다. 그들에 따르면 실적 달성을 종용하는 만큼 상사가 자신을 배려하고 인정하지 않으며 자율권도 주지 않는다고 불평했다. 그들은 상사의 도움을 오히려 방해처럼 느꼈고 상사가 무언가를 제안하면 마치 자신에게 제약을 가하는 것처럼 생각했다. 공정하게 감시하지는 않으면서 당근 없이 채찍만 가하고 보람을 느낄 수 없는 업무만 준다는 등 불평을 늘어놓았다. 그런 사람들은 도전 의식을 북돋워준다는 느낌 대신 부담감만 느끼며 부당한 대우를 받는다고 생각했다. 일부 부하직원들의 경우에는 날 선 비판을 하기도 했다. 많은 부하직원들이 자신도 성공하고 회사도 성공하기를 바랐지만 자신들을 대하는 상사의 행동 때문에 능력을 최대한 발휘할 수 없다고 했다.

우리가 맨 처음 이 분야에 관심을 갖게 된 이유는 성과가 낮다고 인식되는 직원들에게 균형 잡힌 행동을 보여야 하는 상사의 고충 때문이었다. 그러다 이런 역기능적인 관계가 어떻게 생겨나고 저절로 지속되는지 그 복잡함에 서서히 눈을 뜨게 되었던 것이다.

중요한 점은 이 책에서 '성과를 못 내는 직원'이 아니라 '성과가 낮은 직원'이라고 표현한다는 점이다. 이 책에서 설명하는 연구조사는 실적이 저조하여 기업이 허용하는 최소 성과도 내지 못하는 소수의 직원들에 관한 것이 아니다. 이 책에서 다루는 것은 전반적인 성과가 동료보다는 낮지만 그래도 기업이 허용하는 최소 성과 이상은 내는 직원들에 관한 것이다. 이런 직원들은 해고 대상 부류에 속하지 않는다. 이들도 회사의 실적에 기여하기는 한다. 다만 성과가 좋은 동료들만큼 좋은 실적을 내지 못할 뿐이다.

능력을 제한시키는 낙인 효과

이 단계에서 우리가 하고자 하는 이야기를 불과 몇 단어로 표현하고 싶지는 않다. 관련된 모든 메커니즘을 강조하기 위해서는 주의 깊고 체계적으로 설명해야 하기 때문이다. 그렇지만 다음과 같이 기본적인 문제를 개략적으로 살펴볼 수는 있다.

필패 신드롬은 처음에는 악의 없이 발생한다. 신드롬이 발생하는 계기는 직원이 목표를 달성하지 못하거나 마감일을 맞추지 못하거나 고객을 잃거나 보고서나 발표 자료를 허술하게 작성하는 등의 구체적인 사건인 경우도 있고 구체적이지 않을 때도 있다. 평가가 그저 그런 직원이 타 부서에서 이동해 오거나 상사와 관계를 맺은 지 얼마 안 되었을 때 했던 충고에 이상한 반응을 보이는 경우처럼 말이다. 어떤 이유에서든 상사의 마음속에는 해당 직원에 대한 의구심이 싹트게 되고 직원의 성과가 만족스럽지 못할지도 모른다는 우려가 생기기 시작한다. 그렇게 신드롬이 서서히 작용하기 시작한다.

그러면 상사는 결점이 있다고 의심되는 부하직원을 고려해서 당연해 보이는 행동을 한다. 해당 부하직원에게 시간과 관심을 더할애하는 것이다. 업무를 부여하면서 더 자세히 '지시'하기 시작하고 부하직원의 의사결정 과정에 관여하려고 애쓰며 직원의 행동과 업무처리를 감시하고 바로잡는 일이 빈번해지고 심해진다(모든 일이 제대로 처리되게 하기 위해서). 이런 상사의 행동은 좋은 의도에서 비롯된 것이다. 실적을 올리고 부하직원이 실수하는 것을 방지하려고 애쓰는 것일 뿐이다.

하지만 안타깝게도 부하직원들은 자신에 대한 감시가 심해질수록 상사가 자신을 믿고 맡기지 않기 때문이라고 해석하는 경우가 많다. 초기에 반발을 해도 자신에 대한 상사의 생각은 별로 바뀌지 않는 것 같다. 따라서 얼마 지나지 않아 더 많이 노력하는 대신 오히려 노력을 덜 하게 된다. 자유를 구속당한 직원들은 스스로의 생각과 능력을 의심하기 시작한다. 대부분 비판만 받는다고 느끼는 그들은 "어떻게 해도 상사가 인정해주지 않을 텐데 위험을 감수할 필요가 있겠는가?"라는 생각을 갖게 된다. 또는 웅크리고 앉아 업무를 처리하긴 하지만 가급적 상사의 눈에 띄지 않으려고 한다.

부하직원이 소극적으로 나오는 것을 본 상사는 성과가 안 좋은 직원임에 틀림없다고 오해하고 부하직원의 일에 점점 더 많이 관여하기 시작한다. 예를 들어 부하직원에게 '문제가 발생하지 않도록 하기 위해' 업무를 매우 정확하게 정의해주고, 명확하면서도 빈번한 평가 시점을 정하고 직원의 성과를 면밀하게 감시한다. 또한 부하직원이 적절한 수준의 추진력과 활력을 유지할 수 있도록 달성하기 쉽지 않은 목표를 정해준다. 그러면서도 해당 직원이 맡은 업무 가운데 중요하고 위험한 업무는 그 직원보다 믿을 만한 다른 직원에게 넘긴다. 이에 좌절한 부하직원은 상사의 지시를 무시하고 다른 직원들 앞에서 상사의 편을 들어주지 않거나 심지어 말다툼을 하면서 상사에게 복수를 한다. 그러고는 최소한의 필요한 일만 하면서 자기 방어에 더 많은 힘을 쏟고 회사에 의미 있는 기여를 하겠다는 꿈을 포기하게 된다.

물론 모든 관계가 이 정도로까지 악화되는 것은 아니다. 때로는 상사와 부하직원이 만족스럽지는 않아도 어쩌다 충돌하는 경우를 제외하고는 그럭저럭 견딜 만한 일상 속에서 지내는 경우도 있다.

극단적인 경우에는 서로에게 가장 안 좋은 모습만 보이며 적대적인 관계로 추락하기도 한다. 부하직원은 상사가 비타협적이며 방해만 되고 과도하게 비판한다고 생각한다. 상사는 부하직원이 능력이 없고 비협조적이며 결정력이 없다고 생각한다. 결국 필패 신드롬에 사로잡히게 되는 것이다.

일단 한 번 성과가 낮은 직원으로 잘못 낙인이 찍히면 실제 능력과 상관없이 그런 이미지에 부합하는 성과를 내게 된다는 것이다. 조사 결과 놀라울 정도로 짧은 시간 내에 실패 유발 역학구도가 자리를 잡을 수 있는 것으로 나타났다. 그리고 한 번 자리를 잡은 역학구도는 거스르기가 대단히 어려운 것으로 입증되었다. 또한 잘못된 인식이 초기 성과 '분류'에 중대한 역할을 하는 것으로 나타났다. 그렇기 때문에 '유발'이라고 부르는 것이다.

그렇다면 '신드롬'이라고 부르는 이유는 무엇일까? 눈에 보이는 행동들의 집합을 토대로 발생하기 때문이다. 의학에서 신드롬이란 특정한 병을 나타내고 구체적인 치료법을 제시하게 만드는 증상들의 집합을 말한다. 필패 신드롬의 증상에는 다음과 같은 것들이 포함된다. 추진력과 동기가 부족하다는 인식, 자율적으로 행동하고 업무나 문제를 '책임'질 수 있는 능력이나 의지 부족, 혁신과 새로운 아이디어를 거부하고 정보를 공유하지 않는 성향, 해결책보다는 문제에 치중하는 경향, 부하직원이 뛰어난 능력을 발휘하도록 도와주는 능력의 결여 등.

필패 신드롬은 부하직원이 처음으로 보인 낮은 성과에 상사가 외견상 합당한 반응을 보일 때 시작된다. 상사는 이런 생각을 갖는다. '이 부하직원들의 성과를 높이기 위해 압박하고 채근해야겠다', '저 직원들이 업무를 제대로 하도록 더 세세하게 지시해야겠다', '문제가 걷잡을 수 없이 커지지 않도록 하기 위해 저 직원들이 하는 일을 감시해야겠다.' 물론 이런 반응을 보이는 것이 당연하긴 하지만 그 효과는 그렇게 뚜렷하지 않다. 이 점에 관해서는 나중에 살펴볼 것이다.

마치 모든 상사들이 성과가 낮은 직원들을 같은 방식으로 대하기라도 하듯이 이 책에서 우리가 '상사'라는 단어를 자유롭게 쓰고 있다는 점에 주목하기 바란다. 이렇게 일반화시키는 이유는 우리가 주장하고자 하는 요점을 신속하게 전달하기 위한 의도에서 비롯된 것이긴 하지만 그렇다고 과장된 것도 아니기 때문이다. 두 번째 장에서 살펴보겠지만 우리와 다른 사람들이 실시한 조사에 따르면 직급과 회사 유형, 국가와 문화를 막론하고 대부분의 관리자들은 성과가 낮은 부하직원들을 대하는 방법에 관한 '상식적'인 이론을 갖고 있는 것으로 보인다.

또한 이런 문제에 직면하는 권위적인 입장에 놓인 사람들이 관리자만은 아니라는 사실도 유념하기 바란다. 교사들도 매일 같이 '성적이 낮은 학생 신드롬'에 직면한다. 교사의 말을 제대로 듣지 않고 산만하며, 반응이 없고, 방금 전에 의논했던 문제에 대해 용납할 수 없는 행동을 주기적으로 보이고, 제멋대로 굴거나 심지어 비행적인 행동을 보이는 아이들 말이다. '성적이 나쁜 선수 신드롬'에 직면한 스포츠 코치들도 이 문제로 고심하기는 마찬가지다. 선수들 중에는 용납할 수 없을 정도로 집중력을 발휘하지 못하고, 코치의 기본적인 지시를 따르지 않고 모든 것을 혼자서만 하려고 들거나 기본 사항을 따르지 않겠다고 거부하면서 성적은 형편없는 선수가 있다.

대부분의 상사처럼, 교사와 코치도 명확한 반응을 보인다. 그런 학생이나 선수를 징계하고 누가 윗사람인지 잘 이해할 때까지 벌을 세우거나 선수의 경우에는 벤치에만 앉히는 등 통제를 더 많이 가한다. 비즈니스와 학교, 스포츠 등 어떤 종류의 리더십 환경에서든 그런 증상을 특정한 방식으로 해석한다면 이러한 대응은 합리적이다. 그러나 대부분의 경우 이런 대응들은 문제를 해결해주기는커녕 오히려 복잡하게 만든다. 우리가 이 책을 쓴 목적은 그 이유를 설명하고 리더들이 성과가 낮은 직원들에게 좀 더 효과적으로 접근할 수 있는 방법을 보여주기 위함이다.

그렇다면 성과가 낮다고 인식된 직원들이 모두 실속 있는 직원들이라는 것일까? 물론 아니다. '걷잡을 수 없는 경우'가 있는 것처럼 현실 직시를 거부하고 개선된 노력을 기울이지 않는 직원들을 고용하는 고용 실수도 일어나게 마련이다. 이런 사람들이라면 회사가 반드시 해고해야 마땅하다. 하지만 우리는 성과가 낮은 직원이라고 인식된 사람들의 대다수를 좀 더 잘 관리하고 코칭하거나 능력에 맞는 직책에 앉히면 성과가 현저히 향상될 수 있다고 주장한다. 실제로 조사를 하면서 '평범한' 직원들을 데리고 뛰어난 실적을 올린 상사들을 직접 만나볼 수 있는 기회가 있었다. 잠재력에 대해 흔히 알려진 개념은 사실상 위험한 생각인 것으로 드러났다. 어떤 사람이 얼마만큼의 '잠재력'을 가졌는지 누가 제대로 말할 수 있단 말인가? 분명한 것은 어떤 직원들의 '잠재력이 부족하다'는 생각을 갖는 상사들의 경우 그에 따라 행동하는 경향이 있다는 것이다. 결국 상사가 부하직원이 능력을 펼치는 데 제약을 가하는 셈이다.

그렇다고 모든 탓을 상사에게만 돌리려는 것은 아니다. 이것은 분명 쌍방과실이다. 5장에서 살펴보게 되듯이 이 신드롬이 그렇게 강력하게 작용하는 이유 가운데 하나는 부하직원이 작동 과정에 동참하여 두 사람이 서로의 실패를 유발하기 때문이다. 그러나 부하직원의 저조한 성과에 대한 전통적인 접근 방식은 부하직원의 결점만 묘사하기 때문에 우리는 상사들에게 자신의 결점도 살펴보라고 말하는 것이다.

부하가 추락하면 상사는 몰락한다

상사가 필패 신드롬을 인식해야 하는 중요한 이유는 이 신드롬으로 인해 상사 자신과 자신의 부서가 치러야 하는 대가가 생각보다 크기 때문이다. 연구원 겸 컨설턴트로 일하면서 우리는 상사들이 업무를 제대로 처리하기 위해, 특정 부하직원의 생산성을 높이기 위해 상당히 노력하는 모습을 보아왔다. 그들은 실로 엄청난 노력을 기울인다. 상사들은 또한 어마어마한 양의 고통을 초래하기도 한다. '성과가 낮은 직원들'과 이야기해보면 그들은 상사가 자신의 의견을 묵살하고 자신을 이해하지 못하며, 공정한 대우를 받지 못하고 불필요한 압력만 가하는데다 회사에 기여할 수 있는 기회조차 주지 않는다고 말한다. 그런 고통과 좌절이 성과를 올리지 못하게 만든다. 성과가 낮은 직원으로 인식된 사람들은 동료들과 똑같은 노력을 기울여도 창의성을 발휘하고 비판하는 능력에 제약을 받고 인정받지 못하기 때문에 결국에는 능력을 잃게 되고 만다.

이런 관계는 상사 자신에게도 중대한 인력 손실이라는 결과를 초래하게 된다. 관리자들은 대개 성과가 낮은 직원들을 데리고 일해야 하는 고통에 대해서 이야기한다. 성과 향상 프로그램에 참여할 때도 긍정적인 결과가 나오는 경우가 실망스러울 정도로 낮다고 말한다. 이는 곧 기회비용이 높다는 것을 의미한다. 이런 부하직원들은 상사가 좀 더 가치 있는 활동에 들일 수 있는 시간과 관심을 낭비하기만 한다. 또한 지나치게 많은 에너지를 소비하게 만들어 상사가 활력을 느끼기는커녕 지쳐버린다.

그뿐만 아니라 상사와 해당 부하직원 이외의 사람들까지 스트레스를 받는다. 성과가 낮은 직원들은 자신의 고통과 비참함을 다른 팀원들에게 호소하면서 팀정신이나 목표 의식 등을 부식시킨다. 그런 부하직원이 누군가의 상사라면, 자신의 부하직원들까지 괴롭게 만든다. 맥킨지앤드컴퍼니에서 실시한 조사에 따르면 성과가 낮은 관리자들 밑에서 일한 경험이 있는 사람들의 경우 그로 인해 "배울 기회를 놓치게 되었다", "경력 개발에 손상을 초래했다", "중대한 일에 더 많이 기여할 수 없었다", "결국에는 회사를 그만두게 되었다"라는 생각에 깊이 동조하는 것으로 나타났다.[4]

성과가 낮은 직원들을 관리하는 능력은 당면한 성과에 영향을 미칠 뿐만 아니라 상사의 경력 개발에도 영향을 준다. 리더십 연구와 교육을 전문으로 하는 창의적 리더십 센터Center for Creative Leadership, CCL 연구원들은 20여 년에 걸쳐 성공적인 경력을 결정하는 변수가 무엇인지 조사했다. 그 결과 대기업 상위 세 직책에서 성공하는 가장 큰 요인이 '부하직원과의 관계'인 것으로 밝혀졌다.[5] 창의적 리더십 센터는 이외에도 사임이나 해고, 강등처럼 임원이 추락하는 경우에 대한 연구를 여러 차례 실시하기도 했다. 그런 연구들은 모두 임원이 추락하는 주요 원인이 대인관계 문제와 팀 구축 능력 결여라는 사실을 체계적으로 밝혀냈다.[6] 800여 명의 인사 담당 임원들과의 인터뷰 결과 동료와 부하직원들과 좋은 관계를 구축하지 못하는 것이 추락 사례의 82퍼센트를 차지하고 경력에 가장 큰 손상을 입히는 것으로 드러났다.[7]

이 현상은 어느 날 갑자기 스스로 역량이 부족하다는 사실을 인식하는 '젊은 임원들'에게만 해당되는 것이 아니다. 그보다 경력이 많은 선임 임원들에게도 적용된다. 상사가 "지금까지 잘 피해왔다"고 해서 앞으로도 잘 피해갈 수 있다는 보장은 없다. 그 이유는 다음과 같이 세 가지로 축약된다. 첫째, 동료와의 협력이 더욱 중시되는 선임 직급으로 승진할수록 그동안 놀라운 성과를 이루게 해준 자기주장과 진취성이라는 자산이 오히려 빚으로 전락할 수 있다. 둘째, 20여 년 동안 관리자 개개인을 추적한 한 연구에 따르면 시간이 지날수록(또는 직급이 올라갈수록) 대인관계 기술이 떨어지는 경향이 있다는 사실이 입증되었다.[8] 셋째, 관리자들이 점점 더 실적에 대한 압박을 많이 받게 되면서 기존의 결함이 두드러지는 경향이 있다.

임원들과의 대화를 통해 우리는 양호한 상태에서는 모든 부하직원들을 지원하고 원만한 관계를 형성하는 것이 비교적 쉽다는 사실을 알게 되었다. 그러나 상사에게 감당할 수 없는 것이 주어지고 자원이 부족해지는 등 압박이 심해지면 상황은 달라진다. 스트레스로 인해 상사들이 한층 더 경직되고 참을성이 없어지는 것이다. 적어도 빨리 "말을 알아듣지 못하거나" 추진력이 부족해 보이는 부하직원들에게는 말이다. 따라서 일반적으로 상사들은 가장 성과가 좋은 믿을 만한 직원들에게 더 많은 부담을 지우게 된다.

그 결과 상사는 능력 밖의 힘든 일을 맡게 되고, 가장 성과가 좋은 직원들은 과중한 업무에 시달리게 되며, '성과가 낮은 직원들'은 좌절하게 된다. 성과가 향상될 수도 있지만 대부분의 직원들은 고통이라는 대가를 치러야 한다. 스트레스 증가, 극도의 피로, 우울함과 같은 것을 느끼면서 말이다. 따라서 오래 지속할 만한 방법이라 할 수 없다.

직원의 낙담이 초래하는 나비효과

모든 직급의 임원들이 극심한 실적 부담을 느끼면 필패 신드롬이 촉발될 가능성은 몇 배로 커진다. 직접 보고가 많은 수평적 조직이나 일부 직원들이 먼 지역에 떨어져 있는 조직의 상사가, 지나치게 많은 프로젝트나 태스크포스에 관여하면 특정한 관계가 틀어지는 것을 눈치채지 못하거나 눈치챈다 해도 관계를 바로잡을 시간이나 에너지가 없을 수 있다. 많은 임원이 어떤 부하직원들에게는 정말 좋은 상사이지만, 다른 부하직원들에게는 최악의 상사가 될 수 있다는 발상이 이 책의 핵심이다.

필패 신드롬의 존재를 회사가 관리해야 하는 이유는 무엇일까? 우리가 조사한 결과 이 신드롬이 기업의 생산성에 심각한 영향을 미칠 수 있을 정도로 흔한 것으로 나타났기 때문이다. 예를 들어 여러 기업의 인사 담당자와 필패 신드롬 발생 사례에 대해 의논하자 그들은 상사와 부하직원 사이의 역기능적인 관계로 발생하는 문제에 얼마나 많은 시간을 허비해야 하는지 불평하기 시작했다. 상사가 더 이상 참지 못하고 부하직원을 해고해달라고 요청하거나 부하직원이 더 이상 참지 못해 부서 이동을 요청하거나 사직하기로 결정할 때마다 나서서 그 문제를 해결해야 하는 사람이 인사 담당자이기 때문이다. 이렇게 인사 담당자들이 오늘 당장 급한 불을 끄는 데 시간을 보내면 내일의 부가가치 있는 활동에 집중할 수가 없다.

역기능적인 상사와 부하직원 관계가 미치는 영향을 가늠하는 또 다른 방법은 1990년대 중반부터 급증하기 시작한 직장 내 심리적인 학대에 관한 보고 건수를 살펴보는 것이다. 영어권 국가에서는 이런 학대를 가리켜 '직장 내 괴롭힘'이라고 이름 붙였다. 직장 내 괴롭힘 중에 신체적인 위협이나 협박은 거의 발생하지 않는다. 그보다는 불공평하고 과도한 비판, 공개적인 모욕, 따돌림, 업무 목표를 반복적으로 바꾸거나 비현실적인 목표치를 부여하는 것, 직원 노력 폄하, 소리를 지르거나 언어적 학대를 가하는 경우가 전형적이다.

직업 스트레스 분야의 선두적인 전문가 캐리 쿠퍼Cary Cooper에 따르면 직장 내 괴롭힘이 더 이상 사이코패스나 독재적인 사람의 전유물이 아니라 과도한 업무와 스트레스에 시달리는 평범한 관리자들에게도 해당된다고 한다. "사이코패스적인 괴롭힘은 항상 조금씩 있었다. 이런 사람들은 어렸을 때부터 다른 사람들을 괴롭히다 직장에서까지 사람들을 괴롭힌다. 새로운 점은 스트레스에 시달려 자신이 처한 상황에 대처하지 못하고 그로 인한 분노와 좌절을 함께 일하는 다른 사람들에게 풀어버리는, 과로에 시달리는 사람들이 괴롭히는 건수가 늘고 있다는 것이다"라고 쿠퍼는 말한다.[9] 괴롭힘 자체가 지배적인 관리 스타일이 아니기 때문에 특정한 부하직원을 대할 때만 나타나는 경우가 있다. 그로 인해 제삼자들은 대표적인 모습이 아니라고 무시해버리거나 단순히 '둘 사이가 좋지 않을 뿐'이라고 치부해버리기 쉽다.

직장 내 괴롭힘은 얼마나 흔히 발생할까? 업무 스트레스에 관해 미국에서 실시된 조사에 따르면 소리를 지르거나 언어적인 학대가 빈번히 발생하는 환경에서 근무하는 직원들이 42퍼센트나 된다고 한다.[10] 미국에서 실시된 또 다른 조사에 따르면 미국 직장인들의 27퍼센트가 잘못된 대우를 받거나 괴롭힘을 받는 것으로 나타났다.[11] 영국에서 5000여 명의 직원들을 대상으로 실시한 조사에서도 응답자의 거의 절반가량이 괴롭힘을 당했거나 목격한 적이 있는 것으로 나타났다. 또한 10명 가운데 1명은 지난 6개월 동안 괴롭힘을 당한 적이 있고 4명 가운데 1명은 지난 5년 사이에 괴롭힘을 당한 적이 있다고 나타났다.[12]

이런 현상이 영어권 국가에서만 발생하는 것은 아니다. 프랑스에서는 1998년 직장 내 괴롭힘을 다룬 《정신적 폭력을 멈춰라Stop Psychological Violence》라는 제목의 책이 출간되자마자 베스트셀러 자리에 올랐고 출간된 지 3년 만에 40만 권이 판매되는 쾌거를 이뤘다.[13] 이 책은 정신적 학대를 가할 경우 최고 1년 이하의 징역과 1만 3000달러의 벌금을 물릴 수 있는 법안이 통과되게 하는 등 프랑스 고용법에 중대한 변화를 일으켰다. 일본의 경우 부당한 대우를 받았거나 위협을 받았다고 느낀 직원들이 도움을 청하는 헬프라인이 설치된 지 불과 두 달 만에 1700통의 전화가 걸려오기도 했다.[14] 스웨덴에서는 직장 내 괴롭힘으로 인해 자살률이 전체 자살건수의 10~15퍼센트를 차지하는 것으로 나타났다.[15]

직장 내 괴롭힘으로 인해 발생하는 실질적인 손실을 살펴본 연구들도 있다. 예를 들어 미국에서 실시된 한 조사에 따르면 직장 내 괴롭힘으로 인해 직원들의 24퍼센트가 업무의 질과 양이 떨어지는 경험을 했으며, 28퍼센트가 괴롭힘을 피하는 데 업무 시간을 허비했고, 52퍼센트가 미해결된 상황에 대해 걱정하느라 업무 시간의 일부를 허비하는 것으로 나타났다. 또한 괴롭힘을 당한 직원들의 경우 그렇지 않은 직원들보다 병가를 내는 일이 50퍼센트나 더 많았고 만성질환을 갖게 되는 경우가 26퍼센트나 더 높았다.[16] 이런 현상들은 모두 생산성 손실로 이어진다. 또한 직원들의 사기에 악영향을 끼치기도 한다. 괴롭힘을 당한 사람들이 그 사실을 함구하는 경우는 별로 없다. 그런 사람들의 경우 동료들에게 자신이 당한 억울함을 호소하느라 업무 시간을 낭비하게 되고 자신과 비슷한 입장에 놓인 동료들을 찾아 자신의 생각을 굳히게 된다.

조직의 입장에서는 변화에 대한 거부나 직원 이직률이 높아짐으로써 간접적인 비용 증가를 실감하게 되기도 한다. 이 분야의 한 권위자가 관찰한 것처럼, "나는 수차례의 퇴직 면접과 퇴직 후 면접을 실시했다. 퇴직을 하는 가장 큰 이유는 대개 '나의 상사는 못된 사람이에요. 나를 지원해주지도 않고 나와 얘기도 안 해요'라는 식의 불만 때문이다."[17] 물론 독자 가운데에는 '속이 시원하다'라고 생각하는 사람도 있겠지만 직원들을 제대로 관리하지 않고 부당하게 대우하거나 해고하는 직장이라면 누구에게든 충성심을 갖게 하기는 힘들 것이다. 직원들이 일개 소모성 부품에 지나지 않는다고 느끼게 만드는 조직이라면 재능 있는 직원을 보유하기도 힘들 것이고 업계 내에서 최고의 인력을 고용하기도 어려울 것이다.

이 모든 손실과 결과를 고려해볼 때 상사와 부하직원 사이의 관계를 개선하면, 상사와 부하직원들뿐만 아니라 회사 전체도 거대한 잠재력을 가질 수 있을 것으로 보인다.

부하, 상사, 조직의 공생을 위하여

임원들은 필패 신드롬에 관하여 즉시 고개를 끄덕이기 시작한다. 그들 역시 그런 일이 벌어지는 것을 주변에서 실제로 봐왔기 때문이다. 그들은 필패 신드롬이 팀정신과 생산성을 얼마나 떨어뜨리는지도 보았다. 임원들 중에는 피해자의 입장에 놓여본 사람도 있었다. 그런데 정작 어려운 부분은, 그들 스스로가 가해자였다는 사실을 깨닫지 못한 상태에서 자기 자신이 가해자였을지도 모른다는 사실을 인정하는 것이다. 이 신드롬 때문에 발생하는 문제들을 해결하기 위해서는 임원들과 전문가들이 그들과 직원들, 회사에 상처를 가져다주는 역학구도를 상사가 조성하고 간과할 수 있다는 점을 인식해야 한다. 또한 상사와 부하직원 모두가 고통스러워하는 눈가리개와 오해에 대한 인식이 부족하여 "부하직원을 바로잡겠다는" 지금까지의 노력이 결실을 이루지 못했다는 사실을 이해해야만 한다.

원인과 결과를 밝혀주는 틀을 제공함으로써 독자들이 다른 사람들을 인식하는 데 영향을 주는 편견과 함정을 좀 더 잘 이해할 수 있게 되기를 바란다. 우리의 목표와 바람은 이런 부하직원들을 좀 더 효과적으로 다루어 개인의 성과와 기업의 실적을 향상시키는 데 기여하는 것이다. 뿐만 아니라 이런 어려운 관계가 당사자들은 물론 주변 사람들에게까지 영향을 주어 높아지는 이직률을 줄이게 하려는 것이다.

우리는 먼저 필패 신드롬과 그 영향에 대해 구체적으로 살펴볼 것이다. 2장에서 4장까지는 상사의 전형적인 대응방법이 원하는 결과를 낳기는커녕 오히려 불만과 저조한 성과의 악순환을 촉발하는 이유와 그런 대응방법이 아무런 효과도 없다는 사실을 상사 스스로 깨닫지 못하는 이유를 살펴볼 것이다. 5장에서는 부하직원들이 어떻게 불만과 저조한 성과의 악순환에 불을 지피게 되는지 살펴볼 것이고 6장에서는 상사와 부하직원이 함께 만든 이 역학구도로 인해 발생하는 손실을 살펴볼 것이다.

7장부터는 필패 신드롬을 다루는 구체적인 방식을 살펴볼 것이다. 7장에서는 이 역학구도를 없애려고 노력하기 전에 상사가 반드시 갖추어야 할 생각들을 살펴볼 것이며, 8장에서는 성과가 낮은 직원으로 인식된 사람들을 상사가 생산적으로 도울 수 있는 틀을 제시할 것이다. 9장에서는 이 신드롬을 막기 위해 상사가 취할 수 있는 방법을 살펴보고 10장에서는 더 자주, 더 쉽게 예방 조치를 취하기 위해 리더가 반드시 거쳐야 할 개인적인 발전 과정을 살펴볼 것이다.

이 책은 우리와 다른 사람들이 실시한 다년간의 조사를 집대성해놓은 책으로 모든 상사가 직면한 적이 있고 지금도 직면하고 있으며 앞으로도 직면하게 될 다음과 같은 문제를 다룬다. "부하직원들, 특히 전적으로 자신할 수 없고 신뢰할 수 없는 직원들의 성과를 높이기 위해서 내가 할 수 있는 일이 무엇일까?" 우리는 대부분의 상사들이 이 문제에 접근하는 방식이 기본적으로 잘못되었다고 주장하는 바이며 그것을 입증하려고 노력할 것이다. 절대 쉬운 일은 아니다. 이제 본격적으로 시작해보자.

THE SET/ UP/ TO/ FAIL

상식이 우리를 실패하게 만든다

SYNDROME

상식은 18세까지 습득한 편견의 집합이다.

— 알베르트 아인슈타인Albert Einstein

상사가 직원들로부터 최고의 성과를 얻어내는 방법은 무엇일까?
수십 년 동안 학자들은 최고의 결과를 낳는 유일한 '최고의' 리더
십 스타일이나 리더의 인성적인 특성을 파악함으로써 이 문제에
대한 해답을 찾으려고 노력했다. 그러나 그들이 실시한 연구는 일
관된 결과를 낳지 못했다. 이따금 일부 요소들이 일관적으로 나타
나는 것처럼 보이긴 했지만 체계적으로 나타나지는 않았다. 따라
서 새로운 도전에 직면할 수밖에 없었다. 이번에는 다양한 상황 속
에서 가장 효과적인 방법이 무엇인지 파악하고자 했다. 그러나 이
'상황이론contingency theory' 연구 결과 또한 일관적이지 않았다.[1]

　이런 연구의 대부분은 상사가 모든 부하직원들을 일관된 태도
로 대한다고 가정하는데, 기본적으로 이 가정 자체가 잘못된 것이
라 할 수 있다. 상사의 스타일은 부하직원들의 대답들을 모아 평

균치를 산출하여 결정한다. 이 과정에서 부하직원들의 답이 차이를 보일 경우 그것을 인식 오류나 측정 오류로 무시해버리는 본질적인 문제가 발생한다.

요즘 기업들은 360도 피드백 프로그램에 상당한 비용과 시간, 그리고 에너지를 투자한다. 360도 피드백 프로그램은 관리자의 행동에 관한 정보를 관리자의 상사와 동료, 부하직원들 등 다양한 사람들로부터 수집하는 것이다. 각각의 응답자 집단에게서 받은 내용에 대한 피드백이 관리자에게 전달될 때는 답변의 분포도(각기 다른 답변 내용의 차이)보다 평균 점수('평균적인' 개인의 행동)에 훨씬 더 치중한다.

그 이유는 무엇일까? 이 과정 자체가 상사 개개인의 '관리 스타일'을 파악하려는 목적에서 비롯된 것이기 때문이다. 따라서 평균적인 성향만 중요시되는 것이다. 동료들이나 부하직원들의 답변들 간의 차이가 오류로 인식되지 않을 때도 있다. 하지만 그런 경우에도 결국은 상당히 제한적인 관심만 받을 뿐이다. 게다가 관리자에게 피드백 설문지를 줄 사람을 직접 선택할 수 있는 권한이 있는 경우가 많다. 이런 관행 역시 개개인의 '리더십 스타일'이 어느 정도 일관적임을 시사한다. 예컨대, 관리자에게 직접 10명의 부하직원 가운데 4명의 평가 직원을 선정하게 시킴으로써 '대표적인' 답변을 얻어내려 하기 때문이다.

그런데 만일 부하직원 전체에게 상사의 리더십 스타일을 묘사하라고 한다면 결과는 어떻게 될까? 그들은 무슨 말을 할까? 잠시 동안 당신의 부하직원들을 떠올려보라. 그들의 얼굴을 상상해보

라. 그들은 모두 당신이 자신들을 똑같이 대한다고 생각할까? 아마 그렇지 않을 것이다. 스스로 되돌아보아도 그렇지 않다는 것을 확실하게 알 수 있을 것이다. 그렇다면 어느 부하직원이 어떤 말을 할지 예측할 수 있겠는가? 이 책의 주제에 대한 발상이 싹트기 시작한 것이 바로 이런 문제였다. 그렇게 우리는 이 문제를 연구하기 시작했던 것이다.

지킬 상사가 하이드 상사가 되는 이유

10여 년 전 리더십 행동에 관한 조사를 실시하던 중에 우리들 중 1명이 우연히 매력적인 사례를 발견했다. 다음과 같은 장면을 한번 상상해보라. 현장 조사가 중간 단계쯤 이르렀을 때 여러 명의 상사와 부하직원들에 대한 인터뷰가 실시되었다. 부하직원들은 자신을 대하는 상사의 행동을 묘사하는 설문지에 답변해야 했고 상사는 모든 부하직원들에게 인사고과 등급을 매겨 전달했다. 이제는 잭이라는 상사와 그의 밑에서 일하는 4명의 비즈니스 관리자들을 상대로 2단계 인터뷰에 돌입할 차례이다. 인터뷰를 준비하기 위해 당신은 첫 번째 인터뷰 때 부하직원들이 했던 말들을 다시 살펴보기로 한다. 모든 답변을 차례로 읽고 나니 놀라운 사실을 발견할 수 있었다. 잭의 리더십 스타일에 관한 부하직원들의 답변이 극과 극으로 나뉘었던 것이다. 마치 지킬 박사와 하이드를 보는 것 같았다.

잭의 부하직원 중 2명(이들을 BM1과 BM2라고 부르자)은 부하직원들을 상사인 자신과 똑같이 다루는 '사람 중심의' 관리자라고 묘사했다. 성과에 대한 부담을 주긴 하지만 부하직원들을 지원하고, 언제든 도움을 요청할 수 있는 상사이면서도 부하직원들에게 권한을 넘겨주는, 다시 말해서 잭이 '모범적인 상사'라는 것이다. 이와 극명하게 대조적으로 다른 부하직원 2명(BM3와 BM4)은 그를 형식적인 관리자라고 묘사하며 그와 함께 있으면 불편하다고 말했다. 부하직원들에게 쉴 틈조차 주지 않는, 심술궂고 이것저것 사소한 것까지 간섭하는 관리자라고 평가했다. 다시 말해서 그들은 잭을 소위 '최악의 상사'에 가까운 사람이라고 말했다.

　이런 인상은 잭의 행동을 묘사하라는 부하직원들의 설문지를 통해 수집한 데이터에도 분명하게 반영되어 있었다. BM1과 BM2의 답변이 체계적으로 유사했고, BM3와 BM4의 답변이 비슷했다. 그리고 코칭, 참여, 배려 등 상사 행동의 여러 측면에 대한 두 쌍의 대답이 상당한 차이를 보이는 것을 알 수 있었다. 이런 차이는 잭이 판단한 직원들의 평가에도 그대로 드러나 있었다. BM1과 BM2는 인사고과에서 높은 점수를 받은 반면, BM3와 BM4는 평균보다 낮은 점수를 받았던 것이다.

　이렇게 극적인 차이가 나는 것을 이해하기 쉽지 않았다. 보통 정신분열증 환자에 대한 보고서에서나 볼 수 있는 것이기 때문이었다. 그러나 잭은 분명 사회적으로 잘 적응한 관리자였다. 실제로 잭의 상사들은 그를 뛰어난 관리자라고 생각했다. MBA 학위를 갖고 있는 그는 경영대학원을 다닐 때 특히 대인관계 문제에 집중했다.

그는 사려 깊고 배려 많은 사람으로 평가받고 있었다. 그런데 어떻게 그에 관한 보고서에 '뛰어나다'는 묘사와 '최악'이라는 묘사가 공존할 수 있단 말인가? 이런 차이가 단순히 행동에 관한 인식의 차이에서 비롯된 것일까, 아니면 실제로 이런 모습을 갖추고 있는 것일까? 우리는 직접 잭을 만나 이 상황을 명확하게 파악하고자 했다. 처음에 그는 교과서적인 답변만 했다.

사람들마다 성숙한 정도가 다르죠. 더 많이 성숙한 사람은 일일이 지켜보지 않아도 되지만 덜 성숙한 직원들은 세세히 지시해야 할 필요가 있어요. 또한 사람들의 성격도 알아야 하지요. 어떤 직원들은 둔감해서 직설적으로 얘기하지 않으면 안 되는 반면, 민감해서 조심해야 하는 사람들도 있거든요.

그의 밑에서 일하는 4명의 직원들이 두 부류로 명확하게 나뉘었다는 점을 강조하자 잭은 조금 머뭇거리기 시작했다. 그러더니 얼마 후 결국 그는 이렇게 인정했다.

그래요. 솔직히 이 직원들을 전부다 똑같이 대하는 것은 아니에요. 성과가 좋은 직원들에게는 어느 방향으로 가야 할지 이끌어주고 그들의 노력을 당연시하지 않는다는 사실을 주지시켜주지요. 그러니까 그런 직원들은 노력을 인정해주고 고마워하며 필요한 게 있을 때마다 더 많이 도와주지요. 그렇지 않은 직원들을 대할 때는 어떻게 하면 성과를 높일 수 있을지, 상담하듯 대하죠. 그러니까 전체적으로 보면 성과가 안 좋은 직원들에게는 선생처럼 대하고 성과가 좋은 직원들에게는 조력자처럼 대한다고 할 수 있어요. 게다가 성과가 안 좋은 직원이 나를 찾을 때 나 역시도 인간인지라 때로는 "또 뭐!"라며 짜증을 낼 때도 있거든요.

이런 진술을 들으면 헷갈리지 않을 수 없다. 권한 위임과 코칭, 직원을 인정해주는 것이 얼마나 좋은지 그 장점을 충분히 납득하고 있는 상사이지만 일부 부하직원들에게는 의도적으로 다른 행동을 보이기 때문이다.

잭이 극단적인 경우에 해당하긴 하지만 다른 조사 대상들에게서도 비슷한 패턴을 찾아볼 수 있었다. 관리자들에게 스스로의 행동을 묘사해보라고 하자 '성과가 나은 직원들'이 답변한 자신의 모습과 비슷한 것으로 나타났다. 그러나 모든 부하직원들에게 똑같이 대하는지 묻자 대부분의 관리자들은 그렇지 않다고 인정했다. "성과가 안 좋은 직원들은 다르게 대한다. 그런 직원들은 뒤에서 받쳐주지 않는 한 아무 일도 일어나지 않는다"고 답변했던 것이다. 그들이 생각하기에 이것은 '개선을 위한 조치'일 뿐 '진정한 리더십 스타일'을 대변하는 것이 아니다. 따라서 그들은 권한을 부여하고 독려하는 상사이지만 '그럴 만한 가치가 있는 직원들'에게만 그렇게 대하는 것이다. 이런 행동의 차이에 따른 여파를 평가하기 위해 우리는 임원 집단을 대상으로 연구 조사 초기에 발견한 이 현상에 관해 논의하기 시작했다.

참을 수 없는 '통제의 유혹'

성과가 높은 직원과 낮은 직원을 임원들이 구분할 수 있는지 파악하기 위해 우리는 다음과 같은 문장을 활용했다.

일반적으로 성과가 좋은 직원들은 _____하는 경향이 있고 _____ 성향이 있는 반면, 성과가 낮은 직원들은 _____하는 경향이 있고 _____ 성향을 띤다.

또한 소위 성과가 낮은 직원들이 '해고 대상'이 아니라는 점을 강조하기도 했다. 성과가 낮은 직원들은 회사가 허용할 수 있는 최소한의 성과를 내긴 하지만 '성과가 좋은 동료들'만큼 좋은 성과를 내지는 못하는 직원들을 의미한다는 점을 분명하게 밝혔던 것이다. 이런 구분은 대단히 중요하다. 부하직원이 떠나기를 바라는 상사라면 '해당 직원으로부터 최선의 성과를 모색하는' 대신 '직원이 알아서 그만두기를 바라면서 해고할 꼬투리를 잡기' 시작하기 때문이다. 우리가 조사한 부하직원들은 이에 해당되는 사람들이 아니다.

임원들 또한 이런 식의 구분을 이해했고 주요한 차이점을 표현하는 데 별다른 어려움을 느끼지 않았다고 말했다. 임원들은 '성과가 좋은 직원들'에 비해 성과가 낮은 직원들의 경우 특히 다음과 같은 성향이 있다고 말했다.

- 의욕이 적고 활력이 떨어지며 '주어진 임무' 외의 것을 할 가능성

의 적음.

- 자율성이 떨어짐. 문제나 프로젝트에 대한 "책임을 지지 않음": "그들을 위해 내가 대신 생각해주어야 함."
- 의사소통을 잘 못함. 대개 방어적이고 불안정하며 변명거리를 찾음: "압박을 해야 겨우 말하는 정도."
- 적극성이 떨어짐. 문제를 제대로 예측하지 못하고, 가끔은 숨기고, 오히려 휩쓸리는 경향도 있음.
- 혁신적인 생각이 떨어짐. 변화를 적극적으로 수용하지 않음. 새로운 아이디어를 떠올릴 가능성이 적음.
- 좀 더 편협한 성향을 가지고 있음. 자세한 사항을 간과하는 경향이 있고 비전과 '큰 그림'을 보지 못하는 경우가 많음.
- 자신의 부하직원들에게 능력이 부족한 상사로 인식됨. 부하직원들을 신뢰하지 못하고 정보를 공유하지 않으며 권위적인 면을 보이기 쉬움.
- 문제를 일으킬 가능성은 많은 반면, 해결책을 생각해낼 가능성은 적음.

지금까지 우리는 3000여 명의 임원들을 대상으로 조사를 실시해왔다. 놀랍게도 직급의 높고 낮음이나 소속 기업의 종류, 국가와 문화를 막론하고 여러 집단의 임원들이 성과가 낮은 직원들에게 이런 '뚜렷한 특징들'이 있다는 매우 일관된 생각을 가지고 있는 것으로 나타났다. 성과가 좋은 직원들과 낮은 직원들에 대한 인식 차이를 감안하여, 이번에는 임원들에게 모든 부하직원들을 똑같이 대하는지 물어보았다. 모든 부하직원들에게 똑같은 방식으로 똑같은 행동을 보이는지? 아니면 똑같은 행동을 다른 식으로 보이는지, 혹은 정도의 차이가 있는지를 말이다. 이번에도 관리자들은 스스로 '다르게' 행동한다고 인정하면서 '성과가 높은 직원들'을 대할 때와 '성과가 낮은 직원들'을 대할 때 어떻게 다른지 설명해주었다. 그들은 대개 '더 많은 신뢰', '더 많은 권한 위임', 또는 '감시 감독이 덜함'과 같은 추상적인 표현을 늘어놓기 시작했다. 그래서 우리는 좀 더 구체적이고 직접 눈으로 관찰할 수 있는 행동만 말해 달라고 다시 요청했다. 〈표 2-1〉은 임원들로부터 받은 대표적인 답변을 정리한 것이다.

이를 통해 알 수 있었던 것은 성과가 높은 직원들의 경우 구체적으로 정의되지 않은 더 도전적인 업무, 언제든 상사의 도움을 받지만 간섭은 덜 받는 업무, 상사와 더 '자유분방한' 의견 교환을 하고 '스파링 파트너' 유형의 관계를 맺을 수 있는 업무로 이익을 얻는다는 것이다. 반면에 성과가 낮다고 인식된 직원들에게는 상사가 '언제까지, 무엇을, 어떻게' 하라고 일일이 지시하는 일이 더 많은 것으로 나타났다. 또한 상사와의 의견 교환도 정형화되고 평범했다. 그런데다 이런 부하직원의 의견은 상사가 좋다고 인정하는 일이 별로 없기 때문에 상사 자신의 생각을 강요하는 경향이 있었다. 그리고는 일이 제대로 진행되는지 확인하고 부하직원이 허둥대기 전에 미리 도와주기 위해 부하직원의 행동과 성과를 면밀하게 감시해야 했다. 이처럼 뚜렷하게 다른 관리적 차원의 행동도 국가와 조직 문화를 막론하고 공통적인 것으로 나타났다.

|표 2-1| 부하직원을 대하는 행동에 대한 상사 스스로의 인식

성과가 낮은 직원들을 대할 때 상사는…	성과가 높은 직원들을 대할 때 상사는…
업무와 목표에 대해 의논할 때 지시하는 성향이 큼. 해야 할 일은 물론 어떤 방식으로 해야 하는지에도 초점을 맞춤	프로젝트 목표를 논할 때 이행방법에는 덜 치중하는 편. 방법론에 대한 의논보다 해야 할 일과 당위성에 더 집중함
목표와 마감일을 더 많이 지정해줌. 분명한 행동 계획과 확인 시점을 지정해줌. 전체적으로 직원의 의사결정에 제한을 둠	부하직원이 알아서 행동하도록 자유롭게 풀어줌. 업무 진척 정도를 드문드문 확인하고 직원이 필요할 때 "자신에게 연락할 것"을 권함
일이 제대로 진행되고 있는지 정기적으로 확인함. 부하직원이 어려움에 봉착하는 경우 불리한 점에 초점을 맞추고 체계적으로 관여함	눈에 띄게 확인하기보다 "내 도움이 필요하면 알려줘"라는 식으로 언제든 도와줄 수 있다는 점을 시사. 불리한 점이나 실수 또는 잘못된 판단을 학습의 기회로 삼음
운용상의 문제점에 관한 논의에 치중하며 세세한 질문을 던짐	좀 더 가볍고 자유분방한 대화를 가짐
직원의 의견을 수용하는 회의를 갖기보다 당면한 과제에 치중하며 질문보다는 지시를 많이 함	부하직원들을 '스파링 파트너'로 활용하며, 전략, 실행, 정책, 과정에 대한 직원의 관점을 물음. 직원의 제안을 따름
의견이 일치하지 않을 경우 상사의 관점을 고수함. 권고에 더 가까운 '강한 제안'을 함	주로 직원의 의견을 따름. 자신의 제안은 직원이 원하는 방식으로 일을 처리하게끔 독려하기 위한 것일 뿐이라는 점을 강조
일상적인 업무와 프로젝트를 많이 부여함	흥미롭거나 노력을 요하는 업무를 부여함
신체적, 감정적으로 멀리 대함	부하직원을 편하게 대하기 때문에 따뜻한 관계 형성으로 이어짐

  우리가 조사한 3000여 명의 관리자들은 성과가 낮다고 생각하는 부하직원들을 좀 더 많이 통제하는 식으로 대한다는 사실을 의식하고 있었다. 그들 중 일부는 자신의 접근 방식이 '지원하고 도움을 주는' 특징이 있다고 믿고 싶어 하기도 했다. ("그런 직원들은 혼자서는 절대 성과를 낼 수 없기 때문에 내가 도와주고 코칭하고 지원하려고 노력하는 것이

다.*) 그러나 〈표 2-1〉에서 볼 수 있듯이 이 '도움'과 '지원'이라는 것이 전혀 다르게 보일 수 있다. 이런 인식은 대단히 의미 있다. 상사의 통제적인 행동이 "원래 자율권을 더 주려고 했는데 잘못된 것일 뿐"이라는 식의 이행 오류가 아님을 나타내기 때문이다. 이런 상사들은 아침에 출근할 때부터 성과가 낮은 직원들을 어떻게 대할 것인지 구체적인 의도를 품고 있다.

성과가 낮다고 생각하는 직원들을 대할 때는 그러지 않으려고 하지만 쉽게 참을성을 잃게 된다고 인정하는 상사들도 있었다. 한 상사는 성과가 낮은 직원들을 향상시킬 의도를 갖고 대하면서도 때때로 "직원이 아이디어를 떠올리지 못하면 하나하나 일일이 가르쳐주게 된다"고 말하기도 했다.

중요한 건 시간이지요. 변명이 아니라 그게 현실인 걸요. 내가 원하는 것이 무엇인지 알려주지 않고 5분에서 15분 더 물어본다 한들 그 직원이 그걸 알아내겠습니까? 그러기를 바라지만 정말 알아들을지 확신할 수 없어요. 그런데다 해결해야 할 다른 문제들도 늘 있게 마련이니까요.

관리자들이 부하직원에 따라 다른 식으로 대한다는 사실을 알아낸 사람이 우리만은 아니다. 리더-멤버 교환 이론leader-member exchange theory이라고 알려진 대대적인 조사를 통해서도 밝혀졌듯이 80~90퍼센트의 관리자들이 부하직원에 따라 매우 다른 관계를 유지하는 것으로 나타났다.[2]

1970년대 중반, 이 문제에 대한 주요 조사를 처음으로 실시했을 때 연구원들은 새로운 상사 밑에서 일하게 된 부하직원 집단을 대상으로 테스트를 실시했다.[3] 한 달밖에 지나지 않았는데도 대부분의 상사가 더 신뢰하는 부하직원 집단과 덜 신뢰하는 부하직원 집단을 대체적으로 구분하고 있다는 사실이 분명하게 나타나기 시작했다. 동료와 비교했을 때 상사로부터 더 많은 신뢰를 받는 '내집단in-group'이라고 불리는 부하직원 집단은 리더의 관심과 지원을 훨씬 더 많이 받는다고 답변했다. 그들은 자신에게 영향을 미치는 결정을 내리는 데 직접 관여할 수 있고, 완전한 정보와 피드백을 더 많이 받으며, 문제가 발생했을 경우 도움을 더 많이 받는다고 생각했다. 또한 상사가 자신들을 신뢰하고 자신의 요구와 감정에 관심을 가지며, 공공연하게 더 많은 지원을 받는다는 느낌을 받는다고 답변했다. 이것이 단지 그들의 상상에 불과한 것이었을까?

상사들에게 확인해본 연구원들은 부하직원들의 느낌이 정확하다는 사실을 알 수 있었다. 어떤 부하직원과의 관계는 서로 높은 영향력과 배려를 기반으로 이루어지는 반면, 나머지 부하직원들과의 관계는 규칙과 정책, 형식적인 권위를 기반으로 이루어졌던 것이다. 상사들 역시 이런 차이를 의식하고 있었다. 실제로 그들은 신뢰하는 '내집단' 부하직원들에게 확신과 배려를 나타내는 표시를 더 많이 보여주었다. 총 1년에 걸쳐 3개월마다 이처럼 변화하는 관계를 꾸준히 확인한 연구원들은 초기의 관계가 퇴보하지 않는다는 사실을 발견했다. 퇴보하기는커녕 오히려 더 두드러지는 경향이 있었다. 예상대로 연구가 실시된 다음 해의 직원 이직률을 살펴본 결과 '외집단out-group'에 속하는 직원들의 이직률이 '내집단'에 속하는 직원들보다 50퍼센트 더 높은 것으로 나타났다.

이런 초기 연구 결과는 여러 후속 연구를 통해 뒷받침돼왔다.[4] 부하직원에 따라 상사가 대하는 방식이 다르다는 사실은 매우 확실한 것 같다. 그런데 이 결과는 이 문제를 논의할 때마다 자주 듣게 되는 다음과 같은 두 가지 의문점을 낳는다. "그건 그저 상식 아닌가요? 상식이기 때문에 그렇게 많은 상사들이 이런 식으로 행동하는 것 아닌가요?"라는 첫 번째 의문점과 "그래서 뭐요? 상사가 부하직원들을 다른 방식으로 감시한다 한들, 여태까지 그게 역기능적이라는 주장은 없었잖아요!"라는 두 번째 의문점이다.

첫 번째 질문은 답하기 쉽다. 그렇다. 관리자들이 그렇게 행동하는 게 합당한 것처럼 보인다. 성과가 낮다고 여겨지는 직원들이 업무를 제멋대로 처리하도록 내버려두면 효과적으로 업무를 수행하는 능력이 떨어지기 때문에 '당연히' 상사가 더 많은 도움과 코칭, 지시, 그리고 감시·감독을 해야 한다. 그러나 상식이 도움이 된다고 해서 언제나 옳다는 것은 아니다. 예를 들어 상식적으로 생각하면 지구는 평평하고 태양이 지구 주변을 도는 것이 맞는 것처럼 느껴진다. 이런 '관찰'이 상식적이었기 때문에 수백 년 동안 진실로 여겨졌던 것이다. 그러나 수년 후 그것이 사실이 아니라는 근거들이 제기되기 시작했다.

"그래서 뭐?"라는 두 번째 질문에 답하기란 그리 쉽지 않다. 먼저 떠올릴 수 있는 대답은, 우리가 실시한 연구조사 결과 성과가 낮은 것으로 인식된 직원들이 그렇지 않은 동료에 비해 자신의 일과 상사, 그리고 회사 전체에 부정적인 태도를 가지고 있는 것으로 나타났다는 점이다. 그런 직원들은 신뢰감이 적고 편안함을 덜 느끼며 통제받고 있다는 강한 느낌을 받기 때문에 전체적으로 노력을 덜 기울이게 된다. 그러나 세미나에 참석했던 많은 관리자들처럼 당신 역시 이에 이의를 제기할지도 모른다. "당연히 그런 직원들은 만족하지 않지요. 그들은 만족해서는 안 되거든요! 그들이 외집단에서 빠져나와 좀 더 성과가 좋은 직원이 되도록 우리가 동기를 부여하려고 하니 말이에요. 외집단에 편안하게 안주할 수 있게 해줘야 한다고 생각하지는 않겠죠?"

한편으로 보면 이런 반응은 다소 근시안적이라 할 수 있다. 많은 연구 결과 직원의 믿음, 상사와 조직에 대한 신뢰와 같은 무형적인 요소가 회사 내의 긍정적인 결과와 연관되는 경향이 있다고 나타났다. 예를 들어 신뢰가 없다면 직원은 지식을 공유할 가능성이 적고 동료의 업무를 돕거나 신입사원이 적응하도록 도와주거나 추가적인 프로젝트에 참여하겠다고 자진해서 나서는 행동과 같은 '기업 시민의식corporate citizenship'을 보여줄 가능성이 적다.[5] 결국 회사가 이런 긍정적인 행동이 일어날 수 없다는 점을 감당해야 하는 것이다. 그뿐만 아니라 직원들의 낮은 사기와 높은 이직률이 고객 서비스 수준과 공급업체와의 관계, 새로운 인재를 끌어들이는 회사나 부서의 능력, 그리고 가장 중요한 실적에까지 영향을 미칠 수 있다.

하지만 오늘날의 회사 생활이 힘들다는 임원들의 지적도 일리가 있다. 임원들은 심한 압박을 받고 있으며, 많은 사람들이 영화〈월스트리트〉의 무자비한 기업 사냥꾼 고든 게코와 같은 의견을 지지한다: "애정이 필요하다면, 개를 한 마리 사세요. … 아, 그리고 그것을 집에 두세요!" 임원들은 외집단 사람들을 다소 불편하게 만드는 것이, 그들이 열심히 일해서 외집단에서 탈출할 동기를 부여할 수 있다는 점을 지적하기도 한다. 문제는 그것이 실제로 영향을 미치는가 하는 것이다.

관심이 커질수록 줄어드는 자발성

〈표2-1〉의 상사 행동 목록으로 돌아가, 우리는 임원들에게 외집단의 일원이 어떻게 느낄지 그들의 생각을 물었다. 사실 일부러 물을 필요조차 없을 때가 많았다. 표를 보고 있던 한 임원이 자진해서 이런 식으로 말했기 때문이다. "이런, 지금 저걸 보니 내 행동이 바로 저렇군요. 나라면 '성과가 낮은' 집단에 들고 싶지 않겠어요." 그 이유가 뭘까? "이런 상황에서 일하면 전혀 재미가 없을 테니까요. 게다가 상사가 이렇게 행동하면 제가 더 성과를 많이 내는 것이 아니라 오히려 제 능력보다 훨씬 낮은 성과를 낼 거예요!"

이런 반응을 듣는 순간 연구조사를 실시하면서 우리가 관찰해왔던 점이 떠올랐다. '성과가 낮은 사람들'은 어떤 반응을 보일까? 관찰과 인터뷰를 통해 성과가 낮은 직원들의 다수가(전부는 아니다. 이 점은 나중에 살펴볼 것이다) 다음과 같은 두 가지 방식으로 포기하는 것으로 나타났다. 하나는 상사와의 분리이고 다른 하나는 업무와의 분리다.

상사와의 접촉 줄이기

대개 가장 먼저 보이는 반응은 상사와의 접촉을 줄이는 것이다. 부하직원들은 상사와의 교류가 전반적으로 업무 사안이나 문제, 마감에만 초점을 맞추는 등 부정적인 성향이 있고 별로 유쾌하지도 않기 때문에 혼자서 일처리를 하려 한다. 한 부하직원은 "전에는 제가 먼저 상사를 찾아가곤 했었는데 계속 부정적인 피드백만 받게 되니까 더 이상 상사를 찾지 않게 되었어요"라고 말했다.

상사와의 불쾌한 접촉을 피하는 것 외에 성과가 낮다고 인식된 직원들은 자신의 이미지가 더 이상 손상되는 일을 피하려고 들기도 한다. 상사가 자신을 좋게 보지 않는다는 사실을 알고 있기 때문에 그들은 조언이나 지시를 완전하게 이해하지 못해도 명확하게 설명해달라고 요청하기보다는 그저 고개만 끄덕이는 경향이 있다. "바보처럼 가만히 있는 것이 입을 열어 실제로 자신이 바보라는 것을 입증하는 것보다 낫다"라고 믿는 그들은 자신의 능력이 부족하다는 사실이 드러날까 두려운 나머지 도움을 요청하지 않는다.

그들은 또한 문제를 감추려고만 들고 누가 물어보지 않는 한 자신이 가진 정보를 자진해서 알려주지 않는 성향이 있다. 성과가 낮다고 인식된 직원이 단순히 '주의해야 할 점'만 보고해도 상사는 과잉반응을 보이면서 불필요하게 직접 나서기 때문이다. 한 부하직원은 이렇게 회상했다. "저는 그저 상사에게 통상적인 과정에서 조금 벗어나는 작은 문제가 발생했다는 것을 알려주고 싶었을 뿐인데 그 말을 하자마자 제가 담당하고 있던 일에 상사가 직접 관여하기 시작했어요. 가만히 있었어야 했는데 말이죠. 그래서 지금은 아무 말도 안 해요."

　어떤 경우에는 문제의 부하직원이 조직이나 업무에 헌신적으로 임하면서도 "내버려두면 내가 알아서 할게요"와 같은 식의 피포위 의식(siege mentality, 항상 적들에게 둘러싸여 있다고 믿는 강박 관념_옮긴이)을 갖게 되는 경우도 있다. 상사의 심한 감독과 간섭에 숨이 막힌다고 생각한 부하직원은 작전을 다시 짠다. 그러고는 뒤로 물러서면서 자신만의 공간과 자유, 선택권을 갖고자 한다. 성과가 낮다고 인식된 한 직원이 설명한 것과 같이, "저는 할 수 있는 한 최선을 다해서 계속 일을 했어요. 다만 상사와의 교류만 없었던 것이지요. 문제가 없는데 일부러 도움을 청할 일이 있겠어요?"

업무로부터의 분리

　업무로부터의 분리란, 부하직원이 처리해야 할 업무에 대해 지적으로 관여하지 않는 것을 뜻한다. 성과가 낮다고 인식된 많은 부하직원들이 추진력, 열정, 또는 주도적인 행동을 상실하는 경험을 한다. 퇴짜를 맞거나 무시당하는 일에 지친 나머지 자신의 아이디어를 주장하고자 하는 의지를 잃게 되는 것이다. 한 부하직원은 "나의 상사는 모든 일을 어떻게 해야 하는지 일일이 상세하게 지시를 해요. 그런 상사와 말싸움을 하느니 결국에는 '제가 뭘 하길 원하시는지 말씀해주시면 그대로 할게요'라고 말하고 싶은 생각이 들지요. 그럼 그냥 로봇이 되는 거예요"라고 덧붙였다. 성과가 낮다고 인식된 또 다른 직원은 "상사가 저에게 무엇을 하라고 지시하면 그냥 기계적으로 해요"라고 설명했다. 상사가 자신의 아이디어를 따라주지 않거나 자신을 대신해서 하루에 15개의 새로운 아이디어를 만들어오는데 부하직원이 무엇하러 새로운 아이디어를 생각해내겠는가?

극단적인 경우에는 직원들이 매번 자신의 생각에 의심을 품으며, '어차피 무시될 텐데 뭐 하러 이 고생이지?'라고 생각하기도 한다. 그러고는 창의성과 긍정적인 에너지를 외부 활동에 쏟기 시작한다. 더 이상 자부심을 업무와 연관시키지 않는 것이다. 결국 부하직원들은 자율적인 의사결정을 내리고 싶다는 의욕을 잃게 되거나 심한 경우에는 아무런 행동도 하지 않게 된다.

자신감을 부식시키는 지나친 애정 _____

이런 분리는 부하직원과 동료, 직원, 고객과의 관계에도 영향을 미치며 기업 문화 전체에 파급효과를 낳는다. 이에 관해서는 6장에서 자세히 살펴보도록 하자. 우리의 연구는 '성과가 낮은 직원들'을 대하는 상사의 행동이 상식적이고 부하직원의 성과를 향상시키기 위한 의도에서 비롯된 것이지만, 실제로는 부하직원의 자기결정 능력을 약화시키고 있다는 사실을 보여준다. 부하직원의 노력은 확실하고 즉각적인 보상에 따라 달라지는 계약처럼 변해버리고, 상사의 승인을 얻거나 분노를 사지 않으려는 데에만 치중하는 바람에 부하직원의 고유한 의욕은 잃게 된다. 그리고 안 좋게 여겨지는 이런 상황은 점점 더 악화일로를 걷게 된다.

또한 상사의 행동은 부하직원의 능력에 대한 신뢰 부족을 나타내기도 하는데, 이로 인해 부하직원의 성과에는 더욱 악영향이 미치게 된다. 상사라면 자신감이 성과로 이어진다는 것을 직관적으로 알 수 있을 것이다. 사람들이 무언가를 성취하는 데 필요한 행동을 실천할 수 있다고 믿으면 성공할 가능성이 커진다. 더 많이 노력하고 쉽게 포기하지 않기 때문이다. 성과가 낮은 직원들을 대하는 상사의 행동이 갖는 문제점은 바로 부하직원의 그런 자신감을 앗아간다는 것이다.

이런 역학구도를 임원들에게 설명하면 이를 뒷받침하는 논리에 동의는 하면서도 자신들은 그런 함정에 빠지지 않는다고 말하는 사람들이 있다. 이런 상사들은 부하직원의 자신감에 상처를 입힐 위험을 스스로 인식하고 있다고 말하면서 자신의 마음을 감추기 위해 최선을 다한다고 말한다. 그들은 "성과가 낮은 직원들에게 이래라 저래라 하는 경우가 더 많기는 하지만 나는 그런 직원들의 의욕을 북돋워주고 지원하는 것처럼 들리게 말한다"라는 식으로 설명한다.

그들이 무슨 말을 하고자 하는지 안다. 그 말은, 자신의 의도를 숨기기 위해 열심히 노력한다는 것이다. 그러나 그런 상사의 부하직원과 이야기를 해보면 그런 상사의 노력이 물거품에 지나지 않았다는 것을 잘 알 수 있다. 실제로 우리가 실시한 연구조사 결과 상사가 자신을 어떻게 생각하는지 파악하기 힘들다고 말하는 부하직원은 거의 없는 것으로 나타났다. 특히 자신이 상사의 내집단에 드는지 외집단에 드는지에 대해서는 매우 잘 파악하고 있었다. 자신의 본심을 가릴 수 있다고 생각하는 상사라면 다시 생각하는 것이 좋을 것이다. 그런 식으로 빠져나갈 수 없기 때문이다.

과도한 점검은 취조와 같다

같은 상사 밑에서 일하는 부하직원 집단들을 인터뷰하고 직접 관찰하면서 우리는 부하직원들이 상사가 보내는 상대적인 신호를 매우 민감하게 알아차린다는 것을 알 수 있었다. 누가 가장 좋은 업무를 받는지, 회의 시간에 누가 상사의 역할을 대신하는지 등 결정적인 근거는 차치해도 부하직원들은 듣고 관찰하고 비교할 수 있다. 그들은 상사가 보이는 반응을 관찰하고, 상사가 무슨 말을 하고 무슨 말을 하지 않는지 귀를 기울이며, 상사의 제스처를 보고, 제시된 선택권과 어떤 통제가 부여되는지 알아차린다. 상사는 자신의 진실된 믿음을 여러 가지 방식으로 드러낸다. 다음의 여섯 가지 지표를 살펴보자.

요청받지 않은 충고: '성과가 낮은 직원들'에게 충고를 하는 상사의 경우 너무 많은 제안을 너무 빨리 하는 경향이 있다. 성과가 낮은 직원들이 문제를 들고 찾아가면 상사는 부하직원이 무엇을 염두에 두고 있는지 먼저 묻지 않고, 직원이 요청한 적 없는 제안 목록을 나열하기 전에는 문제에 대해 말할 기회도 주지 않는다. 이와

는 대조적으로 부하직원 중 스타 직원이 문제를 들고 찾아가면 상사는 그 직원이 이미 한 일이나 하려는 일에 대해 상의하고, 아까와 같이 요청받지 않은 제안을 해야 한다는 의무감을 덜 느낀다.

이걸 테스트해볼 수 있는 방법은 다음과 같다. 부하직원이 문제를 들고 왔을 때 상사가 (a)이미 조치를 취했다고 생각하는가, 아니면 (b)너무나 당연한 사항을 늘어놓기 시작하는가? 예를 들어 성과가 낮은 것으로 인식된 한 직원의 경우 생산 라인 세 개가 멈췄다는 사실을 알리기 위해 상사를 찾아갔을 때 상사가 "유지 보수팀을 불렀나?"라고 묻자 심한 모욕과 비하를 당한 것처럼 느꼈다고 말했다. 성과가 좋은 부하직원이었다면 그렇게 당연한 질문은 하지 않았을 것이기 때문이다.

위장된 지시: 상사는 성과가 낮은 직원들에게 지나치게 성급한 제안만 하는 것이 아니라 지나치게 강력하게 제안을 하는 경향이 있다. 한 부하직원의 말을 인용해보자.

상사에게 문제가 발생했다고 말하면서 내가 무슨 조치를 취했는지 보고할 때마다 "잘 했어"나 "괜찮은데 나라면 이런 점도 생각했을 거야"와 같은 피드백을 받은 적이 한 번도 없어요. 그런 상황에서는 항상 일방적인 커뮤니케이션이 이루어지지요. "이것들이 자네가 해야 할 일이야." 그게 전부예요. 내가 한 일에 대해서는 아무런 언급도 없고요. 상사가 나를 믿지 않는다는 것을 느낄 수 있어요.

성과가 낮은 직원들은 의견 대립이나 갈등이 발생하는 경우 상사가 자신이 생각하는 해결책을 강요하는 경향이 있다고 말한다. 해결책을 '고집'한다고 해서 심한 독재자처럼 군다는 것은 아니다. 상사들은 자신의 방법을 고수하기 위해 영향력이나 전문성을 활용하는 좀 더 미묘한 방법을 활용하기도 한다. 예를 들어 부하직원에게 "이렇게 하게"라고 말하는 대신 부하직원이 굴복할 때까지 언쟁을 계속하기도 한다. 상사가 이런 '충고'를 끈질기게 고집하면 부하직원은 절대 그 제안을 거절할 수 없음을 확실하게 깨닫게 된다. 상사가 말은 "그냥 내 생각일 뿐이야…"라고 하지만 사실을 "자네가 이걸 하길 원해"라는 뜻을 담고 있는 것이다. 그 말을 들은 부하직원은 "그냥 하란 대로 해"라고 받아들이게 된다.

심지어는 성과가 낮은 부하직원이 알아서 해결 조치를 취하게 내버려두고 난 후 결과가 성공적이어도 상사가 칭찬을 해주지 않는 경우도 있다. 말은 안 해도 "내가 하란 대로 했다면 결과가 훨씬 더 좋았을 거야"라는 비난이 담겨 있는 것이다. 성과가 낮다고 인식된 직원은 그 즉시 자기 생각대로 하기보다 상사의 생각대로 따랐다면 더 많은 신임을 받았을 것이라는 사실을 깨닫게 된다.

묵살된 아이디어: 부하직원은 자신이 제시한 아이디어에 대해 상사가 보이는 반응에 매우 민감하다. 내집단 일원들은 자신이 낸 아이디어에 대해 상사로부터 자신의 생각을 지지해주는 피드백을 받는 경향이 있으며, 상사가 자신의 생각에 전적으로 동의하지는 않더라도 '자기만의 방식으로' 해볼 수 있는 기회를 허락받는다. 반

필패 신드롬

면 외집단 일원들의 아이디어는 대개 무시당하거나 묵살당한다. '성과가 좋은 직원들'의 경우에는 상사가 자신의 관점과 관심사를 똑같이 중시한다고 믿기도 했다. "상사가 우리 아이디어를 귀담아 줘요"라고 한 직원이 말했다. 그러나 '성과가 낮은 직원들' 가운데 1명은 이렇게 불평했다. "내가 제안한 사항은 상사가 거들떠보지도 않아요. 상사 자신의 생각만 이야기하죠." 이를 통해 알 수 있는 것은 분명하다. 상사가 내 생각을 좋게 보지 않는다는 것!

좀 더 미묘하게 변형된 행동을 살펴보면 성과가 낮다고 인식된 직원들의 제안을 상사가 듣는 척하지만 실제로는 제안대로 실행하거나 응용하지 않는 경우가 있다. 한 성과가 낮은 관리자는, "시간이 지나자 나의 제안에 아무런 비중도 두지 않는다는 것을 알 수 있었지요"라고 회상했다. 절망한 또 다른 관리자는 이런 말을 하기도 했다. "가끔은 상사가 나에게 발언권을 주기도 하지만 그럴 때마다 자신의 생각에 가깝게 수정하려고 하죠. 그래서 이제는 아이디어를 아예 제시하지 않아요. 3개월 동안 상사와 싸워봤자 결국에는 애초에 내가 생각했던 것과 전혀 다른 것이 되어버리고 마니까요."

실패에 대한 반응: 성과가 낮다고 인식된 직원들은 상사가 자신의 실패를 재빨리 포착하고 때로는 불공평하게 인식하기도 한다고 말한다. 예를 들어 생산 현장을 돌아보고 난 한 생산 관리자가 자신이 방문했던 두 곳을 비교하는 이메일을 직원들에게 보낸 적이 있었다. 그는 특히 한 곳의 성과를 강조하면서 다른 곳의 성과에 대해

서는 언급조차 하지 않았다. 성과가 낮은 생산 현장의 책임자는 격노했다.

전 직원이 보는 이메일이었단 말이에요. 상사가 내게 와서 이런 것들이 왜 빠져 있는지, 왜 우리가 어떤 일을 하지 않는지, 혹은 우리가 일을 할 수 있게 자신이 어떤 도움을 줄 수 있는지, 그런 얘기는 단 한 마디도 없었어요. 그 이메일을 보는 순간 화가 치밀었죠. 한 마디 말도 없이, 문제를 해결하려 들지도 않고 그저 우리를 바보 취급한 거잖아요.

성과가 낮은 직원들과의 회의 주제가 결점이나 실패에 관한 것이 아닐 때도 상사들은 분위기를 가라앉히고 싶은 충동을 참지 못한다. 한 부하직원은 다음과 같이 말했다. "상사가 저에게 피드백을 줄 때마다 항상 '그런데…' 하고 말하지요." 또 다른 부하직원 역시 비슷한 경험을 했다.

대화가 끝날 때마다, 예를 들어 고객 만족도에 관한 내용을 이야기하지 않았더라도 상사는 항상 "고객 만족도를 향상시켜야겠어"라는 말을 하지요. 대화는 그렇게 듣기 좋은 말보다 기분 나쁜 말로 끝나요. 그러니까 어떻게든 무언가 부정적인 말을 듣게 되어 있어요.

성과가 좋은 이 부하직원의 동료는 전혀 다른 말을 했다. 같은 상사인데도 불구하고 항상 "잘하고 있어. 계속 수고해!"와 같은 식의 긍정적인 멘트로 대화를 끝낸다는 것이다.

성공에 대한 반응: 성과가 낮은 직원은 성과가 좋은 직원과 비교할 때마다 불공평한 피드백을 받는다고 불평하곤 한다. 성과가 낮은 한 직원은 이렇게 말했다.

상사가 나에게 긍정적인 격려를 해주는 경우는 한두 번 정도로 손에 꼽을 정도예요. 더 잘하라는 뜻에서 부정적인 피드백을 해준다고 생각하려고 하지만 시간이 지나면 그런 생각이 옅어져요. 가끔은 긍정적인 격려도 필요한데 받을 일이 없으니 말이에요.

성과가 낮은 직원이 성취한 것을 인정할 때에도 상사들은 직원이 성취한 것과 부하직원에 대해 가지고 있는 이미지를 매칭하기 어려워한다. 성과가 낮은 한 직원은 자신이 이룬 뛰어난 성과에 대해 상사로부터 이런 반응을 들었다고 한다. "이번 달에 반품된 게 하나도 없단 말이야? 정말 자네 고객 중에 단 한 사람도? 믿을 수가 없군!" 이런 불신은 부하직원에 대한 상사의 기대치가 낮음을 여실히 보여준다. 이는 또한 상사가 부하직원의 이런 성과를 '어쩌다 한 번' 일어나는 일로 치부해버릴 수 있음을 보여주기 때문에 해당 직원에 대한 상사의 의견이 바뀌지는 않을 것이다. 상사가 부하직원을 잘 알고 있다고 생각하는 경우에는 칭찬도 모두 잘못된 방식으로 이루어진다.

이와 정반대로 극단적인 경우에는 상사가 지나치게 과잉반응을 보이며 성과가 낮은 직원이 성취한 사소한 것들까지 모두 칭찬한다. 하지만 무분별한 칭찬은 부하직원을 무시하는 것처럼 여겨지고 상사가 부하직원에 대해 갖고 있는 진심을 나타내지 못한다. '너무나 당연한 제안'처럼 말이다.

엄격한 스타일: 성공과 실패에 관한 상사의 왜곡된 관심을 뒷받침하는 것 중 성과가 낮은 부하직원에게만 보이는 미묘한 스타일의 차이가 있다. 이는 '죄책감의 추정presumption of guilt'이라는 특징을 지닌다. 성과가 낮은 한 직원은 "특히 서비스 수준에 관해 이야기할 때마다 상사가 매우 강한 의견을 제시합니다. 그의 표정이 달라지고, 말도 거칠게 바뀝니다. 상당히 직접적으로 표현해요."

성과가 낮다고 인식된 또 다른 관리자는 자신의 상사가 자기 분야의 고객 입찰가를 검토하겠다고 나선 일에 대해 들려주었다. 이 직원은 상사가 자기 일에 관여하는 것 자체가 마음에 들지 않는 것이 아니라 문제에 대한 상사의 접근 방식이 불쾌하다고 했다.

제가 싫어하는 것은 상사가 사용하는 부정적인 접근방식입니다. "이런, 자네가 하는 일을 내가 잘 이해하지 못해서 그런데 자네가 이 건들의 견적 내는 방식을 내가 이해할 수 있게 좀 도와주지 않겠나? 예를 들어 설명해주겠어?"라는 식으로 말하면 좋을 텐데, "나는 자네를 믿지 못하겠어. 자네 부하직원들도 믿지 못하겠고. 그래서 내가 직접 이 건을 자세하게 살펴봐야겠네. 이건 왜 이런 식으로 했지? 이 점은 왜 그냥 넘어간 거야? 왜 저렇게 하지 않았지?"라는 식으로 말하니 기분이 나쁠 수밖에요.

성과가 낮은 또 다른 직원은, "상사가 저한테만 '이 건은 어떻게 진행되고 있지?'나 'a, b, c는 어떻게 되고 있어?', '할 만큼 했다고 생각하나?'와 같이 아주 구체적이고 자세한 질문을 던지는 경향이 있다는 것을 알아차렸어요. 자세하게 물어본다는 것을요"라고 말했다. 이런 식의 대화는 서로에 대해 파악하기는커녕 질문이라기보다 취조 느낌이 들게 만든다. 성과가 낮은 직원들은 상사가 자신을 압박하려 들거나 자신이 실수하기를 기다렸다 포착하려 하거나, 아니면 자신이 잘못했다는 것을 보여주고 싶어 하는 것 같은 느낌을 받는다. 이런 감정은 다른 사람에게 재차 확인하거나 상사가 부하직원들을 시험하기 위해 이따금 이용하는 '속임수' 질문을 받을 때면 더욱 강해진다.

직원들은 상사의 행동이 자신에 대한 신뢰 부족을 드러내는 것으로 여긴다. 다시 말해, 상사의 행동은 어떤 문제에 대해 부하직원을 압박하지 않으면 그 직원이 충분한 에너지를 투자하지 않을 것이며, 자신에게 불리해 보이거나 임박한 문제에 대한 정보를 보고하지 않을 거라는 생각을 드러낸다는 것이다.

일부 상사들은 가끔 이렇게 부하직원을 차별적으로 대한다는 사실을 부인하지 않으면서도, 이런 차별이 미미하기 때문에 알아차리기 힘들 것이라고 믿는다. 그러나 이 모든 '작은 차이'를 종합해보면 전체적으로 그 영향력이 얼마나 커지겠는가? 부하직원이 받은 인상은 얼마나 정확할까? 우리가 한 번도 만나보지 못한 당신의 부하직원에게 상사인 당신의 행동을 묘사해보라고 했다고 가정하자. 관리자인 당신의 행동에 관한 다양한 요소에 대해 1부터 5까지 점수를 매기는 짧고 간단한 설문지를 부하직원들이 받았다고 말이다. 그와 동시에 당신 또한 부하직원 개개인의 성과에 대한 다섯 가지 요소에 대해 1부터 5까지 점수를 매기는 설문지에 답해야 한다. 만일 우리가 부하직원의 설문지를 살펴본다면 당신이 해당 직원의 성과를 평균치보다 높다고 평가했는지, 낮다고 평가했는지 정확하게 예측할 수 있을까?

답은 "그렇다"이다. 놀랍게도 회귀분석을 통해 우리는 90퍼센트가량을 정확하게 예측할 수 있었다. 사회과학 분야의 측정오차 범위가 매우 크고 사람들마다 평정 척도를 적용하는 방식이 다르다는 점을 고려하면 10명 가운데 1명의 부하직원에 대한 우리의 판단만이 틀렸다는 것인데, 이는 엄청난 의미를 갖는다. 즉, 상사의 행동이 상사의 생각을 제법 정확하게 보여준다는 점을 뒷받침한다. 부하직원이 당신의 행동을 어떻게 보는지 우리에게 알려주면 우리는 당신이 그를 어떻게 생각하는지 맞출 수가 있다!

부하직원들은 상사의 마음을 읽을 수 있다. 상사가 자신을 신뢰하지 않는다는 것을 느낄 수도 있다. 상사가 보이는 행동의 차이는 상당히 큰 의미를 지닌다. 문제는 그것이 중요하긴 하지만 부하직원의 의욕과 성과에 악영향을 끼치는 이유를 설명해주지는 않는다는 것이다.

진짜 기대치와 가짜 기대치

임원들은 종종 우리에게 "성과가 낮은 부하직원들만 골라서 연구하지 않은 것이 맞나요? 관리자가 되려면 좀 더 견뎌야 하는 것 아닙니까? 이런 사람들이 실제로 성과를 향상시킬 능력이 있다면 자신의 투지를 보여줘서 상사가 자신에 대해 갖고 있는 안 좋은 인식을 바꿔놓으려고 애써야 하는 것 아닙니까?"라고 묻는다. 부하직원에 따라서는 다른 이들보다 높은 투지로 포기하려는 경향을 쉽게 떨쳐버리는 사람도 있었다. 하지만 우리가 관찰한 바에 따르면 의욕이나 신뢰의 상실이 성과에 깊은 영향을 미치는 것으로 나타났다. 맞서 싸우겠다는 사람들의 의지는 한계가 있는데다 대개 오래 가지 못한다.

지금까지 상사의 행동과 부하직원의 반응을 관찰한 결과를 토대로 우리가 경험한 근거를 살펴보았다. 이제는 그 이유를 설명해주는 기대치의 힘과 동기를 부여하는 수단을 다룬 세 종류의 연구 조사 결과를 잠시 살펴보도록 하자.

나는 할 수 있다: 자기 효능감 이론

'자기 효능감'을 살펴본 연구에 따르면 자신감이 성과를 내게 만든다고 한다. 다시 말해서 자신감이 부족하면 성과 역시 떨어진다는 말이다. 자기 효능감의 수준은 체중을 감량하거나 콜레스테롤 수치를 낮추거나 규칙적인 운동과 같은 건전한 행동을 할 가능성을 예측하는 데 유용한 것으로 밝혀졌다("할 수 있다고 믿어라" 참조).[6] 직장에서는 자기 효능감이 혈압에 영향을 주고, 사람들이 업무 스트레스에 긍정적으로 대처하는지 부정적으로 대처하는지에도 영향을 주는 것으로 나타났다.[7]

자신의 능력에 대한 믿음이 얼마나 큰 차이를 이끌어낼 수 있을까? 담배를 끊고 싶어 하는 흡연자들을 무작위로 세 집단으로 나눈 다음 그 전에 나누어주었던 설문지 답변에 따라 분류했다고 이유를 설명했다(실제로는 아니다). 첫 번째 집단에게는 의지가 강해서 금연할 가능성이 크다고 말했다. 그러고는 금연하는 방법을 알려주는 14주짜리 프로그램에 참여하도록 했다. 이 프로그램은 금연에 도움이 되는 쉬운 일부터 시작해서 점점 더 어려운 상황으로 발전해나가는 프로그램이었다. 두 번째 집단에 속한 사람들도 똑같은 프로그램에 참여하게 했으나 무작위로 선정되었다고 알려주었다. 세 번째 집단에 속한 사람들에게는 나중에 연락하겠다고 했으며 특별한 지시도 하지 않고 어떤 프로그램에도 참여하지 않게 했다. 14주가 지나자 첫 번째 집단의 67퍼센트와 두 번째 집단의 28퍼센트가 금연에 성공했으나 세 번째 집단의 경우에는 6퍼센트만 금연에 성공했다.[10]

자기 효능감이 업무 성과에 미치는 영향은 모의 조직과 관련된 연구에서도 입증되었다. 피험자들은 사람들에게 맞는 업무를 준 뒤, 그 사람들을 어떻게 인도하고 동기를 부여할 것인지에 관한 복잡한 결정 규칙을 습득해야 했다.[8] 피험자의 절반은 의사결정 능력이 타고난 것이라는 말을 들었고, 나머지 절반은 연습을 통해 습득할 수 있다는 말을 들었다. 처음에는 두 집단 모두 성공에 대한 기대치가 어느 정도 높았다. 그러나 모의 상황이 점점 더 어려워질수록 '타고난' 집단은 자기 효능감이 현저하게 떨어진 반면 '습득한' 집단은 처음과 비슷한 수준을 유지했다. '타고난' 집단은 또한 부하직원들을 더 엄격하게 대했고 부하직원들에게 동기를 부여하는 것이 불가능하다고 생각했으며, 해고해야 마땅하다고 생각하게 되었다.

자기 효능감이 성과에 미치는 영향은 '무심함'과 '학습된 무력감'에 관한 연구를 통해서도 뒷받침된다. 이 두 가지 모두 연습 부족이나 반복된 실패를 통해 자기 효능감이 약해진 상태를 가리킨다.

예를 들어 성과가 낮은 것으로 인식된 직원들이 '기계적으로' 업무를 처리한다는 사실은 '무심함'을 살펴본 연구 결과를 보면 이해할 수 있다.[9] 무심함은 사람들이 특별히 주의를 기울인다거나 숙고한다거나 창의적이지 않은 정신 상태를 가리킨다. 다른 사람으로부터 주기적으로 구체적이고 예측 가능하며 이의를 제기할 수 없는 지시를 받게 되면 사람들은 '자동항법 장치'를 켜게 된다. 요청의 장점을 판단하며 시간을 허비하는 대신 실행에 집중하는 것이다. 시간이 지나면서 그들은 아무 생각 없이 무작정 따르기만 하는 다양한 요청 목록을 만든다. 그러면 효율성은 좋아질지 모르지만 평범하지 않은 일에 대한 민감성은 떨어지게 된다. 새로운 신호나 상황에 대한 적응력 또한 떨어진다. '스위치'가 켜지지 않는 것이다.

사람들의 생각과 직관이 오랫동안 억압되면 '학습된 무력감'에 관한 연구가 주장하는 바처럼 한층 더 수동적으로 변할 수 있다.[11] 자신의 행동이 결과에 아무런 영향을 미치지 않는 것으로 인식하면, 다시 말해서 자기 효능감이 절대적으로 부족하면 무력감을 느끼기 시작한다. 실패나 통제할 수 없는 사건에 반복적으로 노출되면 사람들은 외부의 힘에 휘둘린다고 느끼고 노력해봐야 아무런 보상이 따르지 않는다고 생각하게 된다. 그래서 어차피 이룰 수 없는 거라면 차라리 포기하는 편이 낫다고 생각하는 것이다. 그런 사

연구원들은 개를 일종의 철망 안에 집어넣고 도망치지 못하도록 약한 전류가 흐르게 했다. 24시간이 지난 후 연구원들은 똑같은 개를 두 칸으로 나누어진 상자에 넣고 다시 전류를 흘려 보냈다. 그러나 이번에는 개가 두 칸 사이에 놓인 칸막이만 뛰어넘으면 도망칠 수 있게 해놓았다. 이 연구에 실험대상으로 쓰인 개의 3분의 2가 이렇게 간단히 도망칠 수 있는 방법을 습득하지 못했다. 그에 비해 전류에 노출된 적이 없는 개들은 모두 전기 충격에서 도망칠 수 있는 방법을 습득했다. 도망치지 못한 개들은 무엇을 해도 달라지지 않는다는 것을 학습하게 된 것이다. 이런 기대는 상황이 바뀌었을 때도 지속되었다. 이 실험은 결과에 대한 통제력의 부족이 노력의 부재와 무력감으로 이어진다는 것을 보여준다.[15]

이와 같은 '학습된 무력감'은 쥐와 고양이, 심지어 사람을 실험대상으로 삼은 여러 가지 상황을 통해서도 입증되었다. 사람들에게 처음에 해결할 수 없는 문제를 주고 난 후 나중에 단순한 철자 바꾸기 퍼즐을 풀라고 했다. 그러자 처음에 해결 가능한 문제를 받은 사람들과 달리 철자 바꾸기 문제를 제대로 풀지 못했다.[16]

람들은 '내가 할 수 있는 것은 아무것도 없어. 어차피 내 말은 듣지도 않을 텐데 무슨 소용이야?'라고 생각하게 된다. 이런 수동성은 부정적인 환경이 바뀌어도 사라지지 않는다("무엇을 해도 소용이 없다" 참조).

하고 싶다: 자기 결정 이론

이 연구 흐름은 사람들의 발달과 성과, 행복을 유지하거나 약화시키는 상태를 살펴본 것이다.[12] 자기 결정 이론에 따르면 우리가 자발적으로 행동할 경우 더 많은 관심과 흥분, 자신감을 갖게 되어서 가장 뛰어난 성과를 낼 수 있다고 한다. 반대로 통제된다고 느끼면 느낄수록, 자신이 하는 일에 관심을 잃게 되고 만족도도 떨어진다.[13] 우리가 관찰했던 성과가 낮은 것으로 인식된 부하직원들 역시 자기 결정권을 가지고 있다는 생각보다 통제된다는 느낌을 훨씬 더 많이 받고 있었다.

사람들의 행동을 통제했을 때의 성과는 다양한 맥락에서 반복적으로 보여지는데, 특히 교육과 보건 분야에 두드러지게 나타났다("자기 추진력 증진하기" 참조). 예를 들어 학생들의 경우 외부에 의해 규제된다고 느끼면 느낄수록 노력을 기울이지 않았다. 그런 학생들은 불안감이 높았고 실패에 적절하게 대처하지 못했으며 부정적인 결과에 대한 책임을 지기보다 선생님 등 남을 탓하는 것으로 나타났다.[14] 반면에 자율적인 상황은 더 많은 참여, 좌절에 대한 더 큰 저항, 더 많은 끈기(중단할 확률이 적음), 높은 창의력뿐만 아니라 호기심과 지식 보유 능력의 향상으로 좀 더 효과적인 학습 결과를 낳았다.

자기 결정 이론은 성과가 낮은 것으로 인식된 사람들이 추진력과 의욕을 상실하는 이유를 설명해주기도 한다. 다양한 상황에서 이루어진 실험을 통해 뒷받침된 이 이론에 따르면 사람들이 (a)자율적이고, (b)능숙하며 (c)개인으로서의 가치를 인정받을 경우 성과가 나아진다고 한다. 따라서 상사가 '성과가 낮은 직원'을 체계적으로 통제할 경우 이 세 가지 핵심적인 필수 요소들을 저하시키게 된다.

성과가 낮은 직원들의 경우 자신의 판단대로 행동하거나, 주도권을 행사하거나, 선택을 하거나, 자신과 관련된 문제를 해결할 기회를 거의 갖지 못한다. 또한 성과가 낮은 직원들은 일상적인 업무

6개월 동안 저 칼로리 다이어트 프로그램에 등록한 사람들에게 참가 이유를 물었다. 어떤 사람들은 "배우자가 원해서"나 "다이어트를 하지 않으면 죄책감을 느끼기 때문에"와 같은 외적인 이유를 들었고, 어떤 사람들은 "내 건강에 중요하기 때문에"와 같은 자율적인 이유를 들었다. 다이어트 프로그램을 시행하는 동안 참가자들은 의료진들이 자율성을 얼마나 지원해주는지에 대한 평가를 하기도 했다. 즉, 의료진들이 자신에게 준 선택의 폭이 얼마나 넓었는지에 관해 평가했던 것이다. 자발적인 이유를 들었거나 의료진이 대하는 방식에서 좀 더 자율성을 느낀 참가자들은 주간 회의에 더 많이 참석하고 6개월 동안 훨씬 더 많이 체중을 감량한 것으로 나타났다. 그보다 더 좋은 결과는 1년 반이 지난 후 체중을 측정했을 때에도 처음에 감량한 체중을 훨씬 더 잘 유지한 것이다.[26]

만 담당하게 되기 때문에 새로운 기술을 습득하지 못해 능숙해지지도 못한다. 게다가 부정적인 변화에만 초점을 맞춘 상사의 피드백으로 인해 학습 지향적이 아니라 벌을 받는다는 느낌을 받게 된다. 개인적인 가치를 살펴보면, 당장 운영상 필요한 일 외에는 상사와 의견을 나누는 경우가 거의 없기 때문에 소속감도 제대로 갖지 못하게 된다. 이는 회사가 직원을 한 개인으로서 가치 있게 생각하는 게 아니라 직원이 하는 일에 따라 가치를 달리한다는 것을 시사하기도 한다.

당신도 할 수 있다: 피그말리온 효과

피그말리온 효과pygmalion effect는 '권력을 가진 다른 사람들'의 기대치가 당사자의 성과에 미치는 영향을 살펴보는 연구다. 이 책의 주제를 살펴보는데 이 연구 흐름이 특히 중요한 이유는 상사의 기대

치와 부하직원의 성과 사이에 직접적인 연관이 있다는 강력한 근거가 존재하기 때문이다.[17]

이 연구는 교실에서 시작되었다.[18] 한 연구원이 학생들을 테스트해본 결과 한 집단은 발전할 가능성이 매우 높았고 다른 한 집단은 평균치 정도의 가능성이 있다고 선생들에게 알려주었다. 그러나 이 말은 순전히 거짓이었다. 학생들을 테스트한 것은 맞았지만 동일한 점수의 집단을 두 개로 나누기만 했을 뿐이었다. 그러나 3개월 후 또 다른 IQ 테스트를 실시한 결과, '타고난 재능이 있는' 것으로 여겨진 집단이 '평범한' 집단에 비해 평균 점수가 훨씬 더 높게 나온 것을 알 수 있었다. 연구 초반에 실시된 테스트에서는 이 두 집단의 점수가 비슷했다는 점을 기억하는가. 한 집단으로부터 더 높은 점수를 기대하게끔 선생들을 유도하자 실제로 그 집단의 평균 성과가 선생의 기대치에 부합할 정도로 상승했던 것이다.

여러 연구 결과들이 이런 충격적인 결과와 일치하는 것으로 나타나 피그말리온 효과가 학교 내에서 실제로 건재한다는 사실이 입증되었다.[19] 한 연구는 7년 동안 아동 집단의 수학 실력을 조사하면서 선생의 기대치가 학생의 성적에 얼마나 오랫동안 영향을 미치는지 살펴보았다. 당신은 선생의 기대치가 몇 년 동안이나 중요하게 작용할 것이라고 예상하는가? 선생이 바뀌는 그 다음 해까지? 아니면 2년 동안? 놀랍게도 답은 무려 6년이나 되었다. 학생의 실제 성적과 자기 효능감 같은 다른 주요 요소를 제어했을 때도 선생의 기대치는 6년 후 학생의 성적을 예측하는 데 중요하게 작용했다.[20]

물론 아이들의 자아가 그때까지 완전히 발달하지 않기 때문에 성인에 비해 감수성이 뛰어나서 쉽게 고무되거나 의욕을 잃을 수도 있다. 그러나 성인, 특히 군대와 조직에 소속된 사람들을 대상으로 실시한 후속 연구에서도 비슷한 결과가 나왔다. 그중에서도 도브 이든Dov Eden과 동료들이 이스라엘 군대 내에서 실시한 연구 결과가 특히 주목할 만하다.[21] 첫 번째 연구는 교실에서 실시된 연구 방법을 그대로 진행했다.[22] 군대 심리학자가 장교 훈련을 담당하는 소대장들에게 신입 훈련병 가운데 절반은 뛰어난 능력이 있지만 나머지 절반은 '평범한' 수준이라고 말했다. 이번에도 역시 이 말은 전혀 사실이 아니었다. 그러나 훈련 과정이 끝날 무렵 '뛰어난 능력'을 가진 것으로 여겨진 집단에 속한 사람들은 나머지 절반보다 15퍼센트나 더 높은 점수를 받았다. 부류가 달라도 결과는 똑같았던 것이다.

두 번째 연구는 이 효과가 집단 전체에 걸쳐 일반화될 수 있는지 살펴보았다. 다시 말해서 '뛰어난' 훈련병이 고무되기 위해서는 교관이 동료들보다 자신을 더 잘 대한다는 사실을 알아야만 하는 것일까? 이번에는 심리학자가 소대장들 중 일부에게 소대원 전체가 뛰어난 능력이 있다고 말했다. 나머지 소대장들은 격려의 말을 듣긴 했지만 소대원의 능력에 관한 얘기는 전혀 듣지 못했다. 이번에도 훈련 과정이 끝났을 때 뛰어난 능력이 있는 것으로 여겨진 소대원들이 그렇지 않은 소대원들에 비해 테스트에서 훨씬 더 높은 점수를 받았다. 이를 통해 피그말리온 효과가 팀 전체에 적용될 수 있는 것으로 나타났다.

이런 결과를 읽고 지금 당장 부하직원들에게 달려가 "자네들은 모두 뛰어난 직원들이야"라고 말하고 싶은가? 그 전에 명심해야 할 점이 있다. 이 연구에 참가한 훈련 교관들의 경우 테스트 결과를 소중하게 여겨 훈련병들이 뛰어난 능력이 있다는 사실을 진심으로 믿었다는 것이다. 하지만 부하직원들에 관한 생각이 이미 자리 잡혀 있다면 기존에 갖고 있는 믿음을 버리고 부하직원들이 모두 성과가 뛰어난 사람들이라고 진심으로 믿는 것처럼 행동하기는 힘들 것이다.

세 번째 연구는 리더의 기대치를 높였을 때와 훈련병이 자기 자신의 기대치를 높였을 때를 비교했다.[23] 훈련병들은 네 범주로 나뉘어졌다. 당신이 소대장 가운데 하나라고 상상해보라. 전형적인 피그말리온 효과 조작 실험처럼 소대원 가운데 절반을 테스트해보니 그중 절반은 뛰어난 가능성이 있고 나머지 절반은 평범하다는 말을 듣는다. 나머지 절반의 소대원의 경우에는 실험 결과가 결정적이지 않아서 가능성을 '알 수 없다'는 말을 듣는다. 7주가 지나자 이번에도 기대치의 힘이 마술처럼 작용한 것을 알 수 있었다. 뛰어난 능력이 있다고 여겨진 훈련병들이 '통제된' 동료 집단에 비해 훨씬 뛰어난 성적을 얻은 것으로 나타났는데, 그 차이가 평균 12퍼센트에 달했다.

종합해보면, 이 연구들을 통해 상사(이 경우에는 훈련 교관)의 기대치가 높을수록 부하직원(이 경우에는 훈련병)의 성적이 높아진다는 것을 알 수 있다. 그렇다면 이번에는 이것이 다른 방향으로도 적용되는지 살펴보자. 낮은 기대치가 성과를 낮추기도 할까? 이 전제를 테스트하려면 낮은 기대치를 갖도록 유도하는 것과 관련된 윤리적인 문제 때문에 심각한 문제가 제기될 수 있다. 그러나 연구원들은 영리하게도 해결책을 찾아냈다. 낮은 기대치를 갖게끔 유도하는 대신 자연스럽게 발생하는 낮은 기대치를 모두 없애버리기로 한 것이다.

소대장들은 신입 훈련병들의 신체 적합 점수를 파악하는 습관이 있었다.[24] 연구원들은 '약골들'을 표적으로 삼았다. 소대장 절반에게 표준 신체 테스트가 낮은 점수대에서는 신뢰성이 떨어진다고 말한 것이었다. 따라서 점수가 낮다고 반드시 신체적으로 부적합한 것은 아니라는 점을 시사했다. 나머지 절반의 소대장들은 신체 테스트에 관한 신뢰도에 대해 어떤 말도 듣지 못했다. 그리고 훈련 과정이 끝날 무렵 '약골들'에 대한 재검을 실시했다. 소대장이 낮은 기대치를 버리도록 유도된 소대에 속한 훈련병들은 그렇지 않은 소대에 속한 소대원들에 비해 훨씬 빠른 시기에 좋은 점수를 받았다. 그들은 턱걸이와 윗몸 일으키기를 평균 10퍼센트 정도 더 많이 했고 2킬로미터 달리기도 훨씬 더 빨리 끝낼 수 있었다. 그러나 이보다 더 놀라운 결과는 그들이 제어 집단에 속한 '약골들'에 비해 상위 30퍼센트에 들어갈 가능성이 3배나 더 높은 것으로 나타났다는 것이다! 이러한 '역 피그말리온 효과'를 가리켜 '골름 효과golem effect'라고 부른다.[25]

이런 연구들은 권위적인 인물의 기대치에 따라 성과가 올라갈 수 있을 뿐만 아니라 내려갈 수도 있다는 강력한 근거를 제시한다. 따라서 상사가 부하직원들을 분류할 수 있는 테스트 점수나 인사고과 점수를 알아낼 수 있는 곳이라면 비슷한 결과가 발생할 가능성이 존재한다. 이 연구 결과와 더불어 위에서 살펴본 연구 흐름을 종합해보면 상사가 부하직원의 자신감이나 의욕에 상처를 냈을 때 부하직원의 성과 또한 그에 따라 떨어질 수 있음을 예상할 수 있는 이유를 알 수 있다.

세 번째 연구의 나머지 절반은 어떻게 되었을까? 소대장에게 "실험이 완료되지 못했다"라는 말을 들려준 소대원 절반에게는 심리학자가 직접 소대원들의 자기 기대치에 관한 실험을 실시했다. 소대원 절반에게는 높은 가능성을 발견했다고 말해주고 나머지 절반에게는 '평범한' 가능성만 있다고 들려주었던 것이다. 이렇게 훈련병의 기대치를 직접 조작하는 것이 훈련 교관의 기대치를 조작하는 것보다 효과가 '훨씬 뛰어날' 것이라고 예상할 수 있을 것이다. 부하직원의 자신감에 직접적인 영향을 주기 때문이다. 실제로 실험을 실시한 결과 이런 예측이 적중했다. 자신에게 뛰어난 능력이 있다고 믿은 훈련병들이 제어 집단보다 평균 15퍼센트나 좋은 성적을 받았다.

주목할 것은 훈련병의 기대치를 간접적으로 조작했을 경우 성적이 12퍼센트 달라졌는데, 이는 훈련병의 기대치를 직접 조작했을 때 15퍼센트의 상승효과를 낳았던 것과 매우 근접한 수치다. 이를 통해 상사의 기대치와 행동을 통해 부하직원의 자신감을 간접적으로 조작하는 것이 제법 효율적인 방법이라는 것을 알 수 있다. 간접적으로 조작해도 효과가 그다지 떨어지지 않기 때문이다. 다시 말해서 상사의 행동이 부하직원의 자기 기대치와 자신감에 대단히 큰 영향을 미친다는 것이다.

최선이 최악을 유발하는 역설 _____

　이번 장에서 필패 신드롬에 관한 많은 근거들을 살펴본 만큼 중요한 내용을 요약하고 넘어가자. 상사들은 성과가 낮은 직원으로 인식한 사람에 대해서는 더 많이 통제하고 지원은 잘 해주지 않는 경향이 있다. 그러나 그럴 경우 상사의 행동이 직원의 결정권을 앗아가고 직원에 대한 기대치가 낮다는 것을 드러내는데다 직원의 자신감마저 떨어뜨리기 때문에 부하직원의 성과는 오히려 낮아지는 결과를 초래한다. 이를 뒷받침하는 다양한 연구 결과들을 살펴보았다.

　이상한 점은 상사가 성과가 낮은 직원에 대해 이런 믿음을 갖고 있어도 성과가 높은 직원들로부터 높은 성과를 얻어내는데는 아무런 문제가 없다는 것이다. 마치 1명의 상사가 부하직원을 어떻게 생각하느냐에 따라 매우 좋은 리더가 될 수도 있고 그저 그런 리더가 될 수도 있는 것처럼 보인다. 상사는 성과가 뛰어난 직원이라고 생각하는 사람에게는 그렇지 않은 직원보다 리더로서 훨씬 더 많이 지원해주는 경향이 있다. 또한 우리는 상사들이 의도하지 않게 부하직원의 능력에 관한 실제 생각을 드러내고 부하직원들이 그런 생각을 얼마나 정확히 읽는지도 살펴보았다.

　그 결과 부하직원들의 성과가 극과 극으로 나뉘게 되어 어떤 직원들은 점점 더 나아지는 반면, 나머지들은 상사나 업무 자체에 무관심해지는 경향을 보이게 된다. '양'들이 모두 '사자'로 바뀌어야 한다고 주장하는 것은 아니다. 다시 말해서 모든 직원들이 스타 직

|그림 2-1| **기대치에 따른 성과 변화**

상사의 기대치에 따라 높아지거나 낮아지는 부하직원의 성과

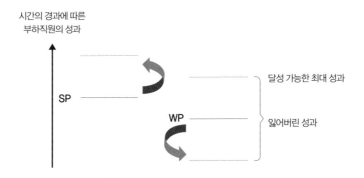

시간의 경과에 따른
부하직원의 성과

SP

WP

달성 가능한 최대 성과

잃어버린 성과

주) SP = 성과가 높은 직원 WP = 성과가 낮은 직원

원들만큼 잘해야 한다거나 아니면 더 나은 성과를 내야 한다고 주장하는 것이 아니다. 실적이 꾸준히 악화되고, 상사가 그 악화를 늦추기 위해 점점 더 많은 노력을 기울여야 하는 현재 상황에 비하면 성과가 낮은 직원들이 약간이라도 개선되는 것은 큰 보너스라 할 수 있다. 리더가 관리를 잘 했을 경우 성과가 낮은 직원이 좀 더 나은 성과를 낼 수 있다는 사실은 엄청난 개선의 여지를 남긴다. 〈그림 2-1〉은 성과가 낮다고 인식된 직원이 상사의 낮은 기대치로 인해 잃게 되는 성과를 보여준다.

핵심은 다음과 같다: 상사들은 성과 문제가 생기면 아무리 열심히 노력해도 그 문제가 사라지지 않는다고 생각한다. 우리는 상사가 최선을 다하기 때문에 오히려 문제가 지속되는 경우가 많다고

주장한다. 상사들 자신이 괴로움을 만들어내고, 스스로 직원들의 성과를 낮추는 것이다!

이것은 놀라운 결과다. 이런 결과는 당신의 머릿속에 있는 생각이 도움이 되지 않고 오히려 상처를 준다는 사실을 나타낸다. 성과가 낮다고 인식한 직원들을 도와주고자 했던 방식이 오히려 상황을 더 안 좋게 만들 가능성이 매우 높다. 그렇기 때문에 성과가 낮은 직원들의 성과를 바로잡기 위해 지금까지 해왔던 노력이 대부분 성공적이지 않았던 것이다. 어떻게 수천 명의 상사들이 잘못된 이론을 가지고 있으면서 그것이 실패작이라는 점을 인식하고 고치려 들지 않는다는 말인가? 이에 관해서는 3장에서 살펴볼 것이다.

THE SET/UP/TO/FAIL

누구나 빠질 수 있는 악순환의 덫

SYNDROME

학습이란 그런 것이다.

평생 알아왔던 무언가를 새삼스럽게 이해하는 것.

단, 새로운 방식으로.

– 도리스 레싱Doris Lessing

상사들 때문에 성과가 낮은 직원들이 악순환에 빠지는 일이 자주 있다는 우리의 주장을 처음으로 접한 독자라면 어느 정도 놀라운 반응을 보일 것이다. "이것 봐요. 잘못된 이론을 고집하는 관리자들이 무수히 많은데 단 한 사람도 그 사실을 깨닫지 못했다는 건가요? 그 사실을 알아차린 사람이 이 세상에 당신들 두 사람밖에 없다고요?"

그렇기도 하고 아니기도 하다. 그렇다는 것은 수많은 관리자들이 의존하는, 성과가 낮다고 여기는 직원들을 다루는 방법이 현 상황을 향상시켜주기 위한 의도에서 비롯된 것이긴 하지만 실제로는 오히려 상황을 더 악화시키기 때문이다. 아니라는 것은 그 사실을 알아차린 사람이 이 세상에 우리 두 사람만 있는 것은 아닐 것이라고 생각하기 때문이다. 사실 사람들이 적어도 우리 주장의 일부분은 알아차렸을 것이라 생각한다. 상사라면 부하직원의 성과를 바로잡고 성과가 낮은 직원을 틀에 박힌 생활에서 벗어나게 하기가 얼마나 어려운지 알고 있을 것이다. 성과가 낮은 직원들을 도와주는 것이 얼마나 어려운지, 얼마나 많은 시간과 노력을 요하는지 상사들은 잘 알고 있다. 그들은 아무리 노력해도 시간이 지남에 따라 노력에 대한 보상은 점차 줄어들고 성과가 낮은 직원들의 성과는 점점 더 안 좋아진다는 사실을 알아차렸다.

성과가 낮은 직원들이 필요 이상의 관심과 자원을 빼앗아간다는 시각이 당연시되고 있다. 실제로 어떤 회사에서는 투자 회수율이 높은, 성과가 좋은 직원들에게만 관리자들이 노력을 기울이고 코칭을 집중하도록 하는 인사 정책을 세워놓았다. 심지어 성과가 개선되지 않으면 회사를 그만둬야 한다는 철학을 가진 일부 회사에서는 성과가 낮은 직원들에게 회사를 그만둘 것을 적극적으로 종용하기도 한다. 그러면 성과가 낮은 직원들을 관리할 필요가 없어지기 때문이다.

최근 컨설팅을 진행했던 거대 IT 기업은 여러 목적 가운데 특히 성과가 가장 낮은 10퍼센트의 직원 분포도를 파악하기 위하여 새로운 인사고과 시스템을 도입했다. 이 회사는 새로운 시스템을 도입한 목적이 '가장 성과가 낮은 직원들'을 찾아 해고하기 위함이 아니라는 것을 직원들에게 명확하게 전달했다. 이런 직원들을 찾아 확실한 개인 성과 향상 과정에 참여시키기 위함이라고 말이다. 그러나 이 회사의 한 선임 관리자는 이 과정에 참여하는 직원들 가운데 최대 75퍼센트가 실패할 것이라고 예상하기 때문에 결국 직

필패 신드롬

원들이 알아서 회사를 그만두게 될 것이라고 인정했다. 결국 그가 하는 말은 "성과가 낮은 직원들을 다루는 방법을 모르겠다"는 것이었다.

이처럼 관리자들과 기업들이 성과가 낮은 직원들을 관리하는 것과 특히 그런 직원들의 성과를 향상시키는 것이 쉽지 않으며 실패하는 경우가 많다는 사실을 분명하게 인식하고 있다는 것을 알 수 있다. 그러나 그 이유가 바로 상사의 행동 때문에 부하직원들이 실패하지 않을 수 없는 역학구도를 형성하고 길러나간다는 사실은 확실하게 인식하지 못하고 있다. 이런 문제의 양상을 이해하는 것이 매우 중요하다. 문제 발생에 대한 책임이 상사에게도 있다면 문제에 대한 진단이 확실히 달라져야 하며, 해결책도 달라져야 하기 때문이다.

이번 장에서는 문제 발생 과정에서 상사가 맡은 역할을 관리자들과 기업들이 파악하지 못하는 세 가지 이유를 살펴볼 것이다.

1. 그들은 성과가 낮다고 인식한 직원들을 대하는 상사의 행동이 직원의 동기부여에 미치는 위력을 과소평가하는 경향이 있다.
2. 그들은 또한 상사의 행동이 성과가 낮은 직원들의 행동을 어떻게, 얼마나 많이 제약하는지 제대로 인정하지 않는 경향이 있다.
3. 상사와 부하직원들은 자기 충족적 과정에 사로 잡혀 있다. 상사는 성과가 낮다고 인식한 직원들로부터 자신이 기대한 만큼의 행동과 성과를 얻는다. 이렇게 기대한 만큼 얻게 되는 결과로 인해 상사는 다시 부하직원에 대한 자신의 평가가 옳다고 인식한다.

따라서 문제가 발생하게 된 과정과 그 속에서 자신이 맡은 역할을 다시 살펴볼 필요성을 못 느끼게 된다.

앞으로 하나씩 살펴볼 이 세 가지 요소들이 한데 모이면 직원들의 성과를 떨어뜨리는 악순환으로 이어지게 된다. 이는 매우 강력한 역학구도인데, 그에 대해 저항하는 정도는 사람에 따라 다르다. 과소평가된 부하직원들 가운데에는 다른 사람보다 훨씬 더 많이 저항하는 사람도 있다. 그런 사람들의 노력이 왜 오래 지속되지 못하고 심지어 역효과를 보는 경우가 발생하는지도 살펴볼 것이다.

낮은 기대치가 야기하는 행동의 차이

지난 장에서는 상사가 부하직원에 대한 기대치와 부하직원의 자신감에 미치는 영향을 통해 부하직원이 어떻게 행동하는지 살펴보았다. 성과가 낮다고 인식된 직원들은 상사가 다른 동료들에 비해 자신을 덜 호의적으로 대한다는 사실을 인식하면 '낮은 기대치에 맞게' 살아가기 시작한다. 덜 호의적으로 대한다는 것을 나타내는 신호는 매우 미묘한 것일 수 있다. 예를 들어 한 연구에 따르면 면접관이 면접 대상자로부터 멀리 떨어져 앉고, 시선을 잘 마주치지 않으며, 고객을 끄덕이거나 미소를 짓지 않는 등 부정적인 비언어적 신호를 보낼 경우 면접 대상자가 제대로 면접을 치르지 못하는 것으로 나타났다. 비디오를 통해 이런 상황을 살펴본 제3의 면접관은 덜 호의적인 상황에서 면접을 치른 면접 대상자가 다른 집단에 속한 사람들보다 훨씬 더 긴장했고 능력이 훨씬 떨어질 것이라고 판단했다.[1]

업무 측면에서는 낮은 기대치가 부하직원의 사기와 성공 의욕을 앗아간다. 부하직원들이 왜 그런 반응을 보이는지 상사들은 이해하기 어려워한다. 왜 열심히 노력해서 성과가 낮은 직원이라는 꼬리표를 떼려 들지 않을까? 물론 노력하는 사람도 있다. 그렇게 노력하는 직원이 성공할 가능성에 대해서는 이 장의 끝부분에서 살펴볼 것이다. 그러나 대부분의 직원들은 노력하기보다 어떤 식으로든 포기해버린다.

상사들은 부하직원이 '외집단'에 속한다고 느끼는 경우 의욕이 꺾이는 정도를 과소평가한다. 그런데 그런 상사들에게 자신이 상사의 외집단에 들었다고 느낀 적이 있는지 물어보면 많은 상사들이 "미움을 산 적이 있다"고 인정했다. 그들은 불공평, 외로움, 충격, 절망, 격노, 육체적 정신적 피로, 불쾌함, 심지어 극도의 단조로움과 같은 단어를 이용해 그 당시의 느낌을 설명하면서 분노, 두려움, 불안감 같은 강한 감정을 드러냈다.

부하직원에 따라 상사의 행동이 달라진다는 사실 자체는 문제가 되지 않는다. 언제든 다른 사람들에 비해 경험이 더 많거나 능력이 더 뛰어나거나 더 의욕이 넘치는 부하직원들이 있게 마련이다. 관리자들은 결과에 대한 책임을 져야 하기 때문에 중요한 업무의 경우 성공적으로 처리하는 직원들에게 맡기고, 제대로 믿을 수 없는 부하직원들의 성과는 좀 더 세밀하게 감독하게 된다. 따라서 성과가 낮은 직원들을 상사가 다른 식으로 대하는 것이 문제가 아니라 부하직원들을 과소평가하고 믿지 못한다는 사실을 드러내는 행동을 보이는 것이 문제다.

앞서 설명했던 것처럼 자신감은 불안정한 요소이다. 다른 사람이 자신에 대한 불만을 갖고 있다거나 무관심하다는 사실을 아주 조금만 눈치채도 자신감이 떨어진다. 예를 들어 연구에 참여한 피험자들에게 그릇된 정보를 근거로 문제를 잘 해결하지 못하는 사람이라고 믿게 만들면 골치 아픈 문제가 주어졌을 때 좀 더 쉽게 의욕을 상실한다는 것을 알 수 있다. 또한 다른 선수들과 경쟁하는 종목의 운동선수에게 대회에서 라이벌이 더 잘 했다는 그릇된 정보를 알려주고 나서 신체 테스트에 참여시키면 인내력이 현저히 떨어진다. 이와 마찬가지로 그릇된 피드백을 통해 남자 운동선수의 의욕을 저하시키고 여자 운동선수의 의욕을 북돋우면 객관적인 성별에 따른 체력의 차이가 없어지기까지 한다.[2]

물론 관리자들, 그중에서도 특히 선임 관리자들의 경우 자신의 능력에 대해 평균치보다 더 강한 믿음이 없었다면 현재의 위치까지 오르지 못했을 것이라고 주장하는 사람도 있을 것이다. 수십 년에 걸쳐 실시된 연구 결과에 따르면 실제로 자신감이 리더의 능력, 경력 개발과 관련이 있는 것으로 나타났다.[3] 그러나 아무리 선임 관리자라 해도 자기 회의에 빠지지 않는 것은 아니다. 리더십 학자인 존 헌트John Hunt의 말대로 "나처럼 동기부여 패턴에 관심이 있는 연구원은, 아무리 우등생일지라도 지속적으로 거절을 당할 경우 얼마나 쉽게 열등생이 될 수 있는지 알게 되면 정말 깜짝 놀라지 않을 수 없다."[4] 이런 현상은 특히 해외에 파견되어 근무하다가 본국으로 돌아온 직원들 사이에 두드러지게 나타난다. 본국으로 돌아와 딱히 맡은 일이 없을 경우 해외에서 근무하면서 자율성과 도전정신을 통해 얻게 된 자신감이 쉽게 사라지는데, 그런 경우가 거의 절반에 달한다고 한다.[5]

성과가 낮다고 인식된 직원들은 자신감이 흔들리면 자신이 회사에 기여할 수 있는 것이 과연 있을까 하는 의구심을 갖는다. 그러고는 자신의 생각에 의문을 제기하고 조직과 맞지 않다고 느끼기 시작한다. 이런 불확실성은 점점 더 늘어가는 자기 검열이나 후속 조치에 대한 신념 부족으로까지 이어진다. 결국 공격받을 것이 두려워 흥미로운 아이디어를 내지 못하고 핵심적으로 주도해야 할 일을 성의 없이 처리하는 경향을 보이며 사전에 성공 가능성을 차단해버리는 것이다.

그들이 가졌던 열정과 흥분 또한 사라진다. 외집단으로 내몰린 그들은 상사로부터 방해를 받거나 검열당하는 것을 피하기 위해 전보다 더 조심스럽게 접근한다. 또한 상사가 자신의 노력을 인정하지 않을 것이라는 사실을 알아차리고는 위험을 감수하려 들지 않는다. 빛을 볼 기회를 거부당한 그들은 순식간에 기업가 정신을 잃어버린 채 헌신하지 않으며 상사와 대화를 나누려 들지 않고 점점 더 수동적으로 행동하게 된다.

시간이 지나면서 이런 부하직원들은 자신의 업무를 바라보는 시각도 바뀐다. 업무는 해야 할 일에 불과할 뿐 더 이상 자기 자신을 반영하지 않는다. 그들이 하는 일은 전과 같이 목적의식이나 다른 이들과의 연결 고리를 제공해주지 못한다. 여전히 해고되지 않을 정도로 일을 하긴 하지만 업무에 대한 만족감을 느끼거나 열심히 할 수 있는 방법을 모색하지 않는다. 그들은 '만족스러운 수준의 열등 직원'이 되는 것이다. 이런 상황에 처하면 여유가 있는 것처럼 느껴지기도 하겠지만 실제로는 상당히 괴롭고 불편하다. 특히 이런 상황에 처하기 직전까지 비교적 성공적으로 경력을 개발해온 사람들에게는 더욱 그렇다.

우리는 이런 패턴을 많이 목격했다. 우리가 컨설팅을 했던 대부분의 임원들도 이런 패턴을 보인 적이 있다. 실적이 저조한 직원들을 인내하며 대하기보다 실적을 내라고 강력하게 종용하는 사람으로 유명한 잭 웰치Jack Welch도 마찬가지다. 그러나 그가 저술한 책에는 아무리 숙련된 관리자라도 상사의 행동으로 인해 성과가 악화일로를 걸을 수 있다는 점을 강조하고 있다.

> 취약한 순간에 스트레스를 많이 받으면 내가 'GE 소용돌이GE Vortex'라고 부르는 상황에 빠질 수 있다. '소용돌이'는 리더가 자신감을 잃고 당황하기 시작하며, 자기 의심의 구멍 속으로 떨어질 때 발생한다. 나는 강하고 똑똑하며 자신감 넘치는, 수십억 달러의 비즈니스를 운영하는 사장들도 이런 소용돌이에 빠지는 것을 본 적이 있다. 그런 사람들은 회의실에서 벗어나 그럭저럭 하루를 버티기 위해 아무것에나 동의하려 든다. 보기 딱한 모습이 아닐 수 없다.[6]

피그말리온 효과·골름 효과는 그 효과가 얼마나 빨리 작용하는지를 보면 최대 위력을 알 수 있다. 상사의 의혹이 부하직원의 방어를 약화시키는 데 얼마나 오랜 시간이 걸린다고 생각하는가? 대부분의 부하직원들은 한동안 자신감을 유지시켜주는 실적이 있기 때문에 아무리 안 좋은 상황이라도 최소한 몇 개월은 걸릴 것이라고 생각할지 모른다. 어쨌든 그렇게 되기까지 복잡한 과정을 거치니 말이다. 맨 먼저 상사의 마음에 의심이 싹터야 한다. 그러고 나서 상사가 그런 의심이 옳다고 확신한다. 상사의 행동이 아주 미묘한 수준으로 달라지기 시작한다. 부하직원이 그런 차이를 알아차린다. 부하직원은 상사의 생각을 바로잡고 '반격'하기 위해 노력을 기울인다. 그러다 부하직원은 자신이 아무리 노력해도 아무것도 달라지지 않는다는 사실을 서서히 분명하게 깨닫는다. 부하직원이 자신감을 잃기 시작하고 성과가 떨어지기 시작한다. 처음에는 조금씩이지만 시간이 지날수록 점점 두드러진다.

2장에서 살펴본 피그말리온 효과에 관한 연구를 통해 우리는 7주 만에 이 과정이 완전히 마무리되어 상사의 낮은 기대치가 부하직원의 테스트 점수에 상당히 큰 영향을 미친다는 사실을 알 수 있었다. 그렇다면 이 과정이 얼마나 빠른 시간 안에 위력을 발휘하기 시작하는 것일까? 두 집단의 성과가 차이를 보이기 시작하는 것은 몇 주 만일까? 5주? 3주? 놀랍게도 답은 불과 며칠이라는 것이다. 피그말리온 연구에서 연구원들은 매주 점수를 기록했다.[7] 잘할 것이라고 (잘못) 기대된 훈련병들의 성적이 일주일 만에 동료들의 성적과 두드러진 차이를 보이기 시작했던 것이다. 그리고 그 차이는 끝까지 좁혀지지 않았다. 점수 기록과 마찬가지로 성공에 대한 훈련병의 기대치도 처음에는 두 집단이 동일했지만 과정이 진행될수록 격차가 더 벌어졌다.

또 다른 연구 결과 낮은 기대치로 인해 불과 몇 분 만에 눈으로 관찰할 수 있을 정도로 뚜렷한 행동의 차이가 발생하는 것으로 나타났다.[8] 연구원들은 면접관들에게 면접해야 할 대상들이라고 하면서 사진을 보여주고 외모의 좋고 나쁨에 따라 각각의 면접 대상자에 대한 첫 인상을 갖게 만들었다(물론 외모가 좋고 나쁨에 대한 판단은 사람에 따라 다르다. 그러나 이 연구에서는 연구원들이 여러 가지 사진들을 가지고 사전 실험을 실시하여 가장 외모가 좋은 사진들과 가장 나쁜 사진들을 선별해놓았다). 그런 다음 면접관들은 면접 대상자를 '파악하기 위해' 각각의 면접 대상자와 10분씩 통화를 했다. 사진을 보지 못한 중립적인 평가단이 면접 대상자와의 통화 내용 중 절반 정도를 들었을 때 외모가 나쁘다고 알려진 면접 대상자들이 자신감이 떨어지고 생기와 사교성이 떨어진다고 판단했다. 다시 말해서 불과 몇 분 만에(게다가 목소리라는 제한된 대화 방식을 통해) 면접관들은 면접 대상자들이 자신의 기대에 맞는 행동을 하게 만들었던 것이다.

그렇다면 전반적으로 이 과정이 매우 강력하면서도 놀라울 정도로 빠른 속도로 진행된다는 것을 알 수 있다. 관리자들이라면 분명 이보다 더 큰 회복력을 가졌을 것이라고 주장하며 이 과정을 과소평가하기 쉽다. 우리가 조사했던 관리자들은 실제 관리 상황에서 이 과정이 얼마나 빨리 자리 잡는지 알아차리지 못했다. 하지만 존 헌트와 마찬가지로 우리도 아무리 성공적인 부하직원이라 할지라도 상사의 행동과 부하직원에 대한 평가에 영향을 받는다는

필패 신드롬

사실에 놀랐다. 자기 결정 이론 연구원들이 당연하게 여기는 것처럼 대부분의 사람들은 능력과 자율성, 관계에 대한 강한 욕구가 있다. 그런데 상사는 개인적으로 그리고 업무적으로 성과가 낮은 직원들이 이런 욕구를 충족시키는 능력을 억누를 수 있다.

상사의 행동은 이렇게 사기를 저하시키고 자신감을 파괴하는 결과뿐만 아니라 단순하고 거의 기계적인 과정을 통해 부하직원의 성과에도 부정적인 영향을 끼친다. 이제 그 방법을 확인해보자.

검열이 촘촘할수록 성과는 낮아진다

2장에서 보았던, 임원진들에 대한 조사를 통해 작성한 목록을 다시 한 번 살펴보자(〈표2-1〉 참조). 왼쪽은 성과가 낮은 직원들을 대할 때, 오른쪽은 성과가 높은 직원들을 대할 때의 행동에 대한 상사 스스로의 인식을 보여준다. 이 두 목록을 비교하면 부하직원에 따라 상사의 행동이 달라진다는 것을 알 수 있다. 예를 들어 성과나 낮은 부하직원에게는 상사가 자세하게 지시할 가능성이 더 많다.

이 목록들을 다시 정리하여 성과가 낮다고 생각하는 직원들에 해당되는 것만 따로 살펴보자(〈표3-1〉). 당연하게 여겨지는 인과관계를 뒤집어서 부하직원을 대하는 상사의 행동(왼쪽 열)을 먼저 고려하면 상사가 관찰하게 되는 부하직원의 행동(오른쪽 열)을 실제로 예측할 수 있다. 임원들이 직접 만들어낸 자료를 검토한 결과 이 두 열 사이에 충격적인 연결고리가 있음을 알 수 있다.

|표 3-1| 부하직원을 대하는 태도에 따라 상사의 인식이 강화됨

성과가 낮은 직원들을 대하는 상사의 태도		성과가 낮은 직원에 대한 상사의 인식
업무와 목적을 의논할 때 지시하는 경향이 있음. 해야 할 일은 물론 어떤 식으로 해야 하는지에도 초점을 맞춤	→	성과가 낮은 직원들은 자율성이 떨어짐. 문제나 프로젝트를 책임지지 않음
목표와 마감일을 더 많이 정하는 경향이 있음. 상세한 업무 계획과 확인 날짜를 정함	→	성과가 낮은 직원들은 주도적으로 일하지 않음. "내가 그들을 대신해서 생각해줘야 함"
제한된 의사결정 자율권을 줌	→	성과가 낮은 직원들은 부하직원들에게 자율권을 넘겨주지 않으려고 함
일상적인 업무와 프로젝트를 부여함	→	성과가 낮은 직원들은 의욕과 활력이 떨어지고 '주어진 업무' 이상의 것을 하려고 하지 않음
일을 제대로 하고 있는지 주기적으로 확인함. 호의적이지 않은 변화에 초점을 맞추고 부하직원이 어려움에 봉착했을 때 체계적으로 관여함	→	성과가 낮은 직원들은 도움을 요청하지 않음. 문제가 발생해도 상사에게 신속히 보고하지 않고 혼자 허둥댐
물리적으로나 감정적으로 더 많은 거리를 둠	→	성과가 낮은 직원들은 대개 변명거리를 찾고 방어적이며 불안정함
운영상의 문제에 치중한 회의를 가지면서 세세한 질문을 던짐	→	성과가 낮은 직원들은 비전을 가지고 있지 않으며 '큰 그림'을 볼 줄 모르는 등 편협함
제한을 두지 않는 접촉을 피하고 당면한 과제에만 치중. 부탁하기보다 지시함	→	성과가 낮은 직원들은 '스파링 파트너'로서의 능력이 떨어짐
의견 충돌이 있을 경우 자신의 관점을 고집함. 강력한 권고에 가까운 '제안'을 함	→	성과가 낮은 직원들은 혁신적이지 못하고 변화를 수용하려 들지 않으며 해결방안을 생각해내는 일이 적음

두 열을 나란히 놓고 보면 놀라운 사실을 알 수 있다. 두 열이 완벽하게 일치한다는 걸 언급하지 않아도 부하직원이 약점을 극복하는데 상사의 행동이 도움이 되지 않는다는 것을 분명하게 확인할 수 있다. 부하직원이 느끼는 고충을 강조하기 위해 두 열을 좀 더 자세히

비교해보자.

예를 들어 성과가 낮은 직원들은 판단력이 떨어진다고 알려져 있다. 상사들의 말에 따르면 이런 판단력 부족은 다양한 방식으로 나타난다고 한다. "문제가 발생하면 어쩔 줄 몰라 한다거나", "세부 사항을 놓친다거나", "문제를 예측하지 못한다거나", "정보를 꽁꽁 숨기고 있다거나", "과정 전체를 보지 못한다고" 말이다. 그런데 상사들 스스로가 인정했듯이 이유는 상관하지 않고 무엇을, 어떻게, 언제까지에만 초점을 맞추는 상사의 행동은 부하직원이 이런 약점들을 극복하는 데 아무런 도움도 되지 않는다. 어떤 생각으로 전략적 결정을 했는지 알지 못하는 성과가 낮은 직원들은, 자신의 업무가 큰 그림 속에서 어떤 위치를 차지하는지 파악하는 데 어려움을 겪을 수밖에 없다. 이런 어려움은 더 높은 윗사람들 혹은 외부에 노출될 일이 적고, 다른 사람들과 접촉할 가능성이 적으며 전체적인 상황이 어떻게 돌아가는지 이해하기 어려운 일상적인 업무를 떠맡게 되면서 더욱 악화된다.

또한 성과가 낮은 직원들은 자신이 불리한 상황에 처할 때만 상사가 좀 더 자세히 감시하고, 결과가 지연되면 그 즉시 자신의 업무를 가로채버리는 경향이 있다는 것을 알고 있다. 상황이 이렇기 때문에 부하직원들이 스스로를 보호하지 않으면 안 되겠다는 생각을 하면서 정보를 공유하거나 문제가 발생했다는 사실을 알려야 할지, 다시 한 번 생각해보게 되는 것이다. 따라서 상사의 입장에서는 '그들로부터 정보를 끄집어내지 않으면 안 되겠다'고 느끼게 된다.

성과가 낮은 직원들은 자신의 부하직원에게도 좋은 상사가 되지 못하며 정보와 권한을 위임하려 들지 않고 부하직원들에게 동기를 부여하는 능력도 없는 것으로 여겨진다. 그러나 그것이 그렇게 놀랄 만한 것인가? 자기 자신에 대한 신뢰가 흔들리는데, 다른 사람들에게서 신뢰를 얻는 것은 분명 쉽지 않은 일이다. 또한 성과가 낮다고 인식된 직원들의 경우 성취하기 어려운 목표와 빡빡한 중간 점검, 마감일에 대한 부담감을 안고 일하기 때문에 전략적으로 생각할 수 있는 여지가 적어서 자기 부하직원들에게 권한을 위임하고 발전시키는 능력 역시 제한적일 수밖에 없는, 한층 더 제약적인 상황에 처하게 된다. 상사로부터 상세한 지시를 받은 성과가 낮은 직원들이 어떻게 자기 팀원들에게 "이 일은 어떻게 처리하는 것이 좋을까?"와 같은 질문을 솔직하게 할 수 있을까? 자신이 갖지 못한 권한을 다른 사람에게 위임하기란 어려운 일이다. 성과가 낮은 사람들이 일상적인 업무를 더 많이 떠맡게 되는 현상 역시 부하직원 개발에 도움이 되지 않는다. 끝으로 중요한 사항은 성과가 낮은 부하직원들의 경우 자기 상사의 관리 스타일을 통제적이라고 여긴다는 점이다. 아마도 그들이 가장 익숙하게 생각하는 관리 모델이 이런 스타일이기 때문에 그들 자신도 그것을 그대로 답습할 가능성이 크다.

상사들은 자신이 해주는 것보다 성과가 낮은 부하직원들로부터 돌려받는 것이 적다는 말을 자주 한다. 아이디어를 내거나 다른 사람이 낸 아이디어에 대한 반응을 테스트해볼 만한 대상으로 적합하지 않다는 것이다. 그러나 고급 정보를 확보하기 힘들고, (훈련이나 다국적 업무, 또는 상사를 대신해 트레이드 포럼에 참석하는 등의 기회를 통해) 자기 분야의 최신 트렌드를 접할 기회가 적은 사람들이 상사의 스파

필패 신드롬

링 파트너가 되기는 힘들다. 상사들은 성과가 낮은 직원들과 회의할 때마다 운영상의 문제에 치중하며 부하직원의 의견을 묻기보다는 자기 자신이 생각한 해결책을 따르라고 강요한다. 상사가 자신의 아이디어나 자신이 제시한 해결책을 따르지 않는데 무엇 때문에 제안하려 들겠는가? 그런데다 상사가 강력하게 '권고'를 하는 경향이 있다면 성과가 낮다고 인식된 직원이 상사의 생각에 반박하는 독립적인 견해를 생각해내고 자기만의 아이디어를 고수할 수 있는 자신감을 어떻게 키울 수 있단 말인가?

이런 상황에서는 상사가 '부하직원을 대신하여 생각까지 대신해주는 것'이다.

상사는 성과가 낮은 직원들 스스로 열정이 떨어지고 변화에 대한 거부 등 좋지 않은 태도를 보이기 때문에 다른 직원들과 구분되는 거라고 주장한다. 그러나 그들에게 주어진 선택권이 별로 없고, 평소에 칭찬을 받는 일이 적으며, 도전의식을 가질 만한 업무를 받지 못한다면 주어진 업무 이외의 것을 하지 않으려 드는 것도 이해할 만하다. 또한 상사가 내부 정보를 공유하려 들지 않거나 임박한 변화에 대한 생각을 꼬치꼬치 캐묻는다면 그들이 변화를 기대하거나 수용하는 데 어려움을 느낄 수 있다. 그들은 항상 사내 정보를 가장 늦게 듣고 기정사실만 알게 된다.

성과가 낮다고 인식된 직원들의 상황은 상사가 그들의 성과를 감시하는 방식으로 인해 더욱 나빠진다. 상사는 성과가 낮은 직원들을 더 철저하게 감시하고 중간 목표 점검일과 마감일을 더 많이 설정하며 약점을 나타내는 신호에 한층 민감하게 반응한다. 실제로 상사는 이렇게 약점을 나타내는 신호를 끊임없이 예의주시하고, 그것을 알려줄 만한 다른 사람들과 교차 점검을 해가며 약점을 찾아낸다. 예를 들어 부하직원의 내부 고객이나 외부 고객에게 유도 질문을 하면서 말이다. 특히 일이 제대로 진행되지 않을 때 상사가 끊임없이 부하직원을 감시한다면 문제점을 발견할 가능성이 더 커진다. 반면 성과가 좋은 직원들에 대해서는 이따금 느슨한 감시만 할 뿐이다. 성과가 좋은 직원들이 문제에 직면하면 알아서 해결하기 때문에 상사는 문제가 발생했다는 것을 알지 못할 수도 있다.

그렇다고 성과가 낮은 것으로 인식된 직원들이 상사가 목격한 그런 행동을 전혀 보이지 않는다는 말은 아니다. 부하직원들 중에는 실제로 판단력이 떨어지고 의욕과 추진력이 낮은 사람들도 있다. 그러나 우리는 부하직원이 이런 태도를 보이기 시작할 때 그에 대해 상사가 보이는 전형적인 행동 때문에 상황이 더 악화된다는 걸 강조하는 것이다.

지금까지 여러 가지 개인적인 요소들을 살펴보았다. 다음 두 섹션에서는 이런 요소들을 역학구도 속에서 다시 한 번 살펴볼 것이다. 이런 요소들 사이의 상호 의존성을 강조하면 그런 요소들이 자기 충족적이고 자기 강화적인 과정에 속한다는 것을 알 수 있을 것이다.

보고 싶지 않은 것일수록 더 눈에 띈다

상사의 행동이 부하직원의 동기부여에 미치는 영향에 기계적인 효과까지 가미하면 성과 개선에 대한 큰 기대가 희망사항에 불과한 것으로 보이기 시작할 것이다. 무시당하고 무례한 취급을 당한다고 느낀, 성과가 낮은 부하직원들은 추진력과 자신감을 잃지 않으려고 애쓴다. 성과가 좋은 동료들에 비해 기회와 자원을 적게 부여받고 재량권과 영향력, 가치 있는 정보를 박탈당한 직원들은 자신에 대한 상사의 평가가 잘못되었다는 것을 입증하는 데 애를 먹는다. 그리고 머지않아 그들은 회복되기 어려운 상황에 빠지게 된다. 그러는 사이 상황을 개선하고자 했던 상사의 행동은 역효과를 낳는다. 그들이 '도움을 주는 것'이라고 생각했던 것이 실제로는 부하직원의 의욕을 떨어뜨리고 권한을 빼앗았던 것이다.

이런 부하직원들이 어떤 식으로 외집단에 속하게 되었든 그 속에서 빠져나올 수 있는 확실한 방법은 없는 것처럼 보인다. 부하직원의 입장에서는 그 상황이 전형적인 진퇴양난처럼 보이기 때문이다. 외집단에서 벗어나기 위해 그들은 더 좋은 성과를 내야 한다. 그러나 성과가 나아지는 것으로 인식되기 위해서는 내집단에 속해야 한다. 다시 말해서 성과가 좋은 직원들에게만 주어지는 지원과 관심, 도전이라는 혜택을 받아야 한다는 것이다. 상사가 자신을 대하는 모습을 고려하면 성과가 높은 직원들의 기준치만큼 자신의 성과가 높아지기를 바라는 것은 불가능하다.

그러나 상사의 입장에서는 부하직원들의 행동이 자신이 예상했던 대로라는 생각밖에 들지 않는다. 상사들은 그런 직원들에게서 'E 요소'라고 불리는 에너지Energy와 열정Enthusiasm, 흥분Excitement, 노력Effort, 우수성Excellence을 보지 못한다.[9] 대신 그들은 헌신, 치열함, 다급

함, 그리고 상상력의 부족을 느낀다. 방어적이고 반응적이며 위험을 회피하고 냉소적인데다 신뢰하기 어려운 대상이라고 여긴다. 또한 그들은 모든 상세한 사항을 상사와 재확인하려 들며 윗사람에게 권한을 전가하려 든다. 상사가 의심했던 바로 그런 종류의 직원에 딱 맞아떨어지는 것이다. 그리고 전반적으로 성과가 떨어지기 시작하면 상사는 문제점을 나타내는 실질적인 근거를 얻으면서 자신이 의심하던 바를 확신하게 되는 것이다.

이를 가리켜 자기 충족 과정self-fulfilling process이라고 부른다. 상사는 부하직원들이 특정한 행동을 보일 것이라고 예상한다. 그러고는 그런 문제가 발생하는 것을 피하기 위해 스스로 해야 할 행동을 선택한다. 그러나 상사의 행동은 사실 자신이 우려했던 대로 부하직원이 행동하게끔 만드는 데 기여한다. 결국 상사는 자신이 보기 싫어했던 행동을 실제로 관찰하게 되는 것이다.

문제는 상사가 성과가 낮은 직원들을 양성해내는 데 그치지 않는다는 것이다. 상사는 자기 자신에게 책임이 있다는 사실을 깨닫지 못하고 부하직원에게 잘못된 치유책을 더 많이 제공한다. 다시 말해서 이 과정은 자기 충족적일 뿐만 아니라 자기 강화적이기도 하다.

리처드와 미셸의 사례를 살펴보자. 상사인 리처드는 성과가 낮은 직원들이 보일 가능성이 큰 행동에 관해 개인적인 생각을 가지고 있다. 성과가 낮은 직원들은 문제가 발생해도 도움을 청하지 않고 최선을 다하지 않는다. 다른 사람이 그들을 압박해야 하며 대개는 책임을 회피한다. 리처드는 부하직원인 미셸을 최고의 직원이라 생각하지 않는다. 따라서 그는 그녀가 하는 일을 철저하게 감시하고 꼬치꼬치 질문하며, 성과가 좋은 직원들에게 주는 것만큼 긍정적인 보상을 해주지 않는다. 리처드는 또한 미셸의 성과에 대해 주기적이고 자세한 관심이 있기 때문에 미셸이 문제에 직면하면 그 순간 바로 알아차리게 된다.

도움이 필요할 때도 미셸이 도움을 요청하지 않고 스스로 최선을 다하지 않는다고 믿는 리처드는 그녀가 직면한 문제점을 분석하고 해결하기 위해 자신이 직접 관여하고 도와줘야 한다고 생각한다. 대부분의 관리자처럼 리처드도 매우 바쁘기 때문에 코칭을 하려 들지만 성과가 낮다고 생각하는 직원들을 대할 때면 인내심에 한계를 느낄 때가 있다. 그 결과 미셸이 업무에 어떤 식으로 접근해야 하는지 아주 자세하게 지시하게 된다.

상사로부터 이런 대우를 받는 미셸은 자율성을 갖고 싶다는 바람을 점차 포기하고 지시를 받는 데 익숙해진다. 그녀는 리처드의 지시를 기계적이고 덤덤하게 따르기 시작한다. "내가 하는 일을 상사가 좋아하지 않으니까 그의 방식대로 일을 처리하고 끝내버리지 뭐." 올바른 행동방침을 의논하려면 상사와 말다툼을 하지 않으면 안 된다는 생각에 의욕이 꺾인 미셸은 자신의 아이디어를 혼자만 간직한 채 리처드와의 불필요한 접촉을 피하려 든다.

문제는 이런 미셸의 행동이 리처드가 보고 싶지 않지만 어느 정도 예상했던 바로 그런 행동이라는 것이다. 리처드는 그런 행동을 예의 주시하고 관찰하기 때문에 미셸이 과감한 목표를 자발적으로 정하고 달성하려 노력하는 사람이 아니라 실제로 성과가 낮은 직원이라는 처음의 믿음을 확신하게 되는 것이다. 이제는 자신의 생각이 옳다고 확신하기 때문에 리처드는 미셸을 예의주시하지 않으면 안 되고, 그녀가 해야 할 일을 제대로 이해했는지 확인하지 않으면 안 된다. 전에는 이렇게 되지 않을까 의심했지만 이제는 확실하다고 생각하는 것이다. 이제부터 그는 두 배의 노력을 기울일 것이다.

이것은 자기 충족 과정이 자기 강화적으로 변하는 모습을 보여주는 완벽한 사례다. 리처드와 미셸은 이제 〈그림 3-1〉에 그려진 악순환에 갇히게 된 것이다.

그릇된 기대와 그릇된 실행의 악순환 _____

악순환은 순식간에 탄력을 받는다. 2장에서 우리는 성과가 낮은 직원들이 세부사항까지 간섭하는 관리 방식이나 요청하지 않은 도움을 받는 경우 그 즉시 상사와의 접촉을 피하는 반응을 보인다는 것을 살펴보았다. 안타깝게도 이는 상사가 맨 처음 눈치채는 사항이기도 하다. 부하직원과 멀어진 거리감 때문에 상사는 부하직원이 직면한 어려움이나 부하직원이 실제로 얼마만큼 업무를 진행했는지 쉽게 파악하지 못하게 된다. 이는 또한 의사결정 과정에 상사가 도움을 줄 수 있는 기회를 박탈하고 부하직원이 업무를 잘 처리하고 있다고 확신하는 능력을 저하시킨다. 이로 인해 상사는 갑작스레 안 좋은 상황에 직면하게 될지도 모른다는 불안감과 부하직원에 대한 불만, 그리고 더 많이 통제하지 않으면 안 되겠다는

필패 신드롬

|그림 3-1| 해를 가할 의도는 없었다

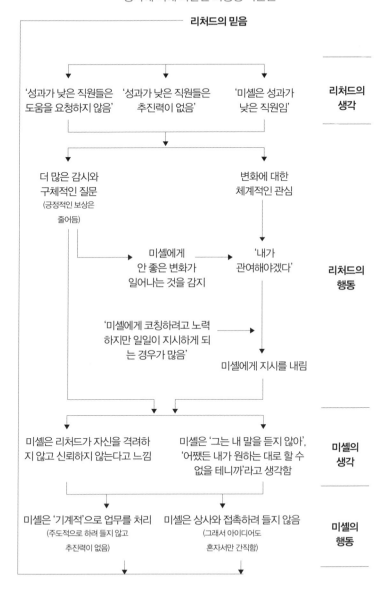

상사에 의해 촉발된 퇴행성 악순환

리처드의 믿음

'성과가 낮은 직원들은 도움을 요청하지 않음' / '성과가 낮은 직원들은 추진력이 없음' / '미셸은 성과가 낮은 직원임' — **리처드의 생각**

더 많은 감시와 구체적인 질문 (긍정적인 보상은 줄어듦) / 변화에 대한 체계적인 관심

미셸에게 안 좋은 변화가 일어나는 것을 감지 → '내가 관여해야겠다' — **리처드의 행동**

'미셸에게 코칭하려고 노력하지만 일일이 지시하게 되는 경우가 많음' → 미셸에게 지시를 내림

미셸은 리처드가 자신을 격려하지 않고 신뢰하지 않는다고 느낌 / 미셸은 '그는 내 말을 듣지 않아', '어쨌든 내가 원하는 대로 할 수 없을 테니까'라고 생각함 — **미셸의 생각**

미셸은 '기계적'으로 업무를 처리 (주도적으로 하려 들지 않고 추진력이 없음) / 미셸은 상사와 접촉하려 들지 않음 (그래서 아이디어도 혼자서만 간직함) — **미셸의 행동**

생각을 더욱 많이 하게 된다. 또 부하직원의 입장에서는 상사와 접촉하는 것이 점점 괴롭게만 느껴진다. 접촉할 때마다 더욱 긴장하거나 상사와 빈번히 접촉해야 한다는 사실에 분개하며 점점 더 강한 거부 반응을 보인다. 우리가 경험한 바에 따르면 부하직원의 성과가 실제로 떨어지기 전에 상사와 부하직원과의 관계가 먼저 악화되는 것으로 나타났다.

부하직원과의 접촉이 끊겨 불안하게 된 상사는 조금만 성과에 이상 징후가 보여도 과민반응을 보이게 된다. 문제가 발생했다는 사실을 알아차린 순간 상사가 나서서 조치를 취하는데, 때로는 지시적이고 벌을 주는 방식으로 반응하기도 한다. 당연히 성과가 낮은 직원들은 문제를 보고하는 걸 점점 더 꺼리게 된다. 이런 '신중함'은 문제 인식의 지연으로 이어지기 때문에 문제가 표면에 떠오를 때가 되면 상사의 입장에서는 극단적인 행동을 취할 수밖에 없다. 한 관리자의 표현대로, "헛간에 불이 나면 의논을 하기보다 그 즉시 불을 끌 수밖에 없다." 그러나 상사의 강압적인 개입은 혼자 문제를 해결하려고 노력하는 것(상사로부터 문제를 숨기는 것도 포함)이 최선이라는 부하직원의 생각을 확인시켜줄 뿐이다. 상사가 개입하면 그때부터 상사 마음대로 처리하기 때문이다. 상사의 강압적인 개입이 정반대의 행동을 낳기도 한다. 나중에 자신의 의견이 묵살될 것을 두려워한 나머지 부하직원이 일상적인 의사결정조차 내리지 않는 것이다. 이런 반응은 부하직원이 주도적으로 행동하려 들지 않고 판단력이 떨어지며 철저한 감독을 필요로 한다는 상사의 생각을 확인시켜줄 뿐이다.

필패 신드롬

자기 강화 역학의 또 다른 측면은 상사의 철저한 조사에 대응해 부하직원이 변명거리를 찾는다는 것이다. 이렇게 변명거리를 찾아야 한다는 생각에 집착하다 보면 생산적인 활동에 집중하지 못할 뿐만 아니라 부하직원 스스로도 문제를 키우는 꼴이 된다. 부하직원이 자기 보호를 위해 백미러를 보는 데 더 많은 시간을 허비하면서 앞을 보지 않으니 구멍에 빠지는 일은 더욱 많아진다. 게다가 상사의 입장에서는 부하직원이 항상 좋은 변명거리를 준비해놓는 것처럼 느껴진다. 이쯤 되면 아무리 정당한 변명이라도 영향력을 잃게 된다. 부하직원의 노력은 상사가 책임을 전가하는 데 악영향을 끼치게 된다. 따라서 부하직원은 동료에 비해 괴롭힘을 두 배로 더 많이 받는다고 느끼게 된다. '처음에는 장래성이 없는 업무를 주고 충분한 지원을 해주지 않더니, 이제는 일이 제대로 되지 않으니까 그 원인은 알려고도 듣지 않네.' 〈그림 3-2〉는 실패 유발 역학의 시스템적인 본질을 나타낸 것이다.

게다가 이런 관계를 '수습'하려 들거나 더 철저한 감독으로 부하직원의 성과를 개선시키고자 노력하느라 상사는 다른 문제나 활동에 집중하지 못하게 된다. 그로 인해 또 다른 악순환이 형성된다. 다른 일에 치중하지 못해 부하직원을 원망하거나 불만이 쌓인 상사가 참을성을 잃을 가능성이 커지게 되고, 이는 다시 부하직원을 긴장하게 만들어 상사와의 접촉을 줄이고 제대로 보고하지 않게 만든다. 따라서 상사는 점점 더 부하직원을 압박하며 더 많은 정보를 캐낼 수밖에 없게 된다. 성과가 낮은 직원들을 상사가 코칭하고자 할 때는 진심을 숨기기 어렵다. 상사의 조바심과 불안감을 감지

|그림 3-2| 벗어나고자 노력할수록 오히려 더 얽매이게 되는 과정

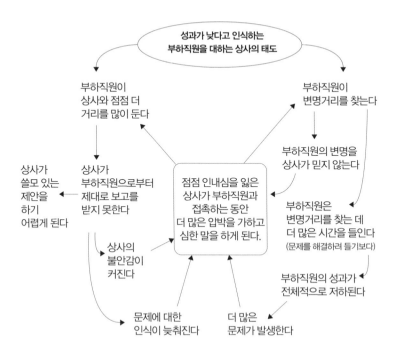

한 부하직원은 더욱 긴장하게 되어 질문을 꺼리게 된다. 그렇게 불안하고 산만한 학습자가 된 부하직원을 본 상사는 자신의 시간을 좀 더 생산적으로 활용해야겠다는 생각을 굳히게 된다.

애매한 결과를 낳는 애매한 의도

물론 모든 부하직원들이 똑같은 속도로 포기하거나 상사와의

필패 신드롬

접촉을 끊는 것은 아니다. 계속해서 노력하는 직원들도 많다. 그들은 높은 수준을 유지하고 더 많은 업무를 맡으며 마감일을 지키고 팀원들을 고무시키며 헌신과 에너지를 보여주기 위해 더 많이 노력한다. 그럼에도 불구하고 그들이 성공할 가능성은 낮다. 자신에 대한 상사의 판단이 잘못되었다는 것을 입증하겠다고 작정한 부하직원들도 외집단에서 벗어나기가 상당히 어렵다는 사실을 깨닫게 된다. 가장 큰 이유는 다음 세 가지로 볼 수 있다.

의욕을 지속적으로 느끼기가 어렵다

외집단에 속한 부하직원은 너무 쉬워서 흥미를 느끼기 어려운 업무를 맡은데다 상사가 일일이 업무를 지시하고 활용할 수 있는 자원이 제한적일 경우 상사에게 좋은 인상을 주기 어렵다. 그뿐만 아니라 아무런 격려도 받지 않는 상태에서 의욕이나 추진력을 느끼기도 어렵다. 상사는 성과가 낮은 직원이 열심히 노력하지 않고 현실에 안주할까봐 칭찬하는 것을 꺼린다. 칭찬 없이 감시만 하는 상황 속에서는 아무리 강한 사람이라도 자신감이 떨어지게 마련이다. 꾸준한 노력을 하기 위해서는 자기 자신에 대한 믿음이 대단히 강해야 한다. 그리고 자신에 대해 확고한 생각을 갖고 있는 상사의 마음을 바꾸기 위해서는 대단히 뛰어난 실적을 올리지 않으면 안 된다.

무리한 노력을 하기 쉽다

상사에게 좋은 인상을 주겠다고 일부 부하직원들은 무리한 노력을 하는 경향이 있다. 물론 의식적으로 그러는 것은 아니다. 큰 그림에 관한 정보가 부족하고 자기만의 쇼를 개최했던 경험이 부족하기 때문에 감당할 수 있는 것보다 더한 것을 맡게 되는 것이다. 그러나 상사의 마음을 바꾸기 위해서는 강한 인상을 심어줘야 한다고 믿으면서 의식적으로 감당하기 어려운 일을 맡는 사람들도 있다. 상사의 생각이 틀렸다는 것을 입증하겠다고 맹세한 다음의 직원처럼 말이다. "나에 대한 상사의 생각은 완전히 잘못됐어요. 놀랄 만한 실적을 올려서 상사 스스로 자기 생각이 틀렸다고 인정하게 만들 것입니다."[10]

자신의 에너지와 능력을 보여주기 위해 일부 성과가 낮은 직원들은 지나치게 높은 목표를 세우면서 마감일보다 3주 전에 일을 끝마치겠다거나 한꺼번에 여섯 개의 프로젝트를 맡겠다거나 혼자 힘으로 큰 문제를 해결하겠다고 나선다. 안타깝게도 이런 전략은 실패로 이어질 가능성이 크기 때문에 부하직원의 능력과 판단력에 대한 상사의 부정적인 시각을 강화하는 결과를 초래한다('판단력이 좋은' 사람이라면 현실적인 수준에서 선을 그을 것이라고 생각하기 때문이다).

갈등을 안고 살아가기가 힘들다

세 번째 문제는 반격하려면 상당한 결심이 필요하다는 것이다. 대단한 추진력과 결심, 자신감이 있어야 "내가 상사에게 보여주겠어"라고 말할 수 있다. 그뿐만 아니라 이런 결심은 공격적이거나 의도적으로 도발적인 행동을 하는 것처럼 보일 수 있다. 일반적으로 반격을 하겠다는 것은 충고나 지시를 듣지 않고, 심지어 공개적

　　　　　　　　　　　　　　　　필패 신드롬

으로 상사를 무시하며 자기 의견을 굽히지 않겠다는 것을 의미하기 때문이다. 상사가 이런 행동을 좋게 볼 가능성은 적다. 처음에는 논리적인 반박으로 보이던 것도 사적인 다툼이나 원한으로 전락할 수 있다. 따라서 대인관계의 관점에서 보면, 성과가 낮다고 인식된 부하직원이 상사의 외집단에서 벗어나기 위해 애쓰는 시간은 상당히 불편한 기간이 될 것이다.

상사들 중에는 부하직원이 의식적으로 실현 불가능한 목표를 세우거나 지나치게 많은 프로젝트를 떠맡거나, 자신과 정면으로 대립하는 이유를 이해하지 못하는 사람도 있다. 그러면 "진지하게 좀 행동해요"라고 말한다고 한다. "전혀 이성적이지 못한 행동이니까요." 하지만 그것은 비이성적인 것을 어떻게 정의하느냐에 따라 달라진다. '자기 불구화 현상self-handicapping'이라고 불리는 과정에 관한 연구에 따르면 사람들은 실패할 경우 그럴듯한 변명거리를 대기 위해 스스로 성공하지 못하도록 의도적으로 장애물을 만들어 놓는다고 한다. 물론 성공할 경우에는, 불리한 상황을 극복했기 때문에 더 많은 점수를 따게 될 것이라고 기대하기도 한다("좋게 보이기 위해 일부러 나쁜 모습 보이기" 참조).

이런 위험에도 불구하고 우리는 성과가 낮은 직원들이 끊임없이 투쟁하는 것을 보았으며, 그중 일부는 실제로 악순환에서 벗어나기도 했다. 그러나 우리가 만난 그 몇 안 되는 사람들도 상사의 외집단에서 벗어나 바로 내집단으로 들어간 것은 아니다. 폴라라는 가명의 은행 임원의 사례를 살펴보자. 상사가 제안하고 동료들

친구가 중요한 시험공부를 하지 않았다거나 시험 전날 밤새도록 파티를 했다고 주장하는 경우를 우리 모두 경험해본 적이 있을 것이다. 이런 주장은 자기 불구화의 한 형태로, '미리 변명하기'라고 부를 수 있다.

연구 결과, 자기 불구화 행동은 두 가지 차원으로 나타난다고 한다. 첫 번째는 특정한 요소 때문에 성과가 제대로 나오지 않을 것이라고 주장하는 경우다. 직장의 경우라면 스트레스, 과로, 병, 또는 자원이나 부서 동료들의 도움 부족이 이런 요소가 될 수 있다. 좀 더 극단적인 자기 불구화로는 성공할 가능성을 방해하는 장애요소를 실제로 만드는 경우를 들 수 있다. 예를 들어 자기가 맡은 업무의 한 분야를 의도적으로 간과한다거나 노력을 기울이지 않는다거나 건성으로 준비하면서 이런 전술에 '즉흥적으로 처리하기'나 '문득 떠오르는 생각대로 계획하기'라는 긍정적인 이름을 붙이는 것이다.

사람들이 그렇게 두려워하는 실패를 낳을 수 있는 이런 행동을 일부러 보이는 이유는 무엇일까? 그 이유는 제법 간단하게도 자신의 자아를 보호하기 위해서다. 실패 자체는 분명 즐거운 일이 아니지만 헌신 부족이나 무관심, 시간 부족, 상사와의 개인적인 대립 때문에 실패하는 것은 능력 부족 때문에 하는 실패보다 받아들이기가 쉽다. 자기 불구화는 실패를 개인적인 능력과 같이 안정적인 내적 요소보다 불안정한 외적 원인 탓으로 돌리기 쉽게 만듦으로써 실제로 개인 평가에 대한 불안감으로부터 자신을 해방시킬 수 있다.[11]

대부분의 사람들이 상황에 따라 어느 정도 자기 불구화를 한다는 사실은 이 전략이 장점이 있다는 것을 시사한다. 실패로부터 보호해주고 성공했을 경우 개인적인 공이 더 커지게 만드는 자기 불구화는 매우 합리적인 목표 달성의 전략으로도 활용될 수 있다.

이 지지하는 운영상의 지시에는 절대적으로 반대하면서도 컨설턴트의 권고는 수용하기로 결심한 폴라는 신중하게 방향을 선회했다. 몇 달 후 최고 임원진이 폴라의 생각이 줄곧 옳았다는 사실을 알아차렸고, 결국 폴라의 상사와 동료 몇몇은 회사를 그만둬야 했다. 폴라가 뛰어난 실력을 발휘함으로써 그들을 조직에서 몰아내게 되었던 것이다. 상사와 그의 파벌을 몰아냄으로써 굴하지 않던 폴라의 의지가 입증되긴 했지만 이는 사실 대단히 위험한 전략이다. 그런 쿠데타를 일으키기 위해서는 흠잡을 데 없는 판단력과 재취업의 가능성이 보장되어야 하기 때문이다.

돈 역시 폴라처럼 독자 노선을 걷기로 결심한 사람이었다. 상사와 동료들이 적기 공급 생산 방식을 시행하기 위해 한 가지 방향을 선택한 반면, 돈은 좀 더 지속 가능성이 높은 다소 평범한 방법을 따르기로 했다. 다른 부서에 있는 그의 동료들이 실제로 성공하는 동안 돈의 부서는 실망스런 진척도를 보였다. 돈의 동료들 가운데 가장 성과가 뛰어난 두 사람은 회사를 옮겨 더 큰 일을 맡게 되기도 하였다. 그러는 사이 돈의 실적이 기하급수적으로 늘어나기 시작했고, 더 이상 실적이 향상되지 않던 자매 부서까지 떠맡게 되었다. 결국 돈이 승리하게 되었고 상사도 그의 방법을 따르게 되었다. 그러나 그 과정을 떠올릴 때마다 돈은 여러 가지 적대적인 감정을 느꼈다. 예를 들어 상사와 매일 가졌던 회의의 경우에는 몇 주간 너무나 괴로웠던 나머지 포기하고 싶은 생각까지 들기도 했다.

우리가 경험한 바에 따르면 상사와의 접촉은 끊으면서도 계속해서 뛰어난 실적을 보이는 직원들의 경우 이런 식으로 외집단에서 벗어날 가능성이 큰 것으로 나타났다. 그런 직원들은 감정적으로 끝까지 싸우고 지속적으로 노력하며 지나친 욕심을 부리지 않는다. 성과가 낮아지거나 상사와의 관계가 폭언이 오갈 정도로 악화된 부하직원이라면 가능성은 크지 않다. '저항아'라고 불릴 만한 사람들은 자기 스스로 파멸하는 소용돌이의 밑바닥까지 빨려 내려가기보다 표면 바로 아래를 맴돌면서 손해를 최소화한다. 그들은 적절한 때가 되길 기다리면서 문제를 일으키지 않고 현 관계가 참을 수 없는 수준으로 악화되기 전에 상사가 바뀌어 새로운 기회를 얻게 되길 바란다.

그렇기 때문에 그들은 외집단에서 벗어나는 것이 가능하다. 그러나 벗어나기가 얼마나 힘들고 고통스러우며 위험한 것인지 고려하면 맞서 싸우는 게 가장 확실한 해답이라고는 할 수 없을 것이다. 부하직원의 노력이 오히려 상황을 악화시킬 가능성도 크다. 싸움에 싸움으로 맞서는 것보다 도망가는 것이 오히려 합리적일 수 있다. 2장에서 살펴보았듯이 어떤 사람들에게는 상사나 업무와 멀어지는 것이 도망이 될 수 있을 것이다. 다른 사람들에게는 도망이 직업을 바꾸거나 자신의 재능을 인정해주는 부서나 회사로 옮기는 것을 의미한다. 그런데 우리가 주장하는 바처럼 성과가 낮은 직원들이 능력이 있다면 왜 다른 곳으로 옮기지 않는 것일까? 가장 큰 이유는 시간이 경과하면서 상사의 대우를 견딜 만한 수준의 새로운 '현실'로 받아들이기 때문이다.

상사의 행동을 정규분포의 일종으로 생각해보자. 왼쪽 끝은 즐거운 수준이고 오른쪽 끝은 불쾌한 수준이다. 이따금 상사는 부하직원의 '무관심 범위'에 해당하지만 실제로는 겨우 받아들일 만한 수준의 행동을 보일 것이다. 상사가 이런 행동을 반복하면 부하직원은 새로운 상황에 익숙해지게 되어 무관심 범위가 오른쪽으로 이동하게 된다. 예전 같으면 겨우 받아들일 만한 상사의 행동이 부하직원의 새로운 무관심 범위의 정중앙에 놓이게 되는 것이다. 상사가 통제를 많이 하면 할수록 상사의 새로운 행동이 새롭게 바뀐 무관심 범위 속에 포함되기 때문에 부하직원이 다른 곳으로 옮기지 않고 그대로 다니게 되는 것이다. 이 범위는 점점 더 강압적으로 변하는 상사의 행동에 부하직원이 적응해나갈수록 계속해서 오른쪽으로 이동하게 될 것이다. 결국 처음 같으면 무관심으로 여길 만한 행동에서 훨씬 빗나가는 행동을 상사가 보여도 기꺼이 받아들이게 된다. 상사의 행동이 하룻밤 사이에 극적으로 달라졌다면 부하직원들은 당연히 그걸 받아들이지 않았을 것이다. 점진적인 변화에 맞서 싸우는 것이 더 어려운 법이다. 저항하면 할수록 불편한 상태가 지속되기 때문이다. 가장 저항이 적은 길은 상사의 새로운 행동에 따라 사는 법을 배우는 것이다.

과대평가보다 못한 과소평가

이번 장에서는 똑똑한 임원들 다수가 성과가 낮은 직원을 양성하는 데 크게 기여한다는 사실을 알아차리지 못하여 자신의 행동을 바로잡지 못하는 이유를 살펴보았다. 가장 큰 이유는 상사가 최선의 노력을 기울임에도 불구하고 성과가 낮다고 인식한 직원들에게 예상했거나 우려했던 행동을 보게 되기 때문이다. 예상과 결과가 이렇게 맞아떨어지면 상사는 자신이 상황을 잘 이해하고 있다는 믿음을 확고히 굳히게 된다. 따라서 그 과정에 자신이 어떤 식으로 기여하는지 살펴볼 생각을 하지 않게 된다.

그뿐만 아니라 상사들은 자신의 예상과 행동이 부하직원의 의욕과 추진력에 얼마나 강력한 영향을 미치는지 과소평가하는 경향이 있다. 상사들은 성과가 낮다고 인식한 직원들을 대하는 자신의 행동이 해당 직원들의 반응을 얼마나 제약하는지에 대해서도 과소평가한다. 성과가 낮다고 인식된 직원들은 여러 제약 가운데에서도 특히 자신이 갖지 못한 자율성과 권한을 자신의 부하직원에게 부여하지 못한다.

이번 장에서 살펴본 과정이 영원히 자기 강화적인 것은 아니다. 그렇다면 이런 약한 관계는 언제든 와해되어버릴 것이고 사람들은 질서 정연하게 떠나게 될 것이다. 여기서 살펴본 악순환이 똑같은 속도나 똑같은 깊이로 악화일로를 걷는 것도 아니다. 상사와 부하직원은 대개 아주 만족스럽지는 않아도 최소한 한동안만이라도 참을 만한 사적, 공적 관계를 받아들이는 법을 배운다. 그리고 앞서 언급했던 것처럼 모든 부하직원들이 포기하는 것도 아니다. 저항하는 사람도 있다. 이런 저항이 때때로 역효과를 낳는다는 점은 차치하더라도 이런 부하직원들이 무엇에 저항하는지는 강조할 필요는 있다. 상사가 낮은 기대치를 갖게 되면 부하직원의 능력도 낮아진 기대치에 맞춰 낮아지기 때문에 반격하기가 상당히 어렵게 된다. 상사의 낮은 기대치가 가진 억제 능력, 그와 연관된 행동들이 모두 순식간에 자리를 잡는데(피그말리온 연구에서는 일주일 만에, 인터뷰 연구에서는 불과 몇 분 만에) 한 번 자리를 잡으면 그 영향력이 상당히 커진다.

우리는 이번 장에서 살펴본 패턴을 깰 수 있는 해결책을 제시할

　　　　　　　　　　　　　　　　　　　　필패 신드롬

것이다. 그러나 처방전을 살펴보기 전에 먼저 증상과 원인 메커니즘에 대해 철저한 진단을 내릴 필요가 있다. 4장과 5장에서는 상사와 부하직원들이 선입견을 통해 자신도 모르는 사이에 필패 신드롬을 부채질하는 방법을 좀 더 자세히 살펴볼 것이다.

THE SET/ UP/ TO/ FAIL

실패를 부르는 꼬리표와 편향

SYNDROME

우리는 사물을 있는 그대로 보지 않고 우리의 모습대로 본다.

– 아나이스 닌Anais Nin

한 영국 철학자는 "의견이 생기기 시작하면 그것을 뒷받침할 만한 근거를 가능한 한 모두 찾아낸다. 우리의 관점에 반하는 근거를 보게 되면 간과하거나 폄하하거나 쓸모없는 것으로 생각할 만한 방법을 찾는다. 그래야 우리가 원래 가지고 있던 의견이 보편적인 진실인 것처럼 매달릴 수 있기 때문이다"라고 말했다.[1]

이 말이 어제 쓰인 것이라고 해도 믿을 수 있을 것이다. 신랄하고 자기 인식적인데다 현대 사회 심리학에서 최근 발견한 사항들을 그대로 보여주기 때문이다. 하지만 이것은 약 400년 전에 프란시스 베이컨Francis Bacon이 한 말이다. 따라서 판단을 먼저 내린 다음 나중에 그걸 확인하려 든다는 것은 전혀 새로운 개념이 아니다. 그런데 그렇게 오랫동안 이 사실을 알아왔는데도 불구하고 사람들은 왜 그렇게 선입견에 취약한 것일까? 이 장에서 중점적으로 살펴볼 내용이 바로 이 문제다.

필패 신드롬의 본질은 상사들 스스로가 필패 신드롬을 일으키는 데 어떤 역할을 하는지 살펴보지 않는다는 것이다. 그러나 이상하게도 다른 사람들에게서 이런 과정을 찾아내는 것은 전혀 어렵지 않다. 예를 들어 친구가 아이에게 지나친 간섭을 한다거나 동료가 부하직원을 과도하게 감시하는 모습을 보면 우리는 그 즉시 그 사실을 알아차린다. 따라서 이 과정이 단순한 자기 충족 수준을 넘어선다는 점을 시사한다.

누군가에게 성과가 낮은 직원이라는 비참하고 자기 강화적인 꼬리표가 붙었다면 우리는 가장 먼저 이런 꼬리표가 적어도 구체적인 성과 문제에 따라 붙었다고 생각한다. 상사의 부적절한 대응에 따라 약점이 강화되었을 수도 있지만 이런 꼬리표가 붙게 된 근본적인 원인은 부하직원에게 있다고 말이다. 안타깝지만 그들 스스로가 자초했다고 생각하는 것이다. 우리는 놀라지 않을 수 없었다!

사적인 관계의 발전에 주목하여 관계가 틀어지기 시작한 시점을 찾아보았더니 비로소 '실패 유발'이 얼마나 빠른 시기에 이루어졌는지 깨달을 수 있었다. 때로는 실질적이지만 개선 여지가 충분한 성과 문제가 원인인 경우도 있었다. 그러나 대개는 상사가 부하직원에게 문제가 있다고 일방적으로 오해하는 바람에 생기는 경우가 더 많았다. 이런 상황에서는 부하직원들이 사실상 스스로 빠져나올 수 없는 복잡한 거미줄에 걸려 실패를 하게끔 유도되는 것처럼 보였다.

앞서 다른 장들을 통해 우리가 살펴보았던 문제의 대부분은 분명 꼬리표를 붙이는 과정과 관련이 있다. 특히 은연중에 부하직원들을 내집단과 외집단으로 나누는 것처럼 말이다. 관리자들이 부하직원들로부터 최선의 결과를 얻는 데 관심이 있는 것은 명백한 사실이다. 그런데 꼬리표를 붙이는 것은 큰 도움이 되지 않는다. 그렇다면 관리자들은 왜 이렇게 끊임없이 꼬리표를 붙이는 것일까?

기본적으로 관리자들이 꼬리표를 붙이는 이유는 그들이 인간이기 때문이다. 인간은 모두 범주화하는 경향이 있다. 우리는 가족과 친구, 아는 사람들, 심지어 길에서 우연히 마주치는 '이상한 사람들'에게까지 꼬리표를 붙인다. 실제로 진화 심리학자들은 범주화가 석기 시대에 인간이 발달하고 생존할 가능성을 향상시켜주는 '능력' 가운데 하나였다고 주장한다. 그들은 우리 조상들이 자연 환경과 사회 환경에 관한 정보를 분류하는 엄청난 능력을 갖추게 되었고, 이런 능력이 우리 본질의 일부가 되었기 때문에 분류 본능을 극복하려면 의식적인 노력이 필요하다고 주장한다.[2]

이런 진화론적인 주장을 믿든 말든, 꼬리표가 큰 도움이 되는 것은 사실이다. 꼬리표는 사건과, 타인과의 상호작용을 해석하는 데 개략적인 지침서를 제공하기 때문에 좀 더 빠르고 효율적으로 기능하게끔 도와준다. 불확실하고 정보가 넘치는 환경에서 꼬리표를 다는 것이 불확실성을 줄이는 데 중요한 작용을 한다. 꼬리표는 관리자들이 대단한 노력을 기울이지 않아도 어떤 업무를 누구에게 맡겨야 하고 어떤 정보에 따라 행동해야 하며 어디에 집중해야 할지 어림짐작하거나 적어도 매우 빠르게 결정할 수 있도록 도움을 준다. 또한 관리자들이 실시간으로 정보를 처리하고 모든 결정을 중요한 연구 프로젝트로 삼지 않아도 업무를 진행시키는 데 무리가 없다. 지금까지 관리자들이 성공적인 경력을 쌓아왔다는 것은 꼬리표를 잘 붙이고 믿을 만한 직감을 발달시켜왔기 때문이다.

따라서 관리자들은 꼬리표에 유리한 기능이 있기 때문에 꼬리표를 붙이는 것이다. 꼬리표는 좀 더 복잡한 문제 해결을 위해 평소에 생각할 수 있는 용량을 절약하도록 도와 관리자들의 삶을 한층 편하게 만들어준다. 이런 심적인 지름길은 효율적이며 적당한 시간 내에 수용 가능한 결정을 내릴 수 있도록 이끌어준다. 그렇다면 무엇이 문제인가? 문제는 바로 꼬리표가 관리자들이 생각하는 것만큼 정확하지 않다는 것이다. 관리자들이 생각하는 것만큼 정확하지 않다는 것은, 꼬리표가 특히 성과와 잠재성을 나타낼 때만큼은 믿음직한 지표가 되지 않는다는 것을 의미한다.

10분만 봐서는 모른다

관리자들이 붙인 꼬리표에 대한 신뢰성이 의심되는 첫 번째 힌트는 관리자들이 꼬리표를 붙이는 속도와 관련이 있다. 임원들에게 누군가를 제대로 평가하기까지 얼마나 걸리느냐고 묻자 대답은 몇 달에서 몇 분까지 천차만별이었다. 그들은 맡은 업무와 직원이 물리적으로 얼마나 먼 곳에 위치하고 있는지에 따라 다르다고 조심스럽게 털어놓았다. 그러고는 누군가의 강점과 약점을 진심으로 제대로 평가하기를 원한다면 수개월이 걸릴 수도 있다고 말

필패 신드롬

했다. 그런데도 "나는 10분이면 돼요!"라고 말하는 사람이 항상 있게 마련이다. 그 말을 들은 사람들은 모두 웃음을 터뜨리며 10분이 걸리는지 20분이 걸리는지 농담을 하기 시작한다.

이 임원들이 하는 말은 결국 첫인상에 따라 일종의 테스트 과정을 거쳐 진지한 성과 기대치를 설정한다는 것이다. 문제는 이렇게 붙은 꼬리표들을 얼마나 빨리 활성화시키는가이다.

상사와 부하직원과의 관계를 매달 추적한 연구에 따르면 새로운 업무 관계를 맺은 다음 두 번째 달에 이미 내집단과 외집단이 형성되는 것으로 나타났다. 따라서 한 달이면 '충분'한 것으로 보인다. 그렇다면 한 달도 안 걸릴 수 있을까? 그보다 더 짧은 간격으로 관계의 변화를 추적한 후속 연구에 따르면 함께 일한 지 불과 5일 만에 상사가 갖게 되는 부하직원에 대한 인식이 6주 후의 관계가 어떨지를 예측하는 근거로 작용하는 것을 알 수 있다.[3] 상사가 부하직원에게 '배역을 맡기기' 시작하는 데 고작 일주일밖에 걸리지 않는다면 성과가 결정적인 요소가 될 가능성은 얼마나 될까?

우리가 실시한 다음의 연구에서 꼬리표 붙이기가 가장 빨리 이루어졌다. 연구소 내에서 80쌍의 상사-부하직원을 상대로 실시한 연구였는데 모의 상황에서 함께 일하기 시작한 지 불과 90분 만에 상사가 부하직원에게 꼬리표를 붙였다.[4] 그렇다고 상사들이 함께 일한 지 2시간도 안 되어 부하직원에게 확고한 꼬리표를 붙인다는 것은 아니다. 그러나 결정 과정에 관한 연구를 통해 입증되었듯이 90분도 안 되어 최초의 의견이 생기기 시작하는데 이런 최초의 생각이 상당한 영향을 끼쳤다. 예를 들어 두 집단의 관리자들에게 다음과 같은 두 가지 질문을 던져봤다.

1. 지금으로부터 6개월 후의 최우대 대출 금리가 X퍼센트 이상이
   될 것이라고 믿는가, 이하일 것이라고 믿는가?
2. 지금으로부터 6개월 후의 최우대 대출 금리가 얼마가 될 것이라
   고 예상하는가?

한 집단에게는 첫 번째 질문의 경우 8퍼센트라는 이자율을 제시
했고 다른 집단에게는 14퍼센트를 제시했다(이 실험은 실제 최우대 대출
금리가 11퍼센트 정도였던 1983년에 이루어졌다). 그러자 두 번째 질문에 대
한 관리자들의 대답이 평균 70베이시스 포인트(국제금융시장에서 금리
나 수익률을 나타내는데 사용하는 기본단위로 100분의 1퍼센트를 의미한다_옮긴이)
차이가 났다. 첫 번째 집단은 10.5퍼센트라고 예측한 반면 두 번째
집단은 11.2퍼센트라고 답했던 것이다.[5]

이렇게 간단한 테스트만으로도 관리자들의 생각이 거짓 정보에
의해 한쪽 또는 다른 쪽으로 치우칠 수 있다는 것을 알 수 있다. 실
제로 더 많은 것을 알고 있다고 해도 말이다. 이는 주어진 첫 번째
정보에 더 많은 비중을 두는 경향을 일컫는 앵커링anchoring, 닻 내리기 현
상을 나타낸다. 부하직원들에 관한 한 여러 가지 출처를 통해 얻은
정보가 닻 역할을 할 수 있다. 심지어 툭 내던지는 말이 닻 역할을
하는 경우도 있다. 예를 들어 특정한 부하직원이 자신이 속한 태스
크포스에 지명되었다는 것을 안 동료가 의미심장하게 "행운을 빌
어!"라고 말한 정도만으로도 이 현상이 촉발될 수 있다.

태도가 곧 경쟁력은 아니다

초기에 꼬리표를 붙이는 것에 성과가 어떤 역할을 하는지 좀 더 명확하게 이해하기 위해서 임원들을 대상으로 설문 조사를 실시했다. 부하직원에 대한 신뢰를 잃게 되는 원인이 무엇인지? 계기가 될 만한 것으로는 어떤 것들이 있는지? 성과가 분명 어떤 역할을 할 것이라고 생각했기 때문이다. 따라서 마감일을 맞추지 못하는 것, 허술한 보고서나 프레젠테이션, 문제를 감추는 행위, 주요 고객을 잃는 것, 목표를 달성하지 못한 것, 제품이나 운영에 관한 불충분한 지식 같은 것들을 예로 들었다. 그런데 임원들이 언급한 요소들은 다음과 같았다.

- 배신: 전 상사나 다른 관리자들에 대해 안 좋은 말을 하거나 자신을 거치지 않고 윗선에 보고하는 행위
- 불평: 자기 부하직원이나 성공적이지 못한 자신의 경력에 대한 불평
- 부정적인 태도: "반밖에 안 남았네"라는 식의 태도
- 활력 결여 또는 낮은 참여도: 목표와 추진력에 대한 언급 없음
- 자신감 부족: 스스로에 대해 생각하고 말하며 상사를 바라보는 방식
- 눈치가 없음: 상사의 말을 잘 알아듣지 못하고 새로운 상황을 파악하지 못하거나 지배적인 표준이 무엇인지 이해하지 못함
- 모두 다 안다는 식의 태도: 청하지도 않은 조언을 하거나 모른다

는 사실을 인정하려 들지 않는 태도(신입사원이 입사하자마자 모든 것을 다 알 것이라고 기대하는 사람은 없음)

- 상사의 시간에 대한 존중 결여: 상사의 시간을 활용하는 방법과 전달하는 정보의 내용
- 노골적으로 정치적인 태도: 예를 들어 이메일 발송 방법(특히 비밀 참조) 등을 통해 파악
- 의욕을 갖는 이유가 외적인 요소에만 있음: 보상 대비 업무와 책임에 대한 지나친 관심
- 지나친 노력: 좋은 인상을 주기 위해, 총애를 받기 위해, 자신의 실력을 입증하기 위해, 또는 눈에 띄기 위해 지나친 노력을 기울이는 태도

놀랍게도 임원들의 대답 가운데 성과와 관련된 것은 손에 꼽을 정도로 적었다. 그들은 주로 태도를 강조했다. 부하직원들의 태도가 성과의 일면에 영향을 끼치는 것은 분명하지만 그렇다고 일하는 능력과 반드시 관련이 있는 것은 아니다. 그렇다면 상사들은 성과의 양적인 면이 아니라 질적인 면에 초점을 맞추는 것임을 알 수 있다. 이점은 다른 연구를 통해서도 뒷받침되었다. 전화 회사 직원들이 처리하는 전화 문의 건수와 컴퓨터에 입력하는 서비스 불만 건수를 측정한 연구를 예로 들어보자.[6] 6개월간의 직원들 주당 성과를 평균 낸 후 상사들이 준 주관적인 인사고과와 비교했다. 그 결과 내집단 소속 여부는 상사의 주관적인 인사고과와는 관련이 있었지만 객관적인 성과 측정과는 관련이 없는 것으로 나타났다.

소매점에서 실시된 또 다른 연구에서는 연구원들이 영업 실적과 내집단 소속 여부 사이의 상호작용을 살펴보았다.[7] 영업사원들이 2분기 목표 실적을 받았을 때 연구원들은 영업사원들에게 목표 실적을 달성하기 위해 얼마나 전념할 것인지 은밀하게 물었다. 또한 대략적으로 내집단에 속하는 사람과 외집단에 속하는 사람을 구분하기 위해 상사와의 관계를 평가하라고도 했다. 분기 말이 되자 연구원들은 각각의 영업사원들이 올린 실제 영업 실적을 살펴보았다. 예상대로 가장 높은 실적을 올린 영업사원은 내집단에 속하는데다 목표 달성을 위해 열심히 노력하겠다고 답한 직원들이었다. 놀라운 점은 내집단에 속하면서도 목표 달성을 위해 많은 노력을 기울이지 않겠다고 답한 직원들이 가장 낮은 실적을 올렸다는 것이다. 외집단에 속하는 영업사원들은 노력의 정도와 상관없이 평균에 근접한 실적을 올렸다(〈그림 4-1〉 참조). 내집단에 속하는 직원들은 외집단에 속하는 직원에게는 용인될 수 없는 영업 실적을 올려도 괜찮은 것 같았다. 또한 아무리 목표 달성을 위해 열심히 노력하더라도 외집단에 속한 이상 높은 실적을 올릴 수 없는 것처럼 보였다.

따라서 '객관적인 부하직원의 성과'가 등식에 포함되는 것은 분명하지만 어떻게 또는 어느 정도까지 포함되는지 항상 명확하게 나타나는 것은 아니다. 실제로 연구원들이 외집단에 속하는 사람을 예측하기 위해 성과 외의 요소들을 살펴보았을 때, 결과가 훨씬 뚜렷해지는 경우가 많았다. 예를 들어 관리자들이 '개인적인 화학반응', '공감', '잘 맞음'이라고 지칭한 요소들이 여러 상사들이 실

|그림 4-1| 목표 달성 전념 여부와 영업 실적

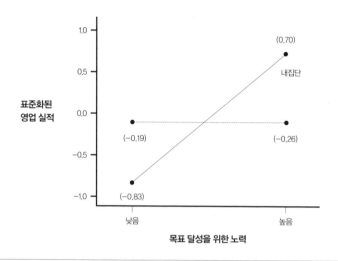

내집단과 외집단에 속하는 영업사원들 비교

제로 인정하는 것보다 더 크게 작용하는 것으로 나타났다. 공존 가능성은 실제로 비슷하거나, 비슷하다고 인식하거나, 또는 호감도에 따라 달라진다. 은행 관리자들을 대상으로 실시한 한 연구에 따르면 호감도와 부하직원의 내집단 소속 여부 사이에 0.73이라는 놀라울 정도로 높은 상관관계가 있는 것으로 나타났다.[8] 관리자는 '자신의 10년 전 모습을 떠올리게 하는 사람', '사물을 자신과 같은 식으로 보는 사람', 또는 '주파수가 같은 사람'을 선호할 가능성이 높았다.[9]

꼬리표를 붙이는 속도와 객관성을 가장 잘 설명해주는 것은 아마도 새로운 업무 관계의 첫날을 살펴본 연구가 아닐까 싶다.[10] 이 연구는 상사와 부하직원이 업무관계를 맺은 뒤 첫 6주 동안 내집단의 구성요소와 외집단의 구성요소를 살펴보았다. 따라서 신입사원에 대한 상사의 초기 기대치와 첫 주 동안 갖게 된 기대치("신입사원이 높은 성과를 올릴 것이라고 생각하는가?"), 그리고 2주 후 신입사원의 실제 성과("신입사원이 맡은 역할과 책임을 얼마나 잘 완수하는가?")를 물었다. 첫 번째 주가 지난 후 상사가 신입사원에 대해 갖게 된 기대치가 2주 후 직원의 실제 성과에 대한 평가보다 향후에 실제로 내집단에 속하게 될 것인지를 훨씬 더 잘 예측하는 것으로 나타났다.

성과라는 개념은 너무나 다면적이어서 보는 사람에 따라 좋은 성과와 만족스러운 성과가 다르다. 좋은 사람들도 순식간에 안 좋은 꼬리표를 얻을 수 있다. 그것이 꼭 문제라고는 할 수 없다. 상사의 부정확한 꼬리표가 문제인 이유는 그것이 바뀌기 어렵기 때문이다.

첫인상이라는 함정

꼬리표의 내구성은 오랜 시간 상사와 부하직원의 관계를 추적한 연구원들에 의해 확인되었다.[11] 3개월 간격으로 새로운 업무 관계를 맺은 상사와 부하직원들을 인터뷰하면서 연구원들은 내집단과 외집단의 구성원들이 거의 변하지 않는다는 사실을 알아차렸다. 두 번째 달이 시작할 때 확인한 하위 집단이 1년 내내 그대로 남아 있었던 것이다. 이 연구를 통해 외집단에 속하다 내집단으로 옮기는 사람들이 실제로 극소수에 불과하다는 것을 알 수 있었다. 그 이유가 무엇일까?

가장 큰 이유는 관리자들이 자신의 판단을 지나치게 신뢰하기 때문이다. 그들은 똑똑하고 예리한 직관력을 가졌으며 누가 잘 나가게 될 것이고 누가 쓸모없는 사람이 될 것인지 구분해본 경험이 많다. 그리고 대개 옳았던 것은 사실이다. 그렇지만 그들의 생각만큼 그렇게 많이 옳았던 것은 아니다. 여러 연구를 통해 사람들이 자신의 의견을 지나치게 신뢰하는 경향이 있다는 사실이 밝혀졌다.

자신의 판단에 대한 지나친 신뢰를 입증하는 전형적인 연구사례로 수련 임상 심리학자들과 심리학과 학생들 집단을 대상으로 '청소년기에 탈선했던 경험'이 있는 30세 남자에 관한 임상적인 판단을 내리게 했던 실험이 있다.[12] 사례 연구는 4파트로 나뉘어져 시간차를 두고 읽어보도록 했다. 첫 파트에는 남자가 참전 용사로 소개되어 있으며 현재 직업에 관한 상세한 내용이 적혀 있었다. 두 번째 파트에는 그의 어린 시절이 적혀 있었다. 세 번째 파트에는 고등학교 시절과 대학교 시절에 관한 내용이 적혀 있었다. 그리고 네 번째 파트에는 그의 군 생활과 제대 이후의 활동에 관한 내용이 적혀 있었다.

각 파트를 읽을 때마다 피험자들은 똑같은 질문에 답한 다음, 각각의 답변이 맞을 가능성을 추정해야 했다. 첫 번째 파트를 읽고 난 후 피험자들은 26퍼센트의 질문에 정확하게 대답했으며 맞을 가능성에 대한 자신감은 평균 33퍼센트였다. 따라서 정확도에 관한 예측과 실제 정확도가 제법 근접한 것으로 나타났다. 피험자들은 더 많은 내용을 읽을수록 점점 더 자신의 답변을 신뢰하기 시작했는데 정확도는 사실상 거의 개선되지 않았다. 사례 연구의 네 번째 부분을 다 읽고 나자 피험자들은 자신의 답변에 대해 실제보다 두 배에 가까운 신뢰도를 나타냈다. 실제 정확도는 28퍼센트에 불과했는데 53퍼센트나 정확할 것으로 예측했던 것이다.

IT, 정유화학, 광고, 자동차, 금융 등 다양한 분야 전문가들이 이처럼 자신의 생각을 과신한다는 사실이 후속 연구를 통해 입증되었다. 여기서 특히 관심을 가질 만한 부분은 사람들이 자신의 행동과 다른 사람의 행동에 관한 예측에 대해서도 과신한다는 점이다. 그리고 이런 과신은 스트레스를 받는 상황 속에서 더욱 증가했다.[13]

과신이 문화와 직업적인 범주를 뛰어넘어 보편적으로 나타나는 현상인 것 같긴 하지만 특히 관리자들의 경우 과신에 굴복하기 쉽다. 실제로 임원들에게 과신에 대해 이야기하면 그들은 그렇지 않고서는 일을 할 수가 없다고 주장한다. 이와 마찬가지로 어느 존경받는 비즈니스 저널리스트가 지적한 것처럼 "그런 성향이 없으면 높은 자리에 오를 수가 없다."[14] 문제는 자신의 의견과 추측을 지나치게 신뢰하다 보면 그에 반대되는 정보를 찾으려고 하기는커녕 그런 정보가 있어도 알아차리지 못한다는 것이다.

관리자들의 입장에서 보면 비즈니스 정황이라는 것 자체가 꼬리표를 수정하기 어렵게 만든다. 다음 두 가지가 그 원인이다.

- 극심한 시간적 스트레스를 받는 관리자들은 잘못된 인상을 갖게

된 원인과 결과에 대한 포괄적인 재분석이나 수정을 하기 어렵다. 하버드 필그림 헬스케어의 CIO인 데브라 스파이트Debra Speight의 말처럼 "우리는 모두 내가 'MTV 신드롬'이라고 부르는 것으로 인해 피해를 본다. 너무 많은 정보를 너무 빨리 처리하기 때문에 우리가 듣고 싶은 것만 듣기 쉽다."[15]

- 경영 과정 자체가 엉망진창이다. 그 결과 꼬리표가 잘못되었다는 명확한 근거가 제한되어 있다. 성과는 대개 애매모호하고 옳고 그른 답이 없는데다 그런 불확실성은 부하직원이 지리적으로 떨어져 있을수록 한층 더 커진다. 이런 상태에서 경영 능력이나 잠재성을 객관적으로 측정하기란 어려울 수밖에 없다.

우리는 당신의 부하직원들이 모두 동등한 성과를 내고 있고 당신이 근거 없는 평가를 내렸다고 주장하는 것이 아니다. 우리가 주장하는 것은 지금 당신이 보고 있는 성과의 차이가 대부분 성과가 낮은 직원들에게 맨 처음 꼬리표를 붙였던 초기에 당신이 했던 행동으로 인해 생겨났다는 것이다. 성과가 낮은 직원들이 실제로 동료들에 비해 능력이 떨어질 수도 있지만 중요한 것은 그게 아니다. 관건은 성과의 변화다. 그들은 지속적인 개선의 궤도 선상에 놓이는 대신 당신의 꼬리표 때문에 추락하는 소용돌이에 빠지게 된 것이다. 그렇기 때문에 그것을 가리켜 필패 신드롬이라고 부르는 것이다. 무엇보다 부하직원에 의해서만 촉발된 것이 아니기 때문이다. 또한 한 번 희생양이 되면 그곳에서 벗어나기가 좀처럼 어렵기 때문이다.

기억에 남는 칭찬이 필요하다

어떤 임원들은 우리가 부하직원의 절망적인 상황을 너무 과장한다고 생각하기도 한다. 그들은 부하직원들에게 좀 따분한 업무를 맡긴다 해도 여전히 성공 가능성이 크다고 주장한다. 어쨌든 그들에게도 마감일이 정해져 있고 충족시키거나 초과할 수 있는 목표 실적이 정해져 있으니 말이다. 그리고 부하직원들이 답답하다고 느낄 수도 있고 때로는 뼈아픈 충고를 들을 수도 있겠지만 여전히 조언을 해줄 수 있는 상사가 있는 것도 사실이다. 물론 그런 부하직원들이 정확하게 도움을 받는다고 할 수는 없지만 그렇다고 해서 반드시 불행한 운명을 맞게 된다는 법도 없다. 이런 임원들은 적어도 그렇게 생각한다.

그렇다면 성과가 낮은 직원으로 인식된 사람들이 자신에게 붙은 꼬리표를 수정하기 위해 해야 하는 일이 무엇인지 생각해보자. 첫째, 꼬리표가 붙은 부하직원은 자신감을 유지하고 의욕을 꺾이지 않기 위해 열심히 싸워야 한다. 부하직원이 3장에서 강조한 그런 유혹을 이기고 과잉반응이나 상사와의 정면대결과 같은 비생산적인 방식으로 반격한다고 가정하자. 그리고 그런 열렬한 노력이 실제로 가시적인 성과 개선을 낳는다고 가정하자. 상사의 의견이 바뀔 가능성이 얼마나 될까? 상사들은 진심으로 "매우 많다"라고 대답한다. 그러나 안타깝게도 그들의 마음이 방해를 한다. 상사가 누구를 대하느냐에 따라 무엇을 알아차리고 어떤 결론을 내리는지 달라진다는 근거가 상당히 많다.

그들은 심리학자들이 확증편향confirmatory bias이라고 부르는 성향의 희생양이 된다. 이를 멋지게 설명해주는 다음 연구를 살펴보자. 사형 제도를 믿는 집단과 믿지 않는 집단이 있다. 그들에게 사형 제도에 관한 두 건의 상세한 연구 보고서를 주는데 하나는 사형제도가 효과가 있다는 결론이 내려져 있고, 다른 하나는 그렇지 않다는 결론이 내려져 있다. 이렇게 서로 다른 근거를 보게 되면 자신의 생각을 의심하거나 적어도 자신과 다른 의견을 좀 더 받아들일 것이라고 예상할 수 있다. 그러나 다시 테스트를 실시한 결과 두 집단 모두 이전보다 더 자신의 입장을 확고하게 고수하는 것으로 나타났다.[16] 이런 역학이 실생활에서 얼마나 큰 위력을 발휘하는지 생각해보라. 한 번 결정한 일에 대해서는 반대되는 근거를 고려할 가능성이 거의 없다.

따라서 성과가 낮은 직원들이 꼬리표를 떼기 위해서는 상사의 마음속에 담긴 세 가지 필터를 연속적으로 무효화시켜야만 한다. 상사가 알아차리는 것, 관찰한 내용을 해석하는 방법, 그리고 이런 해석을 기억하는 방식을 말이다.

상사의 관찰은 선별적으로 편향되어 있다

첫 번째 난관은 상사의 선별적인 관찰이다. 상사들은 성과가 낮은 직원이 이룬 성공을 알아차리지 못한다. 자신이 찾고 있었던 것이 아니기 때문이다. 그들은 주로 안 좋은 소식을 기다린다. 어느 부하직원이 다음과 같이 한탄하듯이 말이다.

[우리 상사는] 우리가 고객 불만 건수를 50퍼센트나 줄인 사실에는 그다지 관심을 갖지 않습니다. 그는 [우리 부서가] 성취한 것에는 큰 비중을 두지 않지요. 저를 대할 때는 주로 비용에만 관심을 가져요. 상사가 관심을 갖는 건 비용이 전부예요!

다시 말해서 부하직원들에게 붙이는 꼬리표가 체와 같은 역할을 하면서 그런 꼬리표와 반대되거나 일치하지 않는 정보를 걸러낸다는 것이다. 자신이 기대하는 것에 따라 무엇을 알아차리고 무엇을 무시하는지가 달라진다.

이런 선입견을 입증하는 전형적인 연구로 한 반의 학생들과 초청 강사를 대상으로 실시한 실험이 있다. 연구원들은 학생들에게 학교가 반마다 각기 다른 강사에 대해 보이는 반응을 조사하는 중이라고 말한다. 학생들은 강사가 도착하기 전에 강사에 관한 짤막한 이력을 읽게 된다. 나이, 배경, 경험 외에도 이력에는 "그를 아는 사람들은 그를 _____ 사람, 근면하고, 비판적이며, 현실적이고, 단호한 사람으로 생각한다"라고 적힌 문장 하나가 쓰여 있다. 학생들 절반에게는 공란에 '다소 차가운'이라는 말이 적힌 정보를 주고, 나머지 절반에게는 '매우 따뜻한'이라고 적힌 정보를 준다. 강의 후 강사에 대한 사후 평가를 실시한 결과 따뜻한 사람일 것이라고 기대했던 학생들이 그렇지 않은 학생들보다 훨씬 높은 점수를 준 것으로 나타났다. 높은 점수를 준 학생들은 강사의 참여도가 높고 생각이 열려 있으며 사려 깊은 사람이라고 생각했다.[17]

이는 인상적인 결과가 아닐 수 없다! 문서 가운데 단 두 단어만 바꾸었을 뿐인데도 강사에 대한 학생들의 기대치가 달라졌고, 그로 인해 20분 정도 토론 수업이 진행되는 동안 학생들의 현실 인식에 큰 영향을 주었으니 말이다. 우리가 이 수업에 참여했다면 우리가 속하지 않은 집단의 구성원들에게 현실을 직시하지 못했다고 말했을 수도 있겠지만 사실 두 집단 모두 현실을 제대로 보지 못한 것이 아니다. 그들은 애매한 현실의 각기 다른 단면을 선별해서 알아차렸을 뿐이다.

편향된 관찰을 나타내는 또 다른 사례로 객관식 문제를 푸는 학생을 관찰하는 실험이 있다.[18] 관찰자들은 두 가지 시나리오 중 하나를 보게 된다. 두 상황 모두 학생은 30개의 문제 가운데 15개를 맞춘다. 그러나 한 시나리오에서는 학생이 앞 문제를 대부분 맞히다가 뒤에 나오는 문제들을 틀리고, 다른 시나리오에서는 학생이 처음에는 잘못 맞추다가 나중에 가서 대부분을 맞추게 된다. 학생이 몇 문제를 제대로 맞혔는지 질문하자 처음에 잘 하는 모습을 보았던 관찰자들의 경우 실제보다 더 많은 문제를 맞혔다고 답한 반면(30문제 중 17.7문제), 처음에 틀리는 모습을 보았던 사람들은 실제보다 적은 수의 문제를 맞혔다고 답했다(30문제 중 13.8문제). 이 실험은 첫 인상이 자리 잡는 속도와 위력을 보여준다.

우리가 사실을 왜곡해서 관찰할 가능성은 관리자들이 여러 형태의 정보 습격을 받을 때 한층 더 심해진다. 직접 보고 듣는 정보가 있는가 하면(언어적인 정보와 비언어적 정보 모두), 어떤 정보는 다른 사람들의 보고를 통해 전달받는 것도 있으며, 데이터를 통해 추론하는 정보도 있다. 실험에 참가했던 학생들에 비해 관리자들은 훨씬 더 스트레스를 많이 받고 정보를 더 많이 입수하는 상황에 놓이기 때문에 선별적인 관찰을 할 가능성이 커질 수밖에 없다.

상사들은 칭찬받아 마땅한 사람을 칭찬하지 않는다

성과가 낮은 직원이 긍정적인 결과를 냈다는 사실을 상사가 눈치챘다고 해도 해당 부하직원이 그에 대한 칭찬을 받는다는 법은 없다. 상사는 우선 의식적일 수도 있고 무의식적일 수도 있는 과정을 통해 바라던 결과를 성취한 것에 대해 부하직원이 진정 얼마나 칭찬을 받아야 '마땅한지' 결정해야 한다. 어떤 결과가 발생하는 원인과, 사람들이 특정한 행동을 보이는 이유를 결정하기 위해 우리는 사람들의 행동에 원인을 귀속시킨다. 특히 우리는 사람의 행동을 그 사람의 성격 탓으로 돌리거나(즉, 개인의 기질과 능력) 특정한 상황 탓으로 돌리기도 한다.

사람들이 귀인 편향attribution biases이라고 알려진 몇 가지 체계적인 특정 방식으로 원인을 귀속시킨다는 것을 보여주는 연구가 상당히 많다. 이런 편향 가운데 가장 잘 정리된 것으로 근본적 귀인 오류fundamental attribution error가 있다. 사람들, 특히 서양 사람들은 다른 사람들의 행동을 고유한 성격 탓으로 돌리는 경향이 크고, 상황적인 영향을 과소평가하는 경향이 있다. 이런 결과는 관찰한 행동이 전적으로 특수한 상황 때문에 발생한 경우에도 마찬가지로 나타났다.

그러나 자기 자신의 행동을 설명할 때는 상황적인 요소나 불안정한 요소를 강조할 가능성이 훨씬 크다.[19] 우리는 사람들이 변화에 저항하는 이유에 관해 임원들과 의논할 때 이런 행위자-관찰자

변화에 대한 거부: 귀인 편향 사례

경험 많은 관리자들에게 사람들이 변화를 거부하는 이유를 묻자 그들은 타성이나 불확실성에 대한 수용 거부, 알지 못하는 것에 대한 불안감, 새로운 업무 관계에 대한 두려움, 지위나 보상의 상실과 같은 전형적인 요소들을 들었다. 변화를 거부하는 사람들 입장에서는 그렇게 듣기 좋은 원인들이 아닌 것 같다(〈표 4-1〉 참조).

그러고 나서 우리는 관리자들에게 여태까지 변화를 거부한 적이 있었냐고 묻자 그렇다고 대답했다. 그 이유를 묻자 그들은 전혀 다른 이유를 댔다. 변화 계획이 제대로 세워지지 않았다거나 엉뚱한 문제를 해결하려 들었다거나 조직의 다른 면과 어울리지 않는다거나 변화를 제대로 실시하는 데 필요한 자원이나 훈련이 부족했다고 말이다. 결국, "변화 계획을 주의 깊게 고려한 결과, 기존 상황에서는 적절한 것이 아니라고 생각했기 때문"이라는 것이었다.

다시 말해서 '다른 사람들'이 변화를 거부하면 불안감, 고집스러움, 현 상태에 안주하려는 태도, 사리사욕, 타성과 같이 개인적이고 감정적인 원인을 댄다. 그러나 자신이 거부할 때는 합리적이고 정황상 그럴듯한, 다시 말해서 변화 자체에 문제가 있기 때문이라고 생각한다.

이 사례는 사람들이 자신의 행동을 설명하는 방식과 다른 사람들의 행동을 설명하는 방식이 어떻게 다른지를 확실하게 보여준다. 다른 사람의 행동에 대해서는 의도를 지나치게 강조하면서 외적인 요소나 제약이 가진 역할을 과소평가하고, 태도나 성격을 원인으로 꼽는다. 이런 현상을 가리켜 '행위자—관찰자 편향'이라고 한다.

편향actor-observer bias을 목격할 수가 있었다("변화에 대한 거부" 참조).

따라서 똑같은 행동이라도 우리가 행동을 관찰하는가 아니면 행하는 주체인가에 따라 각기 다른 원인을 부여할 수 있다. 그러나 실제로 왜곡되는 정도는 그보다 한층 더 미묘하다. 사람들은 행동이 아닌 결과를 설명할 때 성공했느냐 실패했느냐의 여부에 따라 각기 다른 이유를 붙이는 경향이 있다. 성공적인 결과에 대해서는

필패 신드롬

| 표 4-1| 부하직원의 행동 방식에 따른 상사 스스로의 인식

다른 사람들이 변화를 거부하는 이유	내가 변화를 거부하는 이유
불확실성에 대한 두려움	계획이 제대로 세워지지 않았음
위험 회피	부적절한 시기
비전을 이해하지 못함	지금 순간 우선적으로 해야 할 일이 아님
냉소적임(과거에 안 좋은 경험이 있었음)	성공 가능성이 적음(자원 부족)
내가 생각해낸 것이 아니라는 태도	협의 부족
변화를 통해 얻을 것이 없음	변화 대리인에 대한 낮은 신뢰

자신에게 공을 돌리는 경향이 있지만, 실패한 경우에는 상황이나 다른 사람들을 탓하는 경향을 보이는 것이다. 이런 경향을 가리켜 자기 위주 편향self-serving bias이라고 한다.

사람들 중에는 다른 사람에 비해 자기 위주 편향을 더 많이 보이는 이들이 있다. 이런 성향은 자각, 겸손, 그리고 문화적인 차이로 인해 발생한다. 그러나 사람이라면 모두 어느 정도 기본적으로 성공을 자신의 공으로 돌리고 실패를 다른 사람의 탓으로 돌리는 성향이 있다. 이건 전혀 새로운 내용이 아니다.

놀라운 점은 자기 위주 편향을 내집단 일원들에게까지 적용시키는 경향이 있다는 것이다. 이런 현상은 우리가 응원하는 스포츠 팀의 경기를 볼 때에도 나타난다. 우리 팀이 이기면 선수들이 뛰어난 기량이 있고 열심히 한데다 서로 격려해주었기 때문이라고 생각한다. 그러나 상대 팀이 이기면 운이 좋았거나 속임수를 썼거나 심판이 편파적이었다거나 우리 팀 선수들이 너무 지쳐 있었기 때문이라고 생각한다. 이런 과정은 다음 연구를 통해서도 입증되었다.

두 라이벌 학교의 학생들에게 자기 학교 팀이 치르는 축구 경기를 관람하게 했다. 학생들 두 집단은 가능한 한 객관적으로 각각의 팀이 규칙을 어기는 횟수를 기록해야 했다. 격렬한 경기가 진행되는 바람에 양 팀 모두에게 몇 건의 부상이 발생했다. 연구원들이 결과를 살펴보자 두 집단 모두 자기 팀보다 상대 팀이 훨씬 더 파울을 많이 저질렀다고 기록한 것을 알 수 있었다. 두 집단이 알아차린 사실이 각기 다른데다 행동에 대해 제각각 다른 의도를 부여했기 때문이다. 자기 팀의 의심스러운 행동은 거칠었음에도 공정하다고 넘어간 반면, 상대 팀의 행동은 스포츠맨답지 않았던 만큼 파울이라고 하기에 충분하다고 생각하는 경향이 있었다.[20]

우리가 내집단의 일부라고 생각하는 사람들에 대해 갖는 편향은 당연히 직장에서도 찾아볼 수 있다. 한 연구에서는 상사들에게 두 가지 유형의 부하직원들, 믿고 도움을 요청할 수 있는 직원(따라서 내집단의 일원임을 나타내는)과 도움을 요청하지 않을 가능성이 있는 직원(외집단의 일원을 나타냄)을 떠올리라고 했다. 그런 다음 상사들에게 두 부하직원들의 좋은 실적으로 이어진 일과 좋은 실적으로 이어지지 않았던 사건을 각각 떠올리게 했다. 이 네 가지 시나리오를 근거로 상사들은 그런 결과가 발생한 원인을 판단해야 했다. 좋은 실적으로 이어졌던 경우, 외집단 직원에 대해서는 내집단 직원보다 노력과 능력에 대해 칭찬을 하는 경우가 훨씬 적었다. 그러나 결과가 좋지 못했던 경우, 외집단 직원에 대해서는 노력과 능력의 부족을 원인으로 꼽는 경향이 있었다.[21]

반면, 상사들은 성과가 좋은 직원들이 성공한 경우에는 그들의 판단력과 능력, 노력을 원인으로 꼽는 경향이 있었다. 성과가 좋은 직원들이 실패하는 경우에도 상사들은 훨씬 관대하게 대하며 부하직원에게 벌을 주는 일이 적었다. 운이 나빴다거나 제대로 된 고객이 아니었다거나 다른 부서의 지원이 부족했다는 등의 이유를 떠올리면서 말이다. 그러나 성과가 낮은 직원에 대해서는 정반대 현상이 벌어진다. 성과 문제가 발생하는 즉시 '또다시 일을 그르쳤네'라고 하거나 '별로 놀랍지도 않군'과 같은 반응을 보인다. 상사들은 관용도 베풀지 않는다. 하지만 성과가 낮은 직원에게 좋은 일이 발생하면 정반대의 원인을 귀속시킨다. 아마도 상황적인 원인을 들 가능성이 크다. '목표치가 낮았던 것이 분명해', '고객이 필사적이었나 보지', '내 충고대로 한 것이 분명해', 혹은 '누가 도와줬을까?'와 같은 생각을 하면서 말이다.

예를 들어 부하직원 중 하나인 글로리아가 당신을 비롯해 다른 직원들을 도우려고 애쓰는 모습을 보게 된다고 가정하자. 그 직원을 성과가 높은 직원이라고 생각하는지 아니면 성과가 낮은 직원이라고 생각하는지에 따라 그 모습에 대한 해석 또한 달라지겠는가? 그 모습을 '좋은 시민의 행동', 즉 반드시 필요한 것도 아니고 보상해줄 필요도 없지만 그럼에도 조직의 기능을 향상시켜주는 그런 행동으로 볼 것인가? 아니면 글로리아 자신에 대한 당신의 생각을 바꿔보겠다는 의도에서 비롯된 부하직원의 아첨으로 볼 것인가? 앞서 우리는 '지나치게 열심히 노력하는' 직원일 경우 관리자들이 직원의 의도를 의심하게 된다고 언급한 적이 있다. 그러나 '열심히 노력하는 것(헌신)'과 '지나치게 열심히 하는 것(좋은 모습을 보이기 위해)'의 차이는 상당히 미묘하다. 이와 마찬가지로 부수적인 업무를 자청해서 하는 것이나 상사와 동료들을 도와주는 것이 애타주의적인 행동인지 좋은 인상을 남기기 위한 것인지 과연 누가 제대로 판단할 수 있단 말인가?

다시 한 번 부하직원이 피드백을 구하는 모습을 생각해보자. 직원이 학습 지향적 태도가 있다는 근거로 해석할 수 있을 것이다. 상황을 진단해주는 정보를 구함으로써 성과를 향상시키고자 하는 노력이나 자기 행동의 올바름과 적절성을 평가해서 앞으로의 성과를 향상시키겠다는 노력으로 말이다. 그러나 똑같은 모습을 개인적인 나약함과 불안함의 신호로 여길 수도 있을 것이다. 아니면 인사고과 시기 전에 상사가 자신에 대한 기억을 떠올리게끔 고도의 계산에서 비롯된 노력이라고 생각할 수도 있을 것이다.

문제는 눈으로 동기를 관찰할 수 없다는 것이다. 오로지 행동만을 눈으로 관찰할 수 있다. 상사들은 자신이 인식한 것을 근거로 직원 행동의 진실성을 유추해야 한다. 어떤 행동이 그 직원의 '전형적인' 행동인지, 아니면 '연기'인지 판단하지 않으면 안 된다. 현실 속에서는 대개 복합적인 동기를 갖고 행동할 때가 많다. 부하직원이 태스크포스 팀에 합류하면 좋은 인상을 남길 수 있겠지만 "맡은 업무 이상의 것을 해야 하기 때문에" 별도의 노력을 기울어야 한다는 사실을 의식하고 있을 수 있다. 마찬가지로, 심지어 '모범 직원'도 자신의 행동을 권위 있는 인물의 선호도에 맞출 수 있다. 따라서 비슷한 행동이 어떤 사람은 '모범 직원'으로, 또 다른 사람은 '정치적 동물'로 분류되도록 만들 것이다(표 4-2 참조).

|표 4-2| 똑같은 행동, 다른 해석

동기 유추	모범 직원		성과가 낮은 직원
	다른 직원들의 복리를 개선하고 조직의 효과적인 기능을 도모하기 위해		자기 자신에 대한 좋은 인상을 남기기 위해, 보상이나 자원의 불공정한 몫을 확보하기 위해

관찰된 행동	해석	
	모범 직원	성과가 낮은 직원
피드백을 찾는다	학습지향(향상하고자 하는 열망)을 나타내는 신호	나약함, 불안감을 나타내는 신호이거나 상사의 기억에 남기 위해
상사를 칭찬하는 행동	상사에게 유용한 피드백 전달	아첨, 아부
동료를 도와줌/문제를 귀담아 들음	이타주의	조종, 연합 구축
불평하지 않음	자기희생, 좀 더 큰 이로움에 대한 이해	남에게 맞추려는 작전
야근	헌신, 책임감	투입 대비 결과에 대한 가치, 업무의 우선순위를 매기지 못함, 느린 직원, 생각이 느림, 다른 직원들이 안 좋아 보이게 하려는 것
어려운 일을 도맡음	책임감과 의무감	가시적인 효과를 노림, 자신의 한계를 알지 못함
상사 심부름해주기	상사의 시간을 존중	아첨
공공연하게 동료에게 고마움을 표시	이타적임, 팀정신	그릇된 겸손, 위선
상사의 생각에 동의	좋은 판단, 존중, 효과적인 동료애	나약함, 쓸모없음, 능력 부족

이처럼 쉽게 원인을 귀속시키는 성향은 즉흥적인 특성 추론 spontaneous trait inference에 따라 더욱 두드러지게 된다. 사람들은 인식하

지도 의도하지도 않는 상태에서 누군가의 행동이나 외모를 보고 성격적인 특성을 유추하는 경향이 있다.[22] 따라서 어느 부하직원이 야근을 많이 했다는 소리를 듣는다면 그 직원이 '헌신적'이라고 생각할 수도 있고 '일이 더디다'라고 생각할 수도 있다. 특성을 나타내는 단서가 구체적인 행동 정보보다 쉽게 저장되기 때문이다. 지금부터는 기억에 관한 문제를 살펴보도록 하자.

상사의 기억은 선별적으로 편향되어 있다

앞서 선입견이 사람들이 관찰하는 것과 관찰하는 것을 해석하는 방법에 영향을 준다는 사실을 살펴보았다. 이런 선입견은 정보를 저장하고 끄집어내는 방법에도 영향을 준다. 물론 사건이나 행동을 해석하는 방법으로 인해 기억을 떠올리기가 쉬워지기도 한다. 관련이 있다고 생각하는 것을 기억하기 때문이다. 어떤 사건이 아무런 관련이 없다고 생각하면 잊어버릴 가능성이 크다.

예를 들어 성과가 낮은 직원이 놀라운 제안을 해서 그 직원을 칭찬해주기까지 했다고 가정해보자. 그럼에도 불구하고 그 일이 기억 속에 오래 남지 않는 이유는 그것이 그 직원의 특성이라고 생각하지 않거나 관련이 없다고 생각하기 때문이다. 자신의 생각과 반대되는 근거보다는 자신의 생각을 뒷받침하는 근거를 수용할 때 훨씬 적은 노력을 필요로 한다. 일관적인 근거는 의식하지 않아도 자동으로 처리된다. "비존이 계약을 따내지 못했어. 그래, 그럼 그렇지." 반대로 일관적이지 않은 근거는 이처럼 쉽게 저장되지 않는다.

따라서 성과가 낮은 직원들에게 들은 좋은 소식을 처리하는 것이 훨씬 더 어렵다. "이런 결과나 행동을 내가 붙인 꼬리표와 어떻게 조화시킬 것인가?" 가장 쉬운 방법은 그냥 무시하는 것이다. "언젠가 헬레나도 계약을 따낼 때가 있겠지. 세상사가 그러니까." 이것은 그저 세상사를 입증해주는 예외에 불과한 것이다. 또 다른 방법은 조화롭지 못한 정보를 '미처리 상태'로 남겨두고 그런 일이 다시 벌어지는지 지켜보는 것이다. 그러나 기억에 저장되기 위해서는 빠른 시일 내에 같은 일이 발생해야 할 것이다. 정보를 수용하기 위해 꼬리표를 수정하는 일은 가장 큰 노력을 요한다. 그러기 위해서는 정신적인 에너지와 침착함이 필요하지만 바쁜 임원들의 경우에는 쉽지 않다. 인간은 많은 정보를 입수할 때 가장 기억하기 쉬운 것을 저장하는 경향이 있다("인상주의적 기억" 참조).

정보를 저장한다고 해도 기억이 컴퓨터 파일처럼 작동하지 않기 때문에 기억은 생각만큼 믿을 만하지 않다. 우리가 저장하는 정보는 변경되고 그대로 남지 않기 때문이다. 기억은 사라지기도 하고 다른 기억과 섞이기도 한다. 사건이 발생하고 난 다음 입수한 정보에 의해 부패되기도 하는데 이 과정을 일컬어 기억 재구성memory reconstruction이라고 한다.[23] 예를 들어 한 연구에 참가한 피험자들에게 어느 여성이 다양한 활동에 참여하는 영화를 보여주었다. 피험자들 가운데 일부에게는 그녀가 도서관 사서라고 알려주었다. 그러고는 영화 속에서 그녀가 어떤 음료를 마셨는지 물어보자 그들은 와인이라고 대답했다. 그녀의 직업과 일관성이 있어 보였기 때문이다. 그러나 실제로 영화 속에서 그녀가 마신 음료는 맥주였다. 그녀가 웨이트리스라는 말을 들은 나머지 피험자들은 맥주를 마셨

유명한 남성과 여성이 적힌 목록을 각기 다른 집단의 사람들에게 읽어주었다. 각각의 목록에는 동일한 수의 남성과 여성이 적혀 있었지만 한 목록에는 유명한 남성의 이름이 더 많이, 다른 한 목록에는 유명한 여성의 이름이 더 많이 있었다. 이후 피험자들에게 각각의 목록에 적힌 남성의 수와 여성의 수를 적으라고 했다. 유명한 여성의 이름이 더 많이 적힌 목록을 들은 사람들은 여성의 수가 더 많다고 대답했고, 유명한 남성의 이름이 더 많이 적힌 목록을 들은 사람들은 남성의 수가 더 많다고 대답했다.[24] 성과가 높은 직원이 이룬 실적과 성과가 낮은 직원이 이룬 실적에 대한 기억을 떠올릴 때도 이런 현상이 발생하는 모습을 상상해보자.

다고 제대로 대답했다.[25]

그렇다고 상사들이 선입견을 갖고 사람들을 대하려고 마음먹는다는 주장을 하려는 것은 아니다. 대부분의 상사들은 공명정대하게 대하려고 노력한다. 문제는 마음속의 선입견이 방해를 한다는 것이다. 상사들의 경우에는 자신이 맨 처음 붙인 꼬리표가 뒷받침되도록 정보를 처리하는 성향이 두드러지게 나타난다. 그들은 성과가 '높은 직원' 대비 '낮은 직원'에 대해 다른 것들을 알아차리기 시작한다. 그리고 똑같은 행동이나 결과를 목격하더라도 누구에 관한 것이냐에 따라 각기 다른 원인을 귀속시킨다.

성과가 낮은 부하직원들이 부딪히는 벽을 고려하면 결국에 포기하고 마는 게 놀라울 것도 없다. 부하직원이 뛰어난 결과를 성취했다고 해도 상사의 선별적인 관찰과 정보 저장 방식 때문에 기억에 남기까지는 어느 정도의 시간이 걸린다. 아무리 뛰어난 결과라도 요행수로 치부될 수 있다. 그보다 더 안 좋게는 부하직원의 능력이

나 노력으로 인정되기보다 상사의 명확한 지시와 지침으로 공이 돌아가는 경우도 있다. 따라서 상사가 자신이 처음에 붙인 꼬리표를 수정해야겠다는 생각을 갖게 하는 데에는 부하직원이 여러 건의 성공을 연속적으로 이루지 않으면 안 된다. 그러다 보면 부하직원이 도를 넘거나 기권해버리고 말 가능성이 불가피하게 높아질 수밖에 없다.

여태까지 우리는 상사의 꼬리표와 선입견이 실패 유발 역학을 촉발하고 가속도를 붙이는 모습에 초점을 맞춰왔다. 따라서 부하직원은 순종적인 역할만 하는 것으로 그려졌다. 스트레스와 좌절, 고뇌를 수용하기 위해 뒤로 물러서 자신도 모르는 사이에 상사가 기대한 대로 행동한다고 말이다. 그러나 처음에 이런 역학구조가 발생하는 원인은 상사에게 있지만 부하직원 또한 적극적으로 그 과정에 참여한다. 부하직원들도 자신만의 기대치와 사각지대, 그릇된 가정과 왜곡된 반응을 갖고 있다. 따라서 그들 역시 상사의 실패를 유발하는 것이다.

THE SET/
UP/TO/FAIL

누구의 잘못인가

SYNDROME

당신의 동의 없이 당신을 열등하게 만들 수 있는 사람은 없다.

— 엘리노어 루즈벨트 Eleanor Roosevelt

필패 신드롬이 그다지 복잡하게 느껴지지 않았다면 이제부터는 한 단계 더 복잡하게 느껴질 것이다. 지금까지 우리는 이 과정을 활성화시키는 데 상사가 맡은 역할만 강조했다. 하지만 이 역학구조가 빠른 시간 내에 굳건히 자리를 잡을 수 있는 것은 부하직원도 참여하기 때문이다. 이번 장에서는 부하직원이 자신도 모르는 사이에 그러나 인식 과정과 행동을 통해 적극적으로 필패 신드롬에 기여하는 방법을 살펴볼 것이다. 부하직원들은 상사가 초기에 가진 부정적인 인상이 뒷받침되도록 상사의 행동을 해석하고, 상사가 부정적으로 반응할 수밖에 없는 행동을 상사에게 보인다. 여기에서는 어떻게 해서 이런 일이 발생하는지, 상사의 선입견이 부하직원의 선입견과 어떻게 맞물려 저절로 역학이 지속되는지 살펴볼 것이다.

부하직원의 선입견이 이 역학에 기여하는 방법부터 살펴보도록 하자.

피해자는 있고 가해자는 없다

4장에서는 상사가 부하직원에게 섣불리 붙이는 꼬리표를 살펴보았다. 부하직원의 태도를 보고 받은 인상과 성과 지표에 대한 해석을 근거로 상사들은 특정한 부하직원이 고전하는지, 능력이 제한적인지, 판단력이 부족한지 결정하는 성향이 있다. 이런 꼬리표들은 정확하든 정확하지 않든 한 번 붙으면 좀처럼 떨어지지 않는다.

그러나 이것이 일방적으로 이루어지는 것은 아니다. 부하직원들 역시 상사에 대해 기대치를 갖게 마련이다. 상사가 부하직원을 평가하듯이 부하직원들도 상사를 평가한다. 이 관점에서 연구를 실시한 연구원들이 여러 명 있다. 한 연구에서는 부하직원들에게 상사가 자신과 같은 인생관, 관점, 가치를 갖고 있는지, 혹은 상사가 조직 내에서 잘 할 것이라고 기대하는지 묻는 질문을 근거로 상사에 대한 첫인상을 평가하라고 했다. 그 결과 4장에서 살펴보았던 상사의 기대치와 마찬가지로, 부하직원들도 업무관계를 맺고 첫 5일 동안 갖게 된 상사에 대한 기대치가 6개월 후 부하직원이 두 사람의 관계를 어떻게 평가할지 예측하는 척도가 되는 것으로 나타났다.[1]

새로운 상사가 부임하면서 듣게 되는 소문이나 초기에 있었던 의견 대립, 또는 어떤 결정이 내려진 이유가 제대로 설명되지 않았을 때 생기는 오해와 같은 하찮은 근거를 토대로 부하직원들은 상사에 대해 호의적이지 않은 섣부른 시각을 갖게 된다. 특히 자신이 특권 집단에 속하지 않는다는 사실을 감지한 부하직원들의 경우 상사가 냉담하고 둔감하며 불안하고 만족시키기 힘들며 독선적이고 심지어 심술궂다고까지 생각하기 시작한다.

앞서 언급했던 것처럼 고의성이 없을 때도 고의적으로 한다고 가정하는 것이 큰 문제 가운데 하나다. 의도에 지나치게 치중하는 이런 성향은 어떤 사람이 특정한 행동을 보이는 이유를 모를 때 그 원인이 상황보다는 그 사람 자체에 있다고 가정하게 만든다.[2] 이는 어떤 행동이 행해지면 그것을 개인적으로 생각할 가능성이 크다는 것을 의미한다. 예를 들어 은행이나 레스토랑에서 서비스가 안 좋았을 경우 상황 탓을 하기보다 개인적인 모욕으로 여기는 경향이 있다. 이와 마찬가지로 상사가 자신과 의논할 시간을 갖지 않거나 문제에 대해 알려주지 않으면 부하직원은 상사가 자신을 무시하는 것으로 생각하기 쉽다. 상사가 조금만 간과해도 부하직원으로부터 부정적인 꼬리표를 받게 된다는 의미다.

상사가 의도적으로 자신을 부당하게 대한다는 부하직원의 생각이 실제로는 다음과 같이 다양한 의도에서 비롯된 것일 수 있다.

1. 선택할 수 있는 것이 없음:

상사가 어쩔 수 없이 정황상 해를 가할 수밖에 없는 상태. 한 가지 행동밖에 할 수 없으며 그런 행동을 통해 피해를 받는 쪽은 운이 없는 희생자에 해당될 뿐이다.

2. 성급한 선택:

상사에게는 자신의 행동이 합리적인 것처럼 느껴지는데다 제법 빨리 떠오른 해결책이며 잘못된 판단이었다는 근거가 없는 것으로 여겨진다. 상사가 발생할 수 있는 모든 결과를 미처 생각해보지 못한 것이다. 상사가 의식적으로 선택한 행동이긴 하지만 누군가에게 해를 입히려고 한 것도 아니고 괴롭히려고 한 것은 더더욱 아니다. 그러나 그런 일이 일어날 것이라고 미리 예상했더라도, "계란을 깨뜨리지 않고는 오믈렛을 만들 수 없다"라는 식의 이유를 대며 합리화시키려 했을 것이다.

3. 고민 끝에 내린 선택:

상사가 고민 끝에 내린 선택으로 일부 부하직원에게 부정적인 영향이 갈 수도 있다는 것을 충분히 숙지하고 있거나, 부하직원에게 경고성 메시지를 보내기 위해 고의적으로 보이는 행동일 수 있다.

이 세 가지 가능성은 오해가 어떻게 발생하는지를 잘 보여준다. 경영상 내리는 결정은 명확하지 않은 두 번째 범주에 속하는 경우가 많다. 1978년도에 허버트 사이먼Herbert Simon에게 노벨상을 안겨준 제한된 합리성bounded rationality 이론에 따르면 관리자들은 최소한의 필요조건을 충족시키는 경향이 있는 것으로 나타났다. 최고의 대안을 찾기보다는 처음에 떠오르는 '웬만큼 좋은 해결책'에 안주한다는 것이다.[3] 처음 떠오른 수용 가능한 해결책이 당면한 문제의 주요 부분을 해결해줄 거라 생각하는 것이다. 최소한의 필요조건을 충족시키는 이런 판단은 자동차에서 라디오 방송 채널을 선택할 때처럼 일상생활 속에서도 이루어진다. 모든 라디오 방송을 동시에 들어볼 수 없기 때문에 방송을 선별하는 과정을 최적화하기는 힘들다. 따라서 흘러나오는 노래가 들을 만하고 수신 상태도 좋은 첫 번째 방송에서 멈추게 된다.

관리자들이 받는 시간과 집중의 압박, 더 많은 정보를 입수할 때 치러야 하는 대가, '최고의 행동'을 했음에도 발생할 수 있는 예상치 못한 결과 등을 고려하면 최소한의 필요조건 충족은 상당히 합리적인 방법이라 할 수 있다. 한 관리자가 들려준 말과 같이 "좋은 의도로 잘못된 일을 할 수 있는 것처럼 의도가 좋지 않은데도 불구하고 옳은 일을 하는 경우가 있다." 이런 식으로 생각하면 모든 대안과 결과를 타진해보는 것이 오히려 지나친 투자라 할 수 있다. 일단 해보고 결과를 지켜보는 편이 나은 것이다.

따라서 상사가 모든 대안과 결과를 생각해보지 않은 채 결정을 내릴 때가 많다는 것을 알 수 있다. 문제는 상사의 결정으로 인해 피해를 입은 쪽에서는 상사가 철저한 판단과 충분한 숙고 끝에 의사결정을 내렸다고 과잉평가를 한다는 것이다.

우리는 의사결정 모델이 합리적이라고 생각하는 경향이 있다. 따라서 의사결정자가 대안을 주의 깊게 평가하고 장단점을 저울질하여 모든 결과를 타진해본 다음 가장 좋은 선택을 내렸다고 생각한다. 의사결정자가 모든 부정적인 영향을 사전에 모두 인지하고 있었을 것이라고 생각하기 때문에 부정적인 영향이 발생하더라도 무시하겠다고 결심했거나, 아니면 고의로 부정적인 영향이 발생하도록 만들겠다고 결심했을 것이라 가정하는 것이다. 다시 말해서 상사의 결정으로 인해 부하직원이 괴로움이나 모욕감, 당황스러움을 겪을 것이라고 예상했음에도 불구하고 그런 결정을 밀어붙였다고 생각한다(따라서 그런 감정을 느끼는 부하직원은 상사에게 그다지 중요하지 않은 존재라는 점을 시사한다). 그보다 더 심한 건 상사가 일부러 자신의 기분을 상하게 할 목적으로 그런 결정을 내렸다고 생각하는 경우다.

부하직원이 상사의 의도에 지나친 비중을 두는 이유 가운데 하나는 상사에게 상당한 권한이 있다고 생각하기 때문이다. 부하직원인 자신에게는 제한된 예산과 결정권밖에 없다고 생각하면서 '나는 못해도 상사는 할 수 있잖아'라고 생각하는 경향이 있다. 따라서 상사 역시 누군가의 부하직원이며, 그렇기에 제한된 범위 내에서 업무를 해야 한다는 사실을 과소평가하는 것이다. 이는 CEO라도 마찬가지다.

상사와 부하직원이 갖는 관점의 차이는 우리가 잘 아는 한 중견 기업에서 발생한 사건을 통해 설명할 수 있다. 새로 임명된 한 CEO가 있었다. 그는 자신이 통솔해야 할 선임 관리자 수가 너무 많다는 사실을 깨닫고는 그 수를 절반으로 줄여야겠다고 결심했다. 그는 8명의 선임 관리자들에게 운영 이사를 통해 자신에게 보고하라고 말했다. 조직의 서열상 강등당한 그 8명의 반응은 참으로 다양했다. CEO와 개인적으로 면담을 해본 사람들 가운데 몇몇 CEO가 느끼는 압박감을 마지못해 인정했다. 하지만 다른 사람들은 조직개편으로 인해 갑작스럽게 강등당했다며 노골적으로 불만을 표시했다. 새로운 상사가 된 운영 이사와 이미 몇 번 언쟁을 벌인 경험이 있었던 한 선임 관리자는 격노했다. 조직개편이 발표되고 난 지 1시간 만에 CEO의 책상에 그의 사표가 놓여 있었다.

분명, 새로운 CEO는 이 조직개편이 몰고올 파문을 전부 생각해보지 않았을 것이다. 기존 라이벌 체계를 충분히 파악하지 못했거나 관심을 갖지 못했을 것이다. 전반적으로 보면 과도한 업무에 시달리던 CEO 입장에서는 만족스러운 결정을 내린 셈이지만 현실적으로 그런 조치를 당하는 입장에서는 그의 결정이 상당히 다르게 느껴진다. CEO는 자신의 업무량을 줄이는 방법으로 조직개편을 선택했다. 그러나 사표를 낸 관리자는 자신에게 의도적으로 모욕을 주거나 심지어 자신을 몰아내기 위해서 CEO가 그런 조직개편을 단행했다고 생각했다. 적어도 새로운 CEO가 자신의 의견이나 성과를 가치 있게 생각하지 않는 것으로 여겼던 것이다.

사표를 낸 관리자가 반응을 보인 강도와 속도는 부하직원들이 상사의 행동을 얼마나 상세하게 분석하는지 보여준다. 앞서 언급했던 것처럼 부하직원들은 자신이 받는 취급에 상당히 민감하며 생략 오류error of omission를 관여 오류error of commission로 여기는 경향이 있다. 물론 앞의 예처럼 상사의 행동이 극적인 반응을 야기하는 경우는 드물다. 대개 부하직원이 실망하거나 배신감을 느끼거나 잘못된 처사를 고스란히 혼자 받았다고 느끼면, 상사에게 안 좋은 꼬리표를 붙이고 전만큼 열심히 일하지 않는 것이 전부다. 그러나 이두 가지 요소만 해도 악순환을 지속시키기에 충분하다.

꼬리표 입증하기

이쯤에서 잠시 요약하고 넘어가도록 하자. 상사들처럼 부하직원들도 상사를 성급히 평가하고 꼬리표를 붙이는데, 그 이유는 상사의 의도에 지나친 비중을 두기 때문인 경우가 많다. 이런 꼬리표를 붙이고 나면 부하직원들은 상사들과 마찬가지로 자신의 선입견을 확인하는 과정의 희생양으로 전락한다. 예를 들어 상사가 고집스럽다고 생각하는 부하직원들은 상사가 융통성 있게 행동하지 않을 때 그걸 알아차리고 기억한다. 그러나 상사가 중대한 새로운 아이디어를 받아들이는 때는 편리하게도 그 사실을 간과하고 마는 것이다. 다시 말해서 부하직원들도 선별적으로 관찰하고 기억하며 상사들만큼이나 자신의 판단을 과신한다.

실제로 부하직원들이 선별적으로 관찰하고 기억하는 성향은 다음 두 가지 요소로 인해 더욱 강해질 수 있다. 첫째, 부하직원들은 상사가 보내는 신호를 주시한다. 둘째, 부하직원들은 동료들이 하는 말을 통해 상사에 대한 인상과 꼬리표를 비교하고 강화해나간다.

주시─세심히 살피기: 2장에서 부하직원들이 상사의 각기 다른 언어적, 비언어적 신호에 얼마나 민감하게 반응하는지 살펴보았다. 이건 이해할 만하다. 부하직원은 상사를 해고하거나 고용할 수 없고, 진급을 시키거나 월급을 인상해줄 수 없으며 업무를 부여하거나 위임할 수 없다. 따라서 상사와 부하직원의 관계는 불균등하다고 할 수 있다. 이런 권한의 불균형으로 인해 부하직원들은 그 반대의 경우보다 상사가 자신을 어떻게 인식하는지에 더 의존할 수밖에 없다. 따라서 끊임없이 상사의 행동을 살펴보며 집단 내에서 자신의 입지와 전체적인 업무 성과가 어떤지 살펴본다.[4]

대부분의 경우 이렇게 주시하는 것은 좋은 일이다. 개인이 사회적 신호를 주시하면 위협과 기회에 좀 더 효과적으로 반응할 수 있기 때문에 건전한 적응 메커니즘이라 할 수 있다. 그러나 부하직원이 이렇게 민감하다 보면 상사가 별 생각 없이 한 말에 자칫 과잉반응을 보이거나 상사가 의도했던 것보다 상사의 제안을 훨씬 더 심각하게 받아들일 수도 있다.

예전에 우리 상사였던 사람의 표현을 빌어보자. "내가 사용하는 단어를 왜 그렇게 중요하게 생각하지? 난 중요하게 생각하지 않는데." 부하직원들은 특히 부정적인 발언과 신호에 더욱 과민반응을 보인다.

부하직원들, 특히 외집단에 속하는 부하직원들의 경우 어떤 식으로든 위협을 느끼거나 불안감을 느끼면 대화 내용 가운데 부정적인 신호에 더욱 예의 주시한다.[5] 자신이 부당한 대우를 받는 대상이라는 첫인상이 맞는 것으로 확인되면 그들은 더욱 주의를 기울이며 과잉 경계 상태에 돌입한다. 그러면서 대화를 할 때마다 안좋은 목적이나 숨겨진 의도를 찾으려고 한다. 따라서 조금만 상처를 받아도 상사가 팀을 잘못 이끈다는 시각을 강화할 구실거리를 확보하게 되는 것이다. 그들은 상사와 했던 대화를 머릿속으로 되뇌며 대화할 당시에 '미처 알아차리지 못한' 상사의 불공평한 대우를 뒷받침하는 근거를 찾는다. 심지어 시선을 다른 곳으로 돌리는 의미 없는 행동이나 인사를 받아주지 않는 등 작은 비언어적 행동에까지 의미를 잔뜩 부여한다.

동료들의 의견: 이런 확인 과정의 동력이 되는 또 다른 주요 요소는 사회 작용이다. 연구 결과 외집단의 일원들은 내집단 직원들에 비해 부하직원에 대한 상사의 차별적인 대우를 논의하고 분석하는 데 더 많은 시간을 들이는 것으로 나타났다.[6] 그렇게 집착하는 것이 이해할 수 없는 바는 아니지만 이는 부정적인 인식을 강화시키기만 할 뿐이다.

예를 들어 부당한 대우를 받았다고 느끼는 사람들이 가장 먼저 보이는 행동은 다른 누군가와 '현실 확인'을 하려 든다는 것이다. 그런데 누군가가 특정한 시점에서 바라본 정보를 제시하면 선입견을 갖지 않은 관찰자의 입장에서는 그 사람을 측은하게 여기는 수밖에 없다(따라서 부당한 시각을 입증해주기만 한다). 관찰자가 할 수 있는 것이라고는 기껏해야 상사의 행동에 관한 다른 해석을 제시하여 상사에 대한 판단을 잠시 유보할 수 있게 하는 것이 전부이다. 그러나 대개 자기편을 찾는 사람이라면 선입견이 없는 사람을 고르기보다 외집단의 일원처럼, 자신의 해석이 옳다고 확인해주는 데 그치지 않고 실제로 자신의 해석을 한층 더 보강해줄 만한 근거를 제시할 수 있는 사람을 찾는다.[7] 부하직원을 면밀히 감시하는 상사가 부하직원의 문제점을 더 많이 알아차리듯이 '상사 관찰'에 더 많은 시간을 투자하는 부하직원 또한 보기 싫은 모습을 더 많이 보게 될 가능성이 크다. 성과가 낮은 직원은 부당한 대우나 불공평한 대우를 나타내는 신호에 더 민감해질 뿐 아니라 그에 대한 정보도 지나치게 많이 듣게 된다. 고충을 나누는 자리나 쉬는 시간에 다른 직원과 나누는 대화를 통해 상사에게 환멸을 느낀 부하직원은 상사에 대해 한층 더 왜곡된 시각을 갖게 된다. 그뿐만 아니라 부당함과 불신감은 한층 더 강화된다. 상사가 조금만 잘못해도 그들은 그에 대해 듣게 된다. 불만 있는 동료라면 동정 어린 위로를 받고 공감대를 형성하게 될 것이라는 사실을 안다. 그들은 그렇게 눈물 나는 이야기의 저장고가 되는 것이다. 상사 편을 드는 동료가 있다면 이런 말을 듣게 될 것이다. "이봐, 내가 여러 사람들하고 이야기해봤는데 그 사람들도 내 생각과 같더라고."

사람들은 어떤 것을 믿고 어떤 것을 무시할 것인지만 선택하는 것이 아니라 정보를 제공하는 사람들까지 선별함으로써 스스로 피드백을 속인다. 어디에서 피드백을 찾느냐에 따라 얻는 피드백이 달라지기 때문이다.

왜곡된 렌즈의 역할을 하는 꼬리표

긍정적이든 부정적이든 강력한 꼬리표를 만든 부하직원이라면 상사의 행동, 특히 애매한 행동을 해석할 때마다 꼬리표를 렌즈처럼 이용하기 시작한다. 특히 외집단에 속하는 부하직원들은 상사의 행동이 불공평하다고 생각할 가능성이 크다. 실제로도 불공평할 수 있다. 결국 만족화satisficing라는 의사결정 모형이 가진 주요 특징은 의사결정권자가 제한된 수의 기준만을 고려한다는 것이다. 따라서 상사 입장에서 자신의 결정이 스타 직원의 경력이나 동기 부여에 미치는 영향은 고려할 수 있지만, 외집단 직원들에게 미치는 영향까지 살펴볼 가능성이 적다. 그렇다고 성과가 낮은 직원들에게 해를 끼치겠다고 의식적으로 선택하는 것은 아니다. 다만 성과가 낮은 직원들의 행복을 중요하게 인식하지 못할 뿐이다.

내집단 직원들의 경우 전부터 상사를 신임해왔다면 어떤 결정이 자신에게 불리한 결과를 초래하더라도 상사에게 유리한 쪽으로 해석한다. 그러나 외집단 직원들은 단 한 번의 '가혹한' 결정이라도 독단적으로 판단하며 상사를 몰아붙인다. 그들은 상사의 의도에 과도한 비중을 두며 정황은 고려하지 않은 채 상사의 인성만을 탓한다. 다시 말해서 부하직원들은 상사의 과중한 업무, 조직 내의 제약, 또는 시간의 압박 때문에 나쁜 결정이 내려진 것이라 생각하지 않고, 상사가 악의적이거나 이기적이거나 둔감하기 때문이라고 생각한다.[8]

〈표 5-1〉처럼 상사의 행동에 대한 부하직원들의 관점은 저마다 상사에게 어떤 꼬리표를 붙였는지에 따라 상당히 달라진다. 꼬리표는 책임을 돌리고 극대화하는 메커니즘 역할을 한다. 이 표와 〈표 4-1〉을 비교하면 이 과정과 상사가 부하직원의 행동을 해석하는 과정이 정확하게 일치한다는 것을 알 수 있을 것이다.

완전 기억 능력을 넘어

지금까지 외집단에 속하는 부하직원들이 부정적인 근거와 선별

|표 5-1| 편들기

똑같은 상사의 행동에 대한 각기 다른 두 가지 관점

상사의 행동	해석	
	훌륭한 상사	몹시 싫은 상사
비판적인 피드백 제공	발전 지향적	부정적, 비열함
일방적인 결정	직관적, 결단력 있음	독재적
일을 다시 처리하라고 지시	높은 기대치와 목표	자세한 사항까지 따짐, 편협함, 만족시킬 수 없음
규율로 제약	투지가 넘침	위협적, 사람들을 소모품으로 취급
목표치 상향 조정	쉽게 만족하지 않음, 포부가 큼	비현실적
의심스러운 행동 고수	전념, 집중	고집스러움, 영향을 주기 힘듦
혼란스런 신호를 보냄	정치적으로 영악함	조종하는 데 능함
청하지 않은 조언을 함	도움을 주고 배려함	참견하기 좋아함, 믿지 못함
꼬치꼬치 캐물음	독려, 코칭, 정보통, 주류와 가까움	자기 마음대로 하려 듦. 세세한 것까지 관리, 평가하려 듦
제안/요구에 대한 늦은 답변	사려 깊음. 바쁨	대화를 원하지 않음, 냉담함, 지원하지 않음
큰 실수를 비난하지 않음	자아발견 하도록 내버려둠	나약함, 편애, 낮은 성과 기준을 가지고 있음
공공연하게 화를 냄	열정적, 예리함, 변덕스러움,(최악의 경우) 충동적	참을성이 없음, 괴팍함, 예측할 수 없음
제시된 변화 거부	현실적, 좋은 판단력, 상호의존을 인식, 제대로 되지 않은 변화의 희생양	무식한 관료, 생각이 없음, 방어적
일상적인 업무 부여	사려 깊음, 회복할 시간을 줌	발전 기회를 억누름

적인 피드백 찾기는 물론, 애매한 행동을 관찰하는 경우 부정적으로만 해석하려는 경향 때문에 자신이 만든 꼬리표가 확실하다는 믿음을 갖게 된다는 점을 살펴보았다. 또한 그들은 근거가 부족한 곳에서 근거를 만들어내기도 하고 패턴이 존재하지 않는 곳에서 패턴을 찾아내기도 한다.

우리는 상사의 의도에 지나치게 큰 비중을 두는 경향 때문에 부하직원이 상사의 행동을 부정적으로 추론한다는 사실도 살펴보았다. 연구 결과, 기억할 때는 그렇게 추론한 사항을 그럴듯한 원인으로 기억해두지만 다시 떠올릴 때는 실제 원인으로 기억하는 것으로 나타났다. 다시 말해서 추정했던 것이 시간이 지나면서 사실로 굳어버리는 것이다. 이런 '유령' 기억 과정을 설명해주는 흥미로운 연구 사례가 있다.

연구원들이 피험자들에게 일상적인 활동이 담긴 40개의 슬라이드를 논리적인 순서대로 보여주었다. 피험자들 가운데 일부에게는 식료품을 쇼핑하는 슬라이드를 보여주었고 나머지에게는 레스토랑에서 식사하는 슬라이드를 보여주었다. 이 슬라이드에는 '결과 슬라이드'도 포함되어 있었다. 예를 들어 식료품 쇼핑의 경우에는 슈퍼마켓에 간 사람이 과일 진열대 부근에 오렌지가 바닥에 떨어져 나뒹굴고 있는 모습을 보는 슬라이드가 포함되었고, 레스토랑의 경우에는 레스토랑 테이블에서 와인을 치우는 모습이 포함되어 있었다.

이후 피험자들에게 자신이 기억하는 슬라이드가 어떤 것인지 구분하는 인식 테스트를 받게 했다. 거기에는 사건의 원인이 될 만한 가능성이 가장 큰 장면을 담은 '원인 슬라이드'가 포함된 '가짜 슬라이드들'도 끼어 있었다. 예를 들어 한 슬라이드는 오렌지 진열대 맨 아래쪽에서 오렌지를 꺼내는 장면이 담겨 있었고 또 다른 슬라이드에는 와인 잔을 넘어뜨리는 장면이 담겨 있었다. 실험 결과 피험자들은 원인 슬라이드를 보았다고 '기억하는' 경향이 뚜렷한 것으로 나타났다. 그들은 자신이 추론한 것을 실제로 관찰했다고 생각했던 것이다.[9]

이 연구는 우리의 기억이 과거를 그대로 재생하는 것이 아니라 재구성하는 것임을 입증해준다. 우리의 마음은 패턴이 존재하지 않는 곳에서 패턴을 찾게끔 우리를 속인다.[10] 그 결과 외부인이라면 중요시하지 않거나 관련이 없는 일이라고 여길 만한 것까지 하나의 일관된 전체로 인식하게 된다. 따라서 만족화 모형에 따라 내려진 결정들이 연속적으로 내려질 경우 고도로 계획된 음모로 해석되기도 한다. 한 마디로 말해서 부하직원의 인식 과정이 상사의 인식 과정만큼이나 불완전하다는 것이다. 상사가 자신을 불공평하게 대하는 모습을 보고 싶다면 그런 모습을 보게 될 것이고, 그런 모습을 포착하지 못한다면 만들어내기라도 할 것이다.

상사에 대해 부정적인 이미지를 형성한 부하직원이라면 상사와 대화를 나눌 때 자신의 의견을 감추는 것이 당연히 힘들 것이다. 지금까지는 인식적인 측면을 살펴보았으니 이제부터는 부하직원이 스스로의 행동을 통해 상사가 잘못하도록 유발함으로써 이런 역학구도를 가속화시키는 방법을 살펴보도록 하자. 이는 부하직원이 기여하는 부분 중에서도 특히 행동적인 측면에 해당된다.

불합리한 상사와 합리적인 부하

2장에서는 부하직원들이 자신도 모르는 사이에 상사가 볼까봐 두려워하는 그런 행동을 보임으로써 필패 신드롬에 기여한다는 점을 살펴보았다. 특히 성과가 낮다고 인식된 직원들은 상사와의 교류를 끊어버리는 경향이 있다. 그들은 전만큼 상사의 조언을 구하지 않고 자신이 알고 있는 정보를 나누지 않으며 상사의 전화에도 답하지 않는데, 이는 상사의 의구심을 확인시켜줄 뿐이다. 물론 반드시 참석해야 하는 회의나 검토, 상사가 대화를 원하는 경우 등 =부하직원이 상사와의 교류를 피할 수 없는 때도 있다. 이렇게 피할 수 없는 접촉을 하는 동안 부하직원이 보이는 행동을 살펴보도록 하자.

우리는 부하직원들이 의식하든 그렇지 않든 다음 다섯 가지 행동 가운데 하나 또는 전부를 보이는 경향이 있다는 사실을 발견했다. 그런데 이런 행동들은 실패 유발 역학이 악순환을 거듭하도록 부채질하는 것으로 나타났다. 자극적으로 보이는 행동도 있고, 때로는 자기 파괴적인 행동도 있다. 하지만 이런 행동들은 대개 건설적인 의도에서 비롯된 것이기 때문에 상사로부터 불공평한 대우를 받았다고 느끼는 부하직원들 입장에서는 언제나 합리적으로만 느껴진다.

피드백 무시

한 부하직원의 성과가 안 좋다는 것을 알아차린 상사라면 대개는 좋은 의도에서 부하직원을 코칭하려 든다. 앞서 살펴보았던 것처럼 이런 '코칭'은 부하직원이 이미 한 일이나 계획하고 있는 일을 확인하지 않고 청하지 않은 지침을 제시하거나 무차별적인 질문 공세를 가하는 형태를 띤다.

외집단에 속하는 부하직원들이 이런 조언을 따르지 않는 이유로는 다음의 두 가지가 있다. 첫째, 부하직원들은 그런 조언이 도움이 되거나 심지어 실행 가능하다고 여기지 않는다. 3장에서 보았던 것처럼 성과가 낮은 부하직원들은 내집단에 속하는 직원들만큼 자신이 아는 정보를 공유하고 상사에게 보고하려 들지 않는다. 그들은 상사와 편안한 만남을 갖는 일이 드물기 때문에 편안하게 정보를 주고받는 일도 드물다. 따라서 상사가 아무리 성과가 낮은 부하직원을 가까이 주시하려 해도 부하직원이 "입을 닫아버리기 때문에" 현명한 제안을 하기가 한층 더 힘들어진다. 최악의 경우에는 상사가 자세한 사항을 전혀 파악하지 못하기 때문에 외집단에 속하는 부하직원이 상사의 조언을 무시하기가 쉬워진다(예를 들어 '상사는 이것저것에 대해서는 알지도 못하는데 전체적인 문제에 대해 어떻게 현명한 충고를 해줄 수 있겠어?'라는 식이다).

부하직원이 상사의 말을 듣지 않거나 충고를 따르지 않는 두 번째 이유는 불공평한 대우라고 인식하기 때문이다. '상사가 나만 괴롭힌다'고 생각하는 부하직원은 자기 성과에 문제가 있기 때문이 아니라 상사의 성격 때문에 부정적인 피드백을 하는 것이라고 생각한다. 이번에도 역시 코칭의 형태를 띤 상사의 접근방식이 이런 인식을 강화시킨다. 부하직원이 벌을 받는다고 느끼기 때문이다.

이런 생각을 뒷받침해주는 연구 결과에 따르면 부하직원들은 부정적인 피드백이 공정한지 그렇지 않은지 판단할 때 다음 사항들을 고려하는 것으로 나타났다.[11]

- 절차:
  부하직원들은 상사가 모든 관련 데이터를 수집하지 않고, 부하직원에게 해명 기회를 주지 않거나 부하직원의 설명을 고려하지 않을 때, 또는 일관된 기준을 적용하지 않을 때 피드백을 불공평한 것으로 여긴다.
- 상호관계:
  부하직원들은 상사가 자신의 품위를 존중하지 않거나 무례하거나 진실되지 않을 때 상사의 피드백을 불공평한 것으로 여기는 경향이 있다.

이 두 가지 요소 모두 보는 사람의 판단에 달렸다는 것을 명심하라. 그러면 앞서 다른 장들에서 살펴보았던 근거들을 토대로 성과가 낮은 부하직원들이 두 요소의 공정성에 매우 낮은 점수를 매길 것이라는 사실을 알 수 있다. 대개는 부하직원들의 생각이 맞는 경우가 많다. 상사가 선별적으로 관찰하고 기억해내기 때문이다. 또한 성과가 낮은 부하직원들을 인내심을 갖고 대하지 않을 때도 있으며 항상 모든 직원의 말을 똑같이 귀담아 듣지도 않는다. 그렇다고 해서 상사의 조언이 아무 소용이 없다는 것은 아니다. 그러나 피드백을 받아들이고 싶은 부하직원의 의욕을 꺾는 것은 사실이다.

물론 부하직원이 피드백을 받아들이지 않으면 그대로 따를 가능성은 한층 더 낮아진다. 부정적인 피드백을 수용할 가능성에 관한 이 연구가 미국과 중국이라는 전혀 다른 문화권에서 똑같은 결과를 낳았다는 점에 주목하지 않을 수 없다.

이에 비해 내집단에 속하는 부하직원은 비판을 좀 더 건설적으로 받아들인다. 의견이 충돌하더라도 상사가 자신의 말을 듣고 자신을 존중하며 지지해주기 때문이다. 이는 성과가 좋은 직원들이 상사의 피드백을 더 잘 받아들인다는 상사들의 말과도 일치한다. 그 결과 성과가 좋은 직원들은 조언해줘서 고맙다며 그저 고개만 끄덕이면서 립서비스를 하는 데 그치지 않는다. 그들은 피드백 내용에 주의를 더 많이 기울이며 심지어 상사에게 제안이나 설명을 더 해줄 것을 요구하기도 한다. 따라서 상사의 비판이 부하직원의 개선 노력으로 이어질 가능성이 커지는 것이다.

이런 정황을 생각하면 상사의 피드백을 성과가 낮은 직원이 흘려들을 가능성이 크다는 것이 별로 놀랍지 않다. 이는 다시 성과가 낮은 부하직원이 재능이 없거나 배우려 들지 않는다거나 아니면 두 가지 모두에 해당된다는 상사의 믿음을 확고하게 만든다.

과거 들먹이기

사실이든 아니든, 성과가 낮은 것으로 인식된 직원들은 과거에 불공정한 대우를 여러 번 받았다고 느끼는 경우가 많다. 그런 직원들은 시간이 지나면서 부당함을 극복하거나 아니면 그러려니 하고 포기하고 사는 법을 배우게 된다. 우리 모두 마찬가지다. 언제나 용서하거나 잊는 것은 아니지만 시간이 지나면서 부당한 대우를 받았던 상처는 희미해지고 치유되게 마련이다. 그러나 그렇게 되기까지 상당한 시간이 걸린다. 부당한 정도가 심각할 경우에는 더욱 많은 시간이 걸린다.

따라서 어느 순간이든 성과가 낮은 직원들은 과거에 당했던 부당한 사례를 몇 건씩 기억하고 있을 가능성이 높다. 그들은 무시받았거나 이용당했거나 지켜지지 않은 약속으로 인해 피해를 입었다고 느낀다. 시간이 흐를수록 자기 인식에 따라 사람들이 삶의 형평성을 되찾기 위해 노력한다는 풍부한 근거가 있다.[12]

형평성을 되찾으려는 노력은 여러 가지 직·간접적인 형태로 이루어질 수 있다. 예를 들어 부하직원들이 자신을 괴롭혔던 문제를 주기적으로 들먹이는 것처럼 말이다. 가장 점잖은 차원으로는 상황을 개선시키고자 하는 목적에서 부하직원이 문제를 제기하는 경우가 있다. 예를 들어 팀에서 월급이 가장 적은 직원이 자신의 월급이 가장 적다는 사실을 '끊임없이 들먹이는' 것이다. 이 경우에는 부하직원이 더 이상 자신을 학대하지 말라고 상사에게 '경고'하려 드는 것일 수도 있다.

또 다른 가능성으로는 부하직원이 분통을 터뜨리기 위해 문제를 제기할 수도 있다는 것이다. 이렇게 분통을 터뜨리는 것이 상사와의 관계에는 도움이 되지 않을 수 있지만 단기적으로나마 개인적인 만족감을 안겨줄 수는 있다. 실제로 기분 나쁜 사람들은 기분이 나아지려고 노력하는데, 화를 내고 나면 기분이 나아질 것이라고 생각하기 때문에 분노를 표출한다는 연구 결과가 있다.[13]

이 모든 경우 과거를 들먹이는 행위를 통해 부하직원은 기분을 누그러뜨릴 수 있으며 어느 정도 보상을 받는 경우도 있다. "우는 아이 젖 준다"는 말처럼. 그럼에도 불구하고 이런 행동은 상사의 심경을 건드리게 될 것이다. 부하직원의 이런 행동을 본 상사는 주로 "이봐, 이미 지나간 일이잖아. 뒤돌아보지 말고 앞만 볼 수는 없을까?"라는 식의 반응을 보인다.

도저히 받아들일 수 없을 정도로 부당한 대우를 받았다고 느낀 부하직원이 좀 더 해로운 방식으로 형평성을 찾으려고 노력하는 극단적인 경우도 있다. 상사의 '욕'을 하거나 병가를 내는 것처럼 은밀한 행동에서부터, 밀고를 하거나 남들이 보는 앞에서 상사에게 굴욕감을 안기거나 심지어 폭력을 행사하는 등 자기 파괴적인 행동을 보이는 일까지 있다. 형평성을 찾아야겠다는 욕구가 너무나 큰 나머지 합리적인 설명을 묵살하게 되는 것이다.

상사의 관점에서 보면 이 모든 행동들은 과거를 들먹이고 현실을 직시하지 않으려는 성향을 나타내는 것으로밖에 보이지 않는다. 그렇기 때문에 부하직원의 입지가 나아지는 데에는 아무 도움이 되지 않는다.

상사에게 맞서기

상사의 눈 밖에 난 부하직원들은 상사에게 '맞서기'도 한다. 그런 직원들은 상사의 제안을 공공연하게 거절하거나 부여받은 업무를 하지 않겠다고 거부하는 등 공개적·비공개적으로 상사의 입지에 도전한다. 3장에서 살펴보았던 것처럼 일부 성과가 낮은 직원들은 아무리 언쟁을 많이 하는 한이 있더라도 성과를 개선시키고 자신에 대한 상사의 안 좋은 생각을 바꾸려고 부단히 노력한다.

상사의 마음이 바뀔 가능성이 별로 없다고 생각하는 직원들 가운데에도 이따금 상사에 맞서는 경우가 있다. 예를 들어 우리가 인터뷰한 한 외집단 관리자는 상사가 도착하지 않았음에도 일부러 정시에 회의를 시작한 적이 있다고 털어놓았다. 상사가 10분 늦게 도착했을 때는 이미 회의가 한창 진행 중이었다. 회의가 끝나고 상사와 단둘이 남았을 때 상사는 '테이블을 손으로 치며' 이 관리자에게 "나 없는 상태에서 회의를 시작하지 말게. 그리고 다시는 내 말을 가로막지 마!"와 같은 유치한 잔소리를 늘어놓았다고 한다.

또 다른 사례를 들어보자. 부하직원이 퇴사를 계획하고 있는 상황에서 자신의 상사가 그 직원 자리에 다른 사람을 앉히는 것을 꺼릴지도 모른다고 생각한 관리자가 있었다. 상사는 실제로 다른 사람을 앉힐 생각이 없었는데 그는 상사의 마음을 바꾸기 위해 무려 1시간 반 동안이나 상사와 언쟁을 벌였다. 결국 그는 상사에게, "그런 말씀을 하실 줄 알았습니다"라고 말하며 두 손을 들 수밖에 없었다고 한다. 나중에 우리가 그 상사와 이야기해보니, 그는 "결국은 내 생각대로 할 거라는 것을 알면서 왜 굳이 언쟁을 하려는 거죠? 내 결심이 변하지 않을 것이라는 걸 알면서 1시간 반이나 언쟁을 해서 짜증나게 만드는 이유가 도대체 뭡니까? 무슨 생각으로 그런 판단을 내리는 겁니까?"라고 말했다.

두 경우 모두 자신의 행동이 상사를 짜증나게 만들 것이라는 사실을 잘 알면서도 그런 행동을 감행했다. 이유가 무엇일까? 심리학 연구 분야 가운데 저항이론reactance theory이라는 것이 있는데 그것을 통해 그 이유를 이해할 수 있다.[14] 이 이론에 따르면 무언가를 할 수 없다는 말을 듣는 경우 개인적인 자유를 되찾기 위해 그 일을 하고 싶은 욕구가 한층 더 발동한다고 한다. 따라서 외집단에 속하는 부하직원의 입장에서는 "내 의견이 아무런 비중도 갖지 않는다는 것을 안다. 사실 내 의견을 듣고 싶어 하지 않는다는 것도 안다. 그래도 어쨌든 나는 내 목소리를 낼 것이다!"라는 이유로 그렇게 행동하는 것이다.

권한이 없다는 것은 사람을 무기력하게 만든다. 따라서 자결권을 되찾기 위해 반대를 하는 것인지도 모른다. 프랑스 작가 겸 철학자인 알베르 까뮈Albert Camus는 사람들이 다른 사람으로부터 무언가를 해야만 한다는 말을 들을 때도 비슷한 반응을 보인다고 했다. 선택권을 박탈당하면 오직 한 가지 자유밖에 남지 않는다. 싫다고 말할 수 있는 자유 말이다. 외집단에 속한 부하직원들의 입장에서는 상사의 의견에 반대하는 것이 스스로를 위해 목소리를 내는 방법이다. 또한 상사와의 관계를 잘 유지하고 싶은 생각도 없기 때문에 내집단의 부하직원들과는 달리 '이길 만한 싸움을 선택'할 필요가 없는 것이다.

실제로 이런 반대 입장이 점점 체계화되어 직장 내에서 해당 부하직원의 정체성으로 발전하는 경우도 있다. 매우 똑똑하거나 능력 있는 부하직원이 매번 상사와 언쟁을 벌이는 바람에 '반항아'라거나 '삐뚤어진 사람'으로 인식되는 경우도 많다. 내집단에 들어갈 방법을 찾을 수 없는 부하직원이 외집단에 속하는 자신만이 '상사에 맞설 준비가 된 유일한 사람'이라면서 불안정한 자기 이미지를 다져나간다. 이렇게 스스로 맡은 역할 때문에 부하직원이 상사의 회유책에 반응을 보이지 않는 경우도 있다. 상사가 내미는 손을 잡는다는 것은 '자신의 신념을 버린 것'으로 인식될 수 있기 때문이다. 절실한 부하직원의 경우 체계적인 반대가 '차이를 만드는 방법'이라고 주장할 수도 있다.

하지만 상사의 입장에서는 자신의 존재를 확인시키고 자존심을 회복하려는 부하직원의 노력이 기껏해야 짜증만 유발하는 안 좋은 판단이라는 생각만 갖게 된다. 최악의 경우에는 상사의 의도를 고의적으로 방해하는 행위로 보이기도 한다.

상사 자극하기

상사를 자극하겠다는 생각은 앞서 살펴본 내용의 연장선상에 있다고 볼 수 있다. 앞서 우리는 겉보기에 똑같은 여러 행동들이 사실상 다른 의도에서 비롯되었음을 살펴보았다. 의식하든 안 하든 상사를 자극할 때는 상사가 부정적인 반응을 보이게 만듦으로써 합리적인 사람이 아니라는 자신의 관점을 확인하고자 하는 것이 목적이다. 부하직원들은 상사가 '노골적으로' 불공평한 반응을 보이게 만드는 여러 가지 비법을 알고 있다.

예를 들어 거의 모든 제안에 안 좋은 반응을 보이게 만드는 쉬운 방법으로, 잘못된 시점에 제안을 하는 방법이 있다. 자신이 제안한 사항을 처리할 만한 시간과 여유가 상사에게 없다는 것이 분명한데도 제안을 하는 것처럼 말이다. 이런 상황이 닉 베이커Nick Baker의

만화 속에 등장한 적이 있다. 어느 회사 직원이 휴대 비행 기계를 이용해 고층에 있는 상사의 창문 밖을 맴돈다. 그는 상사의 관심을 끌기 위해 창문을 두들기지만 상사는 서둘러 재킷을 입으며 이렇게 말한다. "지금 말고, 지금은 안 돼! 전사회의에 참석해야 한단 말이야!" 이 만화가는 혁신적인 발명품이 코앞에 있는데도 그걸 알아차리지 못하는 상사를 풍자하며, 부하직원에게 동정표를 던지려고 이 만화를 그렸음에 틀림없다. 그러나 상사의 입장도 이해할 만하다.

자신의 의견을 묵살당하는 좀 더 확실한 방법은 상사가 잠시 편하게 대화를 나누기 위해 소집한 회의에서 중요한 문제를 제기하는 것이다. 같은 맥락에서 상사들 중에는 공개적인 자리에서 부하의 도전을 받는 것을 특히 싫어하는 사람들이 있다. 내집단 부하직원들은 이 사실을 알고 있기 때문에 상사가 편안하게 느끼는 사적인 자리에서 어려운 문제를 제기하는 경향이 있다. 반면에 외집단 직원들은 상사와 사적인 자리를 자주 갖지 못하기도 하지만 '상사를 조롱하기 위한' 의도에서 회의 시간을 이용해 자신의 의견이 다르다는 점을 표출하기도 한다. 이와 관련된 전술로, 최근에 여러 차례 논의한 바 있고 상사의 판단으로는 이미 해결되었다고 생각한 문제를 다시 들먹이는 방법이 있다.

극단적인 방법으로는 논의가 시작된 후 부하직원이 상사의 심경을 건드려 화를 내게 만드는 경우도 있는데, 특히 위협을 느낄 때면 그런 행동을 보이는 경향이 더욱 강해진다. 유사한 전술로 버튼 누르기button pushing라는 것이 있다. 이는 상사를 전임자와 비교하거나 상사가 원칙이 없다거나 불공평하다거나 능력이 없다는 뜻을 시사함으로써 상사가 화를 낼 수밖에 없는 문제를 제기하는 것이다.

종합해보면 방심하고 있거나 스트레스를 많이 받는 상사를 공격하여 상사가 '나쁜 사람'처럼 행동하게 만들기는 비교적 쉽다. 부하직원들은 잘못된 방식으로, 잘못된 분위기에서, 잘못된 순간에, 엉뚱한 문제를 제기함으로써 상사가 자신의 말을 무시하거나 심지어 강압적인 반응을 보일 수밖에 없도록 상사를 자극할 수 있다. 자신이 예상했던 행동을 상사가 보이면 부하직원은 동료들에게 최근에 상사가 말했거나 행동했던 '끔찍한 이야기'를 들려준다. "내가 이런 제안을 했을 때 상사가 어떤 반응을 보였는지 상상도 못할 걸…."

이런 식으로 상사를 자극하면 상사의 총애를 받기는 더욱 힘들어지겠지만 최소한 부하직원에게는 상사를 탓할 변명 거리가 생기게 된다. 상사가 충동적으로 반응하거나 말도 안 되는 행동을 보이도록 유도하면 상사의 탓으로 돌리기가 더욱 쉬워진다. 이 역학에 기여한 부하직원은 혐의가 없는 것처럼 비춰지고, 자신은 '불합리한 상사' 밑에서 일하는 '합리적인 사람'이며 '능력 있는 직원'이라는 자기 이미지를 강화할 수 있게 된다. 앞서 자신의 생각을 관철시킬 수 없다는 사실을 알면서도 1시간 반 동안 상사와 언쟁을 벌였던 부하직원 역시 이런 의도가 있었을지 모른다.

다른 임원과 연합하기

성과가 낮다고 인식된 직원들은 대개 자원도 부족하고 자율성도 없으며 자신의 아이디어를 관철시킬 수 없다는 사실을 알고 있다. 따라서 스스로가 자율적으로 활동할 수 있는 공간을 확보하거나 자신의 아이디어를 지지해줄 만한 사람을 찾기 위해 조직 내 높은 직위에 있는 사람의 관심을 끌려고 한다. 예를 들어 상사의 상사나 다른 임원과 마주치게 되었을 때 자신의 아이디어를 밝히면서 지나가는 말로 자신의 상사가 자신의 아이디어를 무시했다고 언급할 수 있다. 임원이 어떤 식으로든 영향력을 행사해주거나, 자신과 상사와의 관계가 한층 더 악화될 경우 회사 내에서 다른 자리로 이동할 수 있는 대비책을 마련하고 싶어 하면서 말이다. 궁지에 몰렸다고 느낀 부하직원이 다른 임원들과 힘을 합치고 조직 내 다른 네트워크를 만들려고 하는 것은 이해할 만한 행동이다.

이런 전략을 가리켜 '은밀한 로비 활동covert lobbying'이라고 부른다. 점점 더 많은 기업들이 CEO와의 아침 식사나 점심 식사, 티타임, 직속 상사를 제외한 임원들과의 회의와 같은 관행을 통해 직속 상사 이외의 사람들과 대화할 수 있는 공식적인 창구를 마련해주고 있다.[15] 직급을 뛰어넘는 관계가 존재하면 은밀한 로비 활동이 행해진다 해도, 최소한 이론상으로는 상사가 용납하기가 더 쉬워진다. 그러나 우리가 대화를 나누었던 대부분의 부하직원들은 회사에서 남몰래 은밀한 로비 활동을 벌이다 발각되면 상사로부터 어떤 식으로든 반드시 보복을 당하게 될 것이라고 믿었다.

예를 들어 부하직원이 자신을 피한다고 의심만 될 뿐 물증이 없었던 한 상사는 "다른 의사결정권자와 그 직원이 절대 마주치지 못하게 하겠노라 장담했고" 결국 부하직원이 스스로 그만두게 만들었다. 상사의 상사에게 직속 상사에 대해 불평하던 한 관리자는 상사의 상사와 나눈 대화가 직속 상사에게 '일일이' 보고되었다는 사실을 알아차리게 되었다. "그 상사는 회사를 떠나는 순간까지 제 삶을 비참하게 만들었지요"라고 그 부하직원이 말했다.[16]

부하직원이 상사의 판단이나 공정성을 신뢰하지 않으며 상사를 불신하고 상사의 평판에 심각한 악영향을 줄 수 있는 행동을 하기 때문에 상사가 그런 반응을 보이는 것도 이해할 만하다. 따라서 부하직원이 믿을 만한 사람이 아니며 판단력이 떨어진다는 상사의 생각 역시 확고해지거나 강화된다.

앞에서도 언급했지만 상사의 화를 키울 위험성이 큼에도 불구하고 부하직원들이 이런 식으로 행동하는 이유는 무엇일까? 한마디로 말해서 그런 부하직원들은 상사에게 영향을 주겠다는 노력을 포기했기 때문이다. 궁지에 몰린 그들이 그 상황을 참고 견디거나 그 상황을 깨고 나오기 위해서는 다른 곳으로부터 지원을 받을 수밖에 없는 것이다.

그렇다면 다시 한 번 말하지만 이런 부하직원들의 행동이 이 역학을 부채질하는 이유는 무엇일까? 부하직원의 반응을 살펴볼 때마다 상사가 '내가 두려워했던 것이 바로 이런 행동이야!'라고 생각하기 때문이다. 〈표 5-2〉는 성과가 낮은 부하직원들에 대한 상사의 선입견을 강화시키는 다섯 가지 행동을 요약한 것이다. 이런 행동은 각 타입의 행동과 관련된 의도를 부각시키기 때문에 내집단 직원들의 경우 이런 행동을 보여서는 안 된다고 생각한다. 내집단 직원들은 상사가 어떤 의도로 자신을 대하는지 믿기 때문에 상

|표 5-2| 부하직원이 상사의 선입견을 부채질하는 방법

부하직원의 행동	목적/의도	상사의 관점	부하직원에 대한 상사의 생각
피드백 무시	잘못되거나 편견 있는 피드백을 받지 않기 위해 – 자신의 해결책이 더 효과적이고 적절하다 생각	피드백에 무반응 "나의 도움/충고가 무시됨"	반 학습적, 믿을 수 없음, 잠재성과 존중하는 마음이 부족
과거 들먹이기	자신에 대한 잘못된 생각을 바로잡기 위해, 그런 상황이 반복되는 것을 피하기 위해, 혹은 그저 "울분을 토로하기 위해"	지나간 일을 들먹이면서 과거에 매여 있음	판단력이 떨어지고 감정적으로 미성숙함
상사에게 맞서기	자신의 의견을 상사가 듣게 만들기 위해, 자신의 입지를 확보하기 위해	무차별적인 도전, 어리석은 저항	판단력과 자기 제어, 자기 수양의 부족
상사 자극하기	자신의 믿음을 확인하기 위해, 통제력을 되찾기 위해, 해결책을 강요하기 위해	모욕적이거나 대립을 일삼는 행동	판단력과 존중하는 마음 부족
다른 임원과 연합하기	자기 자신이나 자신의 아이디어를 뒷받침해주는 사람을 찾기 위해, 대비책을 마련하기 위해	개인적인 배신	충성심과 진실성 부족

사의 피드백을 거부할 이유가 없다. 그들은 부당한 취급을 당했다고 느낄 가능성이 적고 자신의 아이디어를 제시할 수 있는 기회가 더 많기 때문에 지난 일을 끄집어낼 필요성도 느끼지 않는다. 또한 자율성을 얻기 위해 상사와 싸우거나 피할 필요도 없다.

성과가 좋은 직원들이 〈표 5-2〉에 나열된 행동 가운데 일부를 보여도 상사가 그런 행동을 좀 더 긍정적으로 해석할 가능성이 크다. 어쨌든 성과가 좋은 직원들은 "상사의 피드백을 과소평가하지 않으며", "자신만의 방식으로 노력을 기울이고", "상사를 무시하지 않으며", "노력하고 도전하는" 사람들이기 때문이다. 그들은 또한 "상사를 따돌리거나 배신하지 않으며", "자신이 계획한 것을 지지해주는 사람들을 모으기 위해 자신의 네트워크를 이용하는" 사람들이다.

혼합된 의도

앞부분에서는 성과가 낮다고 인식된 직원들이 보이기 쉬운 다섯 가지 유형의 행동을 주의 깊게 나누어놓았다. 그러나 현실에서는 이런 행동들이 한꺼번에 나타나는 경우가 많다. 상사의 바람과 달리(그러나 컨설턴트의 조언을 따라) 프로젝트에 관한 자신의 아이디어를 성공적으로 관철시키고 결국 상사를 내몬 폴라를 예로 들어보자.

폴라가 상사에게 저항했을 때 그녀는 다음과 같은 몇 가지 행동을 보였다.

- 상사를 불공평하다고 여기면서 방해꾼으로 본 폴라는 자신의 생각이 좋은 아이디어가 아니라는 상사의 피드백을 무시했다.
- 상사의 생각이 틀렸다는 사실을 입증하겠다고 결심한 그녀는 회사에서 그만두는 한이 있더라도 자신의 아이디어를 포기하는 걸 거부했다.
- 궁지에 몰리고 자신의 생각이 노출되었다고 느낀 그녀는 컨설턴트들을 선정한 조직 내 다른 임원들과 힘을 합치기 위해 은밀한 로비 활동을 벌였다.
- 그녀는 상사를 따돌리고 은밀하게 일을 했다. 만일 상사가 이 사

부하직원 스스로 실패를 유발하는 방법

다음 다섯 가지 습관은 기본적으로 부하직원이 스스로 덫에 갇히게 만든다.

단 한 번도 상사에게 화해의 기회를 주지 않음: 상사가 어떤 결정을 내리거나 행동을 할 때마다 항상 상사가 무능력하고, 불공평하며, 배려하지 못한다는 식으로 해석하는 경우. 상사가 화해의 제스처를 취하면 부하직원은 무시하거나 오히려 반발한다("내가 그렇게 넘어갈 줄 알고!" 하면서). 상사가 충고하면 그저 고개만 끄덕일 뿐이다.

도처에서 결함을 찾음: 과거에 당했던 부당한 대우로 인해 부당함과 불신을 지나치게 경계하는 경우. 부하직원은 모든 것에서 부정적의 의미를 찾으며 사방에서 비난할 만한 근거를 발견한다.

문제만 제기함: 부하직원이 좋은 소식을 가져오는 일은 한 번도 없고 어려운 ('불충분한') 해결책만 제시하는 경우. 부하직원이 회의를 하자고 할 때마다 문제를 일으키려 한다는 것을 알 수가 있다.

만사에 참견함: 부하직원이 자신과 상관없는 분야에 대해서도 잘못된 점을 지적해야 할 필요성이 있다고 느끼는 경우. 다른 사람들을 대신해 나서서 싸우면서 이길 수 없는 전쟁에서 총알(남은 호의나 신뢰)을 낭비한다. 그러면서도 물러서길 거부한다.

고장 난 레코드처럼 끊임없이 불평을 늘어놓음: 불평이 삶의 일부가 되어버리는 경우. 외부 사람들이 보기에 불평하는 사람은 항상 불만을 느끼는 것처럼 보인다. 그래서 그가 하는 말은 흘려버리게 된다. "엘리가 또 시작이군." 그러면 직원은 기분이 상하게 된다. 그러나 그 자신도 다른 사람에게 맞서고 불평을 해봤자 상황이 더 안 좋아질 뿐이라는 사실을 알고 있다. 따라서 이러지도 저러지도 못하게 된다.

실을 알았다면 반발했을 것이다. 따라서 상사가 진정 '의사방해자'이며 업무 진행에 방해가 된다는 그녀의 생각을 확인하게 되었을 것이다.

- 폴라의 경우에는 지나간 일을 들먹일 정도로 깊은 불만이 쌓일 때까지 상사의 생각에 대한 반발이 오래 가지 않았다. 또한 그녀가

복수할 기회를 찾았던 것도 아니다. 그러나 막상 상사가 회사에서 해고되고 잘못된 일에 대해 '처벌받음'으로써 어느 정도 형평성을 찾게 된 것은 사실이다.

폴라는 똑똑하고 인내심이 강하며 운이 좋은 편에 속했다. 다른 사람들은 폴라만큼 그렇게 운이 좋지 않다. 따라서 어느 정도 스스로 초래한 파괴적인 사건들을 연속적으로 경험하게 된다. '부하직원 스스로 실패를 유발하는 방법'은 특정 외집단 부하직원들이 저지르는 잘못된 행동과 인식으로 인해 스스로 덫에 갇히는 여러 가지 경우를 요약하고 있다.

궁지에 몰리면 물 수밖에 없다

지금까지 우리는 상사의 행동이나 결정이 부하직원에게 미치는 영향을 강조했다. 부하직원이 비생산적인 반응을 보이는 원인이 일반적으로 상사에게 있음을 살펴보았다. 그러나 상사가 새로운 부하직원을 맡게 되는 경우 자신과 관계를 맺기 시작하는 부하직원에게도 그만의 고유한 개인적인 역사가 있음을 명심할 필요가 있다. 부하직원이 새로운 상사와의 관계에 접근하는 방식은 그전 상사의 대우에 영향을 받는다. 어떤 경우에는 부하직원이 과거의 상사와 가졌던 부정적인 관계를 쉽게 떨쳐버리지 못하는 경우도 있다. 이런 일이 발생하면 부하직원이 필패 신드롬을 부채질하는 것 이상의 역할을 할 수 있다. 부하직원이 먼저 새로운 상사와 새로운 역학을 만들기 시작하는 것이다.

이런 학대를 받은 부하직원들이 있는 한 새로운 상사는 백지 상태에서 새로운 관계를 맺지 못하게 된다. 처음부터 상사에게 꼬리표가 붙게 되기 때문이다('본사에서 온 새로운 멍청이', '우리 일에 대해서는 전혀 알지도 못하는 외부인', '자기 경력 개발을 위해 우리를 발판으로 삼을 잘 나가는 젊은 놈'). 이런 부정적인 성향을 가진 부하직원들은 이전 상사로부터 받았던 것과 같이 부당한 대우를 예의주시한다. 결국 그들은 새로운 상사가 와도 이전 상사가 있던 때와 똑같은 상황이 이어질 수밖에 없도록 만드는 것이다. 그 이유는 그들이 냉소적으로 변했거나 권위에 대한 적대적인 행동 패턴을 내면화해버렸거나, 아니면 새로운 상사에 의해 또다시 실망하게 될까봐 스스로를 보호하는 자구책으로 쓰기 때문일 수 있다. '반체제적인 행동'이 자아상의 일부가 되거나 집단 내에서 자리매김하기 위한 방편으로 이용되는 경우도 있다.

새로운 상사가 이런 과정에 휘말리긴 쉽다. 무엇보다 새로 부임한 상사는 여러 가지 결정을 내려야 한다. 그중 일부는 모호한 의도에서 비롯되거나 애매한 결과를 낳을 수가 있다. 이런 결정을 부정적으로 해석하기만 해도 상사에게 "남의 말을 듣지 않는다"거나 "용기가 부족하다"거나 "아무런 생각이 없다"는 꼬리표를 붙이기에 충분하다.

한 발 더 나아가 기분이 상한 부하직원이 상사에게 선제공격을 하거나 상사를 자극하며 보복성 전술을 펼치는 경우도 있다. 예를 들어 부하직원이 과거의 부당함을 끄집어내면 상사들은 대개 짜증을 낸다. 더구나 그런 부당함이 자신이 아닌 이전 상사가 행한 일이라면 짜증은 배가될 것이다. 짜증이 나지는 않더라도 다른 사람이 잘못한 일을 자신이 책임지거나 바로잡을 이유가 없지 않은가? 새로 부임한 상사는 그런 부당한 일이 전임자에 의해 행해진 것으로 여긴다. 그런데도 불만 가득한 부하직원이 받는 부당한 처사는 개선되지 않고 있다. 진급을 못한다거나 업무가 바뀌었다거나 임금이 낮아지는 등의 대우를 받으면서 말이다. 상사가 그런 부하직원을 동정한다고 해도 그걸 바로잡기가 쉽지 않을 수 있다. 따라서 새로운 상사는 자신이 하지도 않은 일에 대해 원망을 듣는 것이 아니라 자신이 하길 거절한 일에 대해 원망을 듣게 되는 것이다.

상사인 신시아는 부하직원인 알베르토와의 관계를 개선하기가 힘들다고 느꼈다. 그녀는 그를 따지기 좋아하고 관리하기 힘들며, '가망이 없는' 직원으로 여기기 시작했다. 신시아의 행동 패턴과 자신을 무시하는 행동을 본 알베르토는 전임 상사보다 신시아를 더 믿을 수 없다고 생각하게 되었다. 그 결과 그는 전 상사와 맺었던 적대적인 관계를 새로운 상사와도 맺게 되었다.

결과는 있는데 원인이 없다면

특정한 필패 신드롬 사례를 분석할 때마다 누가 시작했는지 파악하기가 쉽지 않다. 한편으로는 부하직원에 대한 첫인상으로 인해 부하직원에게 능력과 판단력이 부족하다고 여긴 상사를 탓할 수도 있다. 다른 한편으로는 상사의 잘못된 행동을 본 부하직원이 상사의 의도를 지나치게 강조하면서 순수한 의도나 제약 속에서 이루어진 행동이라는 점을 간과했기 때문일 수도 있다.

완전한 인과 고리를 제대로 직시하는 사람이 아무도 없다는 것도 문제다. 상사와 부하직원에게 이런 나쁜 관계를 누가 먼저 시작했느냐고 물으면 그들은 전혀 다른 대답을 한다. 그들 사이의 여러 건의 대화를 살펴보면 서로 각기 다른 요소를 지적하면서 나머지 요소들은 관련이 없는 것으로 치부해버린다.[17]

상사와 부하직원이 인과 고리를 서로 다르게 본다는 사실은 이 역학구도를 지속시키는 두 가지 중대한 결과를 초래한다. 첫째, 상사와 부하직원이 서로 상대방이 문제를 일으켰다고 믿게 된다. 두 사람 모두 서로를 탓하면서 형평성을 되찾거나 자신을 방어하려는 노력이 순전히 정당한 의도에서 비롯된 것이라고 느끼기 때문에 이런 역학구도가 지속되는 것이다. 둘째, 그들이 생각하는 현실이 저마다 다르게 구성되어 있다는 것은 서로 다른 '점수를 매긴다'는 것을 의미한다. 다시 말해서 얼마나 큰 해를 입혔는지를 가늠하기가 힘들다는 것이다. 예를 들어 한 관리자는 "승진 심사 회의에서 상사가 내 편을 들어주지 않았어요. 그러니까 [상사가 회의에서 공격을 받을 때처럼] 상사가 나를 필요로 할 때도 내가 그의 편을 들어줄 필요가 없지 않습니까?"라고 이유를 댔다.[18] 눈에는 눈, 이에는 이처럼 들리지만 두 행동의 비중은 같지 않다. 누가 더 배신감을 많이 느끼는가가 중요한데 점수를 매기기가 불가능하기 때문에 '포기하게' 되는 것이다.

이런 역학관계는 저절로 해결되지 않는다. 상사가 휴전을 제안해도 '이미 너무나 많은 일이 벌어졌기 때문에' 부하직원이 거부할 가능성이 크다. 예를 들어 상사로 인해 공공연하게 조롱을 당한 한 직원은 "너무 화가 나고 배신감이 느껴졌어요. 그 일이 있은 후로 상사가 무슨 말을 해도 기분이 나아지지 않았죠. 어떤 말도요"라고 말했다.[19]

상사와 부하직원이 이 상황에 대해 의견을 나누려고 한다면 각자가 생각하는 '사실'이 전혀 다른 버전일 가능성이 크다는 점을 미리 인지해야 한다. 이들이 처한 상황은 상사와 부하직원 양쪽의 선입견에 의해 악화된 공동 작업의 산물이다.

혼자서 탱고를 출 순 없다

부하직원이 애초부터 성과가 낮은 직원으로 분류될 만한 사람이든 그렇지 않은 사람이든 어쨌든 결론은 성과가 낮은 직원으로 찍히게 되었다는 것이다. 4장에서 좀 더 분명하게 살펴보았던 것처럼 그보다 더 염려스러운 것은 성과가 낮은 직원들 다수가 처음부터 그렇게 낙인찍힐 만한 직원이 아니었다는 점이다. 그들의 실패는 분명 유발된 것이다.

처음에는 그렇게 낙인찍힌 직원이 강력하게 반발하며 상사가 자신에게 붙인 꼬리표를 떼려고 노력하지만, 일단 필패 신드롬이 탄력을 받기 시작하면 양쪽 모두 그것을 지속시키는 데 일조한다. 본격적으로 가동하기 시작한 필패 신드롬은 사실 상호 유발 작용이라 할 수 있다. 점점 탄력을 받은 역학구도는 부적절한 행동으로부터 스스로를 보호하려는 선입견에 의해 뒷받침된다. 상사와 부하직원이 서로에게 섣불리 붙인 꼬리표는 선별적인 관찰과 기억을 통해 순식간에 사실로 굳혀져 경솔한 속성을 부여하게 만든다. 양측 모두 '사실'을 본다고 생각하지만 사실 인지란 매우 불완전한 과정이다. 윌 로저스Will Rogers의 표현대로, "우리가 모르는 것 때문에 문제가 발생하는 것이 아니다. 우리가 안다고 생각하지만 알지 못하는 것 때문에 문제가 발생하는 것이다."

여러 가지 이유에서 이는 복잡한 현상이라 할 수 있다. 꼬리표 붙이기와 같은 성향을 포함하여 정상적인 인간의 행동을 살펴봐야 하고, 양측이 과거에 저질렀던 잘못된 행동과 그로 인해 쌓인 불신도 따져봐야 한다. 또한 누가 먼저 시작했는지, 이 역학구도를 지속시키는 것이 누구인지에 관한 대립적인 관점도 다루어야 한다. 그런데다 양측이 짊어진 과도한 짐도 많다. 따라서 매우 복잡하면서도 강력한 과정이라 할 수 있다. 형성되는 속도도 빠르고 끈질긴데다 대부분 무의식적으로 진행되며 상호간의 영향을 주고받는다. 그래서 극도로 심각한 악순환이 이루어지는 것이다.

그렇다면 우리는 왜 시간을 들여 필패 신드롬에서 부하직원이 맡은 역할을 살펴본 것일까? 부하직원 역시 상사와 매우 똑같은 선입견이 있다는 사실을 깨닫고 스스로 실패하도록 유발했다는 점을 이해할 수 있게 하기 위해서다. 또한 상사가 부하직원의 행동을 제대로 해석하게 해주고 부하직원에게 속성을 부여할 때 좀 더 열린 마음으로 대할 수 있게끔 하기 위해서다. 상사가 부하직원과의 사이에 필패 신드롬이 존재한다는 사실을 감지할 수 있게 도와주기 위해서이기도 하다. 지금까지 전혀 비합리적으로 보이기만 하던 행동이 이제는 합리적으로 보일 수도 있다. 예를 들어 공공연하게 상사에게 반대하던 부하직원들이 '멍청하거나', '무례한 것'이 아니라 사실은 필사적으로 영향력을 행사하기 위해 노력하는 것일지도 모른다.

그러나 궁극적으로 이번 장은 상사와 부하직원이 이 역학관계를 깨뜨릴 수 있게 도와주기 위함이다. 그러기 위해서는 그들 자신의 마음속에 담긴 심리적인 짐을 의식하기도 해야 하지만 상대방의 마음속에 담긴 심리적인 부담도 의식해야 한다.

우리는 많은 부분을 할애하여 관계를 다시 회복하는 방법을 살펴볼 것이다. 그러나 그 전에 이 역학구도로 인해 발생하는 손해를 먼저 살펴보도록 하자. 이 역학구도는 직접 관여하는 두 사람 이외의 사람들에게도 여파가 미치며 조직의 나머지 부분에도 스며들기 때문이다.

THE SET/ UP/ TO/ FAIL

수면 아래 감춰진 빙산의 비용

SYNDROME

사실을 무시한다고 해서 사실이 존재하지 않는 것은 아니다.

—올도스 헉슬리Aldous Huxley

상사들은 성과가 낮다고 인식한 직원들과의 어려운 관계에서 발생하는 괴로움으로부터 스스로를 보호하기 위해 몇 가지 방책을 마련해두고 있다. 한 가지 확실한 방법은 그런 부하직원들의 심정을 이해하려 들지 않는 것이다. 이렇게 감정을 차단해버린 상사들은 그 상황 속에서 부하직원이 감당해야 할 고통과 스트레스, 놓치게 된 기회와 보상이라는 손실을 과소평가한다. 그뿐만 아니라 상사들은 소외감을 느낀 부하직원이 무시당했다고 느낄 때마다 과잉반응을 보인다. 안심할 수 있는 상황을 추구하는 데 허비하는 에너지로 인해 회사가 입게 되는 손실에 대해서는 과소평가하게 된다. 이런 부하직원들이 회사에 투자할 수 있는 재능과 노력, 아이디어를 업무가 아닌 개인적인 목적을 위해 투자하기 때문에 회사가 입게 되는 손실도 발생한다.

분명 회사는 성과가 낮은 직원들로부터 그 나름대로 최대한의 성과를 얻어내려고 한다. 그러나 회사가 이런 노력을 기울이면 기울일수록 그들의 성과는 올라가는 것이 아니라 오히려 내려간다! 앞에서 살펴보았던 것처럼 이런 일은 성과가 그저 그런 직원들에게만 발생하는 것이 아니라 매우 뛰어난 재능을 가진 직원한테도 벌어질 수 있다. 예를 들어 펩시의 전 CEO였던 앤디 피어슨Andy Pearson은 얼마 전 이런 일을 떠올린 적이 있었다. "시장 조사를 담당하는 여직원 가운데 하나를 울렸던 일이 생각났습니다. 그녀가 수집한 정보가 아무런 소용이 없었기 때문이었지요. 어찌나 한숨을 쉬어대던지요. … 그런 식으로 직원을 대하면 사기만 떨어뜨릴 뿐이지요. 그 일이 있은 후로 그 여직원은 전과 완전히 달라진 것 같았습니다. 조심하지 않으면 아주 좋은 직원도 잃을 수 있지요."[1]

부하직원이 상사와의 교류를 중단하면 상사는 얼마만큼의 성과를 잃게 될까? 활동에 따라 다르겠지만 부하직원이 보유한 중대하고 창의적인 능력의 스위치가 꺼지면 회사는 가치를 더할 수 있는 많은 가능성을 잃게 된다. IBM의 스피드 팀Speed Team 팀장으로 사내 변화를 촉진시키는 일을 담당했던 제인 하퍼Jane Harper가 한 말을 들어보자.[2] 무엇이 가장 중요한 발견이었냐고 묻자 그녀는 직원들의 기여라고 답했다.

우리는 많은 직원이 실제로 가진 능력의 절반 이상을 발휘하지 못한다는 사실을 발견했습니다. 여러 가지 활동과 일이 정말 빠르게 진행되는 것을 보았지만, 직원들이 훌륭한 아이디어를 내는 것은 보지 못했지

필패 신드롬

요… 실수를 저지를까봐 두려운 마음에 사람들이 능력을 최대한 발휘하지 않더군요. 리더인 우리들은 그런 과속방지턱을 없애버리고 사람들의 열정을 부채질해야 합니다. 위대한 사람들은 평범한 사람들에 비해 두세 배만 뛰어난 것이 아닙니다. 100배는 더 뛰어나지요.[3]

부하직원의 낮은 성과는 필패 신드롬으로 인해 발생하는 손실 가운데 가장 가시적인 것에 불과할 뿐이다. 그 밖에도 생각해봐야 할 여러 가지 손실이 있는데 그중 일부는 간접적이면서 동시에 장기적인 것도 있어서 상사와 팀뿐만이 아니라 부서와 회사 전체에 영향을 주기도 한다. 이번 장에서는 이처럼 수면 위로 드러나지 않는 손실에 대해 살펴볼 것이다.

행동할 힘을 빼앗는 감정소모전

상사는 몇 가지 방식으로 필패 신드롬에 대한 값을 치른다. 먼저 상사의 시간 활용과 기회비용에 관한 손실이 발생한다. 상사가 감독과 관여를 더 많이 하는데도 불구하고 돌아오는 성과는 점점 줄어든다. 때로는 부하직원이 성과를 유지할 수 있도록 도와주기 위해 점점 더 많은 노력을 기울여야 할 때도 있다. 이런 시간과 에너지 소비는 끝이 없을 뿐만 아니라 점점 늘어만 간다. 성과가 낮은 직원과의 불편한 관계 역시 감정 낭비를 초래한다. 양쪽 모두 그렇지 않다는 것을 알면서도 아무런 문제도 없는 척하며 예의를 차리는 것도 부담스러울 수 있다. 이런 불편함과 가식이 상사의 에너지 단지를 고갈시킨다. 상사에게 100개의 에너지가 있다고 가정해보자. 그 가운데 50개를 성급함, 불만족, 수치스러움을 감춰가며 자기 점검을 하고 제스처를 신경 쓰는 데 쓴다고 가정하면 가치를 더하는 일에 쓸 수 있는 에너지는 50개밖에 남지 않는다.

그 다음으로 상사는 조직 내에서 평판이 낮아지는 손해를 입는다. '재능 전쟁'에 참여하고 있는 관리자들은 직원들을 발전시키고 직원들로부터 최고의 성과를 얻어내는 능력과 훌륭한 팀을 구성하는 능력에 대해 점점 더 혹독한 평가를 받고 있다. 그렇게 하지 못할 경우 중요한 회의에서 제외되거나 나쁜 360도 피드백을 받게 된다. 불만스러워하거나 빗나가는 부하직원이 한 명밖에 없는 상사라면 운이 나쁘다고 여겨지겠지만, 그런 부하직원이 여러 명 생기기 시작하면 상사의 상사는 그의 성과에 대해 의심을 품기 시작할 것이다. 그런데다 부하직원을 공정하게 대하지 않는 것처럼 보이면 관찰자 입장에서는 섣부른 판단을 내리기가 쉽다. 상사가 다른 부하직원들을 통제하고 과도하게 비판하는 모습을 본 성과가 뛰어난 한 직원은 이런 말을 했다. "그 모습을 보자 우리는 모두 소모품에 불과하다는 생각이 들었지요." 학습과 권한부여의 가치를 지지하는 조직들이 점점 늘면서 상사들은 코치로서의 평판을 쌓아나가야 할 뿐 아니라 좋은 결과까지 확보하지 않으면 안 된다. 그런데도 성과가 낮은 직원들을 잘못 관리함으로써 발생하는 팀정신과 능력에 관한 손실은 과소평가하는 경향이 있다.

결코 당사자들의 문제로 끝나지 않는다

상사가 특정 부하직원을 대하기 힘들어할 때 누구에게 도움을 요청할까? 이때 개입하는 사람이 바로 인사 전문가들이다. 부하직원들을 대하는 일에 지친 직속 상사들은 아이디어가 바닥나거나 인내심을 잃게 된다. 따라서 그런 직원들을 다른 부서로 이동시키기 위해 조언과 훈련, 지원이나 도움을 필요로 하게 되거나(이 경우 대개 다른 부서에게는 거짓말을 하게 된다!), 직원을 해고할 만한 그럴듯한 사유를 만들어내기 위해 도움을 필요로 하는 극단적인 경우도 있다. 이미 상황이 오랫동안 지속되었고 지나치게 많은 관심을 허비했기 때문에 상사들은 그저 어떻게든 이 문제를 해치워버리고 싶은 생각을 갖게 된다.

우리가 만났던 많은 인사 전문가들이 실제로 필패 신드롬이 조직 내 만연하며 그로 인한 여파를 해결하는 데 시간이 많이 걸린다는 사실을 확인해주었다. 한편으로 인사 전문가들은 관리자들이 성과가 낮은 직원들을 대하는 법을 알려주거나 그들의 관계를 개선시키기 위해 노력하는 데 시간을 많이 들인다. 그러기 위해 대화의 촉진이나 상담, 이견의 중재와 같은 일을 할 때도 있다. 인사 전문가들은 또한 어긋난 관계나 불공정한 대우로 인해 벌어지는 결과를 해결해야 한다. 그러기 위해 고충 토로나 항의 절차 진행, 부서 이동 요청 해결, 해고 절차 감독, 퇴직자 면접 같은 것을 진행하기도 한다. 해고의 경우, 회사가 합법적으로 해고 절차를 밟았는지 확인하기 위해 인사부서 직원은 해당 직원의 부족한 성과를 뒷받침하는 문서를 갖추어놓는 등 상당한 주의를 기울여야만 한다.

어떤 식으로든 절망한 상사와 불만 가득한 직원 때문에 인사부서가 일을 많이 떠맡게 되지만 그런 일들이 실제적인 가치를 더해주는 것은 아니다. 선도적인 인사 관리라면 인재를 끌어들이고 의욕을 고취시키며 인재 개발을 도모하고, 평가하고 보상하고 유지해나가야 하지만 사실상 인사 전문가들은 손해를 최소화하는 데 대부분의 시간과 에너지를 쏟는다. 또한 인사 전문가들이 전략 세우기와 변화 관리에 관여하긴 해도 실제로 그런 일을 추진하기는커녕 진정으로 참여하기조차 힘들다. 많은 기업들 사이에서 인사부서를 전략적인 비즈니스 파트너로 보는 것은 아직도 먼 나라의 이야기에 불과하다.[4]

텅 빈 레스토랑에 누가 가려고 하겠는가

성과가 낮은 직원들을 신뢰할 수 없는 상사들은 성과가 좋은 직원들에게 업무를 더 많이 맡기게 된다. 이런 반응은 이해할 만하다. 상사는 중대한 업무를 신속하고 예측 가능하게 처리할 수 있는 믿을 만한 직원들에게 맡긴다. 상사와 같은 운명을 가졌다고 느끼기 때문에 맡은 것 이상의 일을 하려는 의지가 있는 이들이기 때문이다. 한 상사는 반 농담 조로 이렇게 말했다. "텅 빈 레스토랑에는 들어가지 않는 것과 같아요. 무언가 일이 처리되는 것을 보고 싶다면 오히려 바쁜 직원에게 일을 더 많이 주는 것이죠. 그 직원이 그렇게 바쁜 이유가 있을 테니까요." 이렇게 늘어나는 업무량으로 인해 '스타' 직원들이 시간 관리를 더 잘하게 될 것이라고 주장하는 사람도 있다. 스타 직원이 자신의 부하직원에게 좀 더 효과적으로 권한 위임을 할 수 있게 되는 것도 이런 주장을 뒷받침하는 이유 중 하나가 될 것이다. 그러나 대부분의 경우, 이미 과중한 업무를 하고 있는 성과가 좋은 직원들은 점점 더 많은 업무에 시달리게 되고 점점 더 많은 스트레스를 받게 된다. 그러다 보면 시간이 지날수록 지쳐버려 장기적인 차원에서 이익을 가져다줄 수 있는 일에 할애하는 시간과 에너지의 양이 점점 줄어들게 된다. 어떤 때는 과도한 부담으로 인해 성과가 좋은 직원들이 회사를 그만두거나 최악의 경우 과로로 쓰러지기까지 한다.

팀원들 사이에 협력을 요하는 업무를 맡게 되는 경우에는 팀 전체가 성과 문제에 직면하게 된다. 일부 팀원들이 열정을 잃거나 소극적인 참여자가 되면 업무를 처리하는 팀의 종합적인 능력은 떨어지게 마련이다. 직원들 사이에 협력해야 하는 업무가 없는 경우에도 팀원들은 서로에게 도움을 요청하거나 새롭게 알게 된 사항을 공유하거나 서로의 생각을 나눌 수가 있다. '팀' 전체의 능력이 직원들이 발휘하는 최대한의 능력을 합친 것과 비슷할 수도 있지만 그래도 팀원들은 서로의 성과에 영향을 줄 수 있다. 시드니 올림픽 수영 경기 중 400미터 계주의 첫 번째 구간에서 100미터 자유형 세계 신기록을 깬 한 호주 수영 선수의 뛰어난 사례를 들어보자. 마이클 클림Michael Klim은 혼자서 경기를 치를 때보다 팀과 함께 계주를 할 때의 기록이 더 뛰어났다. 이것이 바로 강한 팀의 위력이다.

사람들이 팀에 소속되어 신뢰와 우정을 경험할 때 에너지 곡선은 눈에 띄게 상승한다.

회사에도 이와 똑같은 원리가 적용된다. 성과가 높은 팀들은 참여의식과 공통된 목표가 있다. 그들은 모든 면에서 최선을 다한다. 강한 팀은 건강한 개개인에서 비롯된다. 그렇기에 한 명 이상의 성과가 낮은 직원들이 소외감을 느낄 때마다 팀정신은 점점 좀먹게 될 수밖에 없다. 팀에 대한 직원의 애착이 줄어들수록 팀 전체의 응집력이 줄어든다. 그렇게 되면 팀원들의 사이를 벌려놓는 무언가가 존재하면서도 가족의 비밀처럼 그에 관한 대화를 서로 나누지 않기 때문에 불안감이 스며든다. 예전에는 공통의 목표가 있었지만 이제는 팀원들 중 일부가 자신만의 목표를 따로 갖게 되는 것이다. 팀에서 벗어나겠다는 목표를.

그렇게 되면 팀원들이 서로에게 활력을 불어넣는 논쟁을 벌이거나, 감정적인 갈등을 해결하거나, 의견을 모아 결정을 내리거나, 변화와 혁신에 필요한 신뢰감을 쌓기가 어려워진다. 소외되었다고 느끼는 직원들은 다른 사람들이 무슨 생각을 하고 무슨 말을 하는지, 그들의 말과 표정, 한숨, 침묵에 담긴 의미가 무엇인지에 대해 점점 더 신경을 곤두세우게 된다. 그들은 다른 사람들도 긴장하게 만든다. 또한 팀을 위해 투자하거나 희생하려 들지 않고 다른 사람에게 편승하려 든다. 동료들은 그런 직원들이 얼마나 더 오래 머물지 의심을 품기 시작한다. 따라서 신뢰가 사라지게 되는 것이다.

상사의 외집단에 속하는 직원들이 스스로 괴로움을 드러내지 않아도 다른 팀원들은 그걸 느낄 수 있다. 어느 관리자는 상사가 한 동료를 매주 꾸짖는 모습을 보면서 이런 말을 했다. "팀은 함께 기능하는 유기체와 같습니다. 한 직원이 고통을 받으면 팀 전체가 그 고통을 느끼지요." 그런 상황에서 상사가 팀워크를 고취시키려 들거나 "함께하자"고 강조하면 직원들은 냉소적인 반응을 보인다. 환멸을 느낀 한 관리자는 이런 말을 하기도 했다. "그래요, 우리는 팀이지요. 하지만 내가 도화선인 걸요."

그뿐만 아니라 괴로움을 느끼는 부하직원들은 대개 괴로움에 대해 침묵하거나 혼자 삭히려 들지 않는다. 그들은 자신의 상황을 한탄하며 가해자에 대한 비난과 후회, 불평을 들어줄 사람들을 찾는다. 그런 사람들은 대개 자신의 얘기를 들어주는 사람이라면 누구에게든 자신의 상황을 이야기하고 또 이야기한다. 그들은 커피를 마시거나 복도에 서서 조심스러우면서도 생생한 대화를 통해 서로의 이야기를 주고받으면서 다른 사람들로부터 부정적인 피드백을 얻어내려 한다.

에릭 슈미트Eric Schmidt는 다음과 같이 말했다.

두려움에 사로잡힌 문화 속에서는 사람들이 해고될까봐 걱정하기 때문에 자신의 감정을 억누르려 든다. 자신을 자를지도 모르는 상사에게 불평하는 대신 그들은 동료들에게 불평을 늘어놓는다. 우리 회사에서 그런 일이 벌어지고 있었다. 이런 상황은 불평이 만연한 전사적 차원의 냉소주의를 낳는다.[5]

불평이 삶의 방식이 되어버리는 좀 더 극단적인 경우도 있다. 관찰하는 입장에서 보면 불평하는 사람들은 늘 불평만 해대는 것처럼 보인다. 그렇다면 왜 그렇게 불평만 하는 것일까? 사회적 차원의 확인과 다른 사람의 지지를 통해 부당함을 입증하기 위해서 그러기도 한다. 한동안은 친한 동료들이 자신의 이야기를 들어주고 동정해준다. 하지만 시간이 지나면서 지쳐버린 동료들은 성과가 안 좋은 직원들이 스스로 그런 일을 초래한 것이 아닐까 의심을 한다.

그러다가 어느 정도 시간이 지나면 그런 직원들이 자신을 향해 다가오는 것을 볼 때마다 동료들은 피하기 시작한다. 그들에게서 부정적인 에너지가 발산되기 때문이다. 그들은 주변의 의식을 앗아가는 사람들이다. 우울하고 냉소적인 분위기를 뿜으면서 자기만 생각하는 그런 사람들은 다른 사람들의 문제나 도움을 보지 못하고 동료들이 생산적인 일을 하지 못하게 방해하며 사내의 역학 구도에 관한 헛된 논쟁만 일으킨다. 그러면서 그들은 점점 자신이 필요로 하는 사람들로부터 스스로 멀어지게 만든다. 그리고 머지않아 단절되어 중요한 정보를 얻지 못하게 된다. 따라서 무슨 일이 벌어지는지 점점 더 파악하지 못하게 되면서 의미 있는 기여를 할 수 있는 능력까지 발휘하지 못하게 된다.

극단적인 경우에는 '투명인간'으로 취급되기도 한다. 그런 사람들이 복도를 지나가도 누구 하나 알아주는 사람이 없는 것이다. 그들이 회의에 참석하면 아무도 그들의 의견에 귀를 기울이지 않는다. 마치 화면 정지 버튼을 누른 것과 같다. 그리고 그들이 발언을 끝내면 아무 일도 없었다는 듯 나머지 사람들이 다시 대화를 재개하는 것이다. 그런 직원의 입장에서 보면 소외감과 불공평함만 확인할 수 있을 뿐이다. 팀의 입장에서는 그런 직원의 존재가 점점 방해가 된다고 느껴진다. 상사가 조치를 취하지 않으면 팀 동료들이 팀의 문제를 모두 그의 탓으로 돌리며 그를 내몰아야겠다는 생각을 갖게 된다.

소리 없는 파괴자, 상사의 무기력

지금부터는 필패 신드롬이 성과가 낮은 관리자의 부하직원의 행복에 미치는 영향을 살펴보도록 하자. 부하직원은 외집단에 속하는 상사로 인해 여러 면에서 괴로움을 느낀다. 잠시 성과가 낮은 관리자 밑에서 일하는 부하직원의 입장이 되어보자. 무엇보다 업무와 관련된 여러 가지 제약을 받을 가능성이 크다. 예를 들어 상사에게 충분한 자원이 없다면 당신 역시 마찬가지로 자원이 충분하지 않을 것이다. 상사에게 큰 그림에 대한 정보가 없다면 상사를 통해 당신에게 전해지는 정보 또한 소문과 추측에서 비롯된 것이 전부일 것이다. 상사가 상당히 구체적인 업무와 임박한 마감일, 엄밀한 감시를 받는다면 이런 자율성의 제한이 그 밑에서 일하는 당신에게까지 영향을 미칠 것이다. 그뿐만 아니라 상사 자신이 압력을 받기 때문에 당신에게도 압력을 가하게 될 것이다. 상사가 아주 작은 변화라도 일일이 해명해야 한다면 당신도 같이 해명하는 일에 동참해야 할 것이다.

성과가 낮은 관리자의 부하직원들을 인터뷰했을 때 몇 명은 상사가 안 좋은 결과에 대한 원인을 파악하고 문제를 제기하기보다 결과에 영향을 미쳤을 만한 외적 요소를 여러 개 찾아내어 안 좋은 결과를 해명하는 데 시간을 더 많이 들인다고 말했다. 상사가 문제를 해결하기보다 문제를 해명하거나 덮는 데 급급하기 때문에 부하직원들의 업무와 주도적으로 업무를 추진하는 자율성에도 악영향을 미칠 수밖에 없다. 따라서 부하직원들의 배움과 성장까지 저해하게 된다.

업무와 관련된 것 말고 감정적인 영향도 미친다. 외집단에 속하는 상사 밑에서 일하는 것이 즐거울 리 없기 때문이다! 불안정한 상사라면 부하직원을 윗사람들에게 소개할 일도 별로 없을 것이고 오히려 당신의 아이디어를 가로채서 자신의 공으로 돌리거나, 아니면 아이디어 자체를 제안하지 못하게 막을 수도 있다. 또한 마감일을 임박하게 잡고 조직 내에서 자신의 입지를 유지하기 위해 타 부서와 주고받는 모든 연락을 자신을 통해서 하도록 강요할 것이다. 어쩌면 무기력하거나 시무룩한 태도를 보이며 스스로를 불쌍하게 여길지도 모른다. "나에게 묻지 말게. 내가 뭘 알겠나? 나는 그저 위에서 시키는 일만 할 뿐이야."

역설적으로 들릴지 모르지만 환멸을 느낀 관리자들의 경우 자신이 불만스럽게 여기는 윗사람들의 행동을 그대로 답습하여 아랫사람에게 보일 때가 많다. 학교 운동장에서 자신을 괴롭히는 아이에게 두들겨맞은 후 집에 가서 어린 동생들을 때리는 약골처럼 말이다. 외집단에 속하는 관리자들이 자신의 부하직원을 관리해야 할 때 좋은 결과는 인식하지 못하고 부하직원들의 업무를 지나치게 감독하기만 한다. 이것이 행동 모델링behavioral modeling의 위력이다. 즉, 효과적이고 지원적인 모델을 따르는 것보다 부정적인 모델로부터 얻은 교훈이 무엇인지 파악하는 데 노력을 더 많이 기울인다. 그리고 부정적인 모델의 영향은 아래로 내려갈수록 점점 더 커진다.

야심 찬 직원들이라면 그런 환경에서 빠져나가려고 노력할 것이다. 회사를 그만두는 사람도 있을 것이다. 그러나 이러지도 저러지도 못해 제자리에 머문 상태로 남는 사람도 있을 것이다.

성과가 낮은 관리자들이 모두 상사가 자신에게 보이는 행동을 그대로 답습한다는 것은 아니다. 실제로 이런 유혹을 뿌리치려고 노력하는 관리자들을 본 적이 있는데 그들 중 몇 명은 성공적으로 유혹을 뿌리치기도 했다. 그러나 성과가 낮은 관리자가 자신이 느끼는 괴로움을 전달하지 않으려고 노력할 때는 다음과 같은 세 가지 장애물을 넘어야 한다는 것을 명심해야 한다.

첫째, 자신에 대한 모든 감시와 압력을 오로지 혼자서 감당해야 한다. 그리고 사실상 자신이 갖지 못한 행동의 자율성을 부하직원들에게 부여해야 한다. 둘째, 의기소침하고 자기 방어적이고 싶은 유혹에 맞서 싸우고 유쾌한 기분을 유지하면서 부하직원들의 공을 인정하고 윗선의 눈에 잘 띌 수 있게 해줘야 한다. 마지막으로, 안 좋은 행동을 따르지 않고 좀 더 강력하면서도 지지적인 리더십 스타일을 만들어내거나 기억해내야 한다.

이런 도전이 불가능한 것은 아니다. 실제로 우리는 몇 명의 관리자들이 성공하는 것을 보기도 했다. 그러나 분명 만만찮은 일임에는 틀림이 없다. 그렇기 때문에 우리가 관찰한 많은 관리자들이 자신이 느끼는 어려움을 부하직원들에게 전가할 수밖에 없었던 것이다.

집단 스트레스를 유발하는 부정적 마인드

필패 신드롬은 상사와 부하직원들에게만 악영향을 미치는 것이 아니라 좀 더 널리 영향을 끼치기도 한다. 권리를 박탈당한 사람은 자신이 당한 것을 자기 부서 사람들에게만 이야기하는 데 그치지 않고 다른 부서 사람들에게도 이야기한다. 그들은 어디를 가든 자신이 느끼는 비참함을 끌고 다니며 불만 있는 사람들과 서로 위로하는 시간을 갖는다. 이런 대화는 점점 탄력을 받아 조직 내 구석구석을 누비고 다닌다. 이런 부정적인 소용돌이가 만들어내는 집단적인 스트레스와 직원 개개인의 고통을 조직이 줄여줄 수 있을까? 회사가 "직원이 우리의 가장 큰 자산"이라는 허울 좋은 주장을 펼치면서도 막상 행동으로 보이지는 않을 때는 직원들이 회사의 위선을 좀처럼 잊지 못한다. 회사가 신봉하는 가치와 실제로 행하는 행동이 일치하지 않으면 인재를 잃는 손실을 감당해야 하는 것은 물론이고 회사의 이미지에까지 악영향이 미치게 된다.

불만족은 조직을 뛰어넘어 외부로까지 확산될 수 있다. 예를 들어 고객들이 직원들의 불만을 눈치채는 경우도 있다. 이를 잘 나타내는 놀라운 사례는 항공업계에서 찾아볼 수 있다. 승무원들이 경영진에게 분노를 느끼는 순간 고객 서비스의 질이 떨어지게 된다. 회사가 자신들을 잘 대우해주지 않는다고 느끼는 승무원들은 승객들도 잘 돌보지 않는다. 항공사에서는 '통로와 조리실'에서 벌어지는 상황이 직원 만족도를 나타내는 시금석이 된다. 승무원들이 통로에서 일하면서 승객들에게 서비스를 제공하는지, 아니면 뒤편 조리실에 모여 경영진 험담을 하고 있는지 말이다.

고객 서비스 외에 직원들은 공급업체와 같은 업계 사람들과도 연락을 주고받는다. 고용주에게 복수하고 싶은 마음에 누구에게 험담을 늘어놓는지조차 잊은 불만스러운 직원들은 회사에 대해 좋은 이야기를 하는 법이 거의 없다. 대대적으로 잘못된 경영은 회사 내부의 분위기만 흐려놓는 것이 아니라 회사의 평판과 새로운 인재를 고용할 수 있는 능력도 손상시킨다. 불만 가득한 직원들은 새로운 방식으로 자신의 분통을 터뜨리기도 한다. 볼트닷컴Vault.com과 같은 특정한 목적을 위해 만들어진 웹사이트는 직원들이 익명으로 자기 회사에 대한 정보를 교환할 수 있게 해놓았다. 이제는 높은 이직률을 떨어뜨리고 외부인들이 회사에 대해 가지고 있는 부정적인 이미지를 개선하기 위해서라도 회사가 인사 마케팅에 더 많은 자원을 쏟아부어야 할지도 모른다. 회사 경영진의 평판이 나쁘다면 연봉이라도 높아야 한다. 이런 비용이 모두 잘못된 직원 관리에서 비롯되는 것이다.

무시한다고 존재하지 않는 것은 아니다

필패 신드롬과 관련된 복합적인 손실을 확인하다 보면 한 가지 궁금증이 생기지 않을 수 없다. 그렇게 많은 비용이 든다면 왜 더 많은 관리자들이 필패 신드롬에 대해 조치를 취하지 않는 것일까?(손실의 요약은 〈표 6-1〉을 참조할 것) 그 이유는 크게 두 가지로 나뉜다. 첫째는 관리자들이 필패 신드롬과 관련된 손실의 규모를 완전하게 파악하지 못하기 때문이다. 모든 문제의 증상을 관찰할 수는 없다. 두 명의 부하직원들이 끔찍한 경험을 이야기하면서 분통을 터뜨리느라 한두 시간 허비하거나 불만스러운 직원이 고객을 등한시할 때마다 상사가 항상 그 모습을 포착할 수 있는 것은 아니다. 상사가 그런 모습을 목격했다고 해도 관리라는 것은 워낙 복잡한 활동인지라 원인과 결과를 연관 짓기 어려울 때가 더 많다. 부하직원이 상사의 행동 때문에 좌절하는 경우도 있지만 단순히 집에서 안 좋은 일이 있었을 수도 있고 동료에게 화가 나 있을 수도 있다.

관리자들이 자신의 행동과 관련된 손실을 과소평가하는 두 번째 이유는 일반적으로 자신이 관찰하는 증상에 대해 개인적인 책임감을 강하게 느끼지 않기 때문이다. 이런 증상에는 부하직원의 성과 저하와 부정적인 마음 상태가 동료와 부하직원의 부하직원에게 미치는 영향도 포함된다. 부분적으로는 3장에서 살펴본 것처럼 자기 충족적인 성격을 가진 신드롬으로 인해 이 역학구도 속에서 상사가 맡은 역할이 쉽게 파악되지 않기 때문이기도 하다. 성공적인 상사라면 이런 역학구도에 빠져 괴로움을 당해본 적이 없을 가능성이 크다. 당해봤다 해도 비교적 빠른 시간 내에 그 상황에서 벗어나야 한다는 욕구를 갖고 수단을 찾아낸 사람일 가능성이 크다. 따라서 상사의 외집단에 갇혀 발전 가능성이나 보상이 제한된

필패 신드롬

|표 6-1| 주목받지 못한 필패 신드롬

손실 요약

손실을 보는 입장	이런 직원들에 의해, 그리고 결국 회사에 의해 발생하는 손실
부하직원	• 경력에 악영향, 사생활에 악영향 등 심각한 감정 낭비
상사	• 부하직원의 성과 저하 • '잃어버린 명분'에 대한 시간과 에너지 낭비를 비롯한 기회비용 • 감정적인 낭비 • 회사 내에서 평판이 떨어짐(팀 빌딩, 직원 성장, 공정성)
팀	• 팀정신 손상 • 협력에 대한 압박감 • 성과가 좋은 직원들의 과로 또는 퇴사
다른 직원들	• 압박감과 괴로움이 부하직원들에게 전가되어 다른 직원의 성장을 방해하고 "너나 조심해" 식의 방어적인 문화가 조성됨 • 회사의 공적인 이미지에 악영향(불만스런 직원이 고객이나 공급자를 직접 대하는 경우)
인사부서 직원	• 상담, 조언, 상사 지원, 의견 차이 조절, 불만이나 항의, 전근 요청 해결 등과 같은 가치를 더할 수 없는 일에 시간을 허비함 • 성공 계획보다는 실패를 문서화하는 데 시간과 자원을 낭비

상태로 지내는 것이 얼마나 비참한지 공감하지 못하게 된다. 이런 불편함을 한 번 경험했다 해도 오래 지속되지 않았거나 그만큼 심한 고통을 느끼지는 못했을 것이다.

게다가 부하직원의 고통을 인정한다는 것은 상사 자신도 어느 정도 책임감을 느낀다는 것을 의미한다. 그러기 위해서는 상당한 겸손과 용기가 필요하다. 상사가 관리하는 방식이 송두리째 의구심을 살 수 있기 때문이다. 지금 내가 이 사람을 잘못 대한다는 것은 과거에도 내가 잘못을 저질렀다는 것을 뜻한다. 그렇다면 내가 얼마나 많은 부하직원들의 실패를 유발했을까? 우리는 자아와 능력이 위협을 받을 때 그 즉시 부인을 통해 스스로를 보호하게 되어 있다. 우리의 행동과, 우리의 행동이 다른 이들에게 미치는 영향을 인식하지 못하는 것이 우연이 아닌 기술이 되는 게 이런 때이다. 다시 말해서 너무나 잘하기 때문에 의식할 필요도 없는 상태가 되어 버린 것이다. 우리의 일부가 알고 싶어 하지 않았기 때문에 우리가 '알지 못하게 되는 것'이다. 이를 가리켜 소위 숙련된 비인식 과정 skilled unawareness이라고 부르는데, 이에 대해서는 크리스 아지리스Chris Argyris가 잘 설명해주었다.[6]

한 사람만의 문제라는 착각

직원들이 모두 똑같은 재능을 갖고 있지 않으며, 어떤 부서든 쓸모없는 직원이 있게 마련이라고 주장하며 변명하는 사람들도 있을 수 있다. 잭 웰치의 말처럼 "10명의 사람을 뽑으면 그중 하나는 스타 직원일 것이고 하나는 아주 쓸모없는 직원일 것이다."[7] 이와 마찬가지로 "12명의 부하직원이 있는데 그중 2명은 제대로 일을 못한다. 그래서 부서 실적이 조금 떨어지긴 하지만 그래도 그 정도면 성공한 편이라고 생각한다"라고 말하는 임원들이 있다. 이런 생각을 하기 때문에 아무런 조치를 취하지 않는 것이 정당화되는 것

필패 신드롬

이다. 또한 상황을 방치함으로써 발생하게 되는 모든 다른 손실을 고려하지 못하는 원인이 되기도 한다.

또 다른 반대 주장으로 결과를 지적하는 사람들도 있다. "실적이 이렇게 좋은데 내가 실패를 유발하는 행동을 할 리 없잖아요." 우리의 경험상 필패 신드롬은 무능력한 상사에게만 해당되는 것이 아니었다. 조직 내에서 훌륭한 상사로 인식되는 사람들에게도 필패 신드롬이 발생하는 것을 본 적이 있다. 일부 부하직원을 잘못 관리한다고 해서 상사가 특정한 수준의 성공을 이루지 못하는 것은 아니다. 특히 상사와 스타 직원의 실적이 매우 뛰어날 경우는 더욱 그렇다. 그러나 그만큼의 성공을 이루기 위해 상사와 스타 직원들이 과다한 업무와 스트레스라는 높은 대가를 치르고 있을 가능성이 크다.

필패 신드롬으로 인해 발생하는 주요 손실을 다시 한 번 살펴보자. 부하직원의 경우 감정적, 전문적 능력을 낭비하고, 상사의 경우 업무와 관련된 부담과 심리적인 부담감을 갖게 된다. 그 밑에서 일하는 부하직원들에게는 사기가 꺾이는 악영향이 미치고 인사 기능이 저하된다. 이 모든 손실을 더해보면 문제가 있다는 것을 분명하게 알 수 있다. 이런 손실을 없애기 위해 무엇을 할 수 있을까? 분명한 것부터 하나씩 살펴보도록 하자.

가시를 제거해도 상처는 남는다

당신은 몹시 바쁜 관리자이다. 당신에게 여덟 명의 부하직원이 있는데 그중 한 명이 방해가 되어 특별 감시를 해야 하고 그가 부정적인 에너지를 발산한다. 그렇다면 당신은 어떻게 하겠는가? 임원 집단에게 이런 질문을 던지자 그들은 주저 없이 이렇게 대답했다. "해고하면 되지요!" 진심이었을까? 그들이 스스로 "잘 해내고" 있다고 생각하는 행동들에 대한 엄청난 비난을 막 듣고 난 후였다. 따라서 그들의 반응에는 절망감과 희망이 뒤섞여 있었을 것이다. 그럼에도 불구하고 해고를 하면 상황을 빨리 해결하고 그 즉시 안도할 수 있다고 보는 사람이 많다. 또한 해고를 통해 자신의 결단을 보여주기도 한다. 상사가 결단력을 가졌다는 게 그렇게 나쁜 것은 아니다. 게다가 게으름을 피울 만한 다른 직원들에게 '경각심을 일깨워주기에' 그렇게 나쁜 조치도 아니다.

해고를 선호하는 관리자들은 해고가 조금 가혹할 수는 있지만 그런 관계를 바로잡기엔 "인생이 너무나 짧으며 최선을 다하는 다른 직원들에게 공정하게 대하기 위해" 조치를 취해야 한다고 이야기한다. 한 임원은 다음과 같은 말을 했다.

이봐요. 당신도 이해해야 해요. 우리가 사는 세상은 다윈설이 주장하는 세상과 같다고요. 우리는 심한 압박을 받아요. 저는 15명의 부하직원과 일하며 일곱 건의 프로젝트를 맡고 있는데 그중 둘은 아시아에서 진행되고 있어요. 저에게는 항상 해야 할 일이 산더미처럼 쌓여 있단 말이에요. 그러니 직원들 개개인에 대해 걱정할 시간적 여유가 없어요. 제 부하직원들은 모두 연봉이 높고 게임 규칙이 어떻게 되는지 이해하는 사람들이에요. 최대한 주의를 기울여 그 사람들을 채용했고 그들에게 어떻게든 최대한 코칭을 해주려고 노력해요. 그런데 그게 효과가 없으면 그런 직원은 내보내야죠. 그게 다에요.

일부 기업들은 인사고과가 낮은 직원들에게 스스로 그만둘 것을 종용하기도 한다. 사실 성과가 낮은 직원들을 즉시 해고해야 한다고 주장한 사람들은 '성과가 높지 않으면 나가야' 하는 시스템을 가진 회사의 임원들이었다. GE의 사례를 따라 실적이 최하위 10퍼센트에 해당하는 직원들을 솎아내기 시작한 기업들이 많다. 그로 인해 성과가 좋지 않은 한두 명의 부하직원을 떠맡은 관리자들은 더 이상 해결책을 찾아보고 싶지 않다는 생각을 갖게 되었다. 채워야 할 할당량이 있기 때문이다!

이런 판단이 잘못되었다는 주장을 펼치고 싶은 것은 아니다. 다만 성과가 낮은 직원들을 신속히 제거함으로써 필패 신드롬을 해결하는 방법에 따른 손실에 대해 생각해보자는 것이다. 첫 번째 질문은 당연히 과연 그 10퍼센트가 해고해야 마땅한 10퍼센트인가 하는 것이다. 이 직원들이 정말로 최악의 직원들인 것일까, 아니면 그저 초반에 운이 안 좋았을 뿐인데 성과가 낮은 직원으로 분류되는 바람에 성과가 더욱 안 좋아진 것일까? 어쩌면 잘할 수 있는 사람들인데 제대로 된 관리나 격려를 받지 못한 것인지도 모른다. 근본적인 문제는 살펴보지 않은 채 성과가 나쁘다는 이유만으로 그들을 해고한다면? 잠재력이 있음에도 불구하고 그저 악순환의 고리에 빠졌다는 이유만으로 사람들을 해고하게 될지도 모른다.

둘째, 성과가 낮다고 인식한 사람들을 신속히 해고하는 것이 가장 빠른 '해결책'일 수는 있지만 그렇다고 해서 가장 쉬운 해결책이거나 가장 적은 비용이 드는 방법이라고는 할 수 없다. 특히 노동법이 엄격한 국가에서는 더욱 그렇다. 해고를 하면 대개 다른 직원을 고용해야 하기 때문에 새로운 실패 가능성이 존재하는데다 채용과 적응, 훈련에 드는 비용이 더해져야만 한다. 새로운 실패 가능성이란 무엇일까? 성과가 낮은 직원들을 단순히 해고해버리는 임원들은 그 과정을 통해 배우는 것이 없다. 그저 특정한 문제의 증상이 사라지게 하는 것일 뿐이다. 따라서 똑같은 실수를 반복하게 되기 때문에 그로 인한 손실도 계속해서 발생하게 된다.

불공정하다는 인식에서 비롯되는 손실

성과가 낮다고 인식한 직원들을 그 즉시 해고하면 그로 인해 나머지 팀원들에게 미치는 파급효과와 관련된 더 큰 손실이 발생한다. 직원들을 해고하면 공정하지 못하다는 인식이 싹틀 수밖에 없다. 그게 그렇게 중요한 것일까? 연구 결과 실제로 상당히 중요하게 작용하는 것으로 나타났다.[9] 사람들이 어떤 과정을 공정하다고 인식하면 아무리 자신에게 불리한 결과가 나오더라도 그 결과를 수용할 가능성이 크다("에어프랑스가 겪은 재앙" 참조). 불공평한 대우는 직원들을 소모품처럼 느끼게 만든다. 직원들이 회사가 원하는 방식에 따라줄 때만 "직원이 우리의 가장 큰 자산"이라는 말이 적용된다는 것을 의미하기 때문이다. 직원들이 제대로 하지 않으면 다른 자원과 마찬가지로 내보내면 그만이라는 식이 된다. 결국 상사들은 직원들의 성과와 충성심, 전반적인 분위기에 악영향을 미치

유명한 미국 농담 가운데 칠면조들은 추수감사절에게 투표하지 않는다는 말이 있다. 다시 말해서 사람들은 자기 자신에게 유리하지 않은 결과를 흔쾌히 받아들이지 않는다는 뜻이다. 이것은 상식적으로 그럴듯해 보이지만 사실은 사람들의 심리를 지나치게 단순화시킨 말이다. 실제로 사람들은 단기적인 결과 이상의 것을 생각할 수 있다. 그래서 희생을 하기도 하는 것이다. 아래의 에어프랑스 사례를 살펴보자.

1993년 정부 소유였던 에어프랑스는 정말로 형편없는 항공사였다. 그 전해 실적이 얼마나 형편없었던지 다른 항공사들의 손실을 모두 합친 것만큼 큰 금전적인 손실을 입었다. 분명 무언가 조치를 취해야만 했다. 따라서 CEO인 베르나르 아딸리는 구조조정 계획안을 마련했다("손익분기점으로의 회기, 파트 II"라는 효과적인 제목이 붙은 계획안이었다). 구조조정 계획안에는 4000명의 직원 감원(주로 자연 감소와 조기 퇴직을 통해)과 2년간의 임금 동결이 포함되어 있었다. 노조는 무기명 투표를 실시할 시간조차 갖지 못했다. 승무원들, 특히 지상 근무요원들은 그 즉시 밖으로 나가 두 곳의 파리 공항을 봉쇄했다. 활주로에서 타이어를 태우던 그 모습은 파업이라기보다 폭동에 가까웠다. 며칠 후 프랑스 교통 당국은 결국 구조조정 계획을 철회하길 강요했고 아딸리는 사임을 했다.

그의 후임자인 크리스티앙 블랑끄는 피할 수 없는 도전 과제를 물려받았다. 그에게는 항공사를 회생시키라는 임무가 떨어졌는데 파업이 있은 후로 한층 더 조심스러운 입장에 처할 수밖에 없었다. 한 번 쓴 맛을 본 에어프랑스 14개 노조들의 열의가 불타올라 있는 상태인데도 불구하고 더 이상 항공업계에 불안감을 주지 않도록 조치를 취하라는 것이었다. 그는 파업에 참여한 직원들과 노조 위원장들을 찾아가 만났다. 그는 아딸리의 계획이 철회되었으며, 전 직원의 의사를 묻기 전까지 새로운 회생 계획안을 마련하지 않을 것이라고 말했다. 그는 4만 명의 직원들에게 설문지를 돌려 그들의 불만과 해결책에 대한 의견을 수렴했다. 또한 주간 뉴스레터를 발행해 진행 과정을 알렸다.

CEO로 취임한 지 5개월 후 블랑끄는 "직원 여러분, 저는 여러분의 의견을 수렴해 보았습니다. 저는 여러분에게 5000명의 인원 감축과 3년간의 임금 동결, 그리고 30퍼센트의 생산성 향상을 제안합니다"라고 말했다. 다시 말해서 그는 선임자보다 더 심한 구조조정안을 내놓았던 것이다. 노조원들은 믿지 못하겠다는 듯 즉시 그의 구조조정안을 거부했다. 블랑끄는 그에 동요하지 않고 노조원들에게 "직원들이 어떻게 생각하는지 물어봅시다"라고 말했다. 그래서 그는 전 직원 투표를 실시할 것을 명령했다. 84퍼센트의 응답자 가운데 81퍼센트의 직원이 그를 지지한다고 답했다. 따라서 노조 역시 그에 따를 수밖에 없었다. 제안된 3년 동안 에어프랑스는 모든 목표 실적을 채웠고 다시 수익을 낼 수 있게 되었다.[8]

이를 통해 얻을 수 있는 교훈은 무엇일까? 결과적으로 보면 블랑끄의 제안은 아딸리의 제안보다 여러 가지 면에서 더 고통스러운 것이라 할 수 있다. 누구도 그런 결과를 반기지 않았다. 그러나 직원들은 그런 결과로 이어지는 과정이 공정하게 이루어졌다고 믿었다. 계획이 세워지기까지의 과정과 커뮤니케이션 방식도 공정하다고 말이다. 아픔을 감수해야 하는 결과라도 그 과정이 받아들일 만한 것이라면 사람들이 따를 때도 있다. 직원들이 스스로 고통스러운 방법을 제안하리라고 기대해서는 안 된다. 그러나 상황에 따라서는 직원들이 그런 방법을 인정해주기도 한다. 단, 그들이 받아들일 수 있는 과정을 제시하고 그에 대한 커뮤니케이션이 명확하게 이루어져야만 한다. 다시 말해서 칠면조들이 추수감사절을 준비할 것이라고 기대해서는 안 되지만 연구 결과 상황에 따라서는 칠면조들도 추수감사절에게 투표할 때가 있는 것으로 나타났다.

는 대가를 치르게 될 것이다.

외집단은 대개 몇 명의 부하직원들로 구성되어 있다

성과가 낮은 직원들의 즉각적인 해고가 옳다고 주장하는 임원들은 가장 성과가 안 좋고 다루기 힘든 최악의 직원 한 명에게만 초점을 맞춰 이야기하곤 한다. 그러나 우리는 그런 직원을 꼭 집어서 말하는 것이 아니다. 앞서 설명했던 것처럼 우리의 연구 대상은 실적이 뛰어난 동료에 비해서는 부족하지만, 기업의 최소 성과 허용치는 초과하는 직원들이다. 이와 마찬가지로 상사의 내집단과 외집단에 관한 연구 역시, 실적이 가장 안 좋은 최하위 10퍼센트만이 외집단에 드는 것이 아니라는 점을 밝혀냈다. 외집단에는 대개 그보다 훨씬 많은 부하직원들이 포함된다. 또한 앞서 살펴보았던 피그말리온 연구도 최하위 10퍼센트보다 훨씬 더 많은 수의 직원들을 대상으로 이루어졌다.

다시 말해서, 우리가 살펴본 현상은 걷잡을 수 없는 최악의 부하직원들에게만 국한되지 않는다. 극단적인 경우에는 상사가 느끼는 좌절감이 극에 달할 수도 있지만 필패 신드롬은 최악의 부하직원과 최하위 10퍼센트의 부하직원들 외에 여러 명의 직원들에게 영향을 가한다. 따라서 문제는 "최악의 성과를 내는 직원에 대한 최고의 해결책이 즉각적인 해고인가?"가 아니라 "성과가 낮은 절반의 직원들에 대한 최선의 해결책이 즉각적인 해고인가?"가 되어야 한다. 두 번째 질문이 첫 번째 질문보다 해결하기 더 힘든 것임에 틀림없다.

필패 신드롬에 대한 해결책으로 직원을 해고하는 문제는 나중에 다시 살펴볼 것이다. 지금으로서는 즉각적인 해고가 적지 않은 손실을 낳는 것이 확실해 보인다. 물론 재고용, 훈련 등과 관련된 금전적인 손실도 있지만, 과정이 공정하지 않았다고 생각하는 직원들의 사기가 떨어지는 것과 관련된 손실도 발생한다. 직원들이 해고를 공정한 조치로 보느냐의 여부는 여러 가지 요소에 따라 달라진다. 상사가 해당 직원들을 직접 채용했는지 아니면 선임자로부터 물려받았는지, 해고된 직원들이 과거에 많은 기회를 가졌었는지, 동료들과 효율적인 관계를 유지했는지 아니면 동료들로부터 미움을 받았는지, 성과에 대해 부서와 상사가 받는 압력이 어느 정도였는지, 상사가 부서를 구조조정하는 데 얼마만큼의 시간을 가졌는지 등에 따라서 말이다.

우리는 해고가 절대적으로 나쁜 선택이라고 주장하는 것이 아니다. 사실 나중에 살펴보겠지만 때로는 해고가 모든 사람들을 위한 최고의 해결책이 되는 경우도 있다. 그러나 더 많은 손실을 초래하는 것은 사실이다. 특히 이 문제가 한두 명의 심각한 부하직원들 외에 여러 명의 직원들과 관련이 있다는 것을 염두에 두면 더욱 그렇다.

솔직함이란 불편함까지 감수한다는 것 _____

"해고를 할 수 없다면 무언가 다른 조치를 취해야겠죠." 이쯤 되면 상사들은 정반대의 극단적인 선택을 통해 일방적으로 문제를 해결하려 든다. 성과가 낮은 직원들을 다루는 자신만의 방식을 그 즉시 바꾸는 것이다. "좋아요. 알았어요. 직원들 중에 일부가 허둥대는 것은 제 잘못이지요. 그러니까 월요일부터는 직원들이 새롭게 변화된 상사의 모습을 보게 될 것입니다." 임원들에게 어떻게 할 것이냐고 물으면 그들은 성과가 낮은 직원들을 더 잘 대해주고 코칭을 더 많이 해주고 좀 더 인내심을 갖고 그들을 대할 것이라고 한다. 피그말리온 효과의 위력에 깊은 인상을 받은 그들은 그것을 활용해보겠다고 결심한다. 따라서 이제부터 그들은 직원들에게 자신이 높은 기대치를 가지고 있다고 알려줄 것이다. 실제로 그런 상사들은 가장 먼저 성과가 낮은 직원들을 찾아가 그들이 정말 잘 할 수 있을 것이라고 믿는다고 말한다. 그러고는 말로만 그치는 것이 아니라 그들에게 힘에 부치는 업무를 부여함으로써 자신의 말이 진심임을 보여준다. "중요한 프로젝트지만 나는 자네를 믿네. 열심히 즐겁게 해보게나!"

이런 일방적인 방법이 갖는 매력은 명확하다. 빠른 시간 내에 실시될 수 있고 상대방으로부터 반격을 받거나 체면을 잃을 수 있는 예기치 못한 논쟁을 피할 수 있다. "어떤 부하직원들은 모든 것을 개인적으로 받아들이는 경향이 있어요. 그러니까 이렇게 하는 것이 오히려 그들을 보호해주는 방법입니다"라고 상사들은 말한다. 확실히 상사들은 직원의 기분을 상하게 만들어 성과가 더 나빠지는 것을 꺼린다. 대신 그들은 자신의 행동을 변화시키기로 결심하면서 성과가 낮은 직원들을 더 독려하고 더 많은 권한을 부여한다. 문제는 그렇게 하겠다는 것을 공식적으로 알리지 않는 것이다. 따라서 그들은 성과가 안 좋은 직원들에게 자신의 조치가 잘못됐음을 입증할 수 있는 기회를 주게 된다.

이런 방법이 '솔직한 토론'이라는 불편함을 거치지 않는 장점이 있지만 몇 가지 이유에서 만족스러운 결과를 만들어낼 가능성은 낮다. 첫째, 상사들의 경우 과거의 일을 말끔하게 잊고 새롭게 출발하기가 어렵다. 상사가 아무리 좋은 의도를 갖고 있다 해도 과거에 부하직원이 저지른 실수에 대한 기억이 남아 있기 때문이다. 그렇기에 직원에게 더 많은 권한을 부여하고 그를 지지하며 좀 더 높은 기대치를 갖는 데 방해를 받을 수 있다. 둘째, 이전 장에서 살펴보았던 것처럼 부하직원들의 인식 과정과 행동이 실패 유발 역학구도를 부채질하는 데 기여하기 때문이다. 과거를 잊으려는 노력을 기울여야 한다는 신호를 받지 못한 부하직원들이, 과거를 깨끗하게 잊을 가능성은 상사들에 비해 오히려 더 낮다.

일방적인 방법은 또한 효과를 지속시킬 가능성도 낮춘다. 상사의 행동이라는 문제의 한 단면에만 초점을 맞추기 때문이다. 성과가 낮아지기까지 부하직원이 기여한 역할은 보지 않는 것이다. 자신감이나 자율성의 결여가 한 가지 이유가 될 수 있지만 다른 요소들도 관여했을 수 있다. 어떤 식으로 촉발되었는지 몰라도 대개는 일종의 성과 문제가 있게 마련이다. 상사가 아직 '성과가 낮은 직원'이라는 꼬리표를 붙이지 않은 상태라도 실패 유발 역학이 한동안 진행된 상태라면 부하직원의 성과에 관한 몇 가지 요소는 치유를 받아야 하는 상태에 빠져 있을 수 있다. 그런데 부하직원의 적극적인 참여 없이 이 문제를 해결하려 든다면 오히려 문제를 키울 가능성이 크다.

그럼에도 불구하고 상사의 일방적인 시도를 통해 나올 수 있는 결과가 있는데, 이는 크게 다음 두 가지로 나뉜다. 하나는 이 과정이 실제로 효과를 발휘하는 경우도 있다는 것이다. 부하직원이 자율성을 가짐으로써 중요한 프로젝트를 실제로 잘 이행하는 경우다. 또 다른 가능성으로는 부하직원이 어쩔 줄 모르는 상태에 빠져버리는 것이다.

노력이 성공적인 결과를 낳는 경우, 상사는 부하직원에 대한 생각을 바로잡고 긍정적으로 대하기 시작한다. 그러나 어느 한 부하직원이 악순환의 고리를 끊고 외집단에서 내집단으로 옮겨갈 수는 있지만 그 밑의 문제는 그대로 남아 있게 된다. 상사와 부하직원은 서로 대화하거나 대면할 수 있는 능력을 발휘하지 못했다. 따라서 향후 어려움에 봉착하거나 다시 관계가 나빠질 경우에 대비할 장비를 갖출 수 없었다.

예를 들어 새로 해외 자회사를 맡게 된 관리자가 미미하게 이루어지는 혁신을 보고 놀랐다고 하자. 이에 대해 책임자들에게 원인을 캐묻던 그는 새로운 아이디어가 여러 차례의 확인과 절차를 거치면서 묵살된다는 사실을 깨달았다. 그는 태스크포스 팀을 구성해 이 문제를 조사하라고 지시했고, 그들의 조언에 따라 절차를 대폭 감소시켰다. 그러자 자회사의 혁신 건이 급증했다. 완전한 성공이라고 생각하는가? 완전한 것은 아니다. 제기되지 않은 더 심각한 의문점은, "그렇다면 예전에는 왜 이런 식으로 진행하여 절차를 간소화하지 못한 것일까?" 하는 문제다. 이런 질문을 던지지 않으면 다음에 비슷한 일이 벌어지지 않게 막는 방법을 배울 수 있는 기회를 놓치게 된다.[10]

관리자들은 행동을 유발하는 기본적인 가치나 가정은 생각해보지 않은 채 표면적으로 드러나는 행동에만 서둘러 반응하는 경향이 있다. 지속 가능한 과정을 이루려면 문제를 해결하는 방법만이 아니라(단일 순환single-loop 학습) 애초에 문제가 그만큼 커지도록 내버려두었던 원인까지 살펴봐야 한다(이중 순환double-loop 학습).[11]

따라서 일방적인 방법은 상사와 부하직원이 문제를 좀 더 솔직하게 다룰 때만큼 많은 것을 배울 수 없게 만든다. 부하직원과 나머지 팀원들은 상사가 직원과의 관계에서 발생하는 문제를 해결하는 방식을 관찰하고 배울 수 있는 기회를 놓치게 된다. 그런 문제는 부하직원들도 언젠가는 자신의 부하직원과의 관계 속에서 겪을 수 있는 것들인데 말이다.

이 방법을 통해 나올 수 있는 또 다른 결과인 동시에 또 다른 한계는 상사가 너무나 많은 것을 한꺼번에 하려 든다는 거다. 그렇게 되면 부하직원 역시 갑자기 너무나 많은 자율성을 갖게 됨과 동시에 많은 책임까지 떠맡게 된다. 그렇다고 해서 그동안 조심스럽게 상사의 허락을 구해오던 부하직원이 그 즉시 기업가 정신을 발휘하게 되거나 혼자서 일을 척척 해결할 능력을 갖게 되는 것도 아니다. '부담되는 업무'는 그가 생산적으로 업무를 처리할 수 있는 능력 밖의 것일 수도 있다. 갑자기 왜 이렇게 많은 자율성을 갖게 되었는지 몰라 어리둥절해하는 부하직원은 스트레스를 받거나 혼란스러움을 겪을지도 모른다. 발육이 멈춘 부하직원이라면 뛰기 전에 걷는 법부터 다시 배워야 할지도 모르는데 말이다. 이런 상황에서 부하직원은 상사에게 만족감을 주지 못하여 상사는 한층 더 좌절하며 엄격한 감독 없이는 부하직원이 제대로 일하지 못한다는 자신의 생각을 굳힌다. 따라서 부하직원은 또다시 감옥 속으로 들어가게 되는 것이다.

전반적으로 필패 신드롬을 깨고자 하는 상사의 일방적인 노력은 위험하다 할 수 있다. 기껏해야 갑자기 커진 자신에 대한 기대치에 부응한 부하직원이 상사의 외집단에서 내집단 근처로 옮겨갈 뿐 상사와 부하직원이 배울 수 있는 것에는 한계가 있다. 최악의 경우, 빠

|그림 6-1| 부정적인 소용돌이는 어디까지 내려갔는가?

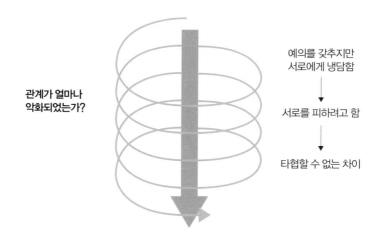

관계가 얼마나
악화되었는가?

예의를 갖추지만
서로에게 냉담함

↓

서로를 피하려고 함

↓

타협할 수 없는 차이

른 시간 내에 부하직원의 성과가 나아지지 않으면(놀랍지도 않지만) 상
사가 붙인 꼬리표가 맞다는 사실이 한 번 더 입증되는 셈이다.

이 방법은 실패 유발 역학구도가 생겨난 지 얼마 되지 않아 상사
와 부하직원의 관계가 심하게 악화되지 않았고, 성과가 낮은 직원
의 행동과 결과가 상사의 낮은 기대치의 밑바닥까지 내려가지 않
은 초기에 더 성공할 가능성이 크다(〈그림 6-1〉 참조).

일방적인 해결책이 성공할 가능성이 낮다면 해결책은 양방향이
되어야만 한다. 공동의 문제는 공동의 노력으로 해결하는 것이 옳
다. 상사와 부하직원이 두 사람의 성과를 향상시키기 위해 뒤로 한
발 물러서서 좋지 못한 관계를 만들었던 양쪽의 공모 관계를 풀어
야만 한다. 그럴 수 있는 유일한 방법은 두 사람이 대화를 나누는
것밖에는 없다.

껄끄러울수록 마주 앉아라 _____

양측이 서로 대화를 나누라는 우리의 조언은 대단하고 새로운 것이 아니다. 그럼에도 불구하고 상사와 부하직원이 앉아 대화를 나누는 일이 드문 것으로 나타났다. 주로 양측 모두 상대방이 자신을 위협하고 당황스럽게 만들 것이라고 생각하기 때문이다. 이런 어려움을 줄이기 위해서는 상사와 부하직원이 두려워하는 것이 무엇인지 잘 이해해야만 한다.

우리는 실패 유발 역학구도에 처한 여러 부하직원들에게 상사와 대화를 하지 못하게 방해하는 요소가 있는지, 있다면 무엇인지 물었다. 그들이 밝힌 이유는 크게 두 가지였는데 우리는 거기에 한 가지 이유를 더 덧붙이려 한다.

첫째, 부하직원들은 자신이 나약하거나 민감하거나 불평하는 사람으로 비춰질 것을 우려한다. 한 직원은 "문제를 끄집어내기가 너무 어려워요. 상사에게 내가 나약하다는 인상을 주고 싶지 않기 때문일지도 모르지요"라고 말했다.

이런 우려는 임원들에게 부하직원이 주도하는 '첫 회의 준비하기' 롤플레이를 하게 했을 때 아주 명확하게 드러난다. 이런 가공의 상황에서도 긴장감이 역력했던 것이다. 상사가 자신을 불공평하게 대할 때가 있고 자신의 능력을 인정해주지 않으며 자신의 방식대로 업무를 처리할 기회를 주지 않아서 상사가 자신을 못 믿는다는 생각이 들게 만든다는 말을 어떻게 상사에게 할 수 있겠는가? 롤플레이가 실시되는 동안 부하직원의 솔직한 발언에 한 상사는

필패 신드롬

이런 반응을 보였다. "문제에 대해서 의논하겠다고 했으면서 지금 이게 내 문제라는 말인가? 자네 문제부터 시작하지…." 이런 식으로 그 상사는 논제 자체를 가로챈 후 부하직원의 단점을 살펴보는 기회로 삼아버렸다.

둘째, 많은 부하직원은 상사가 문제를 알고 있기 때문에 상사 쪽에서 문제를 제기하는 것이 쉬울 것이라고 말한다(상사라면 나약하거나 민감하게 보일까봐 우려할 필요가 없다는 점을 암시하는 것이다). 그런데 상사가 문제를 제기하지 않는 것을 본 부하직원은 상사가 문제에 대해 의논하고 싶어 하지 않을지도 모른다고 결론지어버린다. 환멸을 느낀 한 부하직원은 이렇게 말했다. "상사도 우리 사이에 긴장감이 도는 것을 알고 있는 것이 분명해요. 우리가 교류가 없다는 것을 눈치챘을 거라는 말이죠. 상사가 '뭐가 문제야?'라고 말할 정도로 현명하다고 생각하는데도 이 문제를 들고 나오지 않은 것을 보면 아마 상사가 이 점에 대해서 이야기하고 싶지 않은가 보죠." 성과가 낮은 부하직원들은 기꺼이 상사와 문제에 대해 이야기를 나누고 싶어 하지만 한편으로는 상사가 대화를 나눌 준비가 되어 있는지, 일종의 신호를 먼저 확인하고 싶어 한다.

부하직원들이 밝힌 이 두 가지 요소 외에 또 다른 요소로는 부하직원들이 상사와 심각한 대화를 시작할 때 느끼는 복합적인 감정이 있다. 문제를 해결하는 것은 분명 환영할 만한 일이지만 해결이 되기는커녕 오히려 더 불쾌해져 상황이 악화될까봐 우려하는 부하직원들도 있다.

이런 우려와 권력의 불균형을 고려하면 상사들이 이 과정을 시작하기에 좀 더 나은 입장에 처한 것처럼 보인다. 그러나 안타깝게도 대부분의 상사들도 이런 대화를 적극적으로 시작하려 들지 않는다. 부하직원들은 상사 입장에서 문제를 푸는 솔직한 대화를 시작하는 것이 더 쉬울 것이라고 심각하게 오해하고 있다. 대부분의 상사들은 특히 성과가 낮은 부하직원들과 함께 앉아 피드백을 주는 것을 즐겁게 생각하지 않는다. 여러 건의 연구 결과 상사들이 피드백을 늦게 주는 경향이 있다는 사실이 밝혀졌지만 이는 연구를 하지 않아도 명확하게 알 수 있는 사실이다. 오늘 할 일 중 특히 불편한 관계에 있는 부하직원과 난처한 대화를 나눠야 하는 일이 포함되어 있다면, 오늘보다는 내일이 더 낫겠다는 생각이 드는 것이 너무나도 당연하지 않은가!

실패 유발 관계를 제대로 진단하지도 치료하지도 않은 채로 내버려두면 조직 전체에 영향을 미쳐 부작용이 발생하는데 그로 인해 여러 가지 보이지 않는 손실이 생긴다. 우선 성과가 낮은 직원들의 낮은 실적으로 인해 회사는 손실을 보게 된다. 그뿐만 아니라 부하직원이 처한 어려움이 상사와 인사 전문가, 부하직원의 동료와 부하직원의 부하직원에게도 부담이 되기 때문에 그에 따른 손실도 발생한다. 이처럼 다차원적으로 손실이 생기기 때문에 필패 신드롬을 반드시 해결해야 한다.

부하직원을 그 즉시 해고하면 그 직원과의 '관계'라는 증상은 사라지겠지만 그 아래 깔린 근본적인 문제는 해결되지 않는다. 따라서 그에 따른 고유한 손실이 그대로 발생하게 된다. 자신의 행동을 일방적이면서 암묵적으로 고치려는 상사도 마찬가지다. 따라서

필패 신드롬

상사와 부하직원 양쪽이 의도적으로 대화를 해야 해결할 수 있다. 다음 장에서는 상사와 부하직원의 관계를 성공적으로 개선할 수 있는 방법과 필패 신드롬이 어떻게 해결되는지에 대해 자세히 살펴볼 것이다.

THE SET/ UP/ TO/ FAIL

우리 스스로 만든 눈가리개

SYNDROME

'우리'는 직접적이고 명확한 지식을 근거로 행동하는 것이 아니라

'우리' 스스로 그리거나 '우리'에게 주어진 그림을 토대로 행동한다….

세상이 그려지는 방식에 따라 어느 특정한 순간 '우리'가 무엇을 할지 결정된다.

— 월터 리프먼Walter Lippmann

6장에서 살펴보았듯이 상사들은 여러 이유를 근거로 어긋난 관계를 주도적으로 바로잡고 싶어 하지 않는다. 관계가 개선될 가능성이 낮은데다 그런 대화를 나눌 때마다 불안감과 고통이 따르며, 오히려 대화를 나눌수록 상황이 악화될 가능성도 크기 때문이다. 그들의 주장에도 일리가 있다. 성과가 낮은 직원들이 상사의 피드백에 귀를 기울이고 그에 따라 행동할 가능성은 실제로 낮다. 그렇지만 부하직원이 그런 반응을 보이는 가장 큰 이유는 자신을 대하는 상사의 행동에서 자신의 행복을 염려해주거나 공정한 피드백을 공정한 방식으로 전달하려고 노력한다는 점을 엿볼 수 없기 때문이다.

그러나 앞서 살펴보았던 여러 가지 어려움에도 불구하고 상사는 관계를 개선하려는 방안을 모색하고 행동으로 옮겨야 한다. 이런 노력이 성공하기 위해서는 전반적인 비판이나 상사의 불공정함을 드러낼 목적으로 피드백을 주는 것이 아님을 알려야 한다. 실제로 유효한 조언을 하기 위함임을 부하직원에게 이해시켜야 한다. 그러기 위해서는 상사로서 상당한 준비를 하고 자기 성찰을 해야 하는데 이에 대해서는 8장에서 살펴볼 것이다.

본격적인 준비과정을 살펴보기 전에 상사가 성과가 낮은 직원들과의 솔직한 대화를 부담스러워하는 이유와 이러한 개선 노력이 효과를 보지 못하는 이유를 먼저 살펴봐야 한다. 우리는 상사가 부담을 갖고 접근하는 대화 방식과 특히 피드백을 주는 방식이 가장 큰 문제라고 믿는다.

쉬운 피드백이란 없다

상사들이 부하직원과의 관계 개선을 위해 대화를 나누는 과정과 그로 인해 발생하는 결과에 대해 무엇을 우려하는지 자세히 살펴보도록 하자. 우선 상사들은 비판적인 피드백을 주면 부하직원의 감정에 상처를 줄 것이라고 우려한다. 대부분의 상사들은 비판적인 피드백을 가능한 한 효과적으로 전달하는 방법에 대해 훈련을 받는다. 하지만 부하직원들 역시 같은 훈련을 받았기 때문에 상사의 행동을 해석하는 데 뛰어난 능력이 있다. 상사들이 부하직원의 감정에 상처를 주고 싶지 않은 이유는 대부분의 사람들처럼 그들도 다른 누군가에게 고통을 주는 것을 즐기지 않기 때문이기도 하지만 부하직원의 반응을 우려하기 때문이기도 하다.

상처를 받으면 자신의 고통을 없애거나 '가해자'에게도 고통을 주기 위해 반격하는 사람들도 있다. 이런 반격은 공격적인 형태를 띨 수도 있다. 부정적인 피드백을 받은 부하직원은 상사가 선입견을 갖고 있다고 비난하며 그의 판단력과 정직함에 의문을 제기한다. 여기서 그치지 않고 상사가 듣기 힘든 심한 말을 해대는 경우도 있다. 아니면 부하직원은 상사가 불편함을 느낄 정도로만 자신의 괴로움을 표출하면서 좀 더 유순한 방식으로 반격을 할 수도 있다. 아이들의 울음소리가 부모를 불편하게 만들어 질문이나 대화를 멈추게 하려는 의도에서 고안된 방어 메커니즘이듯이, 성인들도 상대에게 "당신이 나에게 상처를 주었으니 당신의 기분도 안 좋길 바라요"라는 뜻을 전달하는 여러 가지 방법을 알고 있다.

상사들은 대개 대화를 나누면 부하직원에 상처를 주고 자신을 비난할지도 모른다는 생각에 대화를 갖기 전부터 미리 걱정하기 시작한다. 이런 불안감은 분명 상사 자신에게 직접적인 손실을 끼칠 뿐만 아니라 대화가 진행되는 방향에도 영향을 미친다. 결과를 미리부터 걱정하며 적대적인 분위기를 우려하는 마음을 안고 회의에 참석하면 처음부터 공격적인 발언을 하게 되는 경향이 있다. 다음의 일화 속에 등장하는 자동차 운전사처럼 말이다("적대적일 수 있는 회의에 대비하기" 참조).

상사들은 부하직원과 회의를 갖기 전과 회의를 갖는 동안 치러야 할 손실뿐만 아니라 회의 결과에 대해서도 우려한다. 모든 대화 내용이 생산적인 해결책으로 이어진다면, 그래서 부하직원이 상이런 우스갯소리를 들어본 적이 있을지도 모르겠다. 자정 무렵 어느 한적한 곳에서 자동차 한 대가 눈길에 갇혀버렸다. 자동차 주변을 두세 번 돌아본 운전사는 눈밭에서 차를 끄집어내려면 눈을 파낼 삽이 필요하다는 사실을 알아챘다. 먼발치에 농장이 하나 있는 것을 발견한 그는 삽을 빌리기 위해 농장으로 향하기 시작했다. 농장은 제법 먼 곳에 떨어져 있었는데 그는 걸으면서 농부가 과연 어떤 반응을 보일까 생각하기 시작했다. 알지도 못하는 사람을 본 농부는 분명 의심부터 할 가능성이 컸다. 게다가 자기 때문에 잠에서 깼다는 사실에 화를 낼지도 모른다. 새벽 1시가 가까웠다는 것을 인지한 그는 점점 더 걱정이 많아졌다. '농부라면 분명 아침 일찍 일어나야 하는데다 눈 때문에 할 일이 더욱 많을 텐데.' 농장에 점점 가까이 다가갈수록 운전사는 진심으로 걱정되기 시작했다. '그리고 한밤중에 찾아온 낯선 이에게 농부가 무엇 하러 삽을 빌려주겠어? 삽을 돌려받기 위해 돈이나 무언가를 맡기라고 할지도 몰라. 하지만 난 돈이 하나도 없는데!' 농가에 거의 다 도착할 무렵이 되자 운전사는 농부가 자신의 요청에 친절하게 응해주지 않을 것이라고 확신하게 되었다. 그래서 그는 문을 연 농부를 향해 "망할 삽 혼자 잘 간직하시오!"라고 소리쳤다.

사의 피드백을 받아들이고 성과를 향상시키기 위한 조치를 훌륭하게 실천한다면? 미리 대가를 치르는 한이 있더라도 그만한 가치가 있기 때문에 부하직원과의 관계 개선을 위한 대화를 더욱 많이 하려 들 것이다. 문제는, 최상의 결과만큼 좋지 않은 다른 두 가지 결과가 일어날 수 있으며 실제로도 일어난다는 것이다.

　두 경우 모두 부하직원들은 상사의 피드백이 말도 안 되며 상사가 전체적인 상황을 이해하지 못하고 있다는 등의 주장을 펼치며 상사를 거부한다. 어느 순간 상사는 선택을 내려야 하는 상황에 직면한다. 계속해서 대화를 나누면서 부하직원을 한층 더 강하게 밀어붙여 대화 내용이 격해지든지, 아니면 분명한 사항을 지적하고 난 후 명확한 의견 일치를 보지 않은 상태로 대화를 끝낼 것이다.

첫 번째 경우 상사는 대개 자신이 듣게 되는 말보다 자신이 하게 될 말을 더 우려한다. 부하직원이 반발하면 부하직원에 대한 자신의 솔직한 생각과 그동안 자신이 느껴온 절망감을 그대로 표출할 것이라 우려하는 것이다. 그러면 부하직원이 자신을 괴롭혀왔던 모든 일과 부하직원이 저질렀던 실수를 나열하기 시작하거나, 심지어 자신이 부하직원의 능력과 잠재력을 거의 신뢰하지 못한다는 사실까지 확실하게 드러낼 수도 있다. 그렇게 되면 그나마 견딜 만했던 상황을 불필요하게 악화시키는 결과가 발생할 수 있다.

언젠가 한 임원으로부터 자신이 본래 의도하던 바를 훨씬 벗어난 대화를 가졌던 일을 들은 적이 있다. 업무의 질은 뛰어나지만 임원이 보기에 속도 면에서 조금 부족하다고 생각되는 부하직원이 하나 있었다. 그는 부하직원이 업무의 질적인 측면을 너무 강조하다 보니 업무가 느려진다고 판단했다. 부하직원에게 이 사실을 알리고 업무의 우선순위를 조종하게끔 도와줘야겠다고 생각했다. 그는 자기 생각이 절대적으로 옳다고 확신했기 때문에 단 한순간도 자신의 판단을 의심하지 않았다. 그렇기에 그는 부하직원이 자신의 판단에 동의하지 않을 경우에 대비해 생산성 데이터와 같은 사전 준비를 전혀 해놓지 않았다. 두 사람 사이에 네 차례의 대화가 오고갔는데, 요약하면 다음과 같다.

상사: 자네가 하는 일에 대해서 의논하고 싶네. 자네가 하는 업무의 질

은 놀라울 정도로 좋은데 속도가 좀 느린 것 같아. 내 생각에는 자네가 질을 조금 덜 중요시하면 좀 더 빨리 할 수 있지 않을까 하는데.

부하직원: 왜 이런 말씀을 하시는지 저는 이해가 안 가는데요. 저는 그렇게 느리게 일하지 않아요.

상사: 아니, 이것 봐. 자네는 속도가 늦어. 그건 정말 확실해….

부하직원: 왜 이런 말씀을 하시는지 저는 정말 이해가 안 돼요. 마감일에 맞춰서 일도 다 끝냈고, 전 일을 잘한다고 생각하거든요….

상사: 자네는 내가 하는 말을 듣지 않는구먼. 이것 봐, 내가 지금 자네가 느리게 일한다고 하잖아….

부하직원: 하지만 전 정말 모르겠어요….

상사: 내 말을 좀 들어봐. 자네가 어찌나 더디게 일하는지 사무실 직원들이 모두 자네 뒤에서 자네를 놀리는 걸 모른단 말인가? 자네가 그렇게 느리다고!

이런 대화는 대개 말하는 사람이 다시 주워 담고 싶은 발언을 하면서 끝나게 마련이다. 안타깝게도 이미 내뱉은 말을 정정할 수는 있겠지만, 그것을 누군가의 기억에서 완전히 지우는 것은 불가능하다. 어떤 말을 이미 내뱉고 난 후에 그 조각들을 주워 담아 아무 일도 없었던 것처럼 지내기란 사실상 불가능하기 때문이다.

이런 경우 자신의 의견을 뒷받침하는 확실한 데이터 없이는 더 이상의 대화가 이어지기 힘들다는 것을 상사가 깨달았다면 대화를 중단하고 좀 더 철저한 준비를 갖춰 다시 대화를 할 수도 있었을 것이다. 어느 소규모 기업의 CEO가 이런 식으로 접근했던 일화를 들려주었다. 직속 임원 하나와 그 임원의 부하직원들 일부 사이에 마찰이 있었다. 이 사실은 회사 내에서도 공공연하게 알려져 있던 바였다. 그런데 얼마 전부터 CEO에게 그 임원의 리더십 스타일에 대해 불만을 제기하는 익명의 편지가 전달될 정도로 문제가 심각해졌다.

이 문제를 해결해야겠다고 결심한 CEO는 해당 임원과 몇 차례 면담을 가졌다. 처음에 그 임원은 자기 부서 직원들의 사기가 꺾여 있다는 사실을 부인했다. CEO는 여러 사람으로부터 이 문제에 대해 들었기 때문에 어느 정도는 사실일 것이라고 차분하게 이야기했다. 그는 그런 사실을 누구에게 들었는지, 또 익명의 편지를 받았다는 말은 하지 않았다. 그러자 임원은 전략을 바꿔 직원들을 제법 심하게 다룬다는 사실은 인정했다. 하지만 제한된 자원으로 막대한 결과를 내야 하기 때문에 어쩔 수 없었다고 털어놓았다. 자신이 부하직원들에게 과도한 요구를 했는지도 모른다고 얘기했다. 그러면서 자신이 '일반적인' 관리 스타일보다는 프로젝트 관리에 더 잘 맞을 것 같다며, 자신이 맡은 것 가운데 중요한 프로젝트도 있다는 등의 변명을 늘어놓았다.

CEO는 더 이상 그와 어떤 식으로 대화를 진행해야 할지 알 수 없었다. 그 임원의 부서에 어느 정도 자원이 부족하다는 것도 사실이었고, 그 역시도 계속해서 프로젝트가 지금처럼 철저하게 진행되기를 바라고 있었기 때문이다. CEO는 또한 익명으로 그 임원을 비방하는 사람들의 말처럼 그가 실제로도 그렇게 행동하는지 직접적으로 뒷받침할 만한 근거가 없었다. 자신을 대할 때는 그 임원이 그런 행동을 전혀 보이지 않았기 때문이다. 게다가 '그건 그렇고, 왜 이 사람들은 익명으로 편지를 보낸 거지? 우리 회사는 자신의 생각을 분명히 밝힐 수 있는 곳인데'라고 CEO는 생각했다.

이런 의문점들 때문에 CEO는 회의를 '중단하고' 이 문제에 대해서 더 이상 그 임원을 다그치지 않기로 결심했다. CEO는 주기적으로 해당 임원에게 이 문제를 언급했지만, 그가 향상시켜야 하는 일에 대한 본질이나 시기, 정도에 대해 구체적인 합의를 보지 못했다. 따라서 불평과 사기 문제가 계속해서 이 부서를 괴롭혔다.

신뢰 없는 피드백의 공허함

지금까지 주로 일어날 가능성이 큰 결과들을 설명했으니 이제는 다시 큰 그림으로 돌아가 여러 가지 결과가 나올 수 있는 확률을 살펴보도록 하자. 〈그림 7-1〉은 상사가 부하직원과의 관계를 개선하기 위해 먼저 대화를 제안했을 때 나올 수 있는 여러 가지 결과들을 보여준다.

우선, 성과가 좋은 유리라는 부하직원을 염두에 두면서 이 그림을 살펴보도록 하자. 전반적으로 유리의 성과가 높다는 점을 생각하면 상사(조)가 그에게 충격적인 피드백을 줄 가능성은 적다. 여기저기 사소한 사항들을 지적할 수는 있겠지만 대단한 건 아닐 것이다. 아무리 심각한 피드백이라 해도, 조는 유리에게 큰 자부심을 느끼며 유리의 경력 개발에 도움을 주기 위해 이런 피드백을 한다는

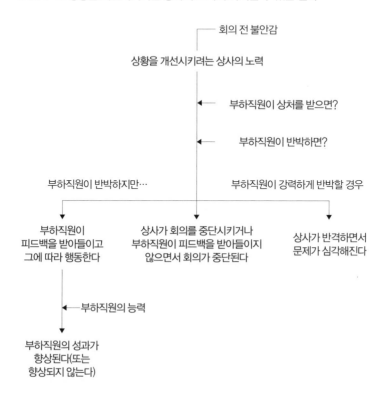

|그림 7-1| 상황을 개선시키려는 상사의 노력이 가져올 수 있는 결과

회의 전 불안감

상황을 개선시키려는 상사의 노력

부하직원이 상처를 받으면?

부하직원이 반박하면?

부하직원이 반박하지만…　　　　　　　부하직원이 강력하게 반박할 경우

부하직원이
피드백을 받아들이고
그에 따라 행동한다

상사가 회의를 중단시키거나
부하직원이 피드백을 받아들이지
않으면서 회의가 중단된다

상사가 반격하면서
문제가 심각해진다

부하직원의 능력

부하직원의 성과가
향상된다(또는
향상되지 않는다)

말로 대화를 시작할 것이다.

　이런 상황이라면 대화를 하기 전에 조가 불안감을 느낄 가능성
은 적다. 부하직원인 유리 역시 상처를 조금 받을 수는 있겠지만 그
에게 앙심을 품거나 복수를 하겠다고 생각할 가능성은 적으며, 어
쩌면 자신에게 그런 피드백을 해준 상사에게 오히려 고마움을 느
낄 것이다. 그러면 유리가 피드백을 받아들일 가능성이 커진다. 조
가 믿는 유리의 뛰어난 능력으로 봤을 때, 유리는 대화처럼 성과가

향상될 것이라 확신할 가능성이 크다. 전반적으로 이런 대화는 그다지 위협적으로 느껴지지 않기 때문에 손익분석 전망 또한 조에게 상당히 유리하다.

하지만 똑같은 대화라도 성과가 낮은 직원인 세라와 나누면 전혀 다른 결과로 이어진다. 필패 신드롬이 강화될수록 조와 세라는 점점 서로를 불편하게 생각한다. 세라는 최대한 조와 마주치지 않으려고 노력한다. 조는 여러 가지 일들을 주의 깊게 관찰하며 업무를 맡길 때마다 자세한 사항까지 일일이 지시하고 세라가 어떻게 업무를 처리하는지 열심히 결과를 주시한다.

이 경우 조는 세라와 편안하게 대화를 나눌 수 없는데다 세라도 불쾌감을 느낀다고 생각할 것이다. 따라서 상황을 개선시키기 위해 대화를 준비하는 과정에서 조가 불안감을 느낄 가능성이 크다. 세라 역시 조에게 반박하며 방어적인 태도를 취할 수 있다. 지나온 일들을 되돌아보면서 조는 아마도 세라가 진심으로 자신의 피드백을 받아들이지 않을 것이라고 의심하게 될 것이다. 또한 아무리 세라가 자신의 피드백을 받아들인다 해도 성과가 눈에 띄게 향상되지는 않을 것이라고 생각할 것이다. 조는 자신이 세라와 함께 성과 향상 프로그램에 참여한다면, 세라의 성과가 얼마나 향상되었는지 정기적으로 진행 상황을 확인해야 된다는 것을 알고 있다. 그런데 결과가 부정적일 경우 조는 세라를 다른 부서로 이동시키거나 심지어 해고해야 하는 특단의 조치를 취해야 한다. 이 모든 일이 조의 입장에서는 상당한 시간과 에너지를 들이지 않으면 안 되는 것이다.

이와 같은 손익분석이 예상되는 경우에는 상사가 성과가 좋은 직원과 대화를 가질 때만큼 의욕적으로 나설 수 없다. 그래서 상사들은 이런 과정에 참여하기를 꺼리는 것이다. 상황이 '견딜 만한' 수준이라면 상황을 개선시키려 하기보다 있는 그대로 내버려두고 싶은 유혹이 크기 때문이다. 성과가 낮은 직원들에게 단호한 조치를 취하는 것으로 유명한 한 대기업의 법무부 부장이 우리에게 들려준 말은 이와 정확하게 일치한다. 그는 옴짝달싹할 수 없는 상황에 처하는 바람에 지난 3년 동안 선임 변호사직을 거의 포기하다시피 했다고 설명했다.

그 직원을 해고하면 그 즉시 고소를 당할 것이라는 사실을 알 수 있었죠. 그 사람은 3년 전에 제가 자신을 저버렸으며 발전 기회도 주지 않았다고 주장할 것이니까요. 그렇다고 그에게 흥미로운 소송을 맡길 수도 없었던 것이, 그의 성과가 그다지 좋지 않았거든요. 일상적인 업무만 주면 그 사람은 절대 발전하지 못할 것이고요. 이 모든 사항을 고려하니 이 문제를 치워놓고 때가 되길 기다리는 편이 차라리 낫겠다는 생각이 들더라고요. 3년 후면 그 사람이 퇴직을 하거든요.

이런 상황에 처한 사람이 단지 이 법무부 부장만은 아니라는 사실을 명심하라. 성과를 중요시하는 기업 문화로 정평이 나 있는 회사임에도 불구하고 이 회사의 선임 관리자들에 대한 360도 피드백을 실시할 때마다 체계적으로 나타나는 주요 지적 사항이 하나 있다. 바로 관리자들이 성과가 낮은 직원들을 즉각적으로 단호하게 다루지 못한다는 점이었다.

이 문제의 가장 결정적인 요소는 성과가 낮은 직원이 피드백을 받아들여 자신의 것으로 만들 것이라는 믿음이 상사에게 없다는 것이다. 상사들이 이렇게 느끼는 이유는 무엇일까? 이런 두려움은 사실에서 비롯된 것일까, 아니면 위대한 상사들의 억측을 기반으로 한 것일까? 성과가 낮은 직원이 피드백을 받아들이지 않는다는 사실을 알아차린 상사들은 무수히 많다. 따라서 순전히 그들만의 상상은 아닐 것이다. 그렇다면 피드백이 그렇게 자주 무시되는 이유는 무엇일까?

그 이유를 파악하기 위해 사람들이 어떤 경우에 피드백을 자기 것으로 받아들이는지 연구 조사들을 살펴보자.[1]

첫째, 사람들이 피드백을 타당한 것으로 받아들일 경우 피드백에 따라 행동할 가능성이 큰 것으로 나타났다. 직관적으로도 이해가 가는 당연한 결과다.

연구를 보면, 부하직원들은 다음 네 가지 조건이 충족되는 경우 부정적인 피드백을 받아들일 가능성이 더 큰 것으로 나타났다(긍정적인 피드백은 부정적인 피드백보다 훨씬 더 쉽게 받아들여진다).

1. 피드백을 주는 사람을 믿을 수 있는 경우

2. 피드백을 받는 사람이 주는 사람의 의도를 신뢰할 경우

3. 피드백을 받는 사람이 피드백이 생겨난 과정을 공정하다고 인식하는 경우. 구체적으로 살펴보면 상사가

   - 모든 관련 정보를 입수했을 때

- 피드백을 받는 사람에게 해명과 설명의 기회를 주었을 때
- 피드백을 받는 사람의 의견을 고려했을 때
- 일관된 기준을 적용하여 비판을 할 때

4. 피드백을 받는 사람이 공정한 과정을 거쳐 피드백이 전달되었다고 인식하는 경우. 구체적으로 살펴보면 상사가
- 피드백 받는 사람의 아이디어를 귀담아 들을 때
- 피드백 받는 사람을 존중하는 모습을 보일 때
- 의견 충돌에도 불구하고 피드백 받는 사람을 지지해줄 때

이 사항들을 고려하면서 성과가 좋은 직원들과 성과가 낮은 직원들에 대한 상사의 각기 다른 행동을 비교해보자. 상사의 내집단에 속하는 성과가 좋은 직원들은 동료에 비해 상사의 의도를 믿고 따른다. 그들은 피드백이 만들어지고 전달되는 과정이 공정하다고 여길 가능성이 높다는 것을 분명하게 알 수 있다.

반면 성과가 낮은 직원들은 상사가 자신의 성과를 선별적으로 관찰하고 기억하며 자신이 성공하면 운이 좋았다고 하고 실패하면 자신을 탓한다고 생각한다. 또한 자신의 의견에 관심을 보이지 않고 무시하며 일반적으로 훨씬 덜 지지해준다고 생각한다. 그뿐만 아니라 외집단에 속하는 직원들과 어려운 문제에 관해 회의를 할 때는 상사들이 감정을 배제하기 때문에 둔감하고 냉정하게 보일 가능성이 크다. 내집단에 속하는 부하직원들과 회의할 때처럼 직원들의 안녕과 경력을 배려하는 편안한 분위기와는 전혀 딴판이다. 따라서 성과가 낮은 직원들의 경우에는 대개 사실이 아닌, 자

신에 대한 상사의 비판적인 태도를 근거로 피드백을 준다고 믿기 때문에 피드백이 타당하지 않다며 거부할 가능성이 크다.

작은 프레임이 큰 문제를 해결한다 _____

앞서 우리는 사람들이 정보를 좀 더 신속하게 처리하고 삶을 편하게 만들기 위해 사람과 사물에 꼬리표를 붙인다는 사실을 살펴보았다. 이와 마찬가지로 결정을 내려야 할 때도 우리는 그것에 프레임을 두르거나 그에 대한 프레임을 정한다. 프레임이란 가장 단순하게는 '의사결정권자가 갖고 있는 상황에 대한 이미지'로, 그가 결정과 관련된 요소들(과거와 현재의 사건이 포함된)과 그런 요소들 사이의 관계를 규정하는 방식을 뜻한다.[2] 프레이밍framing의 영향을 설명해주는 사례를 살펴보자.

한 젊은 신부가 주교에게 묻는다. "기도를 하면서 담배를 펴도 될까요?" 당연히 주교는 단호하게 "안 되지!"라고 대답한다. 그날 오후 젊은 신부는 기도를 하면서 담배를 피우는 나이든 신부를 만난다. 그는 나이든 신부에게 잔소리를 하며 "기도를 하면서 담배를 피우면 안 되죠! 오늘 아침에 주교님께 여쭈어보았더니 안 된다고 하셨단 말이에요"라고 말한다. 그러자 나이든 신부가 대답한다. "이상하네, 내가 주교님께 담배를 피우는 동안 기도를 해도 되냐고 물었더니 주교님이 언제든 기도를 해도 좋다고 하셨거든." 같은 질문이라도 다른 프레임을 제시하자 ('기도하는 동안 담배를 피우는 것'과 '담배를 피우는 동안 기도를 하는 것') 주교는 서로 다른 것으로 받아들여 각기 다른 답을 해주었던 것이다.

두 번째 예로 두 번째 아이를 낳을 때가 된 젊은 부부의 사례를 들어보자. 둘째가 태어나면 집이 좁을 것이라고 생각한 그들은 집을 수리하여 넓히기로 결심했다. 몇 주 동안 그들은 건축가와 건축업자들로부터 여러 가지 제안을 받았다. 그러던 어느 날 이웃이 이사 가는 것을 본 여덟 살짜리 큰 아이가 사람들이 이사 가는 이유를 부모에게 물었다. 아이의 질문에 답하려고 할 때가 되어서야 부모는 비로소 자신들이 '늘어나는 가족을 위해 충분한 공간을 어떻게 확보할까?'가 아니라 '우리의 현재 집을 어떻게 수리할까?'라는 프레임으로 문제를 생각했다는 사실을 깨달았다. 프레임만 달리 했는데 수리 외의 여러 가지 해결책이 떠올랐던 것이다.[3]

결정의 한계(포함되는 요소와 포함되지 않는 요소는 무엇인지)와 기준(성공을 어떻게 규정할 것인가)을 정의함으로써 결정의 프레임은 살펴볼 문제가 무엇이고, 결정을 내리는 것과 관련된 정보가 무엇이며, 다양한 정보들을 어떤 비중으로 나눌 것인지, 그리고 일반적으로 문제를 어떤 식으로 해결할 것인지와 같은 중요한 요소들까지 정의해준다.

프레이밍이라는 개념과 관련된 주요 단어들을 살펴보았으니 이제 이것이 이 책의 주제와 어떤 관련이 있는지 살펴보자. 앞서 우리는 상사와 부하직원, 그중에서도 성과가 낮은 부하직원과의 관계를 전반적으로 살펴보았다. 지금까지 우리는 방아쇠가 되는 메커니즘을 확인하기 위해 특정한 위치에서 관계를 조사했다. 다음 단

|표 7-1| 직원에게 더 많은 업무를 맡으라고 요청하기

생각과 느낌	대화
[이 부하직원이] 아무도 맡지 않은 이 일을 대신 맡아주길 바란다. 그렇지 않으면 문제다.	상사: 내가 자네를 부른 건 조가 10월 1일부로 회사를 그만두면서 우리 부서가 처한 상황을 의논하기 위해서네. 우리 회사의 미래가 불확실하기 때문에 새로운 직원을 고용해서 조가 하던 일을 맡길 수가 없어. 따라서 남은 직원들이 그가 담당하던 생산 분야를 맡는 수밖에 없네. 더 많은 업무를 맡기기에 누가 적격일까 생각해보았는데 자네가 적임이라는 생각이 들었네. 예전에 그 일을 맡았을 때 정말 잘하지 않았나. 조가 떠나기로 결심한 그 어수선한 분야에서 좋은 결과를 만들어낼 수 있는 능력이 자네에게 있다고 확신하네. 부하직원: 지금 제가 업무를 더 담당하는 것은 불가능하다고 생각합니다. 이미 맡고 있는 업무도 산더미처럼 많거든요.
나는 항상 그녀의 성과에 대한 칭찬을 아끼지 않았다. 작년에는 연봉까지 인상해주었는데 그녀는 이런 어려운 상황에서 나를 도와주려고 하지 않는다.	상사: 물론 자네를 도와줄 직원들과 필요한 것들을 지원해줄 준비가 되어 있네. 부하직원: 네, 하지만 저더러 맡으라고 하시는 그 제품들에 대해서 저는 아는 바가 전혀 없습니다.
일을 더 책임지길 거부하는 그녀의 변명이 그럴듯한 것인가?	상사: 자네는 능력이 뛰어나니까 빨리 배울 수 있지 않겠나. 똑똑한데다 필요하면 관련 연수 과정을 들어도 되고 말이야. 부하직원: 우리 부서 직원이 그만두었다고 해서 그것이 우리 부서만의 문제는 아니라고 생각합니다. 사업부 내의 다른 부서에서라도 지원해줘야 하는 것 아닌가요?
직원을 더 구하기 위해 할 수 있는 것은 모두 다 해보았다는 내 말을 믿지 않는 것일까?	상사: 나도 할 수 있는 것은 다 해봤어. 내 말을 믿어주게. 외부에서는 인력을 구할 수가 없네. 부하직원: 뭐, 제게 그 일을 맡으라고 명령을 하시면 어쩔 수 없겠지만, 그래도 이건 좋은 생각이 아닌 것 같습니다.
거의 협박처럼 들리는군.	상사: 좋아, 자네가 그런 태도를 보이다니 유감이네. 우리 두 사람 다 이 문제에 대해 한 번 더 생각해보고 내일 다시 이야기하도록 하지.

계에서는 좀 더 세분화된 수준으로 이동하여 교류(또는 교류의 결여)를 통해 관계가 성립되는 방식을 살펴볼 것이다. 상사는 부하직원과의 교류를 통해 피드백을 비롯한 특정한 메시지를 전달하는 기회를 갖는다. 상사는 문제가 무엇이고, 관련 요소들이 무엇이며, 그것들이 서로 어떤 관계가 있는지 마음속에 이미지를 구성함으로써 이런 교류를 프레이밍한다.

거의 50여 년에 걸쳐 이루어진 크리스 아지리스의 연구는 국가와 문화에 상관없이 사람들이 스트레스가 많은 상황에 직면하면 예측 가능한 행동 패턴을 보이는 경향이 있음을 입증해주었다. 특히 아지리스는 어려운 상황에 닥치면(그는 이런 상황을 '잠재적인 위협과 수치심을 느낄 위험이 도사리는 상황'이라고 부른다) 사람들의 대다수가 상황을 일방적으로 통제하여 '그 만남에서' 이길 수 있는 방식으로 행동한다는 것을 보여주었다.[4] 우리가 관찰한 결과도 그의 결론과 일치한다. 스트레스를 많이 받는 상황에 닥치면 상사들은 문제를 편협하고 이분법적으로 프레이밍하는데, 이런 프레임은 회의가 진행되는 동안 변하지 않고 그대로 유지된다.

예를 들어보자. 어느 임원에게 구체적이고 즉각적으로 해결해야 할 문제가 발생했다. 부하직원 조가 회사를 그만두었는데 회사가 구조조정 중이었던 터라 그를 대체할 사람을 뽑을 수가 없었던 것이다. 자신의 입장을 뒷받침하기 위해 그는 회의를 하는 동안 양측 사이에 오간 대화(오른쪽 열)와 말로 표현하지 않은 상사의 생각과 느낌(왼쪽 열)을 적은 다음과 같은 내용(〈표 7-1〉)을 작성했다.[5]

상황

상사가 작성한 문단으로 상황에 대한 상사의 프레이밍을 나타냄:

구조조정(희망퇴직)으로 인해 남은 직원들 중 일부에게 더 많은 업무와 책임을 부여하지 않을 수 없었다. 나는 더 많은 임무를 수행하기에 가장 적합하다고 생각했던 제품 관리자를 불렀다(이런 판단은 여태까지 해당 직원이 보였던 성과와 일반적인 배경을 근거로 내린 것이다). 그녀는 내가 제시하는 제품 분야의 담당을 거부했다. 물론 내가 그녀에게 그렇게 하라고 직접 지시할 수도 있었지만 나는 그렇게 하지 않기로 했다. 대신 다른 사람에게 그 제품 분야를 책임지라고 했다. 다음은 내가 그녀와 가졌던 대화를 토대로 요약한 것이다.

구체적인 대화 내용을 살펴보기 전에 상사가 이 문제를 어떻게 프레이밍했는지 살펴보자.

- 한 직원이 회사를 그만두었다. 따라서
- 그가 하던 일을 남은 부하직원들 중에 하나에게 맡겨야 한다.
- 그 일을 맡기에 적격이라고 느끼는 사람을 고를 것이다.
- 그녀에게 기존 업무 외에 추가적으로 그 업무를 더 하라고 설득해 볼 것이다.

시간이나 대인관계에 대한 부담을 느끼지 않는 유리한 관찰자 입장에서 보면 상사의 프레임이 대단히 편협하며, 다음과 같은 흥미로운 대안을 배제했다는 것을 알 수 있다.

- 조가 맡던 일의 일부나 전부를 없애는 방법(그가 하던 일이 실질적으로 가치를 더해주는 것이 아니기 때문에)
- 조의 업무를 한 명이 아닌 여러 명의 부하직원들에게 분담시키는 방법
- 부하직원 개개인의 업무량을 다시 살펴보고 더 이상 하지 않아도 될 것이나 혹은 더 빨리 처리할 수 있는 것들을 파악해서 조의 업무가 기존 업무에 더해지는 것이 아니라 기존 업무를 대체할 수 있게 하는 방법
- 문제 분석과 해결에 팀원들의 일부나 전부를 참여시키는 방법

상사의 프레임은 편협하기만 한 것이 아니라 이분법적이기도 하다. 〈표 7-1〉 첫 행에 나와 있는, 말로 표현하지 않았던 생각처럼 상사는 오로지 두 가지 결과만 볼 수 있을 뿐이었다. 부하직원이 상사의 요청에 동의하거나(성공) 아니면 거절하거나(실패).

끝으로 상사의 프레임은 꽉 막혀 있다. 부하직원과의 대화가 자신이 생각한 대로 흘러가지 않는데도 불구하고 상황에 대한 프레임을 고치려 들지 않았다. 그뿐만 아니라 대화를 나눈 이후에도 프레임을 고치지 않았다. 우리가 이 사례를 두고 그 상사와 이야기했을 때에도 여전히 부하직원이 자신을 도와주길 거부함으로써 충성심을 보이지 않았다고 느끼고 있었다.

편협하고 이분법적이며 꽉 막힌 프레임의 단점은 양쪽 모두 스

트레스를 상당히 많이 받는다는 것이다. 상사의 관점에서 보면 오직 두 가지 결과만 가능하다. 좋은 결과(내가 원하는 대로 이루어지는 것)와 나쁜 결과(내가 원하는 대로 이루어지지 않는 것). 이런 시각은 상사에게 불안감을 안겨주어 융통성 없이 꽉 짜인 작전을 갖고 대화에 임하게 만든다. 상사의 경직된 상태를 감지한 부하직원은 상사의 제안에 따르거나 거부하는 두 가지 선택밖에 없다는 사실을 깨닫게 된다. 따라서 양측 모두 다른 전략을 펼칠 수 있는 여유를 갖지 못하는 것이다.

게다가 상사와 부하직원 모두 대화를 나누는 동안 격해진 감정을 감시하고 다스리는 데 소중한 에너지를 낭비하게 된다. 두 사람 모두 지나치게 많은 에너지를 감정 컨트롤에 허비하여 '에너지 단지'를 고갈시키게 될 것이다. 따라서 상대방에게 집중하고(상대방이 하는 말이 무엇인지, 하지 않는 말은 무엇인지, 어떤 것을 잘못 생각하고 있으며, 본래 하려고 하는 말은 무엇인지) 창의적인 반응을 생각해내는 등, 좀 더 생산적인 것을 추구하는 데 써야 할 에너지는 얼마 남지 않게 될 것이다. 예를 들어 상사가 대화 중 벌어지고 있는 현재 상황을 파악하는 데 더 많은 에너지를 쏟아부었다면, 부하직원에게 자신의 요청 가운데 진심으로 신경 쓰이는 부분이 무엇인지 물었을 것이다. 부하직원은 시간 부족과 특정 분야에 대한 전문성 부족을 언급했고, '다른 부서에서 도와줘야 한다'고 믿는다는 자신의 생각을 밝혔다. 왼쪽 열을 보면 상사가 '이게 그럴듯한 변명인가?'라고 생각하는 부분이 있다. 그렇다면 왜 직접 물어보지 않았을까? 〈그림 7-2〉는 스트레스를 많이 받고 위협을 느끼는 상황에서 상사가 생각하는 폭

필패 신드롬

|그림 7-2| 에너지 단지

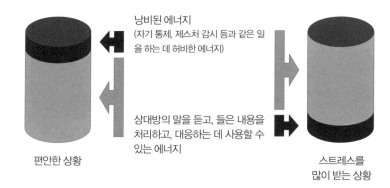

낭비된 에너지
(자기 통제, 제스처 감시 등과 같은 일을 하는 데 허비한 에너지)

상대방의 말을 듣고, 들은 내용을 처리하고, 대응하는 데 사용할 수 있는 에너지

편안한 상황

스트레스를 많이 받는 상황

이 얼마나 좁아질 수 있는지를 잘 보여주고 있다.

문제를 더욱 심각하게 만드는 것은 상사 자신이 스스로 문제를 편협하고 이분법적이며 융통성 없이 프레이밍했다는 사실을 전혀 깨닫지 못한다는 점이다. 실제로 상사는 자신이 상황을 프레이밍했다는 자체를 전혀 인식하지 못한다. 그는 그저 상황을 보고, 분석한 후 해결책을 떠올렸다고만 믿는다.

이런 현상은 곳곳에 만연해 있다. 사람들은 자신이 프레이밍을 한다는 사실을 인식하지 못하는 경향이 있기 때문에 자신의 프레임을 분명하게 표현하지도 못한다(솔직하게 털어놓지 못한다). 따라서 자신이 받은 피드백을 고려하면서 자신의 프레이밍이 적절한지 판단하지 못하게 되는 것이다. 위 사례에서는 기존 업무에 조의 업무까지 더해지기 때문에 상사의 프레이밍이 제한적이라는 부하직원의 피드백을 들었음에도 상사는 이런 피드백을 적절히 처리하지 못했다. 그것만이 유일한 해결책이라고 믿었기 때문이다.

또한 상사가 앞서 다른 장에서 살펴보았던 선입견에 의해 걸러진, 현실에 대한 부분적인 관점으로 상황을 분석한다는 점에도 주목해야 한다. 예를 들어 상사가 '나는 항상 그녀의 성과에 대한 칭찬을 아끼지 않았고 작년에는 연봉도 인상시켜주었어. 따라서 그녀는 나에게 빚을 지고 있는 거야'라고 생각한다고 하자. 부하직원의 입장에서는 "저는 빚진 게 없어요. 제가 한 일을 칭찬받고 연봉이 오른 건 지난 몇 년 동안 제가 제 일에 쏟아부은 모든 수고와 헌신에 대한 보상일 뿐이라고요. 그러니까 그건 과거에 대한 것이에요. 이제 서로 빚진 게 없어요"라고 말하거나 생각할 수 있다. 사실 부하직원이 자신이 들인 노력에 비해 돌려받은 보상이 부족하다고 생각한다면 오히려 상사가 자신에게 빚을 졌다고 생각할 것이다. 양쪽 모두 누가 무엇을 얼마나 잘했는지에 대해 선별적으로 기억하기 때문에 서로의 생각이 다를 수 있다.

그러면 상사는 부하직원이 어떤 의도로 그런 행동을 보이는지 과도한 의미를 부여하며 이렇게 생각한다. '나에게 빚을 졌는데도 도와주기를 거부한다는 것은 그녀가 나에게 충성심을 발휘하지 않는다는 뜻이야.' 이런 생각은 부하직원이 자신의 말을 따르지 않는 이유가 충성심 없는 개인적인 성격 때문이라고 판단하게 만든다.

왜곡된 생각에 빠진 상사는 자신의 '프레임을 인식하지 못하는 상태'를 계속해서 유지해나간다. 다시 말해서 자신이 상황을 프레이밍한 방식과 그런 프레이밍이 대화 과정과 결과에 어떤 영향을 미쳤는지 인식하지 못한다는 것이다. 상사의 입장에서는 안건에 대한 자신의 접근방식이 문제가 아니라 부하직원의 불충(그리고 솔직하지 못함)이 문제인 것이다. 그런 식으로 사건을 종결시켜버린다.

대화를 나눌 때는 답을 잊어라 ──────────

이와 같은 사례는 무수히 많다. 비교적 쉬운 상황이라면 상사가 솔직한 마음과 넓고 유연한 프레임으로 접근할 수 있다. 그러나 어렵고 스트레스 쌓이는 상황에서는 상사의 프레이밍이 앞서 살펴본 사례와 유사하게 변하는 경향이 있다. 편협하고 이분법적이며 꽉 막혀버리는 것이다.

이 상황은 상당한 긴장감과 불안감을 조성하는 것 외에도 상사가 '자신이 원하는 결과를 얻기 위해' 두 가지 일반적인 전략만 이용하게 만든다. 직설적으로 자신의 관점을 주장하는 전략과 부하직원에게 질문을 하나하나 천천히 던지면서 '올바른' 답변을 하게 만드는 전략이다. 앞서 사례에서 보여준 것은 솔직하게 털어놓는 방식이다. 상사가 대화를 나누면서 부하직원을 칭찬했다는 사실을 기억하라. 아주 형편없이 설득하려 들었던 것은 아니다!

이 방식의 문제점은 일반적인 상황에서 상대방이 상사의 말에 반박하는 경우 의견이 점점 벌어질 가능성이 크다는 것이다. 〈그림 7-3〉은 이런 식으로 프레이밍된 대화에서 주로 발생하는 일을 그림으로 요약해놓은 것이다. 이 경우 부하직원(샘)은 자신이 프로젝트를 훌륭히 해냈다는 말로 대화를 시작한다 (S1). 상사(베스)는 그런 평가에 심하게 반대하지 않으면서 "나쁘진 않았어"(B1)라는 말

|그림 7-3| 의견 충돌이 발생하는 대화의 예

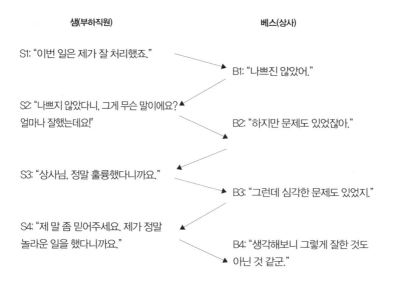

샘(부하직원)　　　　　　　　　　베스(상사)

S1: "이번 일은 제가 잘 처리했죠."

B1: "나쁘진 않았어."

S2: "나쁘지 않았다니, 그게 무슨 말이에요?
얼마나 잘했는데요!"

B2: "하지만 문제도 있었잖아."

S3: "상사님, 정말 훌륭했다니까요."

B3: "그런데 심각한 문제도 있었지."

S4: "제 말 좀 믿어주세요. 제가 정말
놀라운 일을 했다니까요."

B4: "생각해보니 그렇게 잘한 것도
아닌 것 같군."

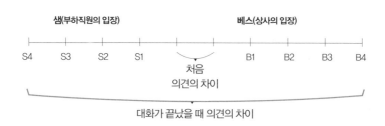

샘(부하직원의 입장)　　　　　　베스(상사의 입장)

S4　　S3　　S2　　S1　　처음
의견의 차이
　　　　　　　　　　B1　　B2　　B3　　B4

대화가 끝났을 때 의견의 차이

로 동의한다. 샘은 처음에 했던 말을 다시 한 번 반복할 수도 있겠지만 대개 상사도 자신과 같은 생각을 하도록 만들기 위해 처음에 했던 말을 좀 더 과장해서 이렇게 말한다. "나쁘진 않았다니, 그게 무슨 말이에요? 얼마나 잘했는데요!"(S2). 베스는 샘이 처음에 한 말에는 심하게 반대하지 않았지만 과장된 말에는 심하게 반대한다. 그녀 역시 자신이 처음에 한 말을 반복할 수 있었겠지만 부하직원의 생각을 꺾고 싶다는 유혹이 너무나 강한 나머지 이렇게 말한다. "하지만 문제도 있었잖아."(B2). 그럴수록 부하직원은 자신이 잘했다는 것을 상사가 인정하게 만들려고 노력한다. 그러나 실제로 상사는 오히려 정반대의 반응을 보인다. 편협하고 이분법적이며 꽉 막힌 프레이밍으로 인해 양쪽 모두 자신의 생각을 굽히지 않고 의견이 더욱 벌어지게 되는 것이다.

앞서 언급했던 것처럼 이런 역학구도는 상사와 부하직원과의 관계에서만 발생하는 것이 아니다. 이런 역학구도의 발생은 관련된 사람들보다 상황에 대한 프레이밍이 계기가 되는 경우가 더 많다. 따라서 동료나 고객, 공급사, 심지어 친구와 가족 사이에도 발생할 수 있다. 다음의 이야기("일상생활에서 대화가 격해지는 경우" 참조)는 남편과 아내 사이의 작은 의견 불일치가 서로 다른 방식으로 상황을 프레이밍하고 서로 다른 기준을 적용하는 바람에 급속도로 악화되는 실제 사례를 보여준다.

깨달음은 외롭고 느리게 찾아온다 _____

대면하는 경우 정면으로 맞설 가능성이 있고, 심지어 관계가 악화될 가능성이 있는 때는 그에 따른 위협을 피하기 위해 많은 상사들이 그보다 덜 강압적인 대화방식을 이용한다. 그들은 편협하고 이분법적이며 꽉 막힌 프레이밍으로 인해 자신의 의견을 처음부터 솔직하게 밝히기보다 부하직원이 알아서 '올바른' 결론을 내리도록 유도하며 안건을 교묘하게 처리하려 든다. '스스로 서서히 깨닫게 만들기'라고 불리는 이 전술을 부하직원에게 전달하기 어려운 소식을 전달해야 하는 한 임원이 선택한 적이 있다. 그는 자신이 이용한 방법을 묘사하는 다음과 같은 사례를 적어 보냈다.

상사의 프레이밍

회사의 제품 개발 위원회 의장인 나는 구성원들 가운데 한 사람에게 위원회를 그만두라는 말을 전해야 했다. 그녀가 위원회 일에 기여하는 바가 크지 않았기 때문이다. 업무상으로는 그녀가 나의 부하직원이었기 때문에 우리는 자주 이야기를 나누는 편이다. 소규모 팀의 팀장인 그녀는 일상적인 업무에 관한 한 매우 잘 처리한다. 따라서 위원회에서 성과가 좋지 못한 것은 단순히 그녀가 맡은 업무가 많기 때문일 수도 있다. 하지만 이런 대화를 그녀 역시 좋아할 리 없다. 결국에는 위원회를 떠나야 하고 위원회 구성이라는 지위를 박탈당해야 하는데, 그녀는 다른 사람들보다 특히 그걸 중요하게 생각했다.

스스로 서서히 깨닫게 만들기는 위험한 전략이라 할 수 있다. 첫 번째 위험은 부하직원이 대화를 하면서 결론이 이미 내려져 있다는 사실을 빨리 알아차리지 못하거나, 혹은 빨리 알아차리더라도 상사의 게임에 말려들지 않겠다며 일부러 '올바른 대답'을 하지 않을 수 있다. 이런 경우 부하직원이 상사의 두 번째 질문("우리가 제품

|표 7-2| 직원이 기존에 맡은 일을 그만두게 만드는 상황

생각과 느낌	대화
나는 그녀 스스로 일상 업무가 더 중요한데다 위원회에 참석하기에는 일이 너무 바쁘다고 느끼게 만들 것이다.	상사: 마감일은 다 맞췄나? 요즘 자네하고 자네 팀은 얼마나 바쁜가? 부하직원: 하나만 빼고 마감일을 다 맞췄습니다. 하나는 장비가 고장 나는 바람에 맞추지 못했고요. 쉽지는 않지만 팀 전체가 열심히 일하고 있습니다. 솔직히 집에 가면 지쳐서 곯아떨어질 지경이에요.
제품 개발 위원회에서 그녀가 맡은 역할이 무엇인지 직시하게 만들 것이다.	상사: 우리가 제품 개발 위원회 회의를 할 때 시간 낭비라는 생각이 드는 경우도 있나? 부하직원: 네. 회의에서 의논하는 논제와 제가 맡은 역할이 무슨 연관이 있는지 알 수 없을 때도 있거든요.
나는 그녀가 일상 업무는 잘 하지만 제품 개발 위원회에서 처리하는 일에는 기여하지 못한다는 점을 이해시킬 것이다.	상사: 나도 때때로 자네가 정신이 팔려 있어서 회의 내용에 집중하지 못한다고 느끼네. 아마 일상 업무에 관한 생각을 하느라 그렇겠지. 부하직원: 네, 사실이에요.
이제 나쁜 소식을 전할 때가 되었다. 그녀 역시 자신이 조금밖에 기여하지 못한다는 것을 인식했으니 말이다.	
이 문제에 대해서 그녀가 반발하지 않기를 바란다. 따라서 대안을 묻지는 않을 것이다. 내가 원하는 결론 하나만 제시할 것이다.	상사: 자네가 위원회 활동을 그만두면 자네와 자네 팀에 도움이 되지 않겠나? 그만둔다고 해도 자네 전문 분야에 관한 의견이 필요할 때는 언제든 부르겠네. 부하직원: 네, 그와 동시에 회의 주제와 회의록 사본을 주시면 좋을 것 같습니다.
그녀가 일상 업무에 관한 지위와 열정을 지나치게 많이 잃으면 안 되기 때문에 나는 그녀가 원하는 것을 공급해줄 것이다.	상사: 사본이야 당연히 주지.

개발 위원회 회의를 할 때 시간 낭비라는 생각이 드는 경우도 있나?")에 "아니요, 대단히 중요한 회의이고 나의 상사가 의장직을 맡고 있다는 게 진

장 프랑수아는 몇 년 전 다음과 같은 대화가 벌어지는 것을 목격한 적이 있다. 다음은 그의 절친한 친구(3년 전에 개업한 치과의사)와 그의 아내(그의 치과에서 행정일을 도와주고 있다) 사이에 벌어진 대화 내용이다. 실제로 대화는 더 오랫동안 진행되었고 각자 더 많은 말을 했지만 여기에서는 필요한 내용만 간추려 실었다.

치과의사: 3년쯤 지나면 내가 한 일에 대해서 스스로 만족할 것이라고 생각해. 치과 비즈니스도 급성장했고 운영도 잘 되고 말이야.

아내: 그래요. 운영은 어느 정도 잘 되고 있지요.

치과의사: 어느 정도 잘 되다니 그게 무슨 말이야? 아주 잘 되고 있는데. 직원들도 모두 숙련된 사람들만 있고 절차도 마련해놓았고, 게다가….

아내: 하지만 지금보다 더 잘할 수 있는 것들도 많잖아요. 내가 행정일을 도우니까 안다고요. 이것도 있고 저것도 있고….

치과의사: 믿을 수가 없네! 내가 당신보다 치과의사를 더 많이 아는데 우리처럼 잘 돌아가고 여기보다 더 잘 운영되는 3년차 개업의가 있으면 나와 보라 그래!

아내: 당신이 최고의 개업의라는 게 사실이라면 다른 사람들은 자기들이 무엇을 하는지 모른다는 거네요. 앞으로 개선되어야 할 것들이 너무나 많으니까요.

이 대화를 옆에서 지켜보면서 그는 많은 것을 깨달았다고 한다. 그 순간 장 프랑수아는 타임아웃을 외치고는 친구 내외가 처음에 가졌던 조그만 의견 불일치가 어떻게 이렇게 큰 차이를 보이게 되었는지 설명해주었다고 한다. 이 대화를 기술적으로 진단해보면 양쪽이 프레이밍을 할 때 각기 다른 기준을 적용한 것을 알 수 있다. 치과의사는 지난 3년 동안 이룬 발전에 초점을 맞췄고 그의 아내는 앞으로 이루어질 수 있는 잠재적인 발전에 초점을 맞추었던 것이다. 그러나 이 사례는 기술적인 측면 외에도 처음에 어느 정도 의견이 비슷했던(그리고 전반적으로 긍정적인 관계를 이어왔던) 두 사람이 각자 자신의 프레임을 고수하면서 타협할 수 없는 의견 차이를 만드는 모습을 보여주는 놀라운 사례라 할 수 있다.

짜 좋아요. 정말 배울 게 많거든요"라는 식으로 대답할 수 있다.

따라서 스스로 서서히 깨닫게 만들기 전략을 이용할 때 따르는 첫 번째 위험 요소는 부하직원이 '옳은 답'을 제시하기를 기대하는 수밖에 없다는 것이다. 부하직원이 옳은 답을 제시하지 않으면 관계가 악화되기 전에 대화의 방향을 전환할 수가 없다. 두 번째 위험 요소는 부하직원이 스스로 서서히 깨닫기를 기대하면서 자신은 아무것도 하지 않는 것처럼 행동하는 상사가 기본적으로 거짓말을 하고 있다는 것이다. 자신은 솔직하게 대한다고 하지만 실제로 상사는 이미 결론을 내려버린 상태다. 이미 결정을 내린 상사가 우리 스스로 서서히 깨달을 때까지 기다리며 우리 앞에 천연덕스럽게 앉아 있는 모습을 누구나 한 번쯤 본 적이 있을 것이다. 문제는 상사가 진실된 '대화'를 나누지 않았다는 것을 부하직원이 언젠가는 깨닫게 된다는 것이다. 그 당시에는 알지 못하더라도 나중에는 깨닫게 된다. 어떤 경우든 상사가 솔직하지 않았다는 사실을 알게 된다.

상사가 진실되지 못하다는 사실을 눈치챈 부하직원은 상사가 또 속이고 있는 다른 것들이 무엇인지 파악하는 데 전보다 더 많은 시간을 들이게 된다. 적어도 부하직원은 상사와 대화를 나눌 때마다 자기 스스로 결정을 내리거나 유대감을 느끼지 못하게 될 것이다. 상사는 부하직원을 자기 마음대로 부리면서 자신의 생각에 따르게 하거나 아니면 거부하거나 대립각을 세우게 만든다. 다른 모든 조건들이 동일하다면, 상사가 거짓말을 하는 것은 그다지 좋은 생각이 아니다. 특히 언젠가는 탄로 날 것이라는 사실을 미리 알고 있다면 더욱 그렇다!

그렇다면 앞서 살펴본 사례 속 상사는 왜 부하직원 스스로 서서히 깨닫게 만들어야 한다고 생각했던 것일까? 첫 번째 사례와 마찬가지로 안건에 대한 상사의 프레이밍이 편협하고 이분법적이며 꽉 막혀 있었기 때문이다. 무엇보다 이분법적이라는 것만은 분명하다. 부하직원이 '일상 업무'에 대한 의욕을 잃지 않은 상태로 위원회를 그만두겠다고 동의하면 상사의 의도대로 성공하는 것이고, 그렇지 않으면 실패하는 것이라 생각했기 때문이다. 또한 첫 번째 사례와 마찬가지로 대화가 진행되어도 프레이밍이 바뀌지 않는다. 그러나 이 경우에는 왜 그런지 이해하기 쉽다. 부하직원이 상사의 생각대로 따라주면서 그다지 저항하지 않기 때문이다. 프레임의 폭을 살펴보면 상사가 다음과 같은 생각으로 회의에 임한 것을 알 수 있다.

- 절대적인 믿음: 위원회 구성원이라면 발언을 해야 한다. 발언을 하지 않는 사람의 성과는 만족스럽지 않은 것으로 간주된다.
- 내 부하직원은 제품개발 위원회 회의가 열리는 동안 발언을 많이 하지 않는다(이는 그녀의 일상 업무가 과다하기 때문이라고 생각하지만 확신할 수는 없다).
- 따라서 그녀는 위원회를 그만두어야 마땅하다.
- 그녀는 다른 사람들보다 권력을 외부로 드러내는 데 더 많은 관심을 가지고 있기 때문에
- 이 건을 이야기할 때 내가 교묘한 술책을 쓰지 않으면 안 된다.

이런 프레이밍은 상사가 다음과 같이 살펴볼 수 있는 다양하고 가치 있는 해결책을 배제하기 때문에 매우 편협하다고 할 수 있다.

- 부하직원이 위원회에 많이 기여하지 못한다는 사실을 스스로 깨닫고 있는가?
- 그렇다면 그녀는 왜 발언을 더 많이 하지 않을까(예를 들어 그녀가 자신의 상사가 위원회 의장이기 때문에 자신이 발언할 만한 것의 대부분을 상사도 말할 수 있다고 느끼거나 실제로 상사가 발언을 하는지도 모른다)?
- 부하직원은 위원회에 속하는 것을 좋아하는가?
- 그녀가 위원회에 속해서 좋은 점이 있는가(예를 들어 그녀가 기여는 많이 하지 않지만 많은 것을 배우는지도 모른다. 또한 선임 관리자들에게 자신의 존재를 알릴 수도 있다)?
- 과다한 업무가 쟁점이라면 부하직원이 맡은 일 중 일부를 다른 사람에게 맡겨 좀 더 자유로운 시간과 에너지를 확보하는 것이 그녀에게 유리할까?

전반적으로 상사는 이 안건을 편협하게 프레이밍했다. '손해를 최소화하면서 그녀가 위원회를 그만두게 만들자.' 이런 프레이밍은 거의 지정된 전술을 선택하게 만든다. '이 대화는 제법 까다로울 거야. 그러니까 대화가 엉뚱한 곳으로 흐르지 않게 엄격하게 통제해야겠어.' 하지만 이 대화를 상사가 제법 느슨하게 프레이밍할 수도 있었을 것이다. '이렇게 좋은 부하직원이 위원회에서는 발언을 많이 하지 않네. 그녀의 업무와 위원회, 커리어 계획, 위원회 구성원이라는 자격이 경력에 얼마나 도움이 되는지 등을 이야기해봐야겠어'라는 식으로 말이다. 이렇게 프레이밍했다면 대화가 위협적으로 느껴지지 않았을 것이기 때문에 대화를 일방적으로 통제하여 '이겨야' 한다는 생각을 안 했을 것이다.

편협하고 이분법적인 프레이밍

이번 장의 앞부분에서 우리는 상사들이 대개 성과가 낮은 직원들과 함께 성과 향상 절차에 관여하기를 꺼린다고 했다. 외집단에 속하는 직원에게 엄격한 피드백을 주는 것이 그다지 내키지 않는데다 장점보다 단점이 더 많아 보이기 때문이다. 바로 앞부분에서는 상사가 스트레스를 받고 위협적인 상황에서 제한적으로 프레이밍하는 경향이 있다는 점도 살펴보았다. 또한 이런 프레이밍으로 인해 상사는 솔직하게 말하거나 부하직원 스스로 서서히 깨닫게 만드는 전략을 이용하게 되는데, 이런 전략들은 오히려 상황을 더욱 나쁘게 만드는 위험이 있다는 점도 살펴보았다. 그렇다면 지금부터는 이 두 가지 사실을 종합하여 부하직원에게 피드백을 주며 부하직원의 성과에 관여하는 상황을 상사가 어떻게 프레이밍하는지 살펴보도록 하자.

"피드백을 준다"는 말 자체에는 이런 의미가 담겨 있다. '피드백'이란 상사가 갖고 있는 것으로 부하직원은 '받을 수만 있는 것'이다. 따라서 상사들은 '피드백을 부하직원에게 주려고' 한다. 그 속에는 피드백이 당연히 옳은 것이라는 뜻도 담겨 있다. 이런 식으로 상사는 피드백 주기를 다음과 같이 프레이밍하는 경향이 있다.

- 빌의 성과가 기대만큼 좋지 못하다.
- 그 이유를 나는 알고 있다. 빌이 다음과 같은 단점이나 기술 부족이나 성격적 결함이 있기 때문이다.
- 나는 빌에게 이 문제에 대해서 이야기하고 싶다. 하지만 내가 하는 말을 그가 반기지 않을 것이다. 따라서 그는 상처를 받을 수도 있고(그런데 나는 상처 주는 것을 좋아하지 않는다) 그에 대한 복수로 나에게 상처를 주려 할지도 모른다.
- 또한 빌이 내 피드백을 거부하고 반박하면 지금 상황이 더욱 악화될 수도 있다.
- 그래서 그가 내 피드백을 받아들일 가능성이 큰 방식으로 피드백을 전달해야 할 것이다. 빌이 내가 주는 피드백을 활용하여 성과를 향상시킬지는 의심스럽지만 말이다.

이번에도 역시 프레이밍이 편협하고 이분법적이며 꽉 막혀 있다는 것을 알 수 있다. 특히 이 프레이밍은 다음과 같은 흥미로운 안건과 의문을 상사가 고려하지 못하도록 배제시켜버린다.

- 빌의 성과가 기대만큼 좋지 못하다. 과연 내 생각이 맞는 것일까? 나는 빌에게 정확하게 어떤 흠이 있다고 생각하는 것일까? 어떤 근거로 이런 평가를 내리는 것일까? 내가 큰 그림의 일부를 놓친

것은 아닐까?

- 그 이유를 나는 알고 있다. 빌에게 문제가 있기 때문이다. 나는 어떤가? 나 역시 상황이 이렇게 되기까지 기여한 부분이 있지 않을까? 그렇다면 어떻게 기여했을까?

- 빌이 내가 하는 말을 반기지 않고 반박할지도 모른다. 그렇다면 빌 역시 우리 두 사람 사이가 그렇게 편하지 않다는 사실을 인식하고 그 점에 대해 이야기하고 싶어 하는지도 모른다. 또한 빌이라면 자신의 단점을 인식하고 개선할 수 있는 방법을 알고 있을지도 모른다.

- 빌이 내가 준 피드백을 활용해 성과를 향상시킬지 의심스럽다. 그러나 빌의 성과가 나아질 수 없다는 것도 확신할 수 없다. 우리는 빌이 필패 신드롬에서 벗어나지 못하고 있기 때문에 발전하지 못했던 것이라고 주장한다. 그러나 이제는 이 신드롬이 얼마나 안 좋고 아무리 성과가 좋은 직원이라도 이 신드롬에 사로잡히기가 얼마나 쉬운지 알게 되었다. 따라서 상황이 바뀌면 빌 역시 상당히 개선될 여지가 있다.

전반적으로 이런 질문들을 던지면 피드백 주기에 대한 프레이밍이 다음과 같은 식으로 변할 수가 있다.

지금은 빌의 성과가 만족스럽지 않으며 우리의 관계도 마찬가지로 편하지 않다. 어쩌면 빌도 이 사실을 인식하고 있거나 나보다 더 잘 느끼고 있는지도 모른다. 그 역시 이 일을 계속하기를 원하고 적어도 나만큼 우리의 관계가 개선되기를 원할 것이다. 따라서 우리 두 사람이 완하는 바가 같은데도 불구하고 어찌된 일인지 지금 당장 해결하려 들지 않는다. 그와 함께 앉아 그 이유를 의논하고 내가 어떻게 도와줄 수 있는지 말해봐야겠다.

이런 프레이밍은 이분법적이지 않으며(성공과 실패를 나누는 뚜렷한 기준이 없다) 편협하지 않다. 따라서 유연하다. 이 프레이밍은 상사가 필패 신드롬을 멈출 수 있도록 부하직원과 상사가 모두 노력하는 양방향 개입의 좋은 밑거름이 된다.

때로는 조금 불리해질 용기도 필요하다 _____

일반적으로 관리자들은 자신이 나서서 관계 개선을 시도할 때 입는 손실을 별다른 어려움 없이 계산할 수 있다. 먼저 상사 자신과 부하직원의 성과에 대해서 논할 때 느낄 수 있는 불안감과 위협이 있다. 또한 자기 자신의 행동을 바꾸려고 노력하겠다거나 부하직원을 코칭하겠다거나 피드백을 더 많이 주겠다는 등 약속한 것을 이행할 때 들여야 하는 시간과 에너지가 있다. 그뿐만 아니라 관계 개선을 위한 시도가 '불가피한 것을 미루기'만 하고 시간 낭비로 전락해버릴 우려도 있다. 그보다 더 안 좋은 점은 이런 식의 대화를 함으로써 다른 직원들에게 성과에 대한 잘못된 인식을 심어줄 가능성이 있다는 것이다. '적극적인 행동을 취하는 대신 대화를 하면,

내가 너무 타협적이거나 낮은 성과를 봐주는 것으로 보일 수도 있다. 그러면 결과에 좋은 영향을 미치지 않을 것이고, 나의 평판에도 절대 좋을 리가 없다.'

대화를 통해 문제를 해결하는 일은 분명 시간과 에너지를 요한다. 그러나 앞서 살펴보았던 것처럼 문제를 해결하지 않는 것도 마찬가지다. 그 대가가 큰데다 관계가 저절로 나아지지도 않기 때문이다. 그러면 상사는 자기 스스로 만든 '실패작'과 함께 지내는 데 너무나 많은 시간을 허비해야만 한다.

우리가 살펴보았던 것처럼 이에 관해서는 선택을 내릴 수 있다. 부하직원의 악화되는 성과를 막기 위해 감독과 통제를 더 많이 하는 것이다. 그러면 앞으로 손해가 더 커질 것이라는 사실을 알면서도 부하직원이 적절한 성과를 내도록 상사 입장에서 계속해서 이렇다 할 소득이 없는 노력을 기울여야 할 것이다. 또는 부하직원이 좀 더 자율적으로 행동하고 더 나은 성과를 내며 점점 상사의 감시 감독을 덜 받도록 하는 데 시간을 투자할 수도 있을 것이다. 이는 곧 업무에 대한 책임의식을 학습하고, 부하직원의 본능을 일깨워 상사가 압박을 가할 필요성을 줄이는 방법이다. 우리는 기본적으로 상사가 성과가 낮은 직원들에게 더 많은 시간을 허비할 필요가 없다고 주장한다. 관계의 역학을 변화시키도록 그 시간을 활용하는 방식만 바꾸면 된다.

해결될 가능성이 낮을 것으로 기대하는 상사는 이렇게 생각한다. '내가 스스로 불리해질 필요가 뭐가 있을까? 부하직원의 성공뿐 아니라 내 자신의 성공까지 관여시켜야 하는 대화를 군이 시작할 이유가 무엇 때문인가? 부하직원이 성공하지 못하면 더 극단적인 조치를 취해야 할 것이다. 어떻게 될지 누가 알겠는가?'

이렇게 생각하는 이유는 과거에 시도했다가 실패했던 경험이 있기 때문이다. 그러나 예전에 시도했다가 실패했던 이유는 다음과 같은 두 가지 예측 가능한 원인이 있었기 때문이다. 첫째, 성과가 낮은 직원들은 상사의 피드백을 거부하는 경향이 있다. 피드백의 내용이 합리적이지 못하고 공정하게 전달되지 않았다고 인식하기 때문이다. 둘째, 상사가 나서서 대화를 시작하긴 했지만 그 상황을 편협하고 이분법적이며 융통성 없게 프레이밍하기 때문이다. 다시 말해서 상사가 '부하직원을 바로잡겠다'거나 부하직원이 스스로 자신의 잘못을 인정하거나 이해하게 만들겠다는 목적으로 대화에 임하기 때문에 부하직원의 반발을 사게 되는 것이다.

상사가 피드백을 준다고 효과를 보는 것은 아니다. 상황을 개선시키기 위해서는 상사와 부하직원이 서로의 행동과 의도를 논의할 수 있는 대화에 참여해야 한다. 어떻게 하면 현실 속에서 효과적으로 상황을 개선시킬 수 있는지 8장에서 살펴보도록 하자.

8

THE SET/ UP/ TO/ FAIL

필패 신드롬 깨기

SYNDROME

불끈 쥔 주먹과 악수를 할 수는 없다.

— 인디라 간디[Indira Ghandi]

상사와 부하직원 사이의 역학구도 속에서 흔하게 발생하는 문제를 명확하게 이해했다면 이제는 관계 개선을 통해 필패 신드롬을 깰 때가 되었다. 필패 신드롬을 깨뜨리는 데 상사가 적극적으로 취할 수 있는 구체적인 행동을 지금부터 살펴보도록 하자. 이와 관련된 일반적인 원칙을 설명하기 위해 조사 중에 만났던 부하직원 스티브와 그의 상사인 제프의 실제 사례를 소개하고자 한다. 스티브와 제프의 상황은 잘못된 인식과 원인 귀속으로 성과가 점점 나빠지는 악순환을 보여주는 사례로, 한 번 안 좋은 상황이 자리를 잡으면 바뀌기 어렵다는 것을 잘 보여준다. 그들이 처했던 상황과 그들이 이용했던 구체적인 전략, 그리고 개선을 위해 시도한 방법을 하나하나 살펴보도록 하자.

무엇이 유능한 그를 함정에 빠뜨렸는가

스티브는 포춘 100대 기업에 속하는 한 기업의 제조 감독관이었다. 처음 스티브를 만났을 때 그는 의욕이 넘치고 활기차며 적극적인 사람이라는 인상을 풍겼다. 그는 자신이 맡은 생산 라인을 총괄하면서 문제가 발생하는 그 즉시 신속하게 처리했다. 그의 상사는 스티브를 대단히 신뢰했고 성과가 뛰어나다고 평가했다. 그래서 스티브는 향후 공장에 반드시 필요한 새로운 생산 라인을 담당하게 되었다.

새로운 역할을 맡게 된 스티브는 회사에 새로 입사한 제프라는 상사 밑에서 일하게 되었다. 두 사람이 함께 일하기 시작한 지 몇 주 지나지 않아 제프는 스티브에게 중대한 품질 관리 오류 내역을 간략하게 분석하여 보고서로 제출하라고 주기적으로 요청했다. 비록 스티브에게 설명하지는 않았지만 제프가 그렇게 요청한 데는 다음 두 가지 목적이 있었다. 두 사람이 새로운 제품 생산 과정을 학습하는 속도를 높여줄 수 있는 정보를 얻기 위함이기도 했고, 스티브에게 품질 문제의 근본적인 원인을 체계적으로 분석하는 좋은 습관을 들이게 하기 위함이기도 했다. 또한 제프는 새로 입사한 직원으로 상사에게 자신이 맡은 사업부를 훤히 파악하고 있다는 사실을 보여주고 싶기도 했다. 고민 끝에 제프는 스티브에게 분석 내용을 구두로 보고하지 말고 보고서로 제출하게 했다. 즉석에서 물어보다가 스티브가 대답할 수 없는 질문을 던지고 싶지 않았기 때문이다.

제프의 의도를 알지 못한 스티브는 거리낌이 생겼다. 자신이 직접 확인하고 파악하고 있는 내용을 무엇 때문에 보고서까지 작성해서 제출해야 한단 말인가? 시간이 부족하기도 했고 상사의 간섭으로 느껴져 스티브는 보고서를 작성하는 데 많은 에너지를 투자하지 않았다. 그러다 보니 보고서 제출 시기가 늦어졌고 보고서 내용도 부실했다. 그건 다시 제프의 신경을 건드렸다. 제프는 스티브가 그다지 적극적인 관리자로 보이지 않았다. 그는 보고서의 재작성을 요청했는데, 이번에는 좀 더 강압적으로 나갔다. 제프의 이러한 요청은 스티브에게 그가 자신을 신뢰하지 않는다는 생각을 확인시켜줄 뿐이었다. 스티브는 상사와 마주치고 싶지 않은 마음에 제프를 피하게 되었고 그의 요구에 점점 소극적으로 저항하기 시작했다. 오래 지나지 않아 스티브가 적극적인 관리자가 아니며 도움 없이는 맡은 일을 처리할 수 없는 사람이라고 제프는 확신하게 되었다. 그는 스티브의 일거수일투족을 감시하기 시작했다. 스티브 역시 상사인 제프에 대해 실망하기 시작했다. 새로운 생산 라인을 맡게 되어 흥분했던 것이 불과 1년 전이었는데, 1년 만에 스티브는 의기소침해져 회사를 그만둘 생각까지 하게 되었다.

많은 관리자들처럼 제프와 스티브도 부정적인 성과 소용돌이에 갇혀 있다. 그들이 어떻게 그 소용돌이에서 벗어날 수 있을지 살펴보기 전에, 처음부터 그런 상황에 빠지지 않을 수 있는 방법부터 살펴보도록 하자. 부정적인 소용돌이에 빠진 이유는 처음 며칠 동안 두 사람이 서로에 대해 가졌던 오해 때문이었다. 제프가 처음부터 자신이 이루고 싶은 것과 그 이유를 좀 더 솔직하게 밝혔다면 이런 일은 발생하지 않았을 것이다. 스티브 또한 상사에게 "저는 좀 지나친 감시를 받고 있다는 느낌이 듭니다…. 이 문제에 대해서 이야기 좀 할 수 있을까요?"라고 물었다면 이런 상황에 처하지 않았을 것이다. 그러나 당장 느끼게 될 위협과 수치심을 피하기 위해 두 사람 모두 이 문제를 제기하지 않았다. 그러고는 상대방의 의도를 억측하기 시작하면서 관계가 더욱 악화되었던 것이다. 결국 이는 두 사람의 공동 작품이라 할 수 있다. 그리고 이쯤 되면 상황을 바로잡기가 힘들어진다. 그렇다면 그들은 이제 어떻게 해야 하는 것일까?

타당성은 자기점검에서 시작된다

문제를 해결하기 위해서는 가장 먼저 문제가 존재한다는 것을 인식해야 한다. 오래 전부터 너무나도 잘 알려져 있는 이 상투적인 문구가 이 사례만큼 정확하게 들어맞는 경우도 없을 것이다. 필패 신드롬은 자기 충족적인 동시에 자체적으로 강화되기까지 하기 때문에 이 신드롬과 관련된 주요 심리적·사회적 메커니즘은 물론 형성 과정에서 상사가 어떤 기여를 했는지 파악하기가 쉽지 않다. 문제가 발생하기까지 상사 역시 기여했다는 사실을 스스로 인정했다면 관계를 개선시키기 위해 상사가 해야 할 일은 좀 더 솔직해지는 것밖에 없다.

일단 이렇게 자각했다면 관계 개선 시도 과정의 첫 번째는 진지한 준비 단계가 되어야만 한다. 이 단계는 기본적으로 두 가지 목적이 있다. 하나는 상사가 앞으로 나눌 대화를 좀 더 넓고 유연하게 프레이밍하도록 도와주는 것이다. 7장의 끝부분에서 우리는 상사의 접근방식을 다음과 같이 다시 프레이밍하라고 제안했다.

현재 빌의 성과가 만족스럽지 않으며 우리의 관계도 마찬가지로 편하지 않다. 어쩌면 빌도 이 사실을 인식하고 있거나 나보다 더 잘 느끼고 있는지도 모른다. 그 역시 이 일을 계속하기를 원할 것이고 적어도 나만큼은 우리의 관계가 개선되기를 원할 것이다. 따라서 우리 두 사람이 원하는 바가 같은데도 불구하고 어찌된 일인지 지금 당장 해결하려 들지 않는다. 그와 함께 앉아 그 이유를 의논하고 내가 어떻게 도와줄 수 있는지 말해봐야겠다.

상사라면 자신만의 공식을 만들어내야 한다. 하지만 폭넓고 유연한 프레이밍을 적용할 수 있어야 한다. 그래야 편협하고 이분법적으로 프레이밍을 했을 때 발생하는 불안감과 스트레스를 피할 수 있다. 이런 시도는 부하직원에게 손해가 되는 신드롬을 깨기 위한 것인 만큼 상사는 부하직원이 상황을 개선하려고 열린 마음으로 대할 것이라는 전제 하에 준비해야 한다. 프레이밍에는 상사 역시 문제에 기여했다는 사실도 솔직하게 포함시켜야 한다. 상사가 부하직원을 바로잡겠다는 의도로 회의에 참석한다면 모든 것은 원점으로 다시 돌아가게 된다.

이런 점들을 고려하면서 준비 단계의 두 번째 목표를 살펴보자. 준비 단계는 피드백 내용과 전달 과정이 공정하게 이루어졌음을 부하직원에게 납득시키기 위해 상사가 데이터를 수집하고 솔직한 마음가짐을 갖도록 하는 데 도움을 준다. 데이터와(상사는 자신의 관점을 뒷받침할 수 있어야 한다) 솔직한 마음이라는 두 가지 요소에 주목하자. 상사가 솔직하지 못하면 성과에 대한 부하직원의 의견과 부하직원이 어떤 상태에서 일을 하는지 고려할 수 없다.

좀 더 구체적으로 살펴보자. 상사는 스스로에게 질문을 던짐으로써 현실과 감정을 분리시켜야 한다. 상사는 부하직원의 의견을 열린 마음으로 받아들일 수 있도록 정신적인 준비를 갖춰야 한다. 부하직원이 성과 수준을 뒷받침하는 '근거' 자체에 의문을 제기하는 경우까지 대비하면서 말이다. 사전 준비 과정을 통해 마음속으로 예상하고 질문했던 점들을 이미 살펴본 상사라면 회의 중에 제기되는 의문점을 열린 마음으로 대하기가 훨씬 쉬울 것이다.

부하직원과의 관계를 되돌아보면서 상사는 스스로에게 이런 질문을 던져야 한다. "우리의 관계가 항상 이렇게 어려웠을까? 우리 관계에 무슨 변화가 발생했을까? 마크(부하직원)가 항상 이렇게 안 좋게만 행동했을까? 내가 생각하는 것만큼 실제로 마크가 안 좋은 것일까? 내 생각을 뒷받침해주는 구체적인 증거가 무엇일까? 마크가 취약한 부분이 정확히 어디일까?" 이런 문제들을 생각할 때 상사는 부하직원의 관점에서 바라보려고 노력해야 한다. "대답할 기회가 주어지면 마크는 이런 비난에 어떤 반응을 보일까? 물론 그는 업무량이 늘었다거나 자원이 충분하지 않았다거나 조직 변화로 인해 지장을 받았다는 변명을 늘어놓을지도 모른다. 하지만 그런 변명이 정말 고려할 여지가 없는 것들일까? 그의 말에도 일리가 있

필패 신드롬

지 않을까? 다른 상황이나 다른 사람이 그런 변명을 늘어놓았다면 내가 좀 더 호의적으로 바라볼 수도 있을까?"

문제를 뒤집으면 "마크가 잘하는 것들은 무엇일까? 애초에 그가 이 회사에 입사했거나 승진한 이유는 무언가 장점이 있었다는 것을 의미한다. 그런 장점들이 갑자기 모두 사라졌단 말인가?"와 같은 질문을 던질 수 있다.

그런 다음 상사 자신이 미처 알아차리지 못한 점과 선입견에 관한 불편한 질문들을 던져야 한다. "성과 이외에 '쉴라'에게 성과가 낮은 직원이라는 꼬리표를 붙이게 된 다른 원인이 있었을까? 우리가 어쩌다 이렇게 되었을까? 예를 들어 그녀가 사생활에서 어떤 변화를 경험했던 것은 아닐까? 나의 행동으로 인해 일시적으로 안 좋았던 관계가 장기적으로 나빠지게 된 것은 아닐까? 나의 행동이 어느 정도까지 기여한 것일까? 특히 내 행동에서 그녀를 불신한다는 사실을 엿볼 수 있었던 것은 아닐까? 이 신드롬을 깨뜨리고 좀 더 긍정적인 역학구도를 만들기 위해 내가 할 수 있는 것은 무엇일까?"

이런 식으로 자기 생각의 '타당성을 따지는 것'이 매우 중요한 예비 단계다. 그러면 상사 스스로 자기 방어 메커니즘이 가동되고 있는지 자문해보고, 상황을 인식하는 데 방해가 되는 감정적인 걸림돌을 치울 수 있게 된다. 또한 부하직원과 나누게 될 대화의 일부분을 동료나 파트너와 리허설하면서 자신이 예상했던 바와 다르게 진행될 수도 있다는 사실을 인지하는 기회를 갖는 것이다.[1] 무언가를 알고 있다고 전적으로 확신하면 새로운 것을 배울 수 있는 상사의 마음가짐은 손상된다. 그러면 대화를 시작한 지 얼마 되지도 않아 비난조나 거들먹거리는 어조로 말하는 자신을 보게 된다. 문제가 무엇인지 스스로 파악했다고 믿는 만큼 부하직원이 문제를 인정하거나 이해하게 만들어야 한다고 생각하는 것이다. 배움이란 자신이 생각하는 인과관계가 잘못되었을 수도 있다는 사실을 발견하는 것을 뜻한다("열린 마음 유지하기" 참조).

자기 성찰 단계는 중요하면서도 불편함을 느끼는 단계이지만 진정 어려운 것은 그 다음 단계부터 시작된다. 부하직원의 성과가 탁월하지 않은 원인 중 상사 자신이 기여한 부분도 있다는 점을 말해야 하기 때문이다. 상사에게 상당한 믿음과 솔직함, 포용력, 그리고 용기가 있어야 자기 행동이 어떤 영향을 미쳤는지 상대방에게 의견을 물을 수 있다. 그다지 매력적인 제의처럼 들리지는 않겠지만 이는 손상된 관계를 복구하기 위한 대가, 또는 학습비용이라 할 만한 대가다.

구체적으로 어떤 식으로 대화를 시도해야 하는지 살펴보기 전에 그 초석 가운데 하나를 분명하게 짚고 넘어가자. 의논을 하고 대화를 나누는 동안 상사는 반드시 공정한 절차라는 원칙을 염두에 두고 있어야 한다. 공정한 절차라는 개념은 "결과가 좋은가 나쁜가?"와 관련이 있는 것이 아니라 "결과를 낳게 된 절차가 공정했는가?"와 관련이 있다. 이 두 가지 요소를 구분하는 것은 대단히 중요하다. 절차가 공정하게 진행되었다고 믿는 사람들은 결과가 아무리 자신에게 불리하더라도 결과를 겸허히 받아들이려 한다는 연구 결과가 점차 늘고 있기 때문이다. 6장에서 살펴본 에어프랑스의 사례를 통해서도 이런 사실을 알 수 있다. 훨씬 더 가혹한 구조조정안을 내놓았음에도 불구하고 에어프랑스 직원들이 구조조정안을 비준한 이유는 그것이 공정하게 만들어졌고 전달되었다고 믿었기 때문이다.

현재까지 진행된 연구 결과, 사람들이 절차의 공정성을 평가할 때는 다음 다섯 가지 요소를 고려하는 것으로 나타났다.[2]

- 자신들이 어떤 생각을 하고 있는지 파악했는가? 자신들이 생각하는 바를 조사하고 고려하려는 노력을 했는가?
- 일관된 규칙이 적용되어 일관된 결과를 낳았는가?
- 피드백이 적시에 제공되었는가?
- 타당한 사실과 추론을 근거로 한 결정인가?
- 절차가 진행되는 동안, 그리고 진행되고 난 후 커뮤니케이션이 충분히 솔직하게 이루어졌는가?

이런 점들을 근거로 이제부터 '생산적이고 바람직한 개선 시도'라고 부르는 것을 구체적으로 살펴보도록 하자.

불편함을 편안함으로 바꾸는 대화법

7장에서 살펴보았던 것처럼 상사가 사전에 철저하게 준비하지 않으면 대화를 나누려고 시도하는 것 자체는 그다지 큰 의미가 없

열린 마음 유지하기

열린 마음으로 대화에 임하기 위해서는 상사가 세심한 준비를 하지 않으면 안 된다. 이 준비 단계에서는 상당한 자아 성찰이 동반되어야 하는데 다음과 같은 세 문장을 통해 자아 성찰을 해볼 수 있다.

● 부하직원의 성과에 대한 당신의 생각이 틀렸을 수도 있다! 상사가 부하직원의 성과를 선별적으로 관찰하고 선별적으로 기억한다는 연구 결과를 명심하라. 당신이 공정하게 '관찰'했다고 확신하는가? 자신이 봤다고 기억하는 것이 잘못되었거나 전형적인 것이 아닐 수도 있다.

● 당신의 생각이 옳을 수도 있지만 부하직원에게 그럴 만한 이유가 있었을지도 모른다! 인사고과는 정확하다. 그러나 부하직원 역시 그럴 만한 이유가 있었을지도 모른다(예컨대 관련 업무에 대한 연수를 전혀 받지 못했다거나 특정 업무가 중요하다는 사실을 당신이 부하직원에게 알려주지 않았거나). 따라서 그런 결과가 나온 이유가 반드시 노력이나 능력 부족 때문만은 아닐 수도 있다.

● 그 원인 가운데 하나가 당신 자신일 수도 있다! 부하직원의 추진력, 의욕, 주도력, 자신감이 결여되기까지 당신의 행동이 일정 부분 기여했을지도 모른다.

좀 더 구체적으로 살펴보면 준비단계에서 상사가 고려해야 할 질문 몇 가지를 다음과 같이 요약할 수 있다.

1. 지금까지 부하직원과 맺어온 관계를 되돌아보았을 때 모든 것(예컨대 부하직원의 행동과 성과, 관계 자체)이 항상 지금과 같았는가? 시간이 지나면서 안 좋아진 점이 있다면 언제부터 나빠지기 시작했는지 알 수 있는가?

2. 부하직원의 성과가 실제로 얼마나 안 좋은 것인가? 그 근거는 무엇인가? 이런 점을 제시하면 부하직원은 무슨 말을 할 것이라고 생각하는가? '변명'을 일일이 고려해보았을 때 부하직원의 말에도 일리가 있다고 생각하는가?

3. 긍정적인 면을 살펴보자. 어떤 좋은 점을 살려나갈 수 있겠는가?

4. 문제가 발생하기까지 내가 기여한 부분은 어느 정도인가? 여태까지 말한 행동 가운데 이 부하직원을 대할 때마다 내가 규칙적으로 보이는 행동은 무엇인가? 나는 왜 그런 행동을 보이는 것일까? 목표를 이루기 위해 내가 할 수 있는 다른 방법은 없을까?

다. 그러나 아무리 준비를 잘 했어도 대화를 나누다 보면 상사로서 어느 정도 불편함을 느끼게 될 것이다. 그게 그렇게 나쁜 것만은 아니다. 부하직원 또한 다소 불편함을 느끼며, 상사가 불편해하는 것을 보면서 그 역시 평범한 인간에 불과하다며 안심하기 때문이다.

대화가 어떤 식으로 진행되어야 하는지 상세한 스크립트를 제공하기란 어려울 뿐만 아니라 해롭기까지 하다. 처음 대화를 갖는 자리에 상사가 철저하게 짜여진 계획을 갖고 임한다면 부하직원과의 진심어린 대화에 집중할 수 없다. 진심어린 대화를 나누기 위해서는 상대방의 말에 귀를 기울이고 상대방이 하는 말과 행동을 실시간으로 처리하며 적응해나가야 하기 때문이다.[3] 그럼에도 불구하고 우리는 초기 준비 단계 이후 가장 효과적으로 대화를 나누는 데 필요한 여섯 가지 구성요소를 제공하고자 한다. 성공적으로 상황을 개선시키기 위해서는 여섯 단계를 모두 거쳐야 한다. 하지만 반드시 순서대로 거쳐야 하는 것은 아니며 한꺼번에 모두 제기해야 하는 것도 아니다. 상사나 부하직원 중 어느 한 사람이나 두 사람이 모두 대화를 중단하고 그때까지 오고간 대화 내용을 되돌아보며 이해할 시간을 갖고 싶다고 느낄 수도 있기 때문이다. 그런 경우에는 나중에 다시 대화를 재개하면 된다.

상사는 반드시 대화에 필요한 올바른 분위기를 조성해야 한다

가장 먼저 거쳐야 할 단계는 상사가 부하직원에게 면담을 하자고 요청을 하는 것이다. 즉석에서 바로 면담을 하자고 하면 부하직원에게 공평하지 않을 뿐만 아니라 효과적이지도 않다. 상사는 며칠 동안 면담 준비를 하면서 생각을 모으고 근거를 살펴보고 관계의 변화추이를 진단해보고, 머릿속으로 면담을 폭넓고 유연하게 프레이밍할 것이다. 그러나 부하직원은 이런 단계를 하나도 거치지 않았기 때문에 그에게도 생각을 모으고 자신의 생각이 타당한지 살펴볼 시간을 주어야 한다.

그러나 이 과정이 몇 주처럼 오래 걸려서는 안 된다. 따라서 상사가 요청한 시점으로부터 머지않은 시간에 면담 계획을 잡아야 부하직원이 불필요할 정도로 불안해하지 않는다. 이 점에 대해 한 임원은 이렇게 말했다. "부하직원들에게 중요한 사안에 관해서 면담을 하고 싶다는 말을 일주일 전에 미리 하는 경우가 너무나 많아요. 그러면 상사의 스케줄에는 이상적일지 모르지만 부하직원은 일주일 내내 걱정만 하면서 보내야 하지요!"

면담을 요청할 때는 부하직원이 일방적으로 '책임 소재를 추궁당하는' 면담을 상상하지 않도록 하기 위해서라도 상사가 의사 표현을 정확하게 해야 한다. 따라서 '피드백'을 주겠다고 하지 말고 서로의 의견을 교환하는 시간을 갖자고 말해야 한다. 앞에서 언급했듯이 '피드백 주기'는 전달되어야 할 '사실', 즉 상사가 부하직원에게 일방적으로 전달하는 독백을 떠올리게 하는 부담스러운 용어다. 성과가 낮은 직원들은 그런 자리에 익숙하기 때문에 열린 마음으로 대화에 임할 가능성이 적다. 공격을 당할 것에 대비해 스스로 대비책을 마련하기 때문이다.

부하직원이 미리 방어적인 태세를 갖추지 않도록 하기 위한 세 가지 방안을 살펴보자.

첫째, 상사가 부하직원의 성과뿐만 아니라 자신과의 관계, 두 사람이 공통으로 이룬 성과에 대해서 의논하길 원한다고 밝혀야 한다. 상사는 부하직원과의 관계에 긴장감이 돌 수밖에 없다는 사실을 인정하고, 대화를 통해 긴장을 풀자는 생각을 표현해야 한다. 둘째, 상사는 상황을 개선시키고자 하는 강한 열망을 품고 있음을 확인시켜주면서, 두 사람이 함께 노력하면 개선할 수 있다는 확신을 줘야 한다. 셋째, 분위기를 조성하면서 상사는 진심으로 열린 대화를 기대한다는 것을 강조해야 한다. 이 점을 강조하기 위해서는 상황이 그렇게 되기까지 자신도 책임이 있다는 것을 인정하고 자신의 행동에 대한 부하직원의 의견을 듣고 싶다는 의사를 분명하게 밝혀야 한다.

상사가 몇 가지 질문을 제시하며 사전에 면담에 대해 생각해보기를 부하직원에게 권할 수도 있다. 예를 들어 다음과 같은 질문이 있다.

- 한 쌍의 상사와 부하직원으로서 우리가 얼마나 잘 하고 있다고 생각하는가? 우리 사이에 커뮤니케이션이 얼마나 잘 되고 있으며 전반적인 관계는 어떤가?
- 자네가 하는 일 중에 가장 쉬운 것이 무엇인가? 가장 편안하게 생각하는 것은 무엇인가? 가장 어렵게 느껴지는 것은 무엇인가?
- 자네가 업무를 처리하는 데 내가 어느 정도까지 돕는다고 생각하는가? 내가 자네 일을 더 어렵게 만드는 부분이 있는가?
- 전반적으로 자네의 성과와 나의 성과, 우리 두 사람 공통의 성과,

그리고 우리의 관계를 향상시키기 위해 우리가 할 수 있는 것이 무엇일까?

또한 면담 장소도 중요하며 실행 계획도 중요하다. 상사는 부하 직원이 위협을 느끼지 않을 만한 시간과 장소를 선택해야 한다. 양쪽이 여태까지 해왔던 서로에 대한 억측과 일상적인 분위기, 예전의 역할을 깨고 서로를 다른 식으로 바라볼 수 있도록 평상시와 다른 환경에서 면담을 하는 것이 좋다. 예를 들어 사무실을 벗어난 곳에서 면담을 하면 좀 더 솔직한 대화를 갖는 데 도움이 되고 방해받는 일도 최소화할 수 있다.

상사는 또한 제삼자에게 도움을 요청하는 것도 생각해봐야 한다. 대화를 시작할 만큼 충분한 준비를 하지 못했다고 느끼는 상사들의 경우, 계속 솔직한 대화를 이어가기보다 생산적인 면담을 위해 내부에서 조력자를 구하거나 인사부서의 직원에게 도움을 청하기도 한다. 하지만 이 방법의 단점은 제삼자로 특히 인사부서의 직원이 합석할 경우 형식적인 면담으로 전락할 수 있다는 것이다. 경계심을 품은 부하직원은 인사부서의 직원이 도움을 주기 위해서 그 자리에 참석한 것인지, 아니면 향후에 발생할 가능성이 있는 행정상의 업무나 소송절차에 대비해 면담 내용을 문서화하려는 것인지 알 수 없기 때문이다. 그럼에도 불구하고 누군가에게 도움을 청해서 좋았다고 말하는 상사들이 있다. 따라서 고려해볼 만한 대안이라 할 수 있다.

상사와 부하직원은 반드시 문제의 증상에 대해 합의해야 한다

업무의 모든 면에서 무능한 직원은 아무도 없다. 그리고 자신이 맡은 업무를 형편없이 처리하고 싶어 하는 직원도 없다. 따라서 상사가 부하직원이 알찬 성과를 올린 부분을 언급하거나 시간이 지나면서 부하직원의 성과가 개선되었다는 점을 강조하면 성과가 낮은 부분을 언급할 때 좀 더 신뢰를 얻을 수 있을 것이다. 부하직원이 낮은 성과를 올리는 부분에 대해서는 두 사람 사이에 의견 일치를 보아야 한다.

예를 들어 스티브와 제프의 경우, 근거를 철저하게 구분했다면 스티브가 일반적으로 낮은 성과를 내는 직원이 아니라 제출한(혹은 제출하지 않은) 보고서만 제대로 작성하지 않았다는 사실을 알 수 있었을 것이다. 또 다른 상황을 예로 들어보자. 새로운 투자 전문가가 주식 매매 시점에 대한 판단만 취약할 뿐 주식 분석은 제법 잘한다는 데 그녀와 그녀의 상사가 동의할 수도 있을 것이다. 중요한 것은 성과를 향상시키거나 업무관계의 긴장감을 줄이려는 노력을 기울이기 전에 어떤 부분이 서로 만족스럽지 않은지에 대해 의견 일치를 보는 것이다.

앞서 스티브와 제프의 사례를 언급할 때 '근거'라는 단어가 쓰인 것을 알 수 있을 것이다. 상황을 개선하려는 시도가 효과를 보기 위해서는 상사가 사실과 데이터를 근거로 자신의 생각을 뒷받침할 수 있어야 하기 때문이다. 제프가 스티브에게 "나는 자네가 보고서를 열심히 준비하지 않았다는 느낌이 드네"라고 한 말처럼, '느낌'을 근거로 해서는 안 된다. 그보다는 좋은 보고서란 어떻게 써야 하는지 설명하면서 스티브의 보고서가 부족한 이유를 제시했어야 한다. 이와 마찬가지로 부하직원도 자신의 성과에 대해 변명하고 강점을 내세울 수 있는 시간을 가져야 한다. 상사가 자신의 성과에 대해 어떤 의견을 갖고 있다고 해서 그것이 반드시 사실이 되는 것은 아니기 때문이다. 두 번째 단계의 목표는 두 사람이 확보할 수 있는 사실을 근거로 어느 부분의 성과가 문제인지 의견 일치를 보는 것이다.

상사는 과거에 자신이 보였던 행동으로 인해 부하직원이 자신을 '편견 많고 불공평한 사람'으로 간주하여 과거에 제시한 피드백의 대부분을 무시했을 수도 있다는 점을 염두에 두어야 한다. 상사의 피드백을 가치 있게 받아들이게 하기 위해서는 이번만큼은 주의를 기울여 피드백을 생각해냈으며 공정하게 전달한다는 점을 부하직원에게 납득시켜야 한다. 7장에서 살펴보았던 것처럼 상사가 모든 관련 정보를 입수하고 부하직원에게 해명과 설명의 기회를 제공한 후 그것들을 진심으로 고려하고, 일관된 기준을 적용하여 비판을 할 때 부하직원은 상사의 피드백 과정을 공정하게 여긴다. 대화를 나누는 동안 부하직원의 생각에 관심을 갖고 부하직원을 존중하는 태도를 보여야 한다. 의견이 일치하지 않더라도 부하직원을 지원하는 태도를 보일 때 상사의 피드백을 공정하게 받아들일 가능성이 크다.

상사와 부하직원은 특정 분야의 성과가 낮은 원인에 대해 똑같은 결론을 내려야 한다

성과가 낮은 분야를 파악하고 난 후에는 그 원인을 파헤쳐야 한다. 부하직원에 초점을 맞춘 질문으로는 그가 업무의 우선순위를 정하거나 시간을 관리하거나 다른 직원들과 협력하는 기술이 부족한 것인지? 경험이나 지식, 능력이 부족한 것인지? 상사와 부하직원이 업무의 우선순위에 대해 같은 생각을 하고 있는지? 상사가 중요하다고 밝히지 않았기 때문에 부하직원이 특정 요소를 간과한 것은 아닌지? 또는 상사가 완벽한 보고서보다는 적시 제출이 더 중요하다고 구체적으로 밝히지 않았던 것은 아닌지? 부하직원이 스트레스를 받으면 능력을 발휘하지 못하는 것은 아닌지? 부하직원이 생각하는 성과 기준이 상사가 생각하는 것보다 낮은 것은 아닌지? 이 모든 것들이 당면한 성과 문제의 근본 원인이 될 수 있기 때문에 향후에 처리하거나 바로잡을 수 있게 따로 구분해 놓아야 한다.

이런 원인에는 부하직원을 대하는 상사의 행동이 포함될 가능성이 크다. 따라서 상사는 자신의 행동을 언급하면서 부하직원으로부터 자신의 행동에 대한 직접적인 피드백을 구해야 한다. 이 단계의 관건은 직원의 성과가 상사의 기대치에 미치지 못하는 이유를 찾아내 분석하는 것이다. 상사가 부하직원과의 관계에 긴장감이 돌아 유감이라고 털어놓으면 부하직원도 자신의 감정을 솔직히 드러내기가 쉬울 것이다. 상사가 필패 신드롬의 역학구도를 설명해줄 수도 있을 것이다. "자네를 대하는 나의 행동 때문에 상황이 더 안 좋아진 건가?" 또는 "내가 어떻게 했기에 자네가 그렇게 스트레스를 많이 받는 거지?"라는 식으로 대화를 유도할 수도 있을 것이다. 상사 역시 부하직원이 잘못한 점을 지적할 수 있다. "그건 그렇고 말이야, 자네도 나를 열받게 하는 때가 있거든. 그러니까 우리 관계가 이렇게 된 데에는 자네가 기여한 부분도 있어"라면서 말이다.

이 단계에서는 상사와 부하직원이 지금까지 서로에 대해 추측해왔던 것에 대해서도 솔직하게 털어놓아야 한다. 상대방에 대한 입증되지 않은 억측에서 비롯되는 오해가 많다. 상사와 부하직원은 저마다 자신이 어떤 모습을 보았고 그로 인해 잠정적으로 어떤 결론을 내렸는지 설명해야 한다. "제가 본 것은 이래요. 그래서 그렇게 생각하게 되었지요…." 그런 다음 상대방에게 그에 대해 대응할 수 있는 시간을 주어야 한다. 제프의 경우를 예로 들면, "내가 요청한 보고서를 제출하지 않았을 때 나는 자네가 그다지 적극적인 사람이 아니라는 결론을 내렸지"라고 말했을 수도 있었을 것이다. 그러면 스티브가 자신이 억측했던 부분을 털어놓았을 것이다. "아니요. 제가 부정적인 반응을 보인 이유는 서면으로 보고서를 제출하라고 하니까 그게 저를 지나치게 통제하려는 것이라고 생각했던 거죠." 그러면 제프는 "나는 즉석에서 물어봐서 자네를 당황하게 만들기보다 자네에게 시간을 더 주기 위해서 그랬던 것이지"라고 대답했을 것이다. 그러나 이런 대화를 나누지 않았기 때문에 서로에게 예민해 있던 두 사람은 있는 그대로 설명할 수 있는 기회를 갖지 못했다.

이와 마찬가지로 상사도 부하직원에게 자신이 어찌해야 좋을지 몰랐던 때를 언급해야 한다. "자네가 기술을 개발하는 데 도움이 되는 업무를 내가 자네에게 맡기지 않았다는 것은 나도 알아. 하지만 그러려고 할 때마다 자네 반응이 그렇게 긍정적이지 않았지." 또는 "내가 다른 직원들보다 유독 자네가 하는 일을 더 주시해서 살펴본 다는 것을 나도 알아. 그래서 내가 자네를 믿지 않는다고 생각할 수도 있어. 하지만 자네는 문제가 발생해도 너무 늦게까지 알려주지 않는단 말이야. 이 경우와 저 경우에서처럼. 그래서 내가 직접 정보를 알아내야 되겠다고 생각했던 거지." 앞서 설명했던 것처럼 부하직원은 상사가 어떤 제약 아래에서 일을 하는지 완전하게 이해하지 못한다. 때문에 상사가 아무리 좋은 의도로 해석하려고 해도 부하직원의 행동이 상사를 어려운 딜레마에 빠뜨리는 경우가 있다는 점을 부하직원이 이해하게끔 도와주지 않으면 안 된다.

이 단계에서 부하직원이 과거에 당한 부당한 일을 끄집어내는 경우도 있다. 과거를 잊고 밝은 미래를 도모하고 싶은 생각을 하는 상사에게 이 시간이 유쾌할 리 없다. 그러나 부하직원에게는 대단히 중요한 부분이다. 상사는 다음 세 가지 사실을 염두에 두면서 부하직원의 불만에 반드시 귀를 기울여야 한다. 첫째, 부하직원이 분노를 표출하고 "마음에 담고 있던 과거를 내려놓게 하는 것"이 중요하다. 대부분의 사람들에게는 자신이 느끼는 절망감을 들어주고 불만을 토로할 수 있는 대상이 있게 마련이다. 불만을 토로한다고 해서 문제가 해결되는 것은 아니지만 어느 정도 마음의 압박을 해소하도록 도와주는 것은 사실이다.

둘째, 부하직원의 말을 들으면 부하직원이 얼마나 민감한지 좀 더 잘 파악할 수 있다. 우리는 다른 사람들이 얼마나 사소한 것에 상처받을 수 있는지 깨닫지 못하는 경우가 많은데, 부하직원의 말을 들으면 그에 관한 소중한 정보를 얻을 수 있다. 그리고 셋째, 부하직원이 털어놓는 과거에 대한 불만을 들음으로써 상사는 과거의 불공정한 일을 바로잡으려고 노력하거나 최소한 부하직원에게 그 당시 자신이 그런 행동을 보인 의도와 이유를 설명할 수 있는 기회를 갖게 된다. 상사는 지나간 과거를 바꿀 수 없기 때문에 과거에 대해서는 이야기할 필요가 없다고 생각하는 경우가 많다. 그렇다. 일반적으로 이미 저지른 일은 무효화할 수 없다. 그렇지만 왜 그랬는지 설명해주고, 필요한 경우 의도했던 바는 아니지만 상대방에게 해를 끼쳤던 점에 대해 사과할 수는 있다.

의학과 마찬가지로 필패 신드롬도 모든 주요 증상들을 고려해야 올바른 진단을 내릴 수가 있는 법이다. 의학과 다른 점은 상사와 부하직원이 힘을 합쳐 근본적인 원인을 파악해야 한다는 것이다. 그래야 이런 취약점을 어떻게 해결해 나갈 수 있을지 서로 의논할 수 있다. 물론 부하직원이 자신에게 문제가 없다고 단언해버리면 대화를 이어가기가 힘들 것이다.

부하직원이 자신의 취약점을 인식하지 못할 때: 지금까지는 부하직원이 자신의 강점과 약점에 대해 솔직하게 대화를 나눈다는 것을 전제로 살펴보았다. 필패 신드롬에 사로잡힌 부하직원들을 조사할 때 스스로를 완벽하다고 생각하며 개선할 필요가 없다고 느끼는 사람은 거의 없었다. 그러나 자신의 업무 성과를 과대평가하는 부하직원들은 있었다. 그런 사람들은 그저 자신의 약점을 인식하지 못하는 것이다. 이런 현상이 발생하는 주요 원인은 과거의 상사가 부하직원에게 어떤 단점이 있는지 솔직하게 알려주기를 꺼렸기 때문이다. 과거에 자신의 행동과 성과에 대한 부정적인 피드백을 받은 일이 없었던 부하직원은 상사의 피드백을 듣고 충격에 빠진다. 그러고는 상사의 피드백을 편향되고 개인적인 생각이라고 치부해버린다. "부장님은 제가 모시는 다섯 번째 상사인데 여태까지 저에게 이런 말을 한 분은 아무도 없었습니다. 아니, 오히려 [이런 저런 점]에 대해서 칭찬을 받았죠. 부장님의 생각이 잘못되었거나 아니면 선입견이 있으신 거겠지요."

그런 불편한 순간을 사라지게 만드는 요술봉이나, 그 순간 부하직원이 객관적으로 스스로를 돌아보게 해주는 마법의 약 같은 것은 없다. 대신 세 가지 조언을 해줄 수는 있다. 첫 번째 조언은 앞서 설명했던 데이터와 근거다. 상사라면 이런 면담에 대비해 철저한 준비를 갖춰 부하직원에게 실 사례를 제공할 수 있어야 한다. 특히 이런 직원은 다른 직원들보다 상사의 판단을 직접적으로 거부할 가능성이 더 크기 때문이다.

두 번째 조언은 부하직원의 입장에 공감하는 커뮤니케이션을 하라는 것이다. 대화를 시작할 때 상사가 가장 먼저 부하직원의 입장에 공감한다는 의사표현을 하는 것이 좋다. 예전 상사들이 지금껏 성과가 떨어진다는 문제점을 단 한 번도 제기하지 않음으로써 부하직원에게 도움을 주지 못한데다 어쩌면 지금 상사도 그에게 도움을 주지 않고 있는지도 모른다. 여러 사람들이 공동으로 저지른 이런 실패는 물론, 그로 인해 현 상사와 부하직원이 느끼는 어려움까지 인식해야 한다. 최근 커뮤니케이션 전문가인 홀리 윅스Holly Weeks는 심술궂은 유머 감각 때문에 동료들의 성과에까지 악영향을 미치고 점점 동료들로부터 외면당하는 부하직원과 대면하는 상사의 사례를 소개했다. 그 부하직원에게 문제점을 제기한 사람은 아무도 없었다. 윅스는 다음과 같은 대화를 나눌 것을 제안했다.

> 제레미, 자네 업무의 질이 점점 나빠지고 있어. 그 원인 가운데 일부는 동료들이 자네에게 문제를 제기해서 자네의 날선 농담을 듣고 싶어 하지 않기 때문이지. 나 역시 이런 어려움을 자네에게 솔직히 말하길 꺼렸던 만큼 나에게도 책임이 있어. 내가 좋아하고 존중하고 오랫동안 함께 일해온 자네인데 말이야.[4]

상사들은 저마다 편하면서도 진심을 담아낼 수 있는 표현을 이용해야 한다. 그러나 부하직원이 직면하는 어려운 상황을 공감하고 과거의 상사들, 그리고 어쩌면 현 상사인 당신까지도 부하직원이 그렇게까지 된 데 일부 책임이 있음을 인정한다는 의사표시를 할 수 있어야 한다.

마지막 조언: 앞서 우리는 상황 개선을 위해 시도할 때 대화를 한 차례 이상 가질 수도 있다고 했었다. 부하직원이 상사의 판단과 근거에 크게 놀랄 가능성이 있다면 특히 한꺼번에 모든 것을 해결하겠다는 계획을 세우지 않는 편이 적절하다. "지금부터 어떻게 하는 것이 좋을까?"와 "상황을 어떻게 개선시키면 좋을까?"와 같은 지적

인 대화를 나누기 전에 부하직원이 먼저 상사로부터 들은 내용을 소화시킬 수 있는 시간을 갖는 것이 좋을 수도 있다.

상사와 부하직원이 성과 목표치와, 앞으로 두 사람 사이의 관계 개선을 위해 해야 할 일에 대해 합의해야 한다

의학에서는 병을 진단하고 나면 처방을 내린다. 조직의 역기능을 바로잡는 것은 이보다 조금 더 복잡하다. 행동을 수정하고 복잡한 기술을 연마하는 것이 알약 몇 개를 먹는 것보다 훨씬 더 어렵기 때문이다. 또 다른 큰 차이점은 이런 대화의 목적이 부하직원을 '바로잡는' 게 아니라 공동의 치료 방안을 찾는 것이라는 점이다. 상사와 부하직원은 상황을 개선시키려는 시도를 통해 서로 실망시켰던 점들을 해결해주는 치료 방안을 계획해야 한다.

치료 방안에는 상사와 부하직원 양측이 실천할 사항들이 포함되어야 한다. 또한 기술이나 지식, 경험, 또는 개인적인 관계를 향상시킬 수 있는 방법도 찾아야 한다. 그리고 실행 시기와 그에 따른 결과가 예상되는 구체적인 시점도 정해져야 한다. 증상이 호전되는 조짐이 없으면 진단이 잘못되었거나 부하직원(이나 상사, 또는 두 사람 모두)이 합의된 변화를 실천하는 데 어려움을 겪고 있는 것이다. 어떤 식으로든 진전된 정도를 검토할 수 있는 방안이 마련되어야 한다. '시범 기간'이 끝날 때까지 기다렸다가 부하직원에게 "미안한데 자네는 해내지 못했어. 그래도 기분 좋게 끝내자고!"라고 말하는 것이 목표가 아니기 때문이다.

또한 두 사람은 검토 메커니즘에 대해서도 합의해야 한다. 그러기 위해서는 향후 상사가 얼마나 많이 부하직원을 감독할 것이며 어떤 식으로 감독할 것인지에 대한 명확한 의논을 해야 한다. 그리고 제안된 해결책은 이 두 가지 사항에 부응해야 한다. 분명 상사의 지나친 간섭은 부하직원에게는 방해가 된다. 그러나 상사에게도 도움이 될 만한 아이디어나 인맥, 자원이 있을 수 있고, 부하직원이 알지 못하는 것을 상사가 알고 있을 수도 있다. 게다가 윗사람들의 경우에는 상사에게 책임을 묻기 때문에 부하직원의 자율성을 없애지 않는 한도 내에서 무슨 일이 벌어지고 있는지 파악하고 있어야 한다. 부하직원에게는 권한을 부여받을 권리가 있지만 그와 마찬가지로 상사에게도 밤에 편하게 잠들 권리가 있다.

좀 더 많은 자유를 주고 권한을 위임하고 신뢰하는 것이 포기를 의미하지는 않는다. 상사가 부하직원의 업무를 감독하고 어느 정도 관여하는 것은 정당한 행동이다. 특히 부하직원이 업무의 특정 부분에 한계를 보일 때는 더욱 그렇다. 그러나 부하직원의 입장에서는 부하직원의 발전과 향상을 도모하기 위해 도와주려는 목적을 가졌을 때에만 받아들이고 환영할 수 있다. 대부분의 부하직원들은 자신의 성과가 향상될수록 상사가 관여하는 일이 점점 줄어드는 일시적인 간섭만 받아들인다. 문제는 시간이 지나도 상사의 심한 감독과 통제가 사라지지 않는 것처럼 느껴진다는 점이다.

상사와 부하직원은 향후에 좀 더 솔직한 커뮤니케이션을 위해 방금 했던 대화를 발전시켜나가야 한다

상사와 부하직원이 현재의 지저분한 상태를 해결할 수 있는 방법을 모색했다면 다시 예전과 같은 관계로 되돌아가지 않는 방안도 마련해야 한다. 두 사람이 주기적으로 '정상 회담'을 갖는 것이 아니라 두 사람의 관계를 재조정할 필요성 자체를 없애는 것이 목적이다.

새로운 궤도를 정하긴 했는데 양쪽이 약속한 것을 지키는지는 어떻게 확인할 수 있겠는가? 두 사람 모두 자신의 의도를 행동으로 보여야 한다. 부하직원이 먼저 실천하기 시작해야 한다. 하지만 상사도 선별적으로 관찰하고 기억하는 습성과 선입견으로 상대방에게 원인을 귀속시키는 태도를 버리려고 노력해야 한다. 4장에서 살펴보았던 것처럼 상사는 행동과 결과를 자신이 기대한 대로 해석하는 놀라운 능력이 있다. 관계가 개선되기 위해서는 부하직원의 성과가 향상되었을 경우 상사가 그것을 인정해줄 수 있어야 한다.

상사가 이렇게 행동을 변화시키고 새로운 규칙을 따르며 사는 법을 어떻게 배우는지 10장에서 살펴볼 것이다. 그러나 우선은 서로가 서로를 감시하는 것이 좋을 것이다. 전과 같은 일이 발생하지 않기 위해 상사는 이런 식으로 말할 수 있다. "다음에 내가 낮은 기대치를 갖고 있다는 뜻으로 말을 하면 즉시 나에게 그 사실을 일깨워주겠나?" 그러면 부하직원은 이렇게 말하거나 말하고 싶은 생각이 들 것이다. "다음에 제가 부장님을 화나게 한다거나 부장님이 도저히 이해할 수 없는 행동을 하면 부장님도 재빨리 그 사실을 저에게 알려주시겠습니까?" 이런 간단한 요청을 서로에게 하는 순간 좀 더 솔직한 관계로 발전할 수 있는 문이 열리게 되는 것이다.

상사는 합의된 내용을 상황을 개선시키기 위한 과정의 일부로 이해하고 따라야 한다

공정한 절차를 따르는 걸 성과 기준을 낮추거나, 약점을 눈감아 주거나 허용하는 것과 혼동해서는 안 된다. 상사와 부하직원은 변화해나가면서 특정한 행동을 실천하며 정해진 날짜까지 일정 수준의 성과 목표치를 달성하겠다고 합의했다. 상사가 명심해야 할 것은 '계약 기간' 동안 커뮤니케이션을 많이 하는 것이다. 상사는 반드시 그 기간이 끝나는 날까지 부하직원이 약속한 사항을 얼마나 잘 실천했는지 검토하면서 일종의 종결을 봐야 한다.

계약의 목표가 구체적으로 정해져야 하고 계약 기간 동안의 커뮤니케이션 과정이 효과적이어야 하며 양쪽 모두 결과에 대한 평가에 동의해야 한다. 공정한 절차는 부하직원이 스스로에 대해서 솔직하게 평가할 가능성을 높여준다. 그러나 결국 결과를 평가하고 적절한 조치를 결정하는 것은 상사의 몫이다. 상사가 취할 수 있는 조치 가운데 부하직원에게 더 이상 그 일을 맡기지 않는 방법이 있다. 그것이 회사에서의 해고를 의미하는지는 회사에서 해당 직원을 필요로 하는지(경제적인 상황도 일부 원인이 될 수 있다)와, 직원이 보유한 기술(예를 들어 직원이 회사의 다른 부서에서 더 잘 활용할 수 있는 주요 강점을 가지고 있거나 다른 회사에서 더 잘 활용할 수 있는 강점을 가졌다거나 아니면 주요한 강점을 가지고 있지 않은 '평범한 수준'일 수 있을 것이다)을 비롯해 몇 가지 기준에 따라 달라진다.

필패 신드롬을 깨는 작은 용기

상사가 얼마나 큰 보답을 받고 어떤 형태의 보답을 받는지는 분명 상황을 개선하고자 하는 노력의 결과에 따라 달라진다. 그것은 다시 양측의 결정, 두 사람의 관계가 얼마나 냉각되어 있었는지와 같은 정황적인 주요 요소는 물론 상황 개선 시도의 수준에 따라서도 달라진다. 개선될 수 있는 두 가지 큰 요소는 부하직원의 성과와 업무관계의 질이다.

특정한 결과의 가능성을 예측하는 것은 불가능하다. 너무나 많은 변수에 따라 달라지기 때문이다. 그러나 결과가 어떻든 상사가 투자한 것에 대해서는 항상 회수하는 것이 있게 마련이다. 최상의 경우는 상황 개선 시도가 코칭과 훈련, 업무 재디자인, 분위기 회복으로 이어지는 경우다. 그 결과 부하직원의 성과가 향상되고 관계가 개선되며 필패 신드롬과 관련된 손실이 사라지거나 적어도 눈에 띄게 줄어든다.

그러나 성과는 향상되지만 관계가 개선되지 않는 드문 경우도 있다. 물론 이는 관계가 무엇을 의미하는지에 따라 달라진다. 따뜻함이나 사교적 교류, 배려 측면에서는 상사와 부하직원의 관계가 변하지 않을 가능성이 크다. 각각의 성격, 인생관, 인구통계학적 특징으로 인해 그런 식의 친밀한 관계를 갖기가 어려울 수도 있다. 그러나 업무관계 측면에는 존중, 솔직함, 신뢰를 비롯한 여러 가지 다른 면도 포함된다. 상사가 부하직원과 한자리에 앉아 기대하는 바를 분명하게 밝히고 부하직원의 말을 듣고 도움을 제안한다는 사실 자체가 부하직원의 존중을 받을 만하기 때문이다. 관계가 가장 개선되지 않는 상황은 부하직원의 행동을 통제할 목적으로 대화를 가졌을 때이다. 상사가 중요시하는 일에 대해 부하직원이 오해하거나 동의하지 않는 것이다. 일단 상사가 중요시하는 것들이 무엇인지 밝혀지면 부하직원은 자기 보호를 위해 그에 순응하게 된다. 따라서 상사가 보기에 성과는 향상되지만, 실제로 전보다 더 신뢰하는 관계로 발전하거나 서로에게 도움이 되는 관계로 개선되지는 않는 것이다. 그럼에도 불구하고 부하직원으로 인한 상사의 고민이 줄어들고 상사의 감시나 업신여김이 줄어들었다는 사실만으로도 관계를 통해 얻는 스트레스가 줄어든다. 적어도 이제는 더 이상 겨우겨우 유지해가는 관계는 아니기 때문이다. 최악의 관계에서 참을 만한 관계로 발전한 것이라 할 수 있다.

또 다른 경우는 부하직원의 성과 향상은 미미하지만 상사로부터 솔직한 의견을 듣게 되어 두 사람의 관계가 생산적으로 발전하는 것이다. 상사와 부하직원은 이제 부하직원이 어떤 면에서 고전하는지 혹은 잘하는지 전보다 더 잘 이해하게 된다. 이렇게 서로에 대한 이해력이 높아지면 상황을 한층 더 개선시키려는 점에서 좋은 영향을 준다. 예를 들어 상사와 부하직원이 부하직원의 강점과 약점에 맞는 업무를 찾기 위해 함께 노력하게 된다. 부하직원이 기존에 맡던 업무를 바꿔주거나 부하직원을 회사 내의 다른 부서로 이동시켜서 부하직원에게 맞는 일을 찾아줄 수 있다. 심지어 부하직원이 자진해서 회사를 그만두겠다고 할 수도 있다.

이런 결과는 첫 번째 결과만큼 성공적이지는 않지만 그래도 생산적이기는 하다. 좀 더 솔직한 관계가 상사와 부하직원, 팀, 그리고 부하직원이 관리하는 사람들에게까지 부담을 덜어주기 때문이다. 그리고 새로운 부서로 이동해서 자신에게 더 잘 맞는 업무를 맡게 되면 부하직원은 높은 성과를 내는 직원으로 탈바꿈할 수도 있다. 부하직원의 이동은 또한 그가 기존에 하던 일을 좀 더 잘 할 수 있는 직원에게 맡길 수 있는 기회가 되기도 한다.

솔직히 우리는 결과의 본질이 반드시 상황 개선 시도의 수준을 반영한다고는 믿지 않는다. 상사가 상황을 개선하려는 시도를 통해 높은 생산성을 올렸다고 해도 부정적인 결과가 나올 수 있다. 아무리 최악의 경우라도 상사는 최소한 공정한 절차를 연습하고 계획하면서 커뮤니케이션과 리더십 기술을 개발할 수 있다. 그뿐만 아니라 다른 팀원에게 모범적인 행동을 보일 수 있는 기회를 갖게 된다.

필패 신드롬은 조직에 치명적인 병이 아니다. 고칠 수 있다. 첫 단계는 상사가 그 존재를 인식하고 그 역학구도에서 자신이 맡은 역할을 인정하는 것이다. 두 번째 단계는 상사가 철저한 준비와 명확하고 집중된 대화를 통해 상황을 개선하는 것이다. 이를 위해서는 상사와 부하직원이 안 좋은 성과와 원인, 공동의 책임을 나타내는 근거를 토대로 허심탄회하게 이야기를 나누면서 앞으로 '문제' 자체와 향후 두 사람의 관계를 어떤 식으로 개선해나갈 것인지 합의해야 한다(이에 관한 개략적인 내용은 "다시 시작하기" 참조).

필패 신드롬을 치료하기 위해서는 관리자 스스로 자신이 추측하고 있는 생각들이 맞는지 의문을 던져보아야 한다. 또한 어느

다시 시작하기

바람직하고 생산적인 대화를 나누기 위해서는 반드시 철저한 사전 준비를 거쳐야 하며 솔직해야 하고 합의된 결정을 도출해야 한다. 첫째, 상사는 자신의 생각과 근거를 모은 다음 열린 마음을 갖기 위해, 자신의 피드백이 공정하다는 인식을 주기 위해 그것들이 맞는지 '타진해'봐야 한다. 상황을 개선시키려는 노력은 다음과 같은 여섯 단계를 거친다.

1. 준비 단계: 상사가 부하직원과의 사이에 긴장감이 돈다는 사실과 직원의 성과 문제에 자신도 일부 책임이 있음을 인정한다. 부하직원은 상사의 행동에 대해 자유롭게 이야기할 수 있어야 한다. 적절한 분위기와 장소를 찾는 것이 도움이 될 것이다.
2. 증상에 대한 동의: 양측은 확실한 근거를 토대로 대화 중에 논의해야 할 증상에 대해 합의해야 한다. 특히 부하직원이 고전해왔다고 동의하는 구체적인 부분이 어디인지 파악해야 한다.
3. 원인 진단: 상사와 부하직원이 성과가 낮은 원인을 함께 살펴봐야 한다. 또한 상사의 행동이 부하직원의 성과에 어떤 영향을 주었는지도 살펴봐야 한다. 상사는 부하직원이 과거의 불만을 털어놓을 수 있는 시간을 갖게 해야 한다.
4. 치료 방법 모색: 양측은 성과 목표를 합의하고, 그런 목표치에 도달하고 관계를 개선시키기 위해 양측이 실천해야 하는 구체적인 행동에 대해 합의해야 한다.
5. 재발 방지: 양측은 향후에 문제가 발생할 경우 서로 힘을 합쳐 해결하기로 약속하면서 좀 더 솔직한 커뮤니케이션으로 이어지는 문을 열어야 한다.
6. 치료 방법의 효과 관찰: 처음에 나누었던 대화 외에도 양측은 치료 방법이 얼마나 큰 효과를 보고 있는지 평가하고 개선되는 모습을 논의하기 위해 주기적으로 검토하는 시간을 가져야 한다.

한 사람만을 탓할 수 없는 상태에서 책임 소재를 따지려 들기보다는 원인과 해결책을 찾기 위해 자기 자신의 내면을 살펴보는 용기도 필요하다. 이런 대화를 쉽게 만들거나 100퍼센트 성공하게 만드는 특효약 같은 것은 없다. 그러나 스티브와 제프의 사례를 이용해 바람직하고 생산적인 대화가 어떤 형태로 이루어지는지, 그리고 근본 원인을 어떻게 분석해야 하는지 추가적인 통찰을 제시할 수는 있다.

상사가 먼저 손을 내밀어야 한다

스티브의 상사인 제프가 부정적인 소용돌이를 끊기 위해 어떤 노력을 할 수 있었는지 살펴보자. 제프의 경우 세 가지 목적을 염두에 두고 대화에 접근할 수 있었을 것이다.

1. 관계가 불편하다는 사실을 인정하고 그 문제를 의논하겠다는 생각으로 접근
2. 구체적인 성과 문제를 해결하기 위해(품질 관리 오류 내역에 대한 스티브의 후속조치 수준)
3. 향후에 제프와 스티브 사이에 그런 문제가 다시 발생하지 않도록 하기 위해 – "우리 사이가 어쩌다 이렇게 되었는가?"를 의논하기 위해

제프가 가장 먼저 해야 할 일은 어디에서 대화를 나눌 건지를 결정하는 것이다. 앞서 언급했던 것처럼 사무실보다는 제법 중립적이고 형식적이지 않은 곳을 찾는 것이 좋다. 사무실에서 대화를 나

누면 전에 겪었던 어려움이나 불쾌한 대화의 기억이 떠오를 수도 있기 때문이다. 그런 다음 제프는 스티브에게 다음과 같은 말을 했어야 한다.

자네와 의논하고 싶은 것이 있어. 같이 일한 지 이제 거의 1년 정도 지났는데 우리 두 사람 모두 우리가 원하는 것만큼 잘 되지 않은 것들이 있지 않나. 그 점은 자네도 알고 있다고 생각하네. 한편으로는 자네 성과 가운데 일부가 내 마음에 들지 않는 면이 있는데, 그 문제가 우리 관계에 점점 더 많은 영향을 끼치고 있어. 그런데도 우리가 그 점에 대해서 충분한 대화를 나누지 않았다고 생각하네.

이쯤 되면 스티브는 아마도 '또 시작이군…'이라는 생각을 할 것이다. 그러나 제프는 계속해서 다음과 같이 말했어야 한다.

그런데 그 문제가 발생하기까지 나 역시도 일조했다는 사실을 점점 깨닫고 있어. 그러니까 시간을 내서 우리가 이 상황을 어떻게 벗어날 수 있을지 이야기해보지 않으려나? 나는 자네를 믿고, 우리를 믿어. 그러니까 우리가 함께 노력하면 업무관계와 우리 두 사람의 성과가 모두 향상될 것이라고 믿어 의심치 않네. 오늘 오후나 내일쯤 카페에서 이 문제에 대해 이야기해보지 않겠나?

그들이 카페에서 만나면 제프는 앞서 자신이 한 말에 덧붙여 이런 식으로 대화를 시작할 수 있을 것이다.

지난 일 년 동안 나는 자네에게 이런저런 건에 대한 피드백을 주기도 하고 제안을 하기도 했어. 그런데 우리가 함께 일하는 방식에 대해서는 한 번도 제대로 이야기한 적이 없는 것 같아. 그래서 오늘 이런 이야기를 하고 싶었던 거야. 자네가 우리 관계에 대해서 어떻게 느끼는지 모르겠어. 좀 이따가 말해줄 수도 있겠지. 그렇지만 내가 어떻게 느끼는지 먼저 말해주고 싶네.

기본적으로 나는 우리 두 사람 사이가 상당히 불편하다고 느끼고 있어. 내가 자네에게 무언가를 하라고 지시할 때마다 자네가 모든 것을 다하지 않아 짜증이 나기 시작했지. 그리고 짜증이 더 많이 나면 날수록 점점 자네에게 안달을 낸다는 사실을 깨달았어. 때로는 자네에게 화가 날 때도 있는데 난 그러고 싶지 않거든. 자네에게 안달을 내거나 화를 내고 싶지 않아. 그보다는 잘 지내면서 편하고 즐거운 대화를 나누고 싶지. 이런 긴장감을 나만 느끼는 건가, 아니면 자네도 느끼는가?

그리고 자네가 하는 것 중에 나를 짜증나게 만드는 것들이 몇 가지 있어. 내가 하는 행동 중에 자네를 짜증나게 만드는 것도 분명 있겠지. 그러니까 내 행동을 비롯해서 그런 것들에 대해서 이야기해보자고. 어떤가?

의논할 사안에 자기 자신에 대한 문제까지 포함시켰기 때문에 제프는 성과 문제를 가장 먼저 들먹이는 이유를 대야만 한다.

내가 생각하고 있는 가장 큰 문제를 먼저 꺼내고 싶어. 그렇지만 의논을 하자는 것이니까 이 문제가 발생하기까지 내가 어떤 기여를 했는지 자네도 얘기해주면 좋겠네. 알았나?

내가 생각하는 것은 품질 관리 오류에 관한 문제와 그에 대한 후속조치야. 그런 오류의 원인에 대한 보고서를 주기적으로 보내라고 자네에게 요청했잖아. 그런데 내가 보기에는 자네가 내는 보고서들이 그리 도움이 되지 않아. 오류가 발생하고 나서 한참 지난 후에도 보고서가 올라오지 않고 원인에 대한 분석도 너무 표면적이기만 해. 적어도 내가 보기엔 말이지. 내가 하는 말이 무슨 뜻인지 자세하게 설명해달라고 하면 해주겠네. 그렇지만 그보다 먼저 전체적으로 내 생각이 공정하다고 느껴지는지 묻고 싶네. 자네는 자네가 작성한 보고서에 만족하나? 아니면 내가 보지 못하는 방식으로 후속조치를 취하고 있는 건가?

제프는 마음속으로 몇 가지 사례를 기억하고 있어야 하고 관련 문서도 생각하고 있어야 한다. 제프도 스티브가 그 문제에 대해 생각해보고 자기주장과 근거를 준비할 시간을 갖고 싶다면 그렇게 해줄 의향이 있어야 한다. 그래야 대화가 공정하게 되기 때문이다.

그들 사이의 대화가 시작되면 두 가지 방향으로 나뉘는데 이는 보고서가 별 도움이 되지 않는다는 말에 스티브가 동의하느냐 동의하지 않느냐에 따라 달라진다(〈그림 8-1〉은 스티브와 제프가 처한 상황의 근본 원인을 분석해놓은 것이다). 보고서의 수준에 대해 스티브가 동의하지 않을 경우 스티브의 행동의 주요 원인이 재조명될 수 있다. 그동안 제프는 스티브가 그다지 적극적이지 않다는 사실을 보여주는 표시로 보고서 문제를 바라봤고 노력 부족이나 시간관리 문제와 상관이 있을 것이라고 추측해왔다. 그러나 이제 다른 원인이 있을 가능

필패 신드롬

|그림 8-1| 근본 원인 분석

스티브의 사례

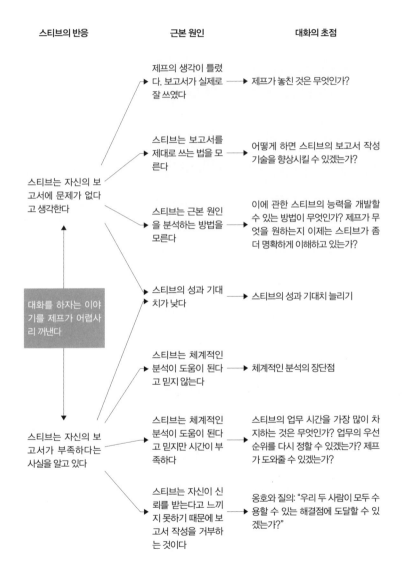

스티브의 반응	근본 원인	대화의 초점
	제프의 생각이 틀렸다. 보고서가 실제로 잘 쓰였다 →	제프가 놓친 것은 무엇인가?
	스티브는 보고서를 제대로 쓰는 법을 모른다	어떻게 하면 스티브의 보고서 작성 기술을 향상시킬 수 있겠는가?
스티브는 자신의 보고서에 문제가 없다고 생각한다	스티브는 근본 원인을 분석하는 방법을 모른다	이에 관한 스티브의 능력을 개발할 수 있는 방법이 무엇인가? 제프가 무엇을 원하는지 이제는 스티브가 좀 더 명확하게 이해하고 있는가?
대화를 하자는 이야기를 제프가 어렵사리 꺼낸다	스티브의 성과 기대치가 낮다 →	스티브의 성과 기대치 늘리기
	스티브는 체계적인 분석이 도움이 된다고 믿지 않는다 →	체계적인 분석의 장단점
스티브는 자신의 보고서가 부족하다는 사실을 알고 있다	스티브는 체계적인 분석이 도움이 된다고 믿지만 시간이 부족하다	스티브의 업무 시간을 가장 많이 차지하는 것은 무엇인가? 업무의 우선순위를 다시 정할 수 있겠는가? 제프가 도와줄 수 있겠는가?
	스티브는 자신이 신뢰를 받는다고 느끼지 못하기 때문에 보고서 작성을 거부하는 것이다	옹호와 질의: "우리 두 사람이 모두 수용할 수 있는 해결점에 도달할 수 있겠는가?"

성이 생겼다. 예를 들어 (a)제프의 생각과 달리 보고서가 실제로 잘 쓰인 것일 수 있다. (b)보고서 작성법을 스티브가 모를 수도 있다 (따라서 후속조치는 잘 처리했으면서도 그 사실을 제대로 전달하지 못했던 것일 수 있다). (c)스티브가 오류 원인 분석 방법을 잘 모를 수 있다.

이런 원인들 대부분은 스티브가 노력한 정도나 시간관리 수준과 관련이 없는 것들이다. 그보다는 인지 요인들과, 그런 업무를 처리하는 방법을 제프와 스티브가 저마다 어떻게 이해했는지와 더 관련이 있다. 제프가 자신의 생각이 틀렸다는 것을 깨닫는다면 자신의 의견을 수정하거나 스티브의 보고서 작성 기술이나 근본 원인 분석 능력을 향상시킬 수 있도록 도와줄 수 있을 것이다.

자신이 보고서를 제대로 작성하지 않았다는 데 스티브가 동의한다면 제프는 다음과 같은 말을 할 수 있을 것이다.

자네 스스로도 제대로 작성되지 않았다고 인정하는 보고서를 올린 원인에 대해서 내 입장에서는 두 가지 가능성을 생각해볼 수 있어. 다른 원인들이 있을 수도 있겠지만 내가 보는 건 두 가지야. 하나는 자네가 품질 관리 오류 원인 분석을 하는 데 시간을 들이는 게 바람직하지 않거나 좋은 생각이 아니라고 생각하는 것이야. 또 다른 가능성은 분석하는 것은 좋은 생각인데 그걸 나에게 보고하는 것을 싫어하는 경우지. 원인이 무엇이든 솔직하게 이야기하고 싶지만 일단 문제가 무엇인지 확실하게 짚고 넘어갈 필요가 있다고 생각하네.

이번에도 역시 최소 세 가지의 가능성이 존재한다. 문제의 본질에 따라서 대화가 전혀 다른 세 갈래로 전개될 수 있다.

첫 번째 가능성: 스티브가 제프만큼 체계적인 품질 관리 오류 분석을 할 필요성을 느끼지 못하는 경우. 이 경우 제프는 스티브에게 체계적인 분석의 유용함을 믿게 된 이유를 설명하면서(데이터를 근거 자료로 활용할 수도 있을 것이다) 자신의 관점을 내세우는 동시에, 무엇 때문에 스티브가 체계적인 분석이 좋은 생각이 아니라고 결론 내리게 되었는지 그의 생각을 물어봐야 한다.

두 번째 가능성: 체계적인 분석이 좋은 생각이라는 데 스티브도 동의하지만 후속조치에 필요한 시간을 따로 마련하기가 어려운 경우. 이런 반응은 스티브의 시간을 가장 많이 차지하는 주요 업무가 무엇인지, 다른 직원에게 위임할 수 있는 업무는 무엇인지, 그를 돕기 위해 제프가 할 수 있는 것은 무엇인지 등 스티브의 시간 분배에 대한 논의로 이어질 수 있다. 심지어 스티브의 업무 처리 습관과 업무 시간에 대해서까지 의논할 수 있을 것이다.

세 번째 가능성: 스티브가 체계적인 분석을 하지만 그에 대해 제프에게 보고하는 것을 달가워하지 않는 경우. 스티브가 느릿느릿 보고서를 올리고 대충 작성하면서 '소극적인 거부'를 통해 불만을 표출하는 것이다. 첫 번째 경우와 마찬가지로 제프는 자신의 생각을 옹호하는 동시에 스티브의 생각을 묻는 전략을 이용할 수 있다.

- **자기 관점 옹호:** 자네에게 보고서를 올리라고 요청한 이유는 기본적으로 두 가지네. 하나는 위에서 이따금 제법 상세하게 물어보

기 에 나 역시 무슨 일이 벌어지고 있는지 알아야 하기 때문이야. 또 다른 이유는 자네가 바쁘다는 것을 알고 있기에 보고서를 작성한다면 좀 더 체계적으로 후속조치를 취할 것이라고 생각했던 것이지. 자네에게 무엇이 더 중요한지 일깨워주려고 말이야.

- 스티브의 생각 묻기: 보고서를 작성해서 내게 제출하는 게 왜 싫지? 시간이 걸리기 때문인가 아니면 내가 자네를 못 믿는다고 생각해서 그러는 건가?

이런 식으로 자신의 생각을 옹호하면서 스티브의 생각을 묻는 것이 제프에게는 중요하다. 실제로는 그렇지 않으면서 스티브에게 "나는 자네를 절대적으로 신뢰해"라고 말하는 것이 목적이 아니다. 조만간 스티브는 그것이 거짓말이라는 사실을 알게 될 것이기 때문이다. 과거에 스티브가 약속대로 이행하지 않았던 일이 있었다든지 제프에게 그럴 만한 합당한 이유가 있다면, 스티브를 '완전하게 신뢰'하는 데 어려움을 느끼는 근거로 그런 사실을 밝혀야 할 것이다. 지금까지는 옹호하는 부분에 관한 것이었다. 제프는 또한 자신의 어떤 행동 때문에 스티브가 신뢰받지 못한다고 느끼게 되었는지 등 스티브의 관점에 대해서도 물어봐야 한다. 이런 내용을 주고받는 목적은 스티브가 자신에게 충분한 재량권이 있다고 느끼고, 제프 역시 필요한 정보를 얻고, 오류 건이 적절하게 조사된다는 충분한 확신을 가진 채 두 사람 모두 수용 가능한 해결점에 도달하는 것이다.

좀 더 직접적인 방법으로 해결점에 도달하고 싶은 생각이 드는 사람도 있을 것이다. 오류에 대한 조사를 실시할 것을 스티브에게 훨씬 더 강력하게 요구하라고 제프에게 조언할 수도 있다. 제프는 자신이 기대하는 바를 분명하게 밝히면서 스티브의 순응 여부에 따라 확실하면서도 중요한 당근과 채찍을 가할 수 있을 것이다. 이런 방법은 단기적으로는 효과를 볼지 모르지만 불편한 관계를 개선시키려는 목적을 이루지는 못할 것이다. 또한 향후에 문제가 발생할 경우 대화를 통해 둘이 힘을 모아 해결하는 능력을 향상시키고자 하는 목적에도 다가서지 못할 것이다. 제프가 이런 목적을 대화가 끝날 무렵에 밝힐 수도 있다. 표현 방법은 스티브가 보였던 행동의 근본 원인에 따라 달라진다. 예를 들어 스티브가 자신이 알아서 잘하고 있는 일을 보고서까지 작성해서 제출해야 한다는 데 스트레스를 느꼈다면 제프는 다음과 같이 말할 수 있다.

이 문제를 상의할 수 있는 시간을 가져서 기쁘군. 이제는 무슨 일이 벌어졌고 이 상황을 어떻게 향상시킬 수 있는지 좀 더 이해할 수 있으니 말이야. 다음번에 이와 같은 일이 발생할 경우 자네와 내가 문제를 좀 더 신속히 파악하고 해결할 수 있도록 앞으로의 행동방안을 마련했으면 좋겠네. 그동안 무슨 일이 있었는지 내가 이해한 건 이래. 내가 자네에게 오류 건들을 조사해서 보고하라고 부탁했는데, 자네는 만족할 만한 보고서를 작성하지 않았어. 그래서 나는 자네가 그걸 하고 싶어 하지 않는 것이라고 생각했지. 나는 그게 중요하다고 느꼈기 때문에 자네를 더 압박하기 시작했는데, 이제 와서 보니 바로 그것 때문에 자네의 기분이 상하게 되었던 것이더군. 그러니까 지금부터는 이런 식으로 했으면 좋겠네. 다음에 내가 좋아하지 않는 행동을 자네가 해보인다고 느낄 때는 내 마음대로 결론을 내리지 않고 무슨 생각을 하는 것인지 자네에게 물어보겠네. 그 대신 다음번에 자네가 하기 싫은 것을 하라고 내가 부탁할 때는 자네가 내 생각과 같지 않다는 것을 말해주면 좋겠어! 그러면 서로에 대해 짜증을 내는 대신 실시간으로 문제점을 의논할 수 있을 테니 말이야.

스티브의 사례를 한마디로 요약하면 스티브가 별로 적극적이지 않다는 인식을 제프가 갖게 되었다는 것이다. 그는 스티브에게 특정 업무를 지시하면서 자신에게 주기적으로 보고하라고 했다. 스티브는 제프가 만족할 정도로 일처리를 하지 못했다. 부하직원의 성과가 낮다고 인지하는 상사들이 자주 그렇듯이 제프도 스티브의 동기에 부정적인 원인을 귀속시키며 스티브를 부정적으로 평가하게 되었다. 스티브가 체계적인 후속조치를 하는 것이 중요한 이유를 이해하지 못하며 충분한 노력을 기울이지도 않고 시간 관리도 잘하지 못한다고 말이다. 그 결과 스티브가 그다지 '적극적인 사람'이 아니라는 결론에 도달했다. 그러나 〈그림 8-1〉에서 요약해놓은 것처럼 스티브가 그런 행동을 보인 이유에는 여러 가지가 있을 수 있다. 제프와 스티브가 올바른 원인을 파악하고 실행 계획에 합의하지 않는 한 서로에 대한 오해와 분노만 계속해서 쌓여갈 것이다.

앞서 언급했던 것처럼 제프는 스티브와 대화를 통해 합의했던 대로 관계와 자신의 행동, 스티브의 성과가 변해가는 모습을 지속

　　　　　　　　　　　　　　　　　　　　　　　　필패 신드롬

적으로 살펴봐야 할 것이다. 이상적인 상황이라면 스티브의 성과가 놀라울 정도로 향상되어야 한다. 기본적으로 제프와 스티브의 문제는 처음의 오해에서 비롯되었기 때문이다. 이런 오해의 소지를 제거하면 스티브의 성과에 커다란 영향이 미치게 된다.

만일 부하직원이 스티브보다 더 기술이 없고 덜 의욕적이라면 부하직원의 성과나 기술, 노력의 부족에서 문제가 비롯되었을 수 있다. 이런 경우에는 합의된 내용을 부하직원이 실천하는지 상사가 계속 주시하면서, 두 사람이 힘을 합쳐 이뤄낸 결과가 어떤지 평가를 내려야 한다.

깨진 유리창은 갈아 끼워라

사실 스티브는 게으른 사람이 아니었다. 그는 매우 에너지가 넘치고 야심만만하며 의욕이 넘치는 관리자였다. 그러나 제프는 스티브의 성과가 낮은 원인을 알 수 없었다. 그렇기 때문에 의사결정나무(《그림 8-1》)에 그려진 여러 가진 대안 가운데 부하직원이 낮은 성과 기대치를 갖고 있을 가능성도 포함되어 있었던 것이다. 이런 문제는 '치유 가능한' 것일 수 있다. 부하직원의 사기가 떨어져 있거나 지쳤거나 집안에 문제가 있다거나 하는 등의 원인이 있기 때문이다. 다시 말해서 부하직원이 일시적인 현상을 겪고 있는지도 모른다. 그러나 항상 그런 것만은 아니다. 성과가 낮은 직원들 가운데에는 자신의 성과 기준 높이기를 거부하거나 자신의 약점을 인정하고 해결하지 못하는 사람들도 있다.

이런 사실은 상사와 부하직원이 과거를 되돌아보고 현 상태를 의논하는 대화의 초기에 드러날 수 있다. 그러나 부하직원이 변하고 싶지 않은 마음을 감추면서 자신이 가진 문제점의 원인을 다른 탓으로 돌릴 수도 있다. 혹은 대화를 나누는 중에 부하직원이 '상사와 함께하기로 한 약속'대로 노력할 준비가 되어 있지 않다는 사실을 깨달을 수도 있다. 따라서 직원들이 당신과 약속한 대로 따르는 척만 하면서 당신을 속일 가능성도 배제할 수는 없다. 그뿐만 아니라 매우 똑똑한 직원들을 비롯한 일부 직원들의 경우 단순히 배울 생각이 없거나 배울 능력이 없을 가능성도 배제할 수 없다.[5]

바람직하고 생산적으로 상황을 개선시키려면 양측이 '합의된 내용'을 이행하기 위해 진심으로 노력하기를 원해야 한다. 그렇다면 협조를 거부하는 바람에 성과도 나아지지 않고 관계도 개선되지 않는 직원은 어떻게 해야 할까? 이 질문에 대해서는 두 가지 답이 가능하다. 하나는 기존의 직원 성과가 현 기준에 부합하는 한 직원에게 더 이상 향상되기를 거부할 권리가 있다고 보는 것이다. 사실 직원들 중에 CEO가 되고 싶은 열망을 갖지 않은 직원이 있다는 것도 행운이다. 자기 수준에 맞는 업무를 하면서 만족하는 사람들은 그렇게 하도록 내버려두어야 한다.

두 번째 가능한 답은 기업이 요구하는 성과의 수준이 끊임없이 높아지는 세상에 우리가 살고 있다는 것이다.[6] 몇 년 전만 해도 뛰어나다고 생각했던 성과 수준(예컨대 서비스 수준)이 이제는 비즈니스를 이어나가기 위한 기본 조건으로 전락했다. 개인에 대해서도 마

필패 신드롬

찬가지다. 얼라이드 시그널AlliedSignal의 CEO인 래리 보시디Larry Bossidy
가 이런 현상을 다음과 같이 멋지게 설명해주었다.

> 얼마 전 한 직원이 이렇게 말했다. "제 능력이 더 이상 향상되지 않는다
> 고 해도 상관없어요. 어쨌든 제가 원하는 만큼은 이루었으니까요." 그
> 래서 내가 말했다. "아니, 아니, 자네 생각이 틀렸어. 현상유지만 하길
> 원한다고 해도 계속해서 성장하지 않으면 안 돼. 그런데 자네 혼자서는
> 할 수 없다는 사실이 드러났으니까 누군가의 도움을 받아야 하는 것이
> 지." 그러고는 그에게 제안을 하며 이렇게 말했다. "매년 이렇게 앉아서
> 똑같은 이야기만 할 수는 없으니까 말이야."[7]

게다가 우리는 진공 상태에서 일하는 것이 아니다. 6장에서 살
펴보았던 것처럼 개인의 태도는 자신의 상사와 동료, 부하직원, 그
리고 자신이 속한 모든 팀에 영향을 주게 된다. 오늘날의 기업들은
직원 개개인의 성과가 매우 뛰어나지 않으면 안 된다. 또한 직원들
전체가 공통의 목표를 추구하며 서로 도움을 주는 데 뛰어난 능력
을 발휘하고 직원 개개인이 끊임없이 학습하지 않으면 안 되는 극
심한 경쟁 상태에 돌입해 있다. 기업이 학습하기 위해서는 기업의
일원들 역시 반드시 배우고 발전하지 않으면 안 된다. 지금의 기술
에 만족하는 것은 더 이상 바람직한 선택이 아니다. 따라서 리더들
은 직원들이 기술과 능력, 자신감을 향상시킬 수 있도록 열심히 도
와주어야 한다. 이런 노력은 최대한 공정한 과정을 거쳐야 하며 성
과가 낮은 직원들을 방해하기보다는 도와줄 수 있도록 상사의 행

동을 고쳐나가야 한다. 상사는 부하직원의 기술과 능력에 맞춰 업무를 다시 디자인해야 할 필요가 있다.

그러나 이 모든 노력에도 불구하고 부하직원들이 자신의 역량을 향상시킬 충분한 의지나 능력이 없다면(이 경우 '충분한 정도'에 대한 판단을 내리는 것은 상사의 몫이다) 상사는 결정적인 조치를 취해서 그런 직원을 다른 부서로 이동시키거나, 해당 직원의 기술이 다른 부서에서도 활용될 수 없다면 해고하지 않으면 안 된다. 해고 결정을 내리기란 절대 쉬운 일이 아니다. 하지만 상사가 부하직원에게 기회를 주었고 그 과정이 공정했다면 최소한 해당 직원을 제외한 다른 직원들만큼은 상사의 결정을 받아들일 수 있을 것이다.

우리는 '게으름뱅이들'의 수가 극소수에 불과하다고 믿는다. 우리가 경험한 바로는, 대부분의 사람들은 조직이나 상사로부터 부당한 대우를 받지 않는 한 일을 잘하고 싶어 하는 것으로 나타났다. 시간을 내 대화를 나눈다면, 사람들에게 기회를 준다면, 대화를 나누면서 자신의 책임 소재도 인정한다면 결과가 실망스러운 적은 거의 없다. 따라서 의사결정 나무에 포함된 이런 대안은 예외적인 범주에 들어간다고 생각한다. 그러나 일부 직원들의 경우 낮은 성과 기대치를 갖고 있으며 상사가 아무리 노력해도 그 상태를 변화시키려 하지 않는다. 대부분의 경우 불만스러운 상태에 있는 그런 직원들을 계속 보유하는 것은 회사를 위해서나 다른 직원들을 위해서나 장기적인 측면에서 도움이 되지 않는다.

공정함, 최후까지 잃지 말아야 할 가치 _____

우리는 바람직하고 생산적인 상황 개선 시도 요건과 그것이 어떤 식으로 이루어지고 어떤 느낌이 드는지 거의 한 장을 할애하여 살펴보았다. 그러나 항상 상황 개선을 시도해야 한다고 주장하는 것은 아니다.

경우에 따라서는 관계가 지나치게 악화되는 바람에 상황을 개선시키고 싶은 생각이 들지 않을 때도 있다. 여태까지 살펴본 과정에 들어가는 시간과 에너지를 상사 스스로 상상할 수가 없는 것이다.

자기 역시 문제에 일조했다는 사실을 깨달은 상사는 상황을 검토하기보다 단순히 인정하는 수준에 머물려고만 할 수 있다.

자네와 나는 안 좋은 역학구도에 빠져버렸어. 내가 이 역학구도에 어떻게 기여했는지 이제야 깨달았어. 미안하네. 진심으로 그럴 의도는 아니었어. 자네와 마주 앉아서 이 문제를 상의하는 모습을 상상하려고 했지만 솔직히 나는 그럴 생각이 없네. 내 밑으로는 전 세계 9개 지역의 관리자들이 더 있어. 정말 힘에 부쳐서 그렇게까지 할 시간이 없군.

이 관계에는 더 이상 미래가 존재하지 않는 것이 확실하다. 하지만 실패에 대한 공동 책임을 인정함으로써 상사는 부하직원이 보상을 받고 재취업을 할 수 있도록 도우면서 품위 있게 회사를 나가도록 해줄 수 있다. 또는 부하직원에게 또 다른 기회를 찾아볼 시간을 줄 수도 있다. 이렇게 하면 불필요한 손실이 발생한다고 생각할지 모르지만 나머지 팀원들에겐 당신이 맡은 책임을 어떤 식으로 이행하는지 가까이에서 지켜볼 수 있는 기회다. 상사라면 이런 상황을 자신이 공정한 과정을 통해 인사 문제를 해결한다는 것을 보여줄 수 있는 기회로 삼아야 할 것이다. 영국 유나이티드 비스킷 United Biscuits의 CEO였던 에릭 니콜리Eric Nicoli는 이렇게 말했다.

우리는 직원을 배려해가며 해고할 수도 있고 그냥 해고할 수도 있다. 나는 우리 회사의 매력 가운데 하나가 진심으로 배려하는 것이라 생각한다. 물론 그러기 위해서는 비용이 든다. 배려하지 않는 것이 단기적으로는 비용이 적게 들겠지만, 나는 우리가 좋은 직원을 잃지 않는 이유 중에 하나가 배려 때문이라고 생각한다.[8]

부하 스스로도 용기가 필요하다

6장에서 우리는 부하직원들이 먼저 상사에게 접근해 자신의 상황을 의논하는 것이 불가능한 이유를 살펴보았다. 부하직원들은 약하거나 예민하다는 인상을 줄 것을 우려하는데, 상사가 대화를 갖자고 먼저 제의해오지 않는 이유가 상사에게 그럴 생각이 없기 때문이라며 상사의 의도를 지나치게 오해한다. 그러나 부하직원이 먼저 상사에게 다가가는 경우도 있다. 이 책을 읽는 관리자들은 아마 상사인 동시에 누군가의 부하직원일 것이다. 지금까지 우리는 상사의 입장에서만 설명해왔다. 이제는 당신 자신이 필패 신드롬과 비슷한 역학구도에 처해 있을 때 어떻게 하면 되는지 간략하게 살펴보도록 하자.

첫째, 멘토나 존경하는 선임 동료 등 다른 사람들이 귀 기울일 만한 제안을 할 수 있는 제삼자로부터 도움을 구할 수 있을 것이다. 또는 같은 회사의 다른 사업부에서 성공적으로 일한 적이 있다면 전 상사와 이야기해보도록 하라. 그는 당신에게 충고를 해주거나 당신의 현 상사와 이야기를 나눠서 당신에 대한 생각이 바뀌게 만들거나 대화할 만한 자리를 마련해줄 수 있을 것이다.

그럴 수 없다면 혼자서 해결해야 한다. 그러나 상사와 대면하기 전에 먼저 준비를 해야 한다. 계획하지 않는 것은 실패를 작정하는 것과 같다. 당신의 상황을 개선시키는 데 도움이 되는 준비 요소로는 다음과 같은 것들이 있다.

- 자신의 업무를 정리할 것: 자기가 맡은 업무부터 시작해서 자신이 통제할 수 있는 것에 초점을 맞춰라. 최근에 자신이 노력하고 호의를 베풀었다는 것을 보여줄 수 있거나 잘 진행되고 있는 것을 보여줄 수 있다면 당신에 대한 신뢰성이 향상될 것이다.
- 생각을 정리할 것: 상사에게 준비가 필요했던 것처럼 부하직원의 입장에서도 대화를 위한 사전 준비를 해야 한다. 사전 준비에는 상사의 입장에서 생각하면서 상사가 받는 여러 가지 압력과 제약을 이해하려고 노력하는 것도 포함된다. 자신이 겪었던 여러 가지 '부당함'을 검토할 때 상사에게 의도적인 편견이 있음을 나타내는 것이 무엇인가? 예를 들어 상사의 내집단에 속하는 직원들처

럼 상사에 대해 다른 생각을 하고 있는 동료들과 사실을 확인해보도록 하라. 철저하게 진단하면 할수록 여러 가지 다양한 해결책이 떠오르게 될 것이다.

- 상사가 참여하기 쉽게 분위기를 조성할 것: 상사가 시간의 제약을 받지 않거나 기분이 나쁘지 않을 때 문제를 끄집어내도록 하라. 마치 상사를 불시에 습격하는 것처럼 보이게 하지 말고, 상사가 거부할 것이라고 억측하는 상태에서 상사와 대면하지 말라. 상사 또한 당신과의 문제들을 마음에 담아두고 있을 가능성이 크다. 단지 상사가 어떤 식으로 꺼내야 하는지 알지 못했을지도 모른다. 그러니 이렇게 하는 것이 당신 자신과 상사 모두에게 도움이 된다.

- 서두르지 말 것: 당신이 먼저 접근해온 것을 상사가 반기거나 심지어 안심한다 해도 그 자리에서 대화를 갖는 일은 삼가도록 하라. 상사에게도 당신과 마찬가지로 생각을 정리하고 당신과의 관계를 되돌아볼 시간이 필요하다. 당신이 무슨 문제를 상의하고 싶은지 상사에게 미리 알리도록 하라.

상사에게 대화하자고 제안하기

여러 임원들과 대화를 제안하는 모습을 롤플레잉해보려고 한 적이 있다. 부하직원이 현재와 같은 상황이 발생하기까지 상사도 일조했다는 사실을 이야기하고 싶다는 의사를 밝히는 순간 대화는 매우 까다롭게 흘러가기 시작했다. 당신이 지금 알고 있는 것을 상사는 알지 못하기 때문에 당신의 성과가 점점 나빠지는 상황에 처하기까지 상사 자신이 어떤 식으로 일조했는지 파악하지 못할 수도 있다는 점을 명심하라. 따라서 우리는 당신의 성과와 상사와의 관계에 초점을 맞춰 대화를 나눌 것을 제안한다. 다음과 같은 형식이 도움이 될 것이다.

부장님, 저는 우리 두 사람 사이가 불편해졌다고 느껴왔습니다. 아마 부장님도 그렇게 느끼셨을 것이라 생각합니다. 부장님이 보시기에도 그렇고 제가 생각하기에도 그렇고 요즘 제 성과가 부장님의 기대치를 충족시키지 못하는 것이 분명합니다. 솔직히 제 기대치에도 못 미칩니다. 그렇다고 제가 부장님을 화나게 만들거나 일을 제대로 하고 싶지 않다는 마음으로 출근하는 것은 아닙니다. 그러니까 저는 제 성과를 향상시키고 어쩌면 부장님과 저의 관계를 개선하여 이런 불편함을 없애고 부장님과 함께 잘 일해보기 위해 제가 할 수 있는 것이 무엇인지 상의하고 싶습니다. 이 문제에 대해서 내일이나 모레쯤 이야기를 해볼 수 있을까요? 그러면 부장님도 이에 대해서 생각할 시간을 가질 수 있을 것 같은데요.

이런 만남의 목적은 누가 시작했든 이번 장의 앞에서 살펴보았던 것과 동일하다. 그러나 이 경우에는 문제가 발생하게 된 원인 중에 상사 자신이 포함되어 있으며, 따라서 상사 역시 문제 해결 과정에 동참해야 한다는 사실을 상사가 아직 인식하지 못했기 때문에 이 점은 나중에 밝혀야 한다. 이런 새로운 상황에 적응하기 위해 다음과 같은 지침을 고려해볼 수 있다.

- 먼저 상사를 위해 당신이 할 수 있는 것이 무엇인지에 집중하라. 이야기를 나누고 싶다고 한 사람이 상사가 아니라 당신이기 때문에 상황이 이렇게 되기까지 상사가 어떻게 일조했는지 그 즉시 일일이 밝히는 것은 도움이 되지 않는다. 상사를 위해 당신이 할 수 있는 것이 무엇인지에 대한 이야기부터 꺼내기 시작하라. 예를 들어 "부장님께서 제 성과/행동에 만족하지 않으시는 것처럼 느껴집니다. 저도 만족하시지 못하는 이유를 어느 정도 짐작하지만 부장님의 생각은 어떠신지, 제 행동이나 업무 가운데 어떤 면이 가장 개선되어야 하는지 부장님께서 직접 말씀해주신다면 저에게 도움이 되겠습니다"라고 말할 수 있다.

- 교착 상태에 빠지지 말라. 자신의 감정을 감시하라. 교착상태에 빠지는 경우에는 자신이 초조해하는지 확인한 후 대화를 중단하자고 제안하라. 그리고 두 사람 모두 이 문제에 대해서 생각해본 뒤에 다시 대화를 하자고 말하라. 서로의 차이를 받아들일 기회를 갖는다면 좀 더 생산적인 대화를 나눌 수 있을 것이다.

- 두려움을 가라앉혀라. 상사가 가장 우려하는 점들과 상사의 상사가 우려하는 것들을 좀 더 잘 이해해서 적절한 행동을 취하도록 하라.

- 상황이 이렇게 되기까지 상사가 일조했다는 사실을 끄집어내라. 상사의 의견을 듣고 의논했다면 어느 시점엔가는 당신의 성과가 낮아지게 된 원인 중 상사의 행동도 포함되어 있다는 점을 언급해야 한다. 한 가지 방법은 상사가 했던 조언을 예로 들면서 상사의 행동이 변하지 않는 한 당신이 상사의 조언대로 따르기가 불가능

필패 신드롬

하다는 점을 보여주는 것이다. 예를 들어 "부장님께서는 저더러 제 부하직원들에게 더 많은 권한을 위임하라고 말씀하셨지만 부장님이 저에게 주시는 자율권이 별로 없기 때문에 실제로 그렇게 하기가 대단히 어렵습니다. 제게 없는 것을 다른 사람에게 위임할 수는 없지 않겠습니까!"라고 말할 수 있을 것이다. 또는 "저더러 제 부하직원들을 너무 일일이 감독하지 말라고 하셨지만 부장님께서 복도에서 저와 마주치실 때마다 물어보시는 질문들에 답하려면 그렇게 하지 않을 수가 없습니다"라고도 말할 수 있을 것이다. 이 방법의 단점은 당신이 책임을 자신에게 떠넘기려 한다고 생각한 상사가 방어적인 태세를 취할 수도 있다는 것이다.

우리가 선호하는 다른 방법은 당신이 개선해주기를 바란다고 상사가 말했던 세 가지 주요 사항을 요약하면서 다음과 같이 말하는 것이다.

좋아요. 이 세 가지에 대해서는 제가 노력하겠습니다. 이제 제가 몇 가지 요청을 드릴게요. 부장님께서 제 요청에 따라주신다면 부장님이 저더러 하라고 말씀하셨던 그런 것들을 실천하는 데 진심으로 도움이 될 것 같습니다. 제 부하직원에게 더 많은 권위를 위임하는 문제를 예로 들면 부장님이 저에게 업무를 맡기실 때 너무 자세하게 지시하지 않으실 수 있겠습니까? '필요한 것이 무엇이고 그 이유와 언제까지 해야 하는지'에 대해서는 좀 더 자세하게 말씀해주시되 '어떻게 해야 하는지'에 대해선 덜 자세하게 지시하시면 안 되겠는지요. 그러면 제가 부하직원과 좀 더 폭넓은 회의를 가지면서 '어떻게 해야 하는지'에 해당하는 방법을 그들 스스로 선택할 수 있게 할 수 있습니다.

상사로부터 신뢰받지 못한다고 느끼면 이런 식으로 말할 수 있을 것이다.

제가 힘들어하는 것 가운데 하나는 때때로 부장님이 저를 별로 믿어주시지 않는다고 느끼는 것입니다. 한편으로 일이 제대로 처리되는지 확인하실 필요가 있다는 것은 이해가 되지만 그래도 저를 믿어주시지 않는다고 느낄 때마다 사기가 떨어집니다. 예를 들어 부장님이 ○○할 때나 ○○할 때 말이에요….

이 책의 구석구석에 언급되어 있는 바와 같이 부하직원의 의욕을 꺾으려고 적극적으로 노력하는 상사는 없다. 대부분의 상사들은 도와주려고 하고, 또한 자신의 행동이 도움이 된다고 생각한다. 당신이 스스로 개선해야 할 부분을 인정하고 나면 때로는 상사 자신의 행동이 당신의 성과에 방해가 되기도 한다는 사실을 상사가 깨달을 수 있도록 도움을 주기가 쉬울 것이다. 또한 과거를 들먹이며 부정적으로 표현하기보다("그렇게 하자고 한 부장님 때문에 제가 망했잖아요") 미래를 지향하며 긍정적으로 프레이밍하면("부장님이 이렇게 해주시면 도움이 될 것 같습니다") 상사도 덜 위협적으로 느낄 것이다.

- 실천 가능한 계획을 의논하고 합의하라. 그러면 당신에 대한 신뢰

와 상사와의 관계가 재구축되는 밑거름이 될 것이다.

그 다음 단계는 계획대로 실천하는 것이다. 상사 역시 당신과 의논했던 대로 자신의 행동을 변화시킬 의지를 갖고 실천해나가길 바란다. 다음 사항들도 고려해보는 것이 좋다.

- 우선순위 정하기: 당신의 목표를 상사의 기대치에 맞게 구성하라.
- 커뮤니케이션하기: 목표를 달성하면 상사에게 알려라. 상사와 회의 시간을 정해서 당신의 업무에 대한 상사의 생각이 개선되었는지 확인하라. 이는 당신에 대한 믿음을 재구축하는 방안에 포함되기도 한다.
- 조정하기: 상사를 더 이상 적군처럼 대하거나 그렇게 생각하는 사람들과 어울리지 말라. 그런 사람들과 어울리고 싶다면 상사에 대한 뒷담화는 하지 않기로 한다.
- 인내하기: 도를 넘거나 무리한 것을 하겠다고 약속하지 않으면서 자신감을 유지하기 위해 노력하라. 유명한 격언처럼 신뢰를 구축하기 위해서는 '덜 약속하고 더 해주는 편'이 그 반대로 하는 것보다 낫다. 이것은 신뢰를 재구축하고자 노력할 때 더욱 명심해야 할 사항이다.

물론 필패 신드롬이 진행되고 있다면 그것을 막는 것이 바람직하다. 하지만 이는 곧 상황이 이미 걷잡을 수 없이 악화되었다는 것을 의미하기도 한다. 우리가 살펴본 이런 식의 상황 개선 노력은 상사들이 그리 자주 반복하고 싶어 하지 않는 행동이다. 따라서 상사라면 신속한 조치를 취하기 위해서라도 악순환이 형성되는지 좀더 주의를 기울여야 한다. 좋은 소식은, 이런 식으로 대화를 나누면 상사와 부하직원이 앞으로 일어날 문제점을 조기에 포착하기가 쉬워진다는 것이다. 상황을 개선시키고자 노력하면 새로운 커뮤니케이션 채널이 열린다. 또한 학습과 리더십 기술이 확장되기도 한다. 특히 상사의 경우에는 자신의 관리 스타일에 대해 생각해볼 수 있는 기회가 되기도 한다. 부하직원에게 받은 피드백과 더불어 자신을 되돌아보면 상사 자신의 행동이 얼마나 효과적인지 통찰을 얻을 수 있다.

장기적으로 필패 신드롬이 발생하지 않도록 방지하는 것이 목표라는 것은 확실하게 알 수 있을 것이다. 사전에 방지하는 것보다 진행을 막는 것이 더 어려운 이유는 탄력을 받은 역학구도를 깨야 하는데다 몸에 밴 행동 패턴까지 바꿔야 하기 때문이다. 또한 양측이 당황할 수도 있는 대화를 노골적으로 나누어야 하지만 사전에 방지하면 이런 대면이 필요없게 된다. 상사가 부하직원과 함께 사전에 방지하기 위한 노력에 동참하기로 결심한다면 적극적으로 대화를 나눌 수 있기 때문에 덜 위협적으로 느껴질 것이다.

악순환이 형성되는 것을 피하려고 상사가 모든 부하직원에게 동일한 행동을 보일 필요는 없다. 부하직원들이 힘이 되고 도움이 된다고 해석하게끔 부하직원에 따라 다르게 대하면 된다.

필패 신드롬

THE SET/ UP/TO/FAIL

신드롬 파괴자들에게 배우다

SYNDROME

내가 선수의 능력을 무조건적으로 신뢰한다는 사실을
선수가 확신하기 전까지는 절대로 선수를 비판하지 않는다.

- 존 로빈슨 John Robinson

우리가 협력해온 임원들의 경우, 성과가 낮은 직원들을 다르게 대할 때 미치는 영향을 깨닫기 시작하면 불안감이 가득한 목소리로 이렇게 묻는다. "그렇다면 모든 부하직원을 동일하게 대해야 된다는 것입니까?" 대답은 물론 아니다. 그 이유는 두 가지다. 첫째, 상사가 똑같이 행동하길 원한다고 해도 그렇게 할 수가 없기 때문이다. 그렇게 하는 것이 불가능하다. 둘째, 다행스럽게도 그럴 필요가 없기 때문이다. 다양한 부하직원을 저마다 다르게 대하면서도 필패 신드롬을 일으키지 않을 수 있다. 중요한 건 행동의 차이로 인해 부하직원들이 신뢰받지 못한다거나 가치가 없다고 느끼게 해서는 안 된다는 것이다.

우리는 성과가 낮은 직원들로부터 최선의 결과를 얻어내는 데 성공한 여러 상사들을 연구해왔다. 우리는 그들을 '신드롬 파괴자'

라고 부른다. 그들은 부하직원들이 모두 비슷한 능력을 가진 것인 양 행동하려 들지 않는다. 성과가 낮은 직원들에게는 처음부터 자세하게 지시하고 그들의 행동과 결과를 성과가 나은 직원들보다 더 자세히 감시한다. 그러나 이렇게 차별화된 행동은 부하직원이 상사의 피드백을 받아들이는 것은 물론 도움과 지도를 구하기 쉬운 인간관계 속에서 이루어진다. 이 경우에는 상사와 성과가 낮은 직원이 적대 관계에 있지 않다. 부하직원의 성과를 향상시키고 만족스러운 상사-부하직원의 관계를 구축하기 위한 목적을 가진 관계 속에서 서로의 파트너가 되어준다. 이번 장에서는 상사들이 이처럼 바람직한 대인관계를 구축하고 유지하는 데 도움이 되는 내용들을 살펴볼 것이다.

조사 결과 신드롬을 파괴하는 상사들의 경우 바람직한 상사와 부하직원의 관계를 유지하기 위해 여섯 가지 일을 하는 것으로 나타났다. '첫 100일'을 시작으로 관계가 형성되는 시기에 이런 식의 행동을 보이는 것이 특히 중요하다. 또한 장기적으로 건전한 대인관계를 유지하기 위해 상사들이 밟을 수 있는 부수적인 단계들도 있다. 끝으로 우리가 '양방향'이라고 부르는 것을 좀 더 넓게 살펴봄으로써 9장의 내용을 한층 더 풍부하게 만들 것이다.

관계를 결정짓는 첫 100일

관계 프레이밍하기

앞서 상사와 마찬가지로, 부하직원 역시 상대방에 대해 가지고 있는 인상이라는 프리즘을 통해 현실을 인지하는 방법을 강조했었다. 부하직원은 자신이 믿는 상사가 보이는 행동은 긍정적으로 해석하지만 간섭하고 통제하는 상사라고 인식한 사람이 보이는 행동은 부정적으로 해석한다. 새로 부임한 상사들의 경우 부하직원이 자신에 대한 첫인상을 형성하는 데 더 관여할 수도 있고 덜 관여할 수도 있다. 상사들은 상황이 자연스럽게 이루어지도록 내버려둘 수도 있고 처음부터 솔직한 행동을 보일 수도 있다. '순조롭지 못한 출발'에는 새로운 관계를 맺기 시작할 때 상사들이 자주 저지르는 실수들이 열거되어 있다.

우리는 리더가 상사-부하직원의 관계를 일찌감치 프레이밍하는 것이 중요하다고 생각한다. 관계가 형성되는 단계에서 자주 접촉하면 상사는 중요하고 우선시해야 할 업무, 인사고과, 시간 배분, 심지어 커뮤니케이션의 유형과 빈도에 대해서까지 부하직원과 이야기해볼 수 있는 충분한 기회를 갖게 된다. 또한 관계를 오염시키는 오해가 발생하지 않도록 상사는 자신의 스타일, 업무 처리 방식, 자신이 좋아하는 것과 싫어하는 것을 솔직하게 밝힐 수가 있다. 이런 식으로 명확하게 밝히면 필패 신드롬의 역학구도를 사전에 방지하는 데 큰 몫을 한다. 필패 신드롬은 주로 밝히지 않은 기대치나 우선순위에 대한 오해에서 비롯되기 때문이다.[1]

8장에서 소개했던 스티브와 제프의 사례를 예로 들어보자. 제프가 품질 관리 오류 원인을 체계적으로 분석할 수 있는 시스템을 구축하길 원한다는 사실을, 관계가 형성되는 초기에 스티브에게 솔직하게 밝혔을 수도 있을 것이다. 새로운 생산 라인이 가동될 때 그런 시스템을 구축하면 어떤 점이 좋은지 설명하고, 시스템 디자인과 초반 운영에 적극적으로 개입하고 싶다는 의사를 밝혔을 수도 있을 것이다. 상사인 제프가 업무를 지시하면서 배경 의도를 제대로 밝히지 않았기 때문에 스티브는 그것을 단순히 자신의 능력에 대한 신뢰 부족으로 해석했던 것이다.

새로운 직위를 담당하게 된 리더들을 대상으로 최근에 실시한 연구에서도 이 점이 강조되었다. 직원들과 조기에 신뢰를 쌓을 필요성을 논하면서 연구원들은 "기대치를 설정하고 부하직원과 다른 직원들의 행동을 규정하는 것은 새로운 리더가 해야 할 가장 중요한 일 중 하나"라고 강조했다. 어느 임원의 말을 빌려서 설명하면, "허용되는 행동이 어디까지인지 분명하게 밝혀야 한다···. 직속 부하직원들과 일일이 대면하면서 '내가 업무를 처리하는 방식은 이렇고 내가 이해하는 방식은 이러하며, 함께 일하면서 어떻게 하면 좋은 관계를 유지할 수 있는지' 알려줘라. 내가 어떤 일에 폭발하고 어떤 일에 크게 화를 내는지도 말이다."[2]

이런 식의 대화는 오로지 이 목적만을 위해 소집한 회의석상에서 할 수도 있지만 관계를 맺기 시작한 초반에 상사가 적극적으로 관여할 때마다 할 수도 있다. 어떤 리더들은 초반부터 미세관리자라는 인상을 주는 것을 두려워한다. 그래서 많은 것을 위임하고 상

순조롭지 않은 출발: 상사–부하직원의 관계 초반에 발생하는 좋은 의도에서 비롯된 흔한 실수들

- 죽느냐 사느냐의 원칙: 새로 들어온 직원이 특히 경력직원인 경우 들어오자마자 일을 척척 잘하고 준비가 되어 있을 것이라고 상사가 기대하는 경우. 따라서 한 번만 말해주면 충분하다고 믿는다.
- 이것저것 길게 적힌 목록을 가지고 접근하는 방식: 부하직원이 뛰어난 능력을 보여야 하는 두세 가지 '중대한 목표'를 명확하게 밝히지 않은 채 상사가 무수히 많은 관리 업무들만 나열하는 경우.
- 밀월 기간 존중: 공공연한 비판이 업무 관계의 성장에 악영향을 끼칠 것이라 생각하여 상사가 지시를 하거나 부정적인 피드백을 삼가는 경우.
- '두 사람이 합의하지 않은 상태에서' 세워진 계획: 목표나 상사가 정해준 시기에 도전하고자 하는 새 직원의 의지를 상사가 과대평가하는 경우. 좋은 인상을 남기려고 애쓰는 새 직원은 비현실적인 상사의 기대치를 거부할 정도로 자신감과 경험이 많지 않기 때문에 '불가능한 미션'을 맡게 된다.
- 오픈 도어 정책의 오류: 새로운 직원에게 문제가 생기면 직원이 알아서 자신에게 조언을 구할 것이라고 상사가 착각하는 경우. 대개는 정반대의 현상이 발생한다. 초반에 막연하게 지시를 하면 이런 상황은 더욱 악화되어 새로 들어온 직원은 자신에게 도움이 필요하다는 사실조차 깨닫지 못하게 된다.

황이 어떻게 돌아가는지 관찰한 다음 더 많은 정보를 수집하면서 자신이 얼마나 관여해야 하는지 조정해나가기도 한다. 우리는 이런 방식이 잘못된 것이라고 생각한다. 새로 부임한 상사가 초반에 관여하고 지도한다고 해서 부하직원들이 위협적으로 느끼지는 않는다. 자신의 성과가 부족해서 상사가 그런 행동을 보이는 것이 아니기 때문이다. 초반에 이루어지는 관여는 체계적으로 이루어지며 성공을 위한 조건을 설정하는 데 도움을 주려는 의도에서 비롯된다. 그것은 또한 정상적인 적응 과정의 일부로, 새로 부임한 상사가 안정을 찾으면서 점차 줄어들 수 있다. 처음에 그다지 관여하지 않으면서 상황이 어떻게 돌아가는지 지켜보는 정반대의 방법이 오히려 더 위험하다. 상사가 나중에 더 많이 관여할수록 무언가가 제대로 돌아가지 않는다는 것을 보여주는 표시로 인식되기 때문이다.

관계 발전에 투자하기

관계가 형성되는 시기 동안 상사는 자신을 소개할 기회를 갖는다. 이는 새로운 상사에 대한 부하직원의 의심이나 오해를 가라앉히는 데 중요하게 작용한다. 휴렛패커드Hewlett-Packard, HP의 역사상 처음으로 외부에서 영입된 전 CEO 칼리 피오리나Carly Fiorina의 사례를 예로 들어보자. 새 CEO 임명 결과가 발표되기 전 주말에 그녀는 앤 리버모어Ann Livermore를 4시간 동안 만났다. 리버모어는 HP 직원 중 CEO 물망에 올랐던 뛰어난 사람이었다. CEO로 선임되지 못해 실망한 그녀가 회사를 그만두거나 새로운 CEO와의 관계를 망가뜨리거나 경영진과 마찰을 일으킬 수도 있었다. 리버모어가 회사를 떠나지 않게 하려면 피오리나가 자신에 대해 설명하고, 새로운 HP에서 리버모어가 맡게 될 새 역할을 보장해주어야 했다. 그 결과 리버모어는 회사에 그대로 남기만 한 것이 아니라 회사의 가장 큰 사업부인 HP 서비스를 관장하기까지 했다.

초반에 상사는 부하직원들을 개인적으로 파악하고 상호간에 존중하게 되며 그에 따라 사람과 성과를 구분할 수 있는 기회도 갖게 된다. 우리가 인터뷰한 어느 훌륭한 상사는 다음과 같이 설명했다.

새로운 집단을 맡을 때 내가 가장 먼저 하는 일은 첫 두세 달 동안 직원들과 일대일로 대하는 시간을 가능한 한 많이 갖는 것입니다. 나의 철학은 내 얘기를 하기보다 직원들의 이야기를 많이, 아주 많이 듣는 것이지요. 그러면 단순한 업무 관계를 넘어 개인적인 관계가 형성됩니다. 다른 직원들에 비해 더 잘 맞는 직원들이 있게 마련이지만 사람과 사람 사이에 개인적인 관계가 형성되어 그들을 실제로 이해할 수 있게 되고 그들도 저를 잘 이해하게 되지요. 그러면 개개인의 강점과 약점을 인정하게 되어 서로의 부족한 점을 보완해줄 수 있습니다.

저의 전 상사가 이런 행동의 본보기가 되었어요. 그녀는 직원들 개개인과 많은 시간을 가졌습니다. 그녀가 직원을 개인적으로 파악하게 되면서 서로 간에 존중을 하게 되었지요. 직원들의 약점까지 그녀가 모두 알고 있었지만 그것을 우려하는 직원은 아무도 없었습니다. 그게 나는 대단히 중요한 것이라고 생각합니다. 서로 존중하고 신뢰하면서 서로가 서로에게 필요한 사람이라는 사실을 알게 되는 것 말이에요.

닛산 자동차 회사를 회생시킨 칼로스 고슨Carlos Ghosn도 상호간의 존중하는 마음을 갖는 것이 중요하다고 강조한다.

상호간의 존중도 매우 중요합니다. 서로를 존중하지 않기가 너무나 쉬우니까요. 서로 다른 점에 초점을 맞추기만 하면 됩니다. 여기서 상호간의 존중이란 약점에 초점을 맞추는 것이 아니라 상대방의 강점에 초점을 맞추는 것입니다. … 기본적인 사항이지만 우리가 하고 싶어 하는 것의 분위기를 바꿔주는 중요한 것이기도 하지요.[3]

이 점에 있어서 업무 환경이 가정생활과 어떻게 다른지 생각해보자. 집에서는 아이와의 관계가 일반적으로 아이의 '성적'에 대한 평가와 구분된다. 물론 아이의 성적이 심각하게 안 좋을 경우에는 부모와의 전반적인 관계가 나빠지기도 하지만 일반적으로 성적이 조금 나쁘다고 해서 부모와의 관계가 위태로워지지는 않는다. 아이들이 사소한 규칙을 깨도 부모가 아이들을 사랑하지 않는 것은 아니다. 이렇게 아이와 아이의 행동을 구분한다는 것을 양쪽이 마음속으로 알고 있으며 이따금 부모가 아이에게 이런 말을 해줌으로써 그런 믿음은 한층 더 강화된다. "네가 한 일은 마음에 들지 않아. 그래도 널 사랑해. 그건 변하지 않지. 그래도 네가 한 일은 마음에 들지 않아." 부모가 이런 말을 하는 이유는 개인/관계와 성과를 구분하기 위함이다. 이렇게 구분하는 것이 중요한 이유는 관계가 안전한 상태로 남아 있는 한 성과와 관련된 피드백이 덜 위협적으로 느껴지기 때문이다.

업무 관계에서는 이런 자연스런 구분이 존재하지 않는다. 고용 관계가 존재하는 이유는 부하직원이 특정한 수준에 이르는 성과를 내기 때문이다. 그 결과 성과와 관련된 부정적인 피드백은 부하직원에게 필요한 유능성과 관계성(즉, 다른 사람들과의 안전한 연결)에 위협을 가한다. 이 두 가지는 자기결정성 이론Self-Determination Theory에 의해 파악된 인간의 세 가지 기본적인 욕구에 포함된다.[4] 따라서 평가에 대한 불안감이나 방어와 결부되는 경향이 있다.

업무 환경에서 사람과 성과를 구분하려고 노력하면 상사로부터 피드백을 받을 때 부하직원이 느끼는 불안감과 방어기제가 줄어

필패 신드롬

드는 데 도움이 된다. 상사가 이런 식의 구분 짓기에 이용할 수 있는 한 가지 중요한 방법은 부하직원과 개인적인 관계를 갖는 것이다. 앞의 인용문에서 지적한 것처럼 이런 관계들이 모두 동일하게 강하고 긍정적이지는 않겠지만 존재한다는 것 자체가 중요하다. 따라서 부하직원이 '나의 성과가 상사와 내가 원하는 만큼 높지 않아도 나는 한 인간으로서 존중을 받을 것이다'라고 생각하게 되는 생산적인 밑거름이 된다.

상사와 함께 거리에서 보내는 시간으로 인해 업무 관계가 향상되었다고 말한 또 다른 관리자가 바로 이런 점을 설명해주었다. "생각보다 훨씬 더 현실적인 문제예요. 그러니까 제 말은… 상사가 저를 한 인간으로 배려해준다는 것이지요. 저를 소중하게 여긴다고요. 제가 하는 일이 아니라 저를. 그게 대단히 중요하다고 생각해요. 사람들은 자신이 하는 일뿐만 아니라 한 인간으로서 가치 있다는 사실을 알 필요가 있거든요."

사람들에게 함부로 꼬리표 붙이지 않기

사람들은 꼬리표를 붙이고자 하는 강한 욕구를 갖고 있다. 꼬리표를 붙이면 주변 세상을 빨리 이해하는 데 도움이 되기 때문이다. 꼬리표를 붙이는 과정 가운데 상사들이 떨쳐버리기 힘들어하는 두 가지 측면이 있다. 하나는 직원들을 단순한 방식으로 분류하고 싶은 유혹이다. "그는 쓸모없는 직원이야", "그녀는 나약해"처럼 말이다. 문제는 상사가 이런 꼬리표를 붙일 때는 특정 업무에 관한 부하직원의 성과를 근거로 삼는다는 것이다. 또는 앞서 4장에서 살퍼보았던 것처럼 성과와 관련이 없는 행동을 근거로 판단하기도 하는데 이는 더욱 안 좋다. 인사고과를 할 때 성과 측면들 사이에 서로 미치는 영향이 긍정적일 때는 후광 효과halo effect, 부정적일 때는 뿔 효과horn effect라고 부른다. 꼬리표는 구체적인 경우에만 도움이 된다. 부하직원이 특정한 유형의 일에 고전하는 경향이 있다는 것을 상사가 기억하는 것은 도움이 된다. 그런 사실에 대한 인식은 부하직원의 강점에 맞는 맞춤 업무를 부여하고 약한 분야에 대한 학습 기회를 늘려줄 때 이용할 수 있기 때문이다.

관리자들을 곤경에 빠뜨리는 꼬리표 붙이기의 또 다른 문제점은 성급하게 결론을 내린다는 것이다. 부하직원이 특정 분야에 고전했다고 해서 앞으로도 항상 그렇게 고전하게 될 것을 의미하는 것은 아니다. 성과가 낮은 직원들에게는 자신감 부족, 기술 부족, 이해력 부족, 또는 노력 부족과 같이 여러 가지 근본 원인이 있을 수 있다. 문제는 부하직원의 성과가 향상되어도 상사의 생각이 이미 결론지어졌기 때문에 향상되었다는 사실을 제대로 인식하지 못한다는 것이다. 따라서 상사라면 부하직원에 대한 판단을 유보하고, 새로운 정보를 받을 때마다 자신이 붙인 꼬리표를 수정하고자 하는 의지가 있어야 한다.

판단 유보는 전임자로부터 전해 들은 성과 꼬리표에 의존하고 싶은 유혹에 빠지기 쉬운 새로 부임한 상사에게 특히 중요하다. IBM에 입사했을 때 그런 함정에 빠지지 않겠다고 결심한 루 거스너Lou Gerstner는 새로 맡은 경영진에게 이렇게 말했다. "여러분이 미래의 스타인지 그만두어야 마땅한 사람인지 저는 상관하지 않습니다. 여러분들은 저와 새롭게 출발하는 것입니다."[5]

인사기록의 정보들이 터무니없이 잘못 되었거나, 애매하거나, 무관한 특성을 갖고 있는 것으로 나타났다.[6] 상사가 부하직원의 인사기록을 몇 주 또는 몇 달간 의도적으로 외면해야 하는 것일까? 아니면 회사 차원에서 몇 주 또는 몇 달 동안 이런 기록을 공개하지 못하게 하는 정책을 만들어야 하는 것일까? 인사기록의 존재 자체가 성과가 악화되는 부정적인 소용돌이를 활성화시키는 속도에 중대한 영향을 미치는 것은 분명하다. 앞서 살펴보았던 것처럼 빠르면 일주일 만에도 영향을 미친다.

이와는 반대로 상사들이 인사기록을 활용해 전 상사로부터 미운 털이 박힌 직원들이 누구인지 파악한 후 개별적으로 접근해 새 출발을 하게 될 것이라는 사실을 확신시켜줄 수도 있다. 이솝우화가 알려주듯이 혀는 최고의 도구이기도, 최악의 도구이기도 한데 여기에도 그런 교훈이 적용된다. 중요한 것은 인사기록과 인사파일의 존재가 아니라 상사가 그것들을 어떻게 활용하는가이다.[7]

자신의 평가 감시하기

꼬리표는 우리가 어떤 사건을 알아차리고 기억하는지, 그런 사건들을 어떻게 설명하는지에 영향을 주는 심리작용에 의해 보존되고 강화된다. 다시 한 번 제프와 스티브를 떠올려보자. 상사인 제프는 스티브의 더딘 일처리를 무능함을 나타내는 근거로 여겼다. 실제로는 스티브가 신뢰받지 못한다는 생각에 분개했기 때문에 더디게 반응한 것인데도 말이다. 스티브 역시 제프의 요청을 간섭이라고 생각했는데, 실제로는 새로운 분야에 대한 제프의 경험 부족과 자기 상사에게 좋은 인상을 남기고 싶은 바람에서 비롯된 것이었다.

심리작용에 따른 속임수를 인식하는 것은 성급하게 잘못된 결론을 내리고 싶지 않은 상사가 밟아야 할 중요한 첫 단계다. 특히 상사는 초기에 자신이 내린 결론을 확인시켜주는 사실을 알아차리고 기억하려는 성향, 즉 확증 편향confirming evidence bias에 유념해야 한다. 이런 편향을 떨쳐버리기 위해서는 결론이 잘못되었다는 것을 나타내는 근거disconfirming evidence와 대체 가능한 설명alternative explanation을 적극적으로 모색하는 습관을 비롯해 새로운 심리적 습관을 길러야만 한다.

기존에 보유하고 있는 데이터가 옳은지 의심해보는 것이 바람직한 첫 단계다("내가 이걸 어떻게 알지? 무슨 근거로? 어떤 게 사실이야?"). 한 단계 더 나아가 사실과 다른 근거도 찾아야 한다. 그러기 위해서는 당신이 바라는 대로 부하직원이 높은 수준을 보여주었거나, 주도적으로 나섰거나, 추진력을 발휘했거나, 올바른 판단을 내렸던 일을 찾아봐야 한다. 마지막으로 부하직원을 대했던 상황을 체계적으로 검토하면서 부하직원이 '긍정적인 행동'을 보였던 때를 떠올릴 수 있겠는가? 당신은 그런 상황이 떠오르지 않더라도 다른 사람들(예를 들어 다른 부하직원이나 동료들)은 떠올릴 수 있을지도 모른다. 오직 물어봐야만 알 수 있다.

이와 마찬가지로 자신이 내린 평가와 그 이유를 타진해보는 것도 좋은 방법이다. "이것이 사실인지 나는 어떻게 아는 것일까? 이

필패 신드롬

런 결론을 내린 이유가 무엇일까?"와 같은 질문을 스스로에게 던져보아라. 한 단계 더 나아가 대체 가능한 설명을 찾으려고 적극적으로 노력해볼 수도 있다. "이런 사건을 설명해줄 수 있는 다른 방법이 있을까? 그녀가 무슨 생각으로 그렇게 했던 것일까? 잠시 동안 그녀의 입장에서 생각해보면 어떤 주장을 펼칠 수 있을까?" 특히 스트레스를 많이 받을 때는 사건과 상황을 편협하고 이분법적으로 프레이밍하는 경향이 있다는 것을 앞서 살펴보았다. 일단 이런 성향을 인식하면 사건을 폭넓게 프레이밍하는 방법을 적극적으로 모색하면서 그것을 떨쳐버릴 수가 있다. 한 가지 방법은 먼저 그런 판단을 내리게 된 이유의 근간이 된 억측과 제약을 파악하는 것이다. "이 직원들(또는 상황)에 대해서 내가 추측하는 것은 무엇인가? 이런 반응을 피할 수 있는 또 다른 방법이 있을까?" 억측이나 제약을 파악하고 나면 상황을 좀 더 넓고 덜 이분법적으로 다시 프레이밍하려고 노력할 수 있다.

말하려 들지 말고 질문하라

앞서 몇 차례에 걸쳐 설명했던 것처럼 큰 문제는 대개 양측 가운데 한 사람이 대화를 시작하면 사라져버릴 정도로 작은 것에서 비롯된다. 그렇기 때문에 나중보다는 일찌감치 상황을 개선시키려고 노력하라는 것이다. 상사가 먼저 나서서 대화를 시작할 때까지 시간이 흐르면 흐를수록 부하직원은 똑같은 실수를 더 많이 반복하게 된다. 그렇기 때문에 상사는 화가 더 많이 나게 되고(덜 생산적으로 변하며) 부하직원은 상사가 제안하는 대화를 더 위협적으로 느끼게 될 것이다.

한동안 피드백을 전달하지 않고 생각만 하고 있다가 한참 후에 부하직원에게 피드백을 전달해본 상사라면, 한참을 기다려 자신의 생각을 전달하는 것의 단점을 잘 알고 있을 것이다. 물론 지나치게 성급한 피드백을 주는 사람도 있다("성급한 피드백" 참조).

우리는 모두 집에서든 회사에서든 피드백을 받는 입장이 되어본 적이 있다. 피드백을 듣고 나서 '왜 그 당시에 그런 말을 하지 않은 거지? 왜 그렇게 오랫동안 불만을 꾹꾹 참으면서 간직해왔던 거야?'라고 생각한 사람들도 많을 것이다.

부하직원의 입장에서는 당연히 나중보다는 일찍 피드백을 듣는 것을 선호한다. 그럼에도 상사의 입장이 되고 나면 부하직원에게 피드백 주기를 게을리한다.[8] 7장에서 살펴보았던 것처럼 관리자들은 피드백을 당황스러워하면서 또 갈등의 원인이 될 수도 있는 위협적인 일로 간주하는 성향이 있기 때문에 피드백 주기를 꺼린다. 그들은 피드백을 적대적인 상황으로 프레이밍하는 성향이 있다. 두 사람이 똑같은 핀을 쓰러뜨리려 하는 것이 다를 뿐, 피드백 주기를 마치 테니스 경기처럼 한다. 피드백을 시험해볼 필요가 있는 가정(피드백 '탐구')이 아니라 전달할 필요가 있는 사실(피드백 '주기')이라고 생각하는 것이다. 피드백을 함께 배우는 것이 아니라 고통스런 모놀로그를 환기시켜주는 것으로 생각한다("피드백 주기의 괴로움" 참조). 상사들은 또한 다른 사람들은 자신들과는 달리 피드백을 정보로 받아들여 개선의 수단으로 삼지 않고 피하려고만 들 것이라고 생각하는 성향이 있다.

필패 신드롬

성급한 피드백

상사들에게 피드백 주기를 미루지 말라는 조언에서, 미룬다는 것은 몇 분이나 몇 시간 늦게 주는 것을 의미하는 것이 아니다. 몇 분이나 몇 시간은 때때로 상사가 감정을 컨트롤하고 생각을 모으고 이야기를 어떻게 꺼낼 것인지 방법을 모색하는 소중한 시간이 될 수도 있다. 《피드백 툴킷Feedback Toolkit》의 저자 릭 모어러Rick Maurer가 설명했던 것처럼 적시에 피드백을 주는 것과 성급하게 피드백을 주는 것은 다르다. 감정적으로 얽힌 사건에 관한 피드백이라면 하루 이틀 기다렸다 주는 것이 가장 좋다. "너무나 감정적이기 때문에 감정이 가라앉을 때까지 기다리는 것이 합리적이다. 시간을 정해 회의를 가져라. 복도에서 마주친 상태에서 중요한 피드백을 주지 말라."[9]

이 조언은 400년 전 프랑스 철학가인 미셸 몽테뉴Michel Montaigne가 한 다음과 같은 조언과 일치한다. "맥박이 뛰고 감정이 느껴지는 동안에는 비즈니스를 미뤄라. 우리가 마음을 가라앉히고 차분해지면 세상이, 사물이 진정 다르게 느껴질 것이다. 흥분하는 동안에는 우리 자신이 아니라 열정이 지시하고 열정이 말을 하기 때문이다."[10]

7장에서 우리는 피드백 주는 시간을 성과 관련 면담으로 다시 프레이밍할 수 있다고 주장했다. 이 경우 상사와 부하직원은 같을 것을 원할 것이다. 성공적인 업무 관계와 가능한 한 즐겁게 협력할 수 있는 사이를 말이다. 앞서 사람과 성과를 구분할 필요가 있다는 점을 살펴보기도 했는데, 그러면 프레이밍을 다시 하기가 쉬워질 것이다. 이런 대화는 조가 얼마나 끔찍한 사람인지 아니면 좋은 사람인지, 그 이유가 무엇인지에 관한 것이 아니다. 조의 행동 가운데 내가 좋아하지 않거나 나를 화나게 만들거나 단순히 다른 식으로 해주길 바라는 '것'에 관한 대화가 될 것이다.

피드백 주기를 덜 위협적으로 다시 프레이밍하는 데 도움이 되

피드백 주기의 괴로움

피드백 주기라는 표현은 건설적이지 못한 표현으로 많은 관리자들을 오해하게 만든다. 피드백을 주겠다는 표현이 의미하는 것은 다음과 같다.

1. 바로잡겠다는 것이 목적 – 긍정적인 피드백은 기대하지 말라.
2. 피드백이란 것은 내가 만드는 것이다(필요한 모든 정보를 내가 가지고 있고, 나는 자네가 기여한 바와 정황적인 요소를 구분하면서 정보를 올바로 해석했다).
3. 피드백은 자네가 만드는 것이 아니다. 그러므로 내가 자네에게 피드백을 줄 것이다. 아니, 자네에게 투여할 것이다. 이것은 일방적인 커뮤니케이션으로 나는 자네가 이것을 건설적으로 받아들이고 변명거리를 찾지 않길 바란다. 나에게도 괴로운 일인 만큼 상황을 더욱 악화시키지 말라.

는 또 다른 방법은 상사가 자신의 생각을 논란의 여지가 없는 확실한 근거로 제시하기보다 사실에 대한 자신의 생각을 시험해보고 그에 따른 추론을 입증하는 시간으로 해석하는 것이다. 다시 말해서 상사라면 부하직원에게 지시하는 대신 부하직원의 의견을 물어볼 수 있을 것이다. "조, 나는 자네가 이것을 다른 식으로 했으면 좋겠네"라고 지시하는 대신 "조, 나는 자네가 이것을 왜 이런 식으로 했는지, 그 이유가 무엇인지 궁금해. 설명해주지 않겠나?"라고 물어보는 것이다. 다시 제프와 스티브의 사례로 되돌아가면 스티브가 작성한 부실한 보고서에 대해 제프가 일찌감치 스티브에게 물어보았다면 비교적 덜 괴로웠을 것이다. 물론 물어보지 않는 것이 더 쉽다. 너무 쉽다. 자신이 안다고 생각하는데 굳이 물어볼 필요가 있겠는가?

상사가 일찍 대화를 제안하면 할수록 부하직원이 똑같은 실수를 반복할 가능성이 줄어들고(그것이 실제로 실수였다고 가정한다면!) 따라서 상사가 면담을 할 때 갖게 되는 감정적인 부담이 줄어든다. 부하직원 입장에서는 사실과 그에 따른 추론에 관한 상사의 인식을 입증할 수 있는 기회를 일찌감치 갖고 싶어 할 것이다. 무언가 배워야 한다면 나중에 배우기보다는 차라리 빨리 배우는 것을 선호할 것이다. 어쩌면 우리가 스스로를 방어하는 것보다 부하직원이 스스로를 훨씬 더 많이 방어하는 성향이 있다고 생각해서는 안 되는지도 모른다. 부하직원 중에는 실제로 대단히 방어적인 사람도 있지만 대다수는 우리와 동일하게 느낄 것이다.

또한 우리가 알고 있는 사실이나 그에 따른 추론을 확신할 수 없을 때에도 일방적으로 지시하는 대신 부하직원의 의사를 물어볼 수 있다. 부하직원의 대답을 들으면 상사는 부하직원이 안건에 접근하는 방식을 바로잡아줄 수 있는 기회를 가질 수도 있다. 또한 부하직원의 대답이 상사 자신의 생각과 다르다 해도 안건을 바라보는 탁월한 방식에 눈을 뜨게 해주는 기회를 제공할 수도 있다.

상사-부하직원의 관계를 부하직원도 함께 책임지게 만들기

5장에서 살펴보았던 것처럼 부하직원들도 필패 신드롬이 작용하도록 부추기는 데 중요한 역할을 한다. 따라서 부하직원들 역시 필패 신드롬을 사전에 방지할 수 있는 입장에 놓여 있다. 앞서 우리가 상사에게 해주었던 조언의 대부분이 부하직원에게도 적용될 수 있다. 부하직원들도 섣불리 상사에게 개략적인 꼬리표를 붙이고 싶은 유혹을 떨쳐버려야 한다. 또한 자신의 판단, 좀 더 일반적으로는 상사에 대해 처음에 가졌던 믿음을 뒷받침해주는 근거를 찾고, 선별적으로 알아차리고 기억하려는 경향에 유의하면서 의문을 제기해야 한다. 이상적으로는 상사가 자신이 실패하도록 유도한다고 느낀다면 부하직원들도 일찌감치 대화를 제안하는 것이 좋다.

예를 들어 폴라 심스Paula Sims의 경우 GE의 자체 관리 제트엔진 공장의 공장장을 맡은 지 며칠 만에 부하직원으로 인해 행동을 바로잡게 되었다.

여기를 맡은 지 얼마 되지 않아서 한 직원이 나에게 다가와 이렇게 말했어요. "폴라, 우리가 하겠다고 약속한 일을 제대로 하는지 일일이 확인할 필요가 없다는 사실을 알고 있죠? 우리는 무언가를 하겠다고 하면 반드시 해요. 그렇게 미세하게 우리를 관리할 필요가 없다고요." 나는 자리에 앉아서 이렇게 생각했지요. '와우. 간단하네. 내가 항상 확인을 하니까 사람들은 내가 자기들을 믿지 못한다고 생각하는구나.' 그러고는 그 말을 명심했어요. 그 직원은 기술자였는데 제가 공장을 맡은 지 30일이 채 안 되었을 때였어요. 그가 나에게 그런 말을 해줄 정도로 편안하게 느꼈다는 것에 감사했지요.[11]

위에서 밝혔던 바와 같이 이런 피드백이 새로운 관계의 초반에 전달되었다는 사실과 자체 관리되는 상황 속에서 이루어졌다는 사실은, 그런 말을 들어도 양측이 특별히 위협적으로 느끼거나 당황스럽게 여기지 않는다는 것을 의미한다. 그러나 일반적인 경우

필패 신드롬

에는 윗사람에게 피드백을 주는 것이 아랫사람에게 피드백을 주는 것만큼, 아니 그보다 더 위협적으로 느껴진다. 부하직원들은 상사가 불만을 토로하라고 독려해야 불만을 토로할 가능성이 크다. 상사라면 부하직원이 상사-부하직원 관계의 공동 관리인이라고 느끼고 행동하게 만들어야 한다. 상사가 도움이 되지 않거나 심지어 자신을 방해한다고 느낀다면 부하직원이 문제가 있음을 알리고 면담을 요청해야 한다.

이 과정의 첫 단계는 단순하다. 상사는 반드시 초기에 부하직원에게 부하직원과의 관계에 투자할 의사가 있음을 명확하게 알려야 한다. 부하직원과의 관계에 기여하는 데 최선을 다할 의사가 있는데 혼자서는 할 수 없기 때문에 부하직원의 도움이 필요하다고 말하면서 말이다. 또한 상사는 문제가 뿌리 내리기 전에 솔직하게 문제가 있음을 알려달라고 부하직원에게 요청해야 한다. 시간이 흐름에 따라 상사는 부하직원에게 문제가 없느냐고 물으면서 이런 관심사를 주기적으로 주지시켜야 한다.

이런 것들을 노골적으로 말할 필요가 없다고 느끼는 상사들도 있지만, 우리는 그렇지 않다고 생각한다. 피드백에 대해 상대방이 어떤 반응을 보일지 부하직원들도 상사들만큼이나 걱정을 한다. 게다가 부하직원들은 권력의 저울에서 낮은 쪽에 속하기 때문에 나약하고 예민한 사람으로 비춰질지도 모른다는 우려와 상사가 의논하고 싶지 않은 문제를 제기하는 것인지도 모른다는 추가적인 부담을 갖게 된다. 우리가 컨설팅했던 조직을 봤을 때 상사가 노골적이고 반복적으로 부하직원에게 파트너 역할을 할 것을 권하는 경우에만 부하직원들이 적극적인 파트너 역할을 수행할 가능성이 높았다.

부하직원의 의견을 청하고 난 후 그 의견을 수렴하기 원하는 상사가 밟아야 할 두 번째 단계는 부하직원이 편안하게 우려를 표명할 수 있는 환경을 조성하는 것이다. 그래야 부하직원들이 상사-부하직원 관계의 공동 관리자라 느끼면서 행동할 수 있기 때문이다. 이것은 다음에 살펴볼 좀 더 폭넓은 문제에 속한다.

양방향에서 이루어지는 커뮤니케이션

지금까지 우리는 상사-부하직원의 관계가 초기에 악화되지 않도록 사전에 방지하는 여러 가지 방법을 살펴보았다. 그런데 관계란 이런 초기 단계의 교류를 넘어 지속적으로 살아남아야 하는 것이다. 그렇다면 어떤 환경이 생산적인 관계를 유지하고 필패 신드롬의 싹을 자르는 데 도움이 될까? 한마디로 말해서 커뮤니케이션이 양방향으로 자유롭게 이루어질 수 있는 환경이다. 그건 한편으로는 부하직원, 특히 성과가 낮은 직원들이 상사에게 문제를 보고하고 도움을 요청하는 것을 편안하게 느끼는 환경을 말한다. 그리고 다른 한편으로는 상사가 주는 피드백을 부하직원이 받아들여 도움이 되고 힘이 되며 경쟁력을 강화시켜주는 것으로 인식한다는 것을 의미한다. 이 두 가지 요소들을 차례로 살펴보도록 하자.

필패 신드롬

위쪽 방향: 부하직원들이 문제를 보고하고 도움을 요청하는 것을 편안하게 생각한다

2장과 3장에서 우리는 성과가 낮은 직원들의 경우 문제가 발생해도 보고하지 않고 상사의 도움을 요청하지 않으려는 경향이 있다는 점을 살펴보았다. 이런 부하직원들은 자율성을 유지하려는 성향이 있기 때문에 상사가 문제를 발견했을 때는 대개 너무 늦어버린다. 따라서 극단적으로 중재하고 강제적인 지시를 내리는 수밖에 없는 상황에 처한다. 그러면 상사가 문제를 알지 못하는 것이 더 낫다는 부하직원의 믿음이 강화될 뿐이다. 그런 극단적인 조치를 취하지 않기 위해 상사는 처음부터 부하직원에게 아주 상세한 지시를 내리고(실수를 줄이기 위해) 부하직원의 성과를 면밀히 감시하고 싶어 한다(문제를 조기에 감지하기 위해). 이 모든 행동은 다시 상사가 자신을 인정하지 않고 신뢰하지 않으며 지나치게 통제하려 든다는 부하직원의 느낌을 강화시킨다.

따라서 필패 신드롬의 형성과 활성화를 방지하는 방법 가운데 하나는 부하직원들이 상사에게 문제를 보고하거나 도움을 요청하는 것을 편안하게 느끼도록 만드는 것이다. 문제를 보고하는 것이 긍정적인 결과로 이어지거나 적어도 부정적인 결과로 이어지지 않는다고 느낄 때 부하직원들이 문제를 보고하고 도움을 청할 가능성이 커진다. 그들이 기대하는 가장 큰 긍정적인 결과는 상사로부터 도움을 받는 것이다. 그들이 피하길 바라는 가장 큰 부정적인 결과는 상사가 불쾌한 반응을 보이면서 이미 제한된 자율권을 한층 더 옥죄는 것이다.

필패 신드롬을 방지하는 데 성공한 상사들은 두 가지 기대치를 모두 충족시키는 사람들이다. 나쁜 소식에 건설적인 반응을 보이고 문제가 발생해도 부하직원의 자율권을 체계적으로 제한하려 들지 않는다.

나쁜 소식에 대응하기: 신드롬 파괴자들은 나쁜 소식을 들어도 벌을 주겠다는 식의 반응을 보이지 않는다. 벌을 주는 방법에는 여러 가지가 있다. 가장 확실하면서도 두려움을 느끼게 만드는 것은 사람들이 있는 데서 공개적으로 고함을 치고 화를 내는 것이다. 그보다 약한 벌로는 한동안 부하직원을 냉담하게 대하는 것이다. 문제 발생 시 초기에 보고할 것을 장려하는 리더들은 '상당히 차분한' 상태의 반응을 유지하는 법을 배웠다. 한 임원이 문제를 보고하는 직원에게 화를 내거나 벌을 주지 않는 것이 원활한 커뮤니케이션을 위해 대단히 중요한 이유를 다음과 같이 설명해주었다.

직원들이 이따금 충격적인 말을 할 때가 있습니다. 그런 말을 들으면 화를 참기가 힘들지요. 그래도 화를 내지 않으려고 노력해야 합니다. 그런 다음 "얘기해줘서 고맙네. 어쩌다가 그런 일이 생기게 된 거지?" "그게 ○○ 문제가 있었거든요." "좋아. 그럼 어떻게 해야 앞으로 또 다시 그런 일이 발생하지 않겠나?" 그래야 신뢰가 쌓입니다. 그리고 그런 일이 있을 때마다 내 자신이 부하직원들로부터 신뢰를 받는다는 것을 알게 되지요. 문제를 감추려 들지 않고 나에게 얘기해주니까요.

완벽한 사람은 없다

앞서 우리는 분노를 '없애려고' 하기보다 '억누르는' 법을 배우는 상사들을 살펴보았다. 부하직원들은 나쁜 소식을 접한 상사가 행복한 표정을 지을 것이라고 기대하지 않는다. 특히 자신들이 하는 일에 관심이 있다면 말이다. 한편, 결과에 대한 불만을 표현하는 것(열정을 보여줌)과 아무리 부하직원에게 화를 내는 것이 아니라 해도 감정적으로 폭발하는 것 사이에는 큰 차이가 있다. 감정적으로 폭발하면 당하는 입장에서는 상당히 불쾌한 경험으로 인식할 가능성이 크다. 전자의 경우를 예로 들면, "빌어먹을, 이건 좋지 않아!"와 같은 식으로 나오는 것이다. 화를 내며 "어떻게 이런 일이 발생하도록 내버려두었지?"와 같은 식은 후자에 더 가깝다. 부하직원들은 또한 상사가 완벽한 사람일 것이라고 기대하지 않는다. 일반적으로 실망스런 소식을 잘 처리하는 상사라면 이따금 화를 내도 부하직원들이 용서해줄 것이다.

이 말 속에는 상사가 문제의 원인을 수용하고 배우겠다는 의지는 물론 화를 내지 않겠다는 결심이 들어 있다("완벽한 사람은 없다" 참조).

자기 제어라는 첫 번째 요소 외에도 조사 결과, 신드롬 파괴자들은 나쁜 소식을 접했을 때 다음과 같은 세 가지 행동을 보이면서 부하직원들에게 용기를 북돋워주는 것으로 나타났다.

• 그들은 문제를 일으키게 되었거나 문제가 발생하게 된 과정에 대한 책임을 강조하고 과정에 초점을 맞춘다. 약간 나은 정도의 결정을 도출하는 대신 이런 리더들은 다음과 같은 것들을 향상시키길 원한다. (a)맡은 업무의 절차, 즉 행동에서 결과로 이어지는 인과 고리에 대한 부하직원의 이해력 (b)부하직원의 의사결정 과정. 다시 말해서 결정을 내릴 때 문제점과 장단점을 분석하는

방법.

- 그들은 앞으로를 강조한다. 예를 들어 "좋아. 이번에 이런 일이 벌어졌는데, 다음에 또 이런 일이 생길까? 그렇다면 다시는 이런 일이 일어나지 않도록, 아니면 최소한 문제의 크기라도 줄이기 위해 우리가 무엇을 할 수 있을까?"
- 그들은 대화를 하면서 깨달은 교훈을 마지막에 다시 한 번 요약해 준다.

우리가 인터뷰한 어느 임원이 자신의 상사와 나쁜 소식을 의논하기 쉬운 이유를 다음과 같이 설명해주었다.

이제는 상사에게 다가가 "망했어요"라고 말해도 된다는 것을 압니다. 그러면 상사와 마주 앉아 의논을 하게 되지요. "이 문제를 어떻게 하면 해결할 수 있겠는가? 그것에 대해서는 어떻게 생각하는가? 이런 식으로 접근하면 어떻겠나?" 상사는 한 번도 저에게 개인적으로 공격을 하거나 책임을 묻지 않았습니다. "자네가 무언가를 잘못 했으니 자네를 어떻게 해야 제대로 일하게 만들 수 있을까?"라는 말은 절대 하지 않습니다. 항상 "그 과정에서 문제가 되는 것이 무엇인가? 그 과정을 어떻게 바로잡을 수 있을까?"라는 식으로 나오지요.

자율성 지지: 나쁜 소식을 접하거나 도움을 요청받았을 때 신드롬 파괴자들은 부하직원들로부터 결정권을 빼앗아 모든 결정을 혼자 내리려고 하지 않는다. 그렇다고 모든 부하직원들에게 동일

한 수준의 자율권을 부여한다는 말은 아니다. 그들도 성과가 낮은 직원들이 하는 일에는 더 많이 관여한다. 그렇지만 모든 부하직원들에게 어느 정도 자율권을 보장해주려고 노력한다. 부하직원에게 주는 권한이라는 것이 전부를 주지 않으면 아무것도 줄 수 없는 그런 종류가 아니기 때문이다. 상사의 관여도 마찬가지다. 실제로 결정을 내리지 않고도 상사들이 관여할 수 있다. 예를 들어 특정한 단계마다 보고를 받거나 중대한 과정의 매 단계에서 컨설팅을 해주거나 최종 결정을 승인해줄 수도 있다. 그뿐만 아니라 부하직원의 활동에 관여할 때 신드롬 파괴자들은 자신이 제공하는 일시적인 코칭의 본질을 반드시 강조한다. 성과가 낮은 직원들은 코칭을 싫어하는 것이 아니다. 그들이 괴로워하는 것은 자신의 활동 전반에 걸친, 절대 사라지지 않을 것처럼 끊임없이 벌어지는 감시와 감독이다.

아래쪽 방향: 부하직원들이 위협적으로 느끼지 않기 때문에 상사의 피드백을 받아들이고 실천할 의지를 갖는다

성과가 낮은 직원들로부터 최선의 결과를 이끌어내는 상사들은 의욕을 꺾지 않고 소외감을 느끼지 않도록 관리하지만 그런 직원들이 발전하도록 도와주기도 한다. 필패 신드롬에 갇힌 부하직원들이 상사의 피드백을 가치 있고 유용하다고 받아들이지 않는 이유는 이미 살펴보았다. 신드롬 파괴자들은 부하직원들에게 다음과 같은 다섯 가지 요소를 보여줌으로써 부하직원들의 방어기제가 작동되는 것을 막는다.

신드롬 파괴자들은 부하직원의 성과와 한 인간으로서의 부하직원을 명확하게 구분한다: 이런 구분은 성과가 자신의 기대치와 상사의 기대치에 부합하지 않아도 자신이 한 인간으로 존중받을 수 있다고 느끼게 만든다. 따라서 비판적인 피드백을 받더라도 덜 위협적으로 느낀다. 어느 한 시점과 장소, 주어진 조건 하에서 이루어진 부하직원의 성과에 대한 부정적인 발언일 뿐 하나의 인격체인 부하직원을 전면적으로 비난하는 말이 아니기 때문이다.

이는 대부분 편안하고 정기적인 접촉을 통해 이루어진다. 코닝 Corning의 연구 소장인 리나 에케베리아Lina Echeverria의 경우를 예로 들어보자. "나는 사람들을 인격적으로 가까이 대하는 것이 중요하다고 믿습니다. 제 밑에서 일하는 모든 사람들의 가정생활을 저는 다 알고 있습니다. 어떤 업무 환경이 그들에게 맞는지도 알고 있습니다. 누군가 의욕을 상실하면 그것도 알아차릴 수 있습니다." 그녀는 어떻게 해서 이런 것들을 알 수 있는 것일까? 직원들과 대화를 나누기 때문이다. "나는 항상 누군가의 사무실로 걸어 들어가 그곳에서 일하는 사람에게 이렇게 물어봐요. '어때요?' 예를 들어 '이 프로젝트 어때요? 집은 어때요?' 이런 대화를 직원들과 자주 나눠요. 성과가 염려되는 직원들뿐만이 아니라 전 직원에게요."[12]

신드롬 파괴자들은 부하직원의 성과에 대해 성급한 결론을 내리지 않는다: 성과가 낮은 직원들에 대해 우려한다 해도, 그들은 결과에 대한 평가를 내리고(이것이 진정 나쁜 성과인가?) 그런 결과가 발생한 원인을 분석할 때 열린 마음으로 대하려고 노력한다. 그뿐만 아니라 피

　　　　　　　　　　　　　　　　　　　　　필패 신드롬

드백을 생각하고 전달할 때와 마찬가지로 공정성을 유지하기 위해 결론을 내리기 전에 부하직원들에게 데이터와 데이터가 의미하는 바를 입증할 수 있는 기회를 준다. 이런 리더 밑에서 일하는 한 관리자는 다음과 같이 설명했다.

어떤 사람들은 나의 상사가 주관적이라고 말하기도 하지만 그건 주관적이라는 것을 어떻게 정의하느냐에 따라 달라져요. 저는 "수익 목표에 5퍼센트 미달하는 것은 나쁜 실적이다"라고 말하는 것이 오히려 주관적으로 느껴져요. 왜냐하면 수익성이 왜 그 수준밖에 미치지 못했는지 분석하는 시간을 갖지 않기 때문이거든요. 제 상사는 저와 이야기해보기 전에는 절대 어떤 결과가 좋은지 나쁜지 결정하지 않아요. 담당자가 설명해주기 전까지는 그 어떤 데이터도 모두 주관적이라고 믿지요.

또 다른 관리자는 자기 상사와 상사의 상사 행동을 비교하면서 이 점을 설명해주었다.

제 상사의 상사는 데이터를 보거나 부하직원이 담당하는 분야에 관한 무언가를 듣는 순간 결론을 내리는 성향이 있어요. 예를 들어 제 분야의 품질 수준이 3개월 동안 70퍼센트 수준에 머문 적이 있었어요. 그러니까 그가 제게 전화를 하더니 이런 식으로 말하더라고요. "자네가 담당하는 분야의 품질이 지난 3개월 동안 정체되어 있네. 내가 보기에는 자네가 제대로 된 이슈를 다루지 못했거나, 제대로 일하지 못한 것 같군." 그는 확실한 근거가 없는 상황에서 의심하지 않는 그런 행동을 보이지 않아요. 이슈가 무엇인지 제가 파악했고 그것을 효과적으로 처리하고 있다는 사실을 보여줄 여유조차 주지 않지요. 이런 식으로 접근할 때 발생하는 문제 가운데 하나는 그가 처음에 나쁜 인상을 갖게 되면 그것이 바뀌게 될지 확신할 수 없기 때문에 부하직원인 저로서는 더 방어적인 태세를 취하게 된다는 것이에요.

제 상사였다면 다른 식으로 접근했을 거예요. 그라면 이런 식으로 말했겠죠. "품질이 70퍼센트 수준까지는 매우 빨리 올라갔는데 지난 3개월 동안에는 더 이상 향상되지 않았군. 왜 그런 거지? 이 문제에 대해서 어떤 조치를 취하고 있나?" 이렇게 말하면 품질이 향상되지 않는 이유를 설명할 수 있는 기회가 주어지지요. "지금은 좀 더 복잡한 이슈를 처리하고 있어서 엔지니어링과 공급사의 협력이 필요하기 때문에 시간이 더 많이 걸리는 것입니다. 현재 그들과 협력하고 있는 중입니다"라고 말이에요.

부하직원에게 상사가 내린 평가에 반론할 수 있는 기회를 주는 등 상사가 안 좋은 성과의 원인에 대해 마음을 열어놓으려고 노력한다는 사실을 성과가 낮은 직원이 믿게 되면, 상사가 평가를 내리는 과정에 대해 덜 불안해하고 덜 방어적인 태도를 갖게 된다. 따라서 부하직원은 책임져야 할지도 모르는 실패로부터 체계적이고 적극적으로 멀어져야겠다는 생각을 덜 갖게 된다. 또한 입증된 사실과, 사건과 결과에 대한 편견 없는 판단을 근거로 이루어졌다고 인식하는 피드백을 좀 더 잘 받아들이게 된다.

신드롬 파괴자들은 좋은 결과에 대해 의논하는 시간을 많이 갖는다: 우리가 연구한 몇몇 상사들은 좋은 결과를 살펴봄으로써 교훈을 배울 수 있다는 말에 원칙적으로는 동의했다. 하지만 시간이 많지 않기 때문에 개선이 필요한 이슈나 정책에 초점을 맞추는 것이 최선이라고 설명했다. 그 상사들 중 한 명의 말을 빌려보자.

비즈니스가 정말 잘 되면 손익계산서를 보고 직원들에게 수고했다고 칭찬해주는 등 짧은 회의를 갖습니다. 잘하고 있는 일을 살펴보는 데 시간을 낭비하고 싶지 않거든요. 그 시간을 좀 더 옳은 일에 써야지요.

이렇게 전통적인 예외 관리 기법이 직관적으로 맞는 것처럼 느껴지지만 신드롬 파괴자들은 부하직원에게 특정한 문제를 어떻게 해결했는지, 어떤 요소들이 작지 않은 바람직한 변화에 기여했는지를 물으면서 성공 사례를 통해 배우려고 노력하는 데 시간을 들인다. '바람직한 변화'의 원인에 대한 관심은 다음과 같이 중요한 네 가지 장점을 가진다.

- 성과의 기반이 된 인과 메커니즘과 과정에 대한 지식이 생기거나 전달되는 데 기여한다. 상사나 부하직원이 이런 관행을 통해 무언가를 배우면 지식이 '생겨난다.' 또한 팀 회의에서 이런 일이 의논된다면 지식이 다른 직원에게 '전달되기'도 한다.
- 상사가 부하직원에게 긍정적인 생각을 갖게 해줄 수 있는 기회가 된다.

- 배우고, 이해하고, 향상시키도록 돕겠다는 약속을 상사가 지켰다는 믿음을 갖게 된다. 상사가 긍정적인 결과만 알고 싶어 하는 것이 아니라 외적인 요소의 영향을 비롯해 어떻게 긍정적인 결과를 낼 수 있었는지 그 과정까지 이해하고 싶어 한다는 것을 보여준다.
- 가장 중요한 것은 상사가 바람직한 변화에 집중하고 바람직한 변화 원인에 관심이 있으면 좋지 않은 변화의 원인에 관심을 갖는 것 또한 타당하다는 생각이 들게 만든다. 이렇게 균형을 유지하면 부하직원에게 좋지 않은 변화가 일어나더라도 부하직원이 방어적인 태도를 갖지 않게 된다.

우리가 인터뷰한 한 사람이 자기 상사의 접근 방식을 설명하면서 이런 장점에 대해 이야기해주었다.

제 상사는 결과에도 관심을 갖지만 문제에 접근한 방식과 근본 원인에도 관심을 갖습니다. 그러니까 "데이브, 내가 이 문제를 해결했어요." "아, 잘했어. 대단히 고맙네." 이런 식이 아니라 "그걸 어떻게 고쳤어? 이 문제는 어떻게 해결했어?" "저는 이렇게 저렇게 했습니다." "좋은 생각이야. 나도 그렇게 해봐야겠군." 이런 식으로 대화를 하지요. 또는 내가 고려해볼 수 있었던 다른 방식을 제안하면서 그에 대해 의논하기도 하지요. 어느 달엔가 고객 만족도 목표치를 100퍼센트 달성했을 때 그는 이렇게 말했어요. "자네들에게 A를 주겠네. 그런데 어떻게 했는지도 듣고 싶어. 다른 사람들에게 알려줄 수 있게 어떻게 했는지 들려주지 않겠나?" 그 말을 들은 우리들은 정말 기분이 좋았지요! 그런 결과에 도달하기 위해 엄청난 노력을 했거든요. 그러다 또 어느 달엔가 고객만족도가 90퍼센트로 떨어졌을 때도 그가 물었습니다. "흠! 이 달엔 무슨 일이 있었던 건가?" 그때도 원인을 설명하는 것이 그다지 기분 나쁘지 않았어요. 그러니까 중요한 것은 긍정적인 결과와 부정적인 결과에 접근하는 방식입니다.

신드롬 파괴자들은 "나는 자네 편이야"라는 것을 확실히 보여준다: 연구 결과 부하직원들은 피드백을 제공하는 사람의 의도를 신뢰할 때 피드백을 더 잘 받아들일 가능성이 있는 것으로 나타났다. 신드롬 파괴자들은 부하직원들과 그들의 성과, 그리고 그들의 성장을 중요시한다는 점을 보여줌으로써 자신이 부하직원에게 좋은 의도를 갖고 있다는 점을 확인시켜준다. 우리가 살펴본 몇 가지 행동들도 신드롬 파괴자들이 부하직원을 개인적으로 소중히 생각한다는 점을 보여주는 데 도움이 된다. 부하직원들과 일일이 업무 관계와 사적인 관계를 맺기 위해 들이는 시간이나, 개인과 성과를 구분하는 것, 그리고 나쁜 소식을 접하고 원인을 분석할 때 보여주는 열린 마음과 관심처럼 말이다.

상사가 부하직원의 행복과 성장, 경력을 개인적으로 소중하게 생각한다는 사실을 보여주는 다른 방법들도 많다. 예를 들어 우리가 연구한 한 신드롬 파괴자는 부하직원의 방패막이 되어 위에서부터 내려오는 압박을 막아주고 불편함을 감수하면서까지 부하직원이 바라는 경력을 쌓을 수 있게 지원해줌으로써 부하직원을 소중하게 생각한다는 사실을 입증하기도 했다. 지난 세월 동안 함께 일했던 상사들을 생각해보면 개인적으로 배려해준 상사가 누구이고 그런 생각을 입증해주었던 행동들이 무엇인지 쉽게 파악할 수 있다.

그 결과 신드롬 파괴자들이 하는 말을 부하직원들이 더 잘 따르게 된다. 맥킨지앤드컴퍼니의 글로벌 확장을 관장해온 라잣 굽타Rajat Gupta는 바로 이 점을 설명해주었다.

이따금 사무실 수장이 필요하게 되면 나는 두세 명의 후보와 이야기해본 후 그중 한 사람을 선임하지요. 그러니까 다른 두 사람은 내가 어떤 식으로든 실망하게 만드는 것이에요. 그렇지만 기본적으로 나는 내가 그들의 장기적인 성공을 소중하게 생각한다고 납득시키고 나서 유쾌하지 않은 메시지를 전달하지요. 당신이 그들의 성공을 위해서 항상 노력하고 있다는 사실을 그들이 믿으면 훨씬 더 나쁜 소식도 달게 받아들입니다.[13]

신드롬 파괴자들은 자신의 단점을 인정한다: GE, 쉘Shell, 포드Ford와 같은 기업들은 선임 임원들에게 리더십 개발 프로그램 강의를 맡긴다. 이 방법의 가장 큰 장점은 선임 임원들이 수년 동안 배워온 리더십 교훈을 가르칠 때 들려주는 사례이다. 선임 임원들이 자신이 직면했던 어려움과 개인적으로 발전하기 위해 수년 동안 일구어온 노력을 솔직하게 밝히는데, 그 밑의 임원들이 자신의 단점에 관한 변명만 늘어놓긴 힘들다.

이와 마찬가지로 신드롬 파괴자들은 자신의 단점을 학습하는 본보기가 됨으로써 부하직원들이 도움과 조언을 받아들이기 쉽게 만든다. 좀 더 구체적으로 살펴보면 이런 리더들은 다음과 같은 두 가지 유형의 행동을 보인다. 그들은 자신의 실수를 인정하며, 사과하기를 꺼리지 않는다. 또한 그들은 자신이 부하직원들을 솔직하게 대할 수 있게 부하직원에게 도움을 요청하며 자신의 행동이 도움이 되지 않을 때마다 주의를 줄 것을 당부한다. 이번 장의 시작 부분에서 살펴보았던 것처럼 이런 요청은 관계의 초반에 할 수 있다. 그러나 이따금 반복한다고 해서 해가 될 건 없다. 한 관리자의 경우에는 자신이 올린 보고서에 상사가 두 가지 궁금증을 적어 보내면서 손으로 직접 쓴 다음과 같은 메모를 첨부했다고 한다. "그건 그렇고 내가 자네를 솔직하게 대할 수 있게 나를 좀 도와주게나. 내가 부담이 되면 언제든 알려주고."

상사가 실패를 인정하거나, 자신이 말한 의도와 일치하지 않은 행동을 보일 때 부하직원에게 알려달라 당부한다는 건 상사 자신이 완벽한 인간이 아니기 때문에 다른 사람들도 완벽할 것이라고 기대하지 않는다는 사실을 보여준다. 그러면 부하직원들 역시 자신이 완벽하지 않음을 인정하기가 쉬워진다.

직원을 대하면서 잘못된 행동을 했음을 인정하는 상사들 역시 (예를 들어 "다시 생각해보니 아까 자네가 한 말에 내가 적절히 대응하지 못한 것 같아.") 스스로를 감시하면서 자신이 한 행동에 대해 생각해보고 더 나은 모습을 위해 노력한다는 사실을 보여준다. 그들은 자신도 다른 사람들로부터 영향을 받을 수 있다는 것, 즉 생각을 바꿀 수 있을 정도로 융통성이 있다는 것을 보여주기도 한다.

끝으로 실패를 인정하고 부하직원에게 자신을 감시할 것을 당부하는 것은 일반적으로 다른 사람들, 특히 부하직원들을 존중한다는 사실을 보여주는 신호가 된다. 이런 행동은, "여러분은 저에게 중요한 사람들이며 저는 우리의 커뮤니케이션을 소중하게 생각합니다. 제가 발전하는 데 여러분이 도움을 줄 수 있을 것이라고 믿습니다"라는 메시지를 분명하게 전달한다.

직원들과의 약속 프레이밍하기 _____

신드롬 파괴자들은 나쁜 소식에 생산적인 반응을 보이고 과정과 경험을 통해 배울 수 있는 교훈에 초점을 맞춤으로써 부하직원들이 자신으로부터 도움과 지침을 구하도록 장려한다. 그들은 또한 문제가 발생했다고 해서 마음대로 해결하려 들지 않는다. '코칭모드'에 돌입할 때는 자신이 하는 코칭의 목적이 부하직원이 코칭을 필요로 하지 않을 정도로 발전할 수 있게 도와주는 것이라는 사실을 반드시 주지시킨다. 도움을 요청할 것을 장려하는 수준을 넘어 이런 상사들은 여러 가지 이유에서 받아들이기 쉬운 피드백을 제공한다.

첫째, 부하직원의 인격에 대한 가치를 반영하는 피드백을 주지 않는다(사람과 성과는 분명 다르다). 둘째, 성과 원인에 관해 상사가 가지고 있는 데이터와 의미를 입증할 수 있는 진정한 기회를 부하직원에게 부여한다. 셋째, 긍정적인 결과에도 부정적인 결과에 대해 보이는 것만큼 많은 관심을 보이기 때문에 부정적인 결과에 관심을 보이는 상사의 모습이 당연하게 느껴지도록 만든다. 넷째, 부하직원들이 상사의 의도를 신뢰한다. 그뿐만 아니라 이런 리더들은 스스로를 발전시키고자 하는 강한 개인적인 욕망을 보여주는 본보기가 되고, 부하직원의 도움을 받아 긍정적인 상사-부하직원 관계를 유지하는 데 이바지한다.

부하직원들과 이런 학습 분위기를 조성하기 전에 신드롬 파괴자들은 관계의 초기에 '직원들과의 약속'을 프레이밍하는 데 많은 시간과 에너지를 들인다. 그들은 자신이 업무적으로 좋아하는 것과 싫어하는 것들은 물론 주요 목적을 구체적으로 밝히려고 한다. 또한 개인적인 관계를 구축하고 발전시키려 노력하고 부하직원들에게 잘못된 꼬리표를 성급하게 붙이고 싶은 마음을 주의하려고 한다. 문제가 발생하면 기다리기보다 조치를 빨리 취함으로써 문제가 깊이 뿌리 내리는 것을 막고, 부하직원들에게도 자신의 행동이 도움이 되지 않을 경우 그 점을 지적해줄 것을 당부한다.

초반에 하는 투자는 시간과 에너지를 요한다. 이 점에 관해서는 할 수 있는 것이 별로 없다. 리더라면 소중한 첫 며칠, 첫 몇 주를 어떻게 보낼 것인지를 결정해야만 한다. 우리가 해줄 수 있는 말은 관계를 프레이밍하고 발전시키는 데 시간을 더 많이 투자하라는 것밖에 없다. 여기서의 키워드는 투자다. 투자한 시간과 에너지는 6장에서 파악하고 살펴보았던 상사와 성과가 낮은 직원, 그들의 동료와 부하직원들이 나중에 치러야 할 많은 대가를 줄여줌으로써 그만한 가치를 되돌려준다.

상사들은 성과가 낮은 직원들을 다루는 데 더 많은 시간을 들일 수밖에 없다. 문제는 그 시간을 활용하는 방법이다. 그런 부하직원들이 저지른 손해를 최소화하는 데 시간과 에너지를 낭비할 것인지, 아니면 관계와 부하직원들의 능력을 향상시킴으로써 그런 직원들로부터 최선의 결과를 얻어내는 데 시간과 에너지를 투자할 것인지 말이다. 필패 신드롬에 얽힌 역학구도의 본질을 상사가 이해하고 나면 나머지는 대부분 선택할 일만 남는다. 그러나 이는 또한 기술적인 문제이기도 하다. 우리가 만난 신드롬 파괴자들은 타고난 사람들이 아니다. 지금과 같은 모습을 보이기 위해 노력했기 때문에 그렇게 될 수 있었다. 10장에서는 그 과정에서 그들이 겪었던 어려움과 그것을 극복하는 데 이용했던 방법들을 살펴볼 것이다.

THE SET/UP/TO/FAIL

필패 신드롬을 넘어서

SYNDROME

나는 다른 사람들보다 춤을 더 잘 추려고 노력하지 않는다.
그저 나 자신보다 춤을 더 잘 추려고 노력할 뿐이다.

- 미하일 바리시니코프Mikhail Baryshnikov

지금까지 필패 신드롬의 진행을 멈추고 사전에 막기 위해 상사가 맡게 되는 역할을 살펴보았다. 우리를 비롯한 여러 사람들이 이 주제에 관해 실시한 조사를 바탕으로, 실천 가능한 조언을 해주려고 노력했다. 관리자들이 현실 속에서 이런 제안을 실천할 수 있기 위해서는 실제로 실천하는 모습을 시각화할 수 있을 정도로 구체적인 조언을 해주어야 한다. 그러나 조언이 구체적이라고 해서 반드시 실천하기 쉬운 것은 아니다. 스트레스받는 상황이나 어려운 상황에서는 특히 더욱 그렇다. 우리는 상사들이 성과가 낮은 직원들과의 교류를 좀 더 폭넓고 유연하게 다시 프레이밍함으로써 그런 직원들을 다룰 때 받게 되는 스트레스를 줄이는 방법을 보여주려고 했다. 또한 부하직원들의 의욕을 꺾거나 제약을 가하지 않으면서도 더 많이 지시하고 부하직원이 맡은 업무에 더 많이 관여하는

데 성공한 상사들, 즉 '신드롬 파괴자'의 사례를 보여주기도 했다.

그렇지만 머리로 아는 것과 실천하는 것은 다르다. 8장과 9장에서 살펴보았듯이 필패 신드롬의 진행을 멈추고 사전에 막기 위해서는 많은 관리자들이 평소에 하는 관행에서 벗어나야만 한다. 어떤 변화든 과도기라는 것이 있게 마련인데, 이 시기 동안 상사들은 새로운 방법을 실험해보면서 성공과 실패를 통해 배울 수 있다. 마지막 장에서는 도구와 기술을 제공하고 상사들이 변화 과정에서 마주칠 수 있는 장애물들을 살펴봄으로써 그런 과도기를 잘 넘기도록 도움을 주고자 한다.

리더로 태어나는 사람은 없다

연구 조사를 실시하는 동안 우리는 모든 부하직원들을 지원하고 권한을 부여해주는 상사들을 몇 사람 만날 수 있었다. 그중 몇몇 사람들에게서는 항상 그런 식으로 행동해왔던 것 같은 인상을 받기도 했다. 나머지 사람들은 스스로 터득한 기술인 것 같았다. 예를 들어 우리가 '모리스'라고 부르는 한 상사는 자기 상사로부터 엄청난 압력을 받으면서도 성과가 낮은 직원들을 비롯하여 모든 부하직원들을 지원하고 권한을 부여하는 등 잘 대해주는 것 같았다. 그의 부하직원 중 한 사람은 그가 겉으로만 그렇게 연기하는 게 아니라 진심에서 우러나온 표현을 하는 것이라고 강조했다.

또 한 가지 중요한 점은 누가 억지로 시켜서 그러는 것이 아니라 자연스럽게 행동한다는 것입니다. 언제든 볼 수 있어요. 그가 남들에게 보이려고 그러는 것이 아닙니다. 일상생활에 나타나는 것 같아요. 사람들을 진심으로 배려하는 모습이요. 그를 알아온 지 몇 년 되었는데 다른 모습을 보인 적은 단 한 번도 없습니다.

모리스 스스로도 '원래 자신의 모습대로 행동하는 것'임을 확인해주었다.

저는 제 스타일에 갇혀 있는 것 같아요. 위기 상황일 때만 빼고요. 아이들에게도 이런 식으로 대하거든요. 그러니까 회사에서만 이런 모습을 보이고 집에 가면 다른 모습을 보이는 것이 아닙니다.

"원래 태어날 때부터 이런 식이었나요? 아니면 이런 식으로 성장한 것인가요? 이런 모습을 갖기까지 따로 노력해야 했나요?"라는 질문에 모리스는 분명하게 대답했다. "네. 이런 행동을 하기까지 수년 동안 열심히 노력했지요." 예전에는 그를 차가운 사람으로 보았다고 한다. 그가 무슨 생각을 하는지 어떻게 느끼는지 사람들이 전혀 알지 못했다고 말이다. 수년 동안 감정을 컨트롤하기 위해 지나치게 열심히 노력한 나머지 사람들이 그를 냉담하고 둔감한 사람으로 느꼈던 것이다. 따라서 그는 사람들에게 좀 더 가까이 다가가기 위해 노력했다. 자신의 생각과 감정을 생산적인 방식으로 편안하게 표현할 수 있는 사람이 되기 위해서 말이다. 그의 말을 빌어보자.

저는 모든 것을 완벽하게 하려고 노력하는 사람으로 자라났습니다. 언젠가 누군가 저에게 "절대 미안하다는 말을 하지 말라"고 가르쳤거든요. 정말 그렇게 가르쳐서는 안 되는 것이지만 저는 정말 잘 따랐어요. 한동안 저는 다양한 감정을 느끼지 못했습니다. 그러다 지난 몇 년 동안 뚜렷하게 느껴지는 감정들을 거르지 않으려 노력했습니다. 지금은 제 기분이 좋을 때가 언제고 나쁠 때가 언제인지 저와 함께 일하는 사람들이 알 것이라고 생각합니다. 예전의 저는 정말 이상한 사람이었지요. 쉽게 곁을 내주지 않았고, 약해 보이는 것도 좋아하지 않았어요. 지금은 더 이상 그렇게 이상한 사람이 아니에요.

우리가 연구한 다른 상사들은 정반대의 문제를 갖고 있었다. 감정, 그중에서도 특히 분노를 컨트롤할 수 없었다. 한 임원은 이 점에 관해 자신이 어떻게 발전했는지 설명해주었다.

이 일을 시작했을 때 저는 이 세상 그 누구보다도 공격적인 사람이었습니다. 정말 가혹한 개자식이었지요. 실제로 사람들을 위협하기도 했고요. 지금은 3년 전과 전혀 다른 모습으로 변했습니다. 지금까지도 제 직원들과 저는 배우고 발전해왔어요. 우리 모두가 발전했지요. 지금은 제가 매우 인간적으로 대하지요. 3년 전 제 모습과는 정반대예요. 지금은 그때보다 훨씬 차분해졌지요.

필패 신드롬

우리는 수년에 걸쳐 몇몇 유명한 리더들이 비슷한 내용을 이야기하는 것을 목격했다("개인적인 변화: CEO들이 들려주는 그들의 이야기" 참조). 이 사례들과 우리가 연구한 다른 사례들은 저마다 각기 다른 시작점과 경로를 담고 있다. 지나치게 성과를 강조해 부하직원들을 기죽이던 행동을 고쳐야 했던 사람들도 있었다. 정반대로 속마음을 드러내지 않고 지나치게 비밀스런 사람들도 있었다. 결정을 내리는 기술이 너무나 뛰어난 나머지 승진하고 난 뒤에도 부하직원의 일을 대신해주는 사람들도 있었다. 문제가 공격성이든, 성급함이든, 소심함이든, 지나치게 세세한 관리든, 혹은 표현 부족이든 이런 리더들은 저마다 오랫동안 보여왔던 특정한 행동 패턴이라는 자신만의 십자가를 지고 있다.

임원들은 이렇게 본보기가 되는 리더들이 실제로 들인 노력을 과소평가하는 경향이 있다. 사실 성격이나 부모님의 양육 방식으로 인해 자연스럽게 좋은 리더의 모습을 갖추게 된 '타고난 리더들'도 분명 있을 것이다. 그러나 우리가 수년 동안 관찰하고 연구해온 능력 있는 상사들의 대부분은 스스로 상당히 많이 노력해온 사람들이었다.

변화는 관심에서 시작된다

개인 차원의 변화와 조직 차원의 변화에 관한 모델이 많이 있다. 이런 모델들은 여러 가지 측면에서 다르지만 한 가지에 관해서만

개인적인 변화: CEO들이 들려주는 그들의 이야기

우리가 연구한 뛰어난 능력을 가진 리더들은 자신의 리더십 스타일 가운데 특정한 부분을 개발하는 데 수년에 걸친 노력을 기울여온 사람들이다. 개인적으로 노력했다는 사실을 밝힌 여러 유명 리더들도 마찬가지다.

포드크레디트Ford Credit의 총괄 부사장 겸 CFO인 엘리자베스 액톤Elizabeth Acton은 자신의 상사인 돈 윙클러Don Winkler로부터 배웠다면서 공을 그에게 돌렸다.

돈은 리더로서의 나의 역할에 훨씬 더 민감해지고 내가 드리우는 그림자를 인식할 수 있게 만들어주었다. 많은 사람들이 우리를 바라보고 있기 때문에 나의 행동은 나날이 향상된다. 내 행동에 대해서 나는 좀 더 전략적으로 생각한다. 내가 어떤 신호를 보내고 있는지? 내 제스처를 통해 들려주는 것은 무엇인지? 내 기분이 지금 어떤 상태인지? 그리고 그것이 내 주위에서 일하는 사람들에게 어떤 영향을 미치는지? 돈 덕분에 내가 그렇게 민감하게 변했던 것이다.[1]

벨애틀랜틱Bell Atlantic의 CEO인 레이먼드 스미스Raymond Smith는 다음과 같이 말했다.

내가 가진 가장 큰 문제점은 스스로 좌절해버린다는 것이다. 처음으로 CEO를 맡았던 해에는 내가 말하는 권한부여, 책임감, 팀워크를 사람들이 즉시 알아듣지 못해서 무척 좌절했다. 결국 참을성을 발휘하는 법을 배우게 되었다. 이제는 내 안에서 성급함이 많이 사라졌다.[2]

스트라이드라이트Stride Rite의 CEO를 역임했던 아놀드 히아트Arnold Hiatt는 다음의 이야기를 들려주었다.

내가 개인적으로 고전했던 문제는 누군가가 잘못했을 경우 얼마나 오랫동안 참을 수 있는가 하는 점이었다. 나 역시도 예전에 잘못한 일이 많았기 때문에 회사 내에서 옳지 못한 일을 하는 사람을 보면 그 즉시 알게 된다. 그럴 때마다 나는 이를 악물고 다른 사람의 설교를 들어서 무언가를 배운 적이 단 한 번도

없다는 사실을 스스로에게 상기시킨다.[3]

ABB의 전 수장 퍼시 바네빅Percy Barnevik은 다음과 같이 말해주었다.

> 나의 가장 큰 약점은 이 회사에 관한 모든 것을 내가 알고 있기 때문에 너무 빨리 생각하고 너무 성급하게 결정을 내린다는 것이다. 이런 행동은 다른 사람들을 겁먹게 하여 좋은 의사결정에 필요한 여러 가지 의견을 듣지 못하게 만든다. 누군가 어리석은 발언을 하면 나는 억지로라도 미소를 지으면서 아무 말도 하지 않은 채 좋지 않은 생각이 알아서 사라져버릴 때까지 기다린다. 그런 상황에서 내가 섣불리 행동하면 나중에 그 직원은 자신이 사실이라고 믿은 것을 다시는 나에게 말해주지 않을 것이기 때문이다.[4]

펩시의 전 수장이었고 트라이콘(Tricon, 1997년에 펩시에서 분리된 회사)의 회장 겸 CEO를 역임한 앤디 피어슨Andy Pearson은 나중에서야 다음과 같은 사실을 깨달았다고 한다.

> 누군가를 괴롭게 만들지 않으면서도 어려운 질문을 던지는 방법은 많다. 나는 가장 똑똑한 사람이 되려고 노력하던 모습에서, 그저 질문을 던진 후 합리적이고 논리적인 대답을 할 것을 요구하는 사람으로 바뀌었다고 생각한다.[5]

당시 70대였던 피어슨에게 이런 행동은 제법 큰 변화라 할 수 있다. 행동을 바꾸기 전 그의 모습에 대해 한 동료는 피어슨이 "잔인한 사람이었다. 우리를 사정없이 몰아세우는 사람이었다. 한 번은 그가 '원숭이들도 이보다는 잘 하겠군!'이라고 말하기도 했다. 그게 불과 3년 전의 일이다"라고 기억했다.[6]

은 동일하다. 변하고자 하는 강한 열망, 현 상태에 대한 상당한 불만 없이는 절대 변하지 못한다는 것이다.[7] 관리자들에게 여유로운 시간과 에너지가 없는 요즘 같은 환경 속에서는 더욱 맞는 말이라

할 수 있다. 지금 하고 있는 일만으로도 그들은 이미 충분히 허둥대고 있기 때문이다. 따라서 새로운 활동이 필요하다면 현재의 상황에 들어가는 시간과 에너지를 줄여야 한다. 새로운 활동은 반드시 시간과 관심을 투자할 만큼 우선순위가 높아야 한다.

지금까지 여러 가지를 살펴보면서 우리는 현 상태에 대한 당신의 의식을 고취시키려고 노력해왔다. 다시 말해서, 현 상황에 불만을 느끼게 만들고자 노력했다는 것이다. 독자들 중에서는 의도하지 않게 필패 신드롬이 발생하는 데 자신이 기여했다는 사실을 깨닫고, 기존 관계 속에서 진행되고 있는 필패 신드롬을 중단하거나 앞으로 발생할지 모를 필패 신드롬을 사전에 막는 방법을 좀 더 잘 이해하게 된 사람들도 있을 것이다. 그것만으로도 변하려는 노력에 관심을 갖기에 충분하다. 상황을 개선시키는 데 필요한 첫 번째 조건이 바로 이런 관심이다.

이는 직관적으로 생각해도 분명해 보이지만 다시 한 번 강조해도 지나치지 않다. 우리와 마찬가지로 최고 임원 코치들도 오늘날처럼 정신없는 환경 속에서는 "당면한 다른 문제들 때문에 인력 개발을 미루기가 쉽다"는 점을 알아차려왔다. 또한 "개인적인 성장이 중요하지만 미뤄도 상관없다. 미처 알아차리기도 전에 일 년이 금방 지나갈 것이고, 개인 차원의 성장이 '해야 할 일'의 우선순위까지 올라가는 일이 없기 때문이다." "임원들이 관심을 가져야 할 사항들이 너무나도 많기 때문에 새로운 방향으로 끊임없이 나아갈 수 있을 만큼 추가적인 역량을 갖고 있지 않다. 다시 말해서 더 잘 알고 있다고 해서 더 잘 행동하는 건 아니라는 것이다."[8]

필패 신드롬

필패 신드롬이 만들어지기까지 자신도 책임이 있다는 사실을 이해하는 것이 가장 기본적인 첫 단계. 특히 실패 유발 역학구도의 자기 충족적인 본질 때문에 상사가 책임감을 느끼지 못하기 쉽다. 그러나 행동과 노력 없이 이해만 한다면 제자리에 머물 수밖에 없다. 리더라면 반드시 필패 신드롬을 중단하고 사전에 막기 위해 시간과 관심을 들이겠다고 결심해야 한다. 효과적인 결과를 보기 위해서는 8장과 9장에서 살펴보았던 행동들을 직접 해봐야만 한다. 대부분의 리더들은 어느 정도 개인적으로 발전하지 않으면 안 된다.

아는 것과 실천하는 것은 다르다 _____

전자기기의 기능을 바꾸려면 소스 코드를 찾아 프로그램 몇 줄만 바꾸면 된다. 그러면 그 즉시 기기가 새로운 지시에 반응할 것이다. 사람도 그렇게 단순하다면 얼마나 좋을까! 임원의 머리를 열어 한두 개의 신경을 수정하여 좀 더 참을성 있고 좀 더 공감하며 좀 더 마음을 열고 좀 더 배려하는 사람으로 만들 수 있다면 말이다. 그러나 이는 불가능한 일이다. 임원들 스스로가 변하겠다고 결심하고 그에 따라 시간과 에너지를 투자하지 않으면 안 된다.

직원들의 행동을 변화시키는 것보다 조직의 문화를 바꾸는 게 훨씬 더 오랜 시간이 걸린다는 것은 누구나 다 알고 있다.[9] 예를 들어 매우 강력한 당근과 채찍을 사용하여 비교적 빠른 시간에 직원이 고객에 민감해지도록 만들 수는 있다. 모든 직원들에게 똑같은 효과를 보기 어렵고 완벽한 고객 만족도를 얻기에 충분하지도 않겠지만 고객 서비스의 질을 높이기 위해 대대적인 투자를 하고, 좋은 서비스를 할 경우 강력한 보상을 해주고 나쁜 서비스를 할 경우 가혹한 징계를 내린다면 일부 직원들의 행동은 어느 정도 변할 것이다. 그러나 조직 문화의 일부로 자리 잡기 위해서는 이 새로운 태도가 충분히 많은 수의 직원들에 의해 충분히 오랜 시간 동안 자주 반복되어야(그리고 조직에 의해 강화되어야) 점진적으로 "이곳에서 우리가 일을 처리하는 방식"의 일부로 자리매김할 수 있다.

개인적인 차원의 변화도 마찬가지다. 특정한 경우에 행동을 변화시키는 것이 내면의 프로그래밍 자체를 수정하는 것보다 쉽다. 예를 들어 화가 치밀어 오르는 신호를 예의주시하고(예컨대 깊은 호흡을 몇 번 함으로써) 화가 나는 것을 참는 법을 배우면 화를 터뜨리지 않는 법을 배울 수 있다. 특정한 상태에서 더 이상 화를 내지 않도록 내면의 프로그래밍을 다시 작성하는 것은 그보다 훨씬 더 어렵고 훨씬 더 오래 걸린다.

단기적으로 행동을 바꿀 의지가 있는 관리자들이라면 먼저 새로운 다짐에 걸맞게 자신의 행동을 컨트롤하려고 노력해야 한다. 어떤 행동을 바꿔 '제2의 천성'이 되기까지는 시간이 걸린다. 어느 유명한 코치가 말한 것처럼, "무언가를 해야 한다는 것을 아는 것과 자동적으로 하게 되는 것은 전혀 다른 것이다. 리더십 스타일은 우리가 머릿속으로 알고 있는 것이 아니라 압박을 받을 때 우리가 어떻게 움직이냐이다."[10] 그럼에도 불구하고 우리는 아는 것과 실천하는 것 사이의 차이를 메운 관리자들이 유용하다고 입증한 것들을 제시하려고 한다. 우리의 조언은 크게 세 가지 범주로 나뉜다. 바로 도움 요청하기, 자신의 행동 만들기, 실패에 대비하기다.

혼자 애쓰지 마라

변화를 위해 어떤 식으로 노력할 계획을 세웠느냐는 질문을 받으면 임원들은 주로 이렇게 대답한다. "가장 중요한 것은 변화를 가장 우선시하겠다고 결심하는 것입니다. 이미 결정은 내렸으니 결실을 보느냐 안 보느냐는 저에게 달린 것이죠." 결심과 의지도 중요하지만 그것만으로는 한계가 있다. 우리의 경험에 비추어보면 개인적으로 변화를 위해 노력하기 시작한 관리자들에게는 다음 두 가지 유형의 도움이 필요하다. 하나는 그들이 얼마나 잘하는지, 그들이 노력한 만큼 효과를 보는지에 대한 지속적인 피드백이다. 또 하나는 그들의 이야기를 들어주고 그들의 인식에 자극을 가하며 시간이 지나도 결심이 바뀌지 않게 도와줄 수 있는 배려심 많고 편견이 없으면서도 능력 있는 제삼자(또는 제삼자들)이다.

내부에서 피드백 받기

피드백을 주기에 가장 적합한 사람은 상사와 동료, 부하직원 등 가장 교류를 많이 하는 사람들이다. 9장에서는 부하직원에게 상사-부하직원의 관계에 대한 공동의 책임자가 될 것을 권할 때 얻을 수 있는 장점을 살펴보았다. 또한 '상사 자신이 계속 솔직한 모습을 보일 수 있고' 더 생산적인 사람이 될 수 있도록 부하직원에게 도움을 청함으로써 세 가지 중요한 메시지를 전달할 수 있다는 점도 설명했다. 세 가지 중요한 메시지란, "내가 완벽한 사람이 아니기 때문에 여러분도 완벽한 사람일 것이라고 기대하지 않는다"는 것과 "내 자신이 향상되고 발전하기를 원하기 때문에 내가 내 스스로를 감시한다"는 것, 그리고 "나는 여러분과 우리의 관계를 소중하게 생각하며, 여러분의 도움을 청하는 것은 내가 여러분을 존중한다는 표시"라는 것이다.

개인적인 발전을 도모하고자 애쓰는 새로운 분위기 속에서 당신이 부하직원이나 동료, 상사에게 자신의 성과를 향상시키기로 결심했다는 사실을 알려주고, 그 과정에서 필요한 도움을 요청하면 다음과 같은 두 가지 장점을 추가적으로 얻을 수 있다. 첫째, 그들로부터 소중한 피드백을 얻게 될 것이다. 부하직원들은 당신이 바람직하지 않은 행동을 보이는 순간, 그 즉시 당신에게 그 사실을 알려줄 것이다. 또한 당신의 노력이 효과가 있는지 부하직원들을 통해 확인하지 않으면 안 되기 때문에 부하직원들과 주기적으로 대화를 나눌 수 있는 그럴듯한 이유를 갖게 된다. 둘째, 변하겠다는 자신의 결심을 '공공연하게 밝히면' 변화 과정에 관심을 더 많이 갖게 되어 계속 노력하지 않으면 안 되는 상황에 처한다. 변하지 않으면 체면을 잃기 때문이다. "학습에 대한 열망 떠벌리기"에서는 이 문제를 솔직하게 밝히고 도움을 청한 한 선임 임원의 사례를 소개하고 있다.

부하직원에게 도움을 청하는 것을 위협적으로 생각하는 관리자

학습에 대한 열망 떠벌리기

거대 모기지 회사인 패니메이Fannie Mae의 부사장 르로이 핑호LeRoy Pingho는 도움이 없었다면 행동을 변화시키기가 어려웠을 것이라는 사실을 깨달았다. "아무리 노력해도 안 되는 플랫 스폿Flat Spot들이 있어요. 그런 것들을 가지고 혼자서 끙끙 댈 수도 있고 도움을 청할 수도 있지요"라고 그는 설명했다. 360도 피드백 평가를 받았을 때 그는 평가서의 사본을 상사와 동료, 직속 부하, 아내 등 50명의 사람들에게 나누어주었다. 그는 "여러분은 저와 함께 일하는 사람들이니 저의 강점과 약점이 무엇인지 아실 것입니다. 또한 여러분 가운데 네 분에게 제가 잘하지 못하는 것들을 잘할 수 있도록 도와달라고 부탁을 드릴 것입니다"라고 말했다.

그는 두 명의 동료와 상사 한 명, 부하직원 한 명을 골라 자신의 행동을 '알아차리는 스포터spotter'가 되어 달라고 부탁했다. 그러고는 그 사람들과 일일이 만나 자신이 파악한 '플랫 스폿'에 대해 의논했다. 그러고 나서 그 가운데 두 가지를 고치기 위해 노력하고자 한다고 말했다(다섯 가지를 한꺼번에 고치는 것은 너무 부담스러웠기 때문이었다). 하나는 적극적으로 다른 사람들의 말을 경청하는 것이었다. "회의에 참석할 때마다 발표자가 첫 페이지를 시작하기도 전에 저는 이미 프레젠테이션 전체를 다 살펴보지요." 또 하나는 권한 위임이었다. "사람들의 의견을 무시하지 않고 유용하게 활용하고 싶어요." 그는 자신의 스포터에게 자신이 흔들리는 모습을 목격하면 그 즉시 알려달라고 요청했다. "격식을 갖춰서 할 필요는 없어요. 그저 무언가를 보면 알려주세요"라고 말했다.

'그가 결심한 대로 노력하는데' 그들에게도 공동의 책임을 지우자 비로소 안심이 되었다. "철봉대에 올라 서 있는 느낌과 비슷해요. 내가 넘어지지 않도록 누군가 아래서 받쳐주고 있다는 것을 알기만 해도 자신감이 더 생기거든요." 시간이 흐르고 그 스스로 알아차릴 수 있게 되자 이제 그는 더 이상 스포터들이 필요하지 않게 되었다.

들도 있다. 특히 신중하지 않은 부하직원들에 대해서는 더욱 그렇다. 도움을 청하면 나약한 사람으로 비춰지지 않을까? 불과 얼마 전만 해도 나약하게 비춰질 수 있었다. 그러나 요즘에는 그런 인식이 많지 않은 편이다. 적어도 대부분의 조직 문화 속에서는 말이다. 유명한 두 코치의 생각도 이런 우리의 생각과 같다. 그들은 부하직원을 참여시키면 그 자체만으로도 부하직원의 인식이 향상될 수 있다고 주장했다.

동료와 부하직원들에게 알림으로써 상사는 지원과 도움을 얻을 수 있다. 자신이 문제 행동을 바꾸기 위해 노력한다는 사실을 사람들에게 알리면 혹시 잘못하는 경우에도 다른 사람들이 어느 정도 봐주기도 하고 도와주겠다고 제안하기도 한다. 관리자가 코칭 과정에 다른 사람들을 참여시키면 시킬수록 사람들은 관리자의 행동이 더 많이 나아진 것으로 인식한다.[11]

도움을 요청하는 상사도 불안해하지만 부하직원들 또한 적어도 처음에는 의견 제시를 꺼린다. GE의 부사장 겸 최고 학습 임원 스티브 커Steve Kerr는 다음과 같이 지적했다. "부하직원이 허심탄회하게 자신의 생각을 밝히는 일이 저절로 되는 것은 아니다. 말을 배우는 순간부터 우리는 거짓말하는 법을 배웠다. 그걸 예의라고 부른다."[12] 마찬가지로 AT&T에서 경영자 교육 프로그램 국장을 담당한 딕 세티Dick Sethi도 임원들에게 이렇게 경고한다.

직원들에게 솔직하게 대해달라고 부탁했다고 해서 직원들이 솔직하게 나올 것이라고 기대하지 말라. 아마도 여러 가지 이유에서 많은 부하직원들이 솔직하게 대하는 것을 부담스럽게 생각할 것이다. 당신이

필패 신드롬

진심으로 솔직한 피드백을 원한다고 믿지 않을 수도 있다. 그러니 사람들이 당신을 시험해볼 수 있게 내버려둬라.[13]

세티의 경고 속에는 직관적으로도 당연하게 느껴지는 중요한 사실이 담겨 있다. 이를 다시 한 번 강조해보면 다음과 같다. 부하직원들이 당신에게 처음으로 준 피드백에 대해 당신이 보이는 반응에 따라 그들이 계속 피드백을 줄 수도 있고 주지 않을 수도 있다는 것. 사람들은 (a)솔직한 의견을 제시했을 때 당신이 벌을 주지 않고 (b)자신의 의견을 반영한 행동을 보일 경우 계속해서 당신에게 피드백을 줄 가능성이 크다. 이 두 가지 요소 가운데 하나라도 부족하면 그들은 나아지기 위해 노력하겠다는 당신의 약속을 일시적인 현상으로 간주해버릴 것이다.

결국 사건을 프레이밍하는 우리의 방식에 대한 책임은 우리 자신에게 있다. 발전하기 위해 노력하는 과정에 부하직원을 참여시키는 것을 위협적이거나 당황스러운 것으로 프레이밍하면 이런 느낌이 부하직원들에게 그대로 드러나 필요한 도움을 받지 못하게 될 것이다. 그러나 부하직원들에게 부탁하는 것을 열린 마음과 강점을 드러내는 표시로 프레이밍하면 부하직원들을 편안하게 만들고 그 결과 피드백을 얻기만 하는 것이 아니라 당신이 부하직원들에게 주는 피드백도 그들이 더 잘 받아들이게 될 것이다.

리치 티어링크Rich Teerlink는 부하직원의 도움을 받아 좋은 결실을 맺은 사람이다. 할리데이비슨에서 CEO로 일하던 때를 떠올리면서 그는 이렇게 말했다. "CEO를 맡는 동안 포괄적인 리더십을 보이겠다는 약속을 여러 번 어겼습니다. 그럴 때마다 매번 한두 명의 동료들이 저를 멈춰 세운 뒤 나의 말과 행동이 다르다는 사실을 일깨워주었지요. 저는 그저 고마울 따름이었습니다."[14]

외부에서 도움 받기

기량을 늘리기 위해 노력하는 리더들은 자신이 배우고 고민하고 약속하는 것을 지원해주는 제삼자로부터 많은 도움을 받기도 한다. 여기서 제삼자는 개인 코치나 멘토가 될 수 있다. 당신이 신뢰하고 존중하며 당신의 강점과 약점을 꿰뚫고 있는 이들 가운데 이런 변화를 겪어본 사람의 지원을 받는 것은 이루 말할 수 없을 정도로 소중한 가치가 있다. 코치와 멘토는 다음과 같은 세 가지 유형의 도움을 줄 수 있다.

1. 그들은 '단순히 해치우고 끝내버리는 목록이 아니라 배움을 도모하는 사려 깊은 프로그램' 형태의 의미 있는 실천 계획을 만들도록 도와줄 수 있다.[15] 그들의 도움을 받아 당신은 열정과 에너지를 불러일으키는 가장 영향력이 큰 한두 가지 분야를 파악하고 직접 눈으로 관찰할 수 있는 행동에 집중하려고 노력해야 한다. 발전 계획은 쉽게 고칠 수 있는 행동부터 시작하여 점차 깊이 뿌리박힌 행동까지 변화시킬 수 있도록 구성되어야 한다. 예를 들어 단순한 행동에는 성과가 낮은 직원들을 해고하겠다고 결심하는 습관이 포함될 수 있을 것이다. 다른 사람들의 관점을 수용하여 자신의 관점을 바꾸는 것은 이보다 좀 더 복잡한 행동에 해당

필패 신드롬

된다. 이런 식으로 노력하겠다고 계획을 짜면 '짧은 시간에 이루는 것'들이 생기기 때문에 때 이른 실패로 좌절하는 일을 피할 수 있다. 따라서 자신감이 생기면서 인내하고 노력하고자 하는 의욕 역시 생기게 된다.

2. 멘토와 코치는 당신의 노력이 어느 정도 성과를 올리는지 추적할 수 있도록 도와준다. 작은 승리를 위해서는 진행상황을 측정할 수 있어야 하지만 또한 함께 축하할 누군가가 필요하기도 하다. 그것도 특정한 발전이 얼마나 큰 의미를 지니는지 스스로 발전 과정을 경험해본 사람이어야만 한다. 발전 정도를 확인하거나 공유할 수 있는 기회를 갖지 않으면 변화를 위한 노력이 어렵게만 느껴지기 때문에 쉽게 포기하고 싶은 생각이 들 수 있다. 심각한 실패를 겪게 되어 '아직도 가야 할 길이 멀다'는 사실을 깨닫게 되었을 때 이런 생각이 들면 상당히 위험할 수 있다. 이런 순간 당신이 얼마나 많이 발전해왔는지 멘토나 코치가 일깨워주기만 해도 계속 노력할 힘이 생기게 된다. 실제로 연구 결과 이룬 것(성취한 부분)을 중심으로 프레이밍된 피드백은 자기 효능감을 늘려주지만 똑같은 피드백이라도 부족한 점(앞으로 이뤄야 할 부분)을 중심으로 프레이밍된 피드백은 자기 효능감을 줄여주는 것으로 나타났다.[16] 어려움을 겪을 때 멘토가 해야 할 일은 다른 사람들이 성취한 것보다 못하다고 비교하거나 성취하기 어려운 이상적인 생각을 제시하는 것이 아니라 무엇보다 이미 이룬 것에 초점을 맞추며 용기를 북돋워주면서 상황을 객관적으로 볼 수 있게 도와주는 것이다.

3. 코치나 멘토는 발전을 위한 당신의 노력을 무엇보다 중시할 수 있게 도와준다. 변화의 노력을 실천하고 유지하는 데 가장 방해가 되는 장애물은 당신이 책임져야 할 긴급한 사안들로 인해 우선순위에 밀리게 된다는 것이다. 변하기 위해서는 "누군가 땅에 박힌 말뚝처럼 우직한 사람이 필요하다. 과거에 길들여진 습관에서 벗어나고 새로운 행동을 배우지 못하도록 방해하는 여러 가지 요청들을 뿌리칠 수 있도록 우리를 잡아줄 사람 말이다."[17] 코치나 멘토는 주기적으로 면담 시간을 정해놓고 강제로라도 당신이 시간을 낼 수 있게 만들어주어야 한다. 그래야 당신의 정신을 빼앗는 긴급한 사안들로부터 벗어나 하루하루 자신이 지내온 모습을 되돌아볼 수 있는 시간을 가질 수 있다. 멘토나 코치는 당신이 계획대로 실천할 수 있도록 양심의 가책을 느끼게 자극하는 동시에 방패막이 되어주기도 한다.

멘토의 장점: 식품 서비스 B2B IT 기업인 인스틸Instill의 설립자 겸 CEO 맥 틸링Mack Tilling은 매달 자신의 멘토인 데이비드 개리슨David Garrison과 조찬을 갖는다. 데이비드 개리슨은 베레스타 커뮤니케이션즈Verestar Communications의 CEO로 넷콤Netcom의 수장을 역임하기도 했다. 틸링은 경험 많은 임원과 자신의 업무에 대해 이야기하면 누구든, 심지어 CEO라도 좀 더 나은 의사결정을 내리는 데 도움을 받을 수가 있다고 주장한다. 그는 "멘토는 당신이 미처 생각하지 못한 것들을 볼 수 있도록 도와줍니다. 그분들은 다양하고 어려운 상황 속에서 여러 차례 비슷한 일을 겪어봤기 때문이지요"라고 말

한다.

그는 멘토와의 경험을 통해 큰 감동을 받은 나머지 모든 선임 임원들에게 멘토를 가질 것을 제안하기도 했다. 따라서 모든 선임 임원들은 자신이 존중하는 멘토를 스스로 선택해야 했는데 대개는 업무 분야가 같은 다른 회사의 임원을 멘토로 선정했다. 멘토들은 인스틸 이사진의 승인을 받아야 했고 기밀유지 계약과 이익 상반 행위 금지 서약에 서명을 해야 했다. 멘토 역할을 해주는 대가로 그들은 약간의 인스틸 주식을 제공받았다. 모든 보고서들을 검토해본 결과 혁신적인 리더십 개발 계획이 대대적인 성공을 이룬 것으로 나타났다. 멘토를 찾은 임원들은 멘토와의 관계를 통해 상사로서의 능력에 '커다란 영향'을 받았다고 말했다.[18]

발전을 위한 파트너십

지금까지 살펴본 두 가지 지원 방식에서 한 단계 더 나아가 크리에이티브 리더십 센터Center for Creative Leadership 소속의 조직 심리학자들은 발전하기 위해 노력하는 당신에게 힘을 실어주는 사람들과 다양한 관계를 맺어야 한다고 주장한다.[19] 변하고자 하는 목표를 이룬 임원들과의 협력을 통해 그들은 필수적인 역할을 담당하는 사람들을 다음과 같이 체계적으로 분류했다.

- 피드백 제공자: 당신이 어떻게 하고 있는지 지속적으로 데이터를 제공해주는 사람
- 반응 테스트의 대상이 되는 사람: 당신이 대안과 결과를 생각할

수 있게 도와주는 사람

- 비교 포인트: 비슷한 도전에 직면한 사람과 진척 정도를 가늠해 줄 수 있는 사람
- 피드백 해석 담당자: 복잡한 데이터를 이해할 수 있게 도와주는 사람
- 대화 파트너: 당신의 관점과 그 밑에 깔린 추측이 맞는지 확인해 줄 수 있는 사람
- 과제 제안자: 당신의 역량을 늘려주는 경험이나 일을 제안하는 사람
- 감시자: 당신의 진척 정도를 감시하고 당신이 한 약속을 일깨워 주는 사람
- 역할 모델: 관찰하고 따라할 만한 사람
- 카운슬러: 목표를 이루기 위해 고전할 때마다 정신적인 지원을 해주고 친구 역할을 해주는 사람
- 치어리더: 작은 성공을 공유할 수 있는 사람
- 지지자: 당신이 어려움을 느낄 때마다 공감해주고 끝까지 '좋은 동반자'가 되어주는 사람

이 심리학자들은 각기 다른 기술과 성격을 가진 여러 사람이 이런 역할을 맡아 각기 다른 형태의 지원과 피드백을 제공하고 자극을 줄 수 있다고 강조한다. 그들은 한 사람이 이 모든 역할을 감당하기에는 역부족이며 이 모든 것들을 한 사람에게 부담 지워서도 안 된다고 믿는다. 과제 제안자나 감시자와 같은 역할들은 상사가

맡는 것이 가장 적절하다. 대화 파트너, 피드백 해석 담당자, 카운슬러와 같은 다른 역할은 멘토와 관계된 역할들이다. 피드백 제공자, 비교 포인트, 지지자와 같은 역할은 믿을 만한 동료에게 맡기는 것이 좋다. 그러나 부하직원, 배우자, 전 상사, 심지어 같은 연수 과정에 참석한 다른 회사 사람들에게 맡길 만한 역할도 있을 것이다. 예를 들어 스트라이드라이트의 국제 마케팅 관리자인 루르데스 타운센드Lourdes Townsend의 경우에는 개인적인 발전을 도모하는 데 다른 회사 동료들로부터 가장 큰 도움을 받았다고 한다. "나와 비슷한 수준의 다른 사람으로부터 무언가를 배우게 될 거라고는 생각지도 못했어요. 항상 저보다 몇 단계 더 높은 사람들을 보면서 어떻게 하면 저 위치에 올라갈 수 있을까만 생각했거든요. 그런데 제가 가진 문제에 대해 가장 좋은 해결책을 가진 사람들은 '다른 회사에 다니면서' 저와 비슷한 문제를 가진 사람들이더라고요."[20]

다시 말해서 이런 협력 관계는 내부뿐 아니라 외부에서도 찾을 수 있다. 관계마다 강도도 다르고 특정한 발전 분야에 따라 필요한 관계도 달라질 수 있다. 예를 들어 승진에서 누락된 사람이라면 카운슬러의 역할이 특히 중요하겠지만, 고질적인 습관을 바꿔야 하는 사람이라면 역할 모델과 피드백, 용기를 북돋워주는 사람이 더 필요할 것이다.

주변에 '지원단'과 같은 사람들을 마련하려면 처음에 생각했던 것보다 많은 사람들을 참여시켜야 할지도 모른다. 그래도 이런 지원단을 마련하는 것이 중요하다. 개인적으로 발전하고자 하는 노력은 당신의 시간을 필요로 하는 여러 사안들과 경쟁하게 될 것이다. 이런 요구들은 대부분 자체적인 지원군을 갖고 있다. 즉, 자신들의 요구 사항이 당신의 우선순위 목록에서 높은 순위를 차지하고 있는지 확인하고 당신이 자신들의 요구에 얼마나 잘 부응하는지 피드백을 제공해주는 사람들과 함께 온다는 것이다. 상사와 동료, 부하직원들은 자신들이 업무상 필요로 하는 것들이 제대로 이루어지는지 반드시 확인할 것이다. 가족들 또한 자신들의 관심사가 당신의 우선순위 목록에서 높은 순위를 차지하도록 노력한다. 같이 스포츠를 하거나 자선사업을 하는 사람들도 "이번 토요일에 당신만 믿어요"라면서 해야 할 일을 일깨워준다.

이처럼 당신의 시간과 관심을 얻기 위해 노력하는, 당신을 제외한 이해 관계자들 중에서 당신은 누구를 위해 개인적인 발전을 책임지고 이룰 것인가? 당신이 발전하는 동안 당신에게 피드백을 주는 것을 중요하게 생각할 사람은 또 누구인가? 발전하겠다는 약속을 공공연하게 선포하면 중요성이 배가되고 반드시 발전해야겠다는 의욕이 생기게 된다. 그러나 필요한 시간과 에너지를 지속적으로 투자하기 위해서는 끊임없는 피드백과 도움, 지원이 필요하다.

자동 반응을 경계하라

문제나 어려운 상황에 처했을 때 생산적으로 대응하는 것은 스트레스가 덜하고, 성과가 좋은 직원을 대할 때는 더 적은 노력이 필요하다. 진정한 시험은 스트레스가 증가하고 감정이 고조될 때 시작된다. 그럴 때면 자신이 생각한 해결책을 고집하고 다른 사람의 말을 듣지 않으며 사람들을 야단치는 등 평소에 보이던 행동을 하기가 쉽다. 이런 상황에서는 자동적으로 나오는 반응을 무시할 수 있는 방법을 찾아야 한다. 도움이 될 만한 기술로는 다음과 같은 것들이 있다.

과정이 진행되는 속도 늦추기

논의 중에는 특정한 시점에 어떤 말을 해야 적절한지 생각하는 일이 거의 없다. 특히 논쟁이 거세질 때면 더욱 그렇다. 양쪽이 서로 점점 더 격하게 자신의 주장을 내세우게 되면서 양쪽 사이의 탁구공이 점점 더 빨리 오가게 된다. 이런 식으로 논쟁을 벌일 때는 자신의 발언을 의식적으로 살펴보지 않기 때문에 입에서 나오는 대로 말을 던지게 된다. 그런데 이런 말들은 무작위로 나오는 것이 아니다. 무언가가 그런 말들이 튀어나오게 자극하는 것이다. 크리스 아지리스를 비롯한 많은 사람들이 그랬듯이 우리도 이것을 '마스터 프로그램'이라고 부른다. 마스터 프로그램이란 수년 동안 발전해온 정신적인 소프트웨어로, 어느 한 순간 우리의 행동을 지배하는 것을 말한다.[21]

앞서 마스터 프로그램의 여러 측면들이 부하직원, 특히 성과가 낮은 부하직원들을 다룰 때 우리를 곤경에 빠뜨릴 수 있음을 살펴보았다. 특히 스트레스를 받는 상황에서는 더욱 그렇다. 이런 상태에서는 특정한 인지적 편견들로 인해 효과적으로 정보를 처리하는 능력에 제약이 가해지기 때문이다. 또한 위협과 당황스러움을 인식하는 순간, 그 순간을 피하기 위해 고안된 내면화된 메커니즘을 가동시키기도 한다. 그와 더불어 이렇게 스트레스를 받는 상황에서는 성급히 반응하는 경향이 있기 때문에 우리의 반응과 행동을 의식적으로 만들어내는 기회를 갖지 못한다. 따라서 즉흥적으로 반응하게 되는데, 이는 곧 마스터 프로그램이 우리의 행동을 지시하도록 내버려두는 것이다.

특히 스트레스를 받을 때 이 마스터 프로그램이 잘못된 방식으로 반응하도록 우리를 이끈다는 사실을 안다면 이런 반응 과정을 중단하고 7, 8, 9장에서 살펴보았던 원칙에 따라 의식적인 행동을 할 수 있는 기회를 찾아야만 한다. 첫 번째 단계는 대화가 진행되는 속도를 늦추는 것이다. 상대방이 하는 말(과하지 않은 말)에 적극적으로 귀를 기울이고, 정보를 처리한 후 적절한 반응을 보이는 시간을 가져야 한다.

이 과정에는 우리가 스스로에게 "듣고, 처리하고, 즉각적으로 반응하지 말 것!"이라고 일깨워주면서 자기 통제를 하려는 의식적인 노력이 필요하다. 또한 우리가 연구한 관리자들 중 한 사람이 '머리와 입 사이의 완충제'라고 부른 것을 도입해야 한다. 이 완충제는 말하는 사람이 하고자 하는 말에 대해서 스스로 생각해보고 그것이 그 상황에서 기계적인 발언인지, 자신의 의도와 지침에 따르는 것인지 타진해볼 수 있게 해준다. 예를 들어보자.

- 성과가 낮은 직원이 당신의 사무실에 들어와서 이렇게 말한다. "부장님, 이 고객한테 문제가 발생했습니다. 더 이상 그들과 거래

를 못하게 될 것 같은데요."

- 그 말을 듣는 순간 당신에게는 이런 생각이 떠오른다. '아 이런, 이 직원은 정말 쓸모가 없어! 이 얼간이가 또 망쳐버렸네! 이 고객에 대해서 그렇게 몇 개월 동안 경고했는데 역시나 내 말은 듣지도 않고….'
- 이렇게 처음 떠오르는 생각을 내면의 완충제로 보내 검사해보도록 하라.
- 검사 결과: 부하직원을 벌하고 해결책에 중심을 두지 않은 비생산적인 반응. 이런 반응을 자제할 것.
- 두 가지 양상을 가진 대체 반응 생성

  – 지도 원칙: 부하직원의 성과를 평가하기 전에 가능한 한 많은 정보를 수집하라. 또한 부하직원의 문제를 빼앗아 자신이 해결하려 들지 말라. 이 사건을 코칭용으로 사용하거나 과정을 바로잡는 데 이용할 수 있겠는가?

  – 가능한 답변: "어떻게 되었는지 자세히 얘기해봐. 무슨 일이 있었던 건가? 고객이 이런 반응을 보이기 전에 최근에 어떤 일들이 있었는지 요약하여 설명해주게."

'가능한 답변'이 질문의 형태를 띤다는 점에 주목하라. 감정이 고조되었을 때는 질문을 하는 것이 좋다. 질문을 던지면 차분해지고 더 많은 정보를 얻을 수 있으며 상황이 불필요하게 복잡해지는 것을 피할 수 있는 기회가 생긴다. 분노처럼 강한 감정은 성급한 결론을 내리게 만든다. 불충분한 데이터를 가지고 부정확한 억측을 기반으로 문제를 해결하려 들 가능성이 커진다. 또한 4장에서 살펴보았던 이유들 때문에 상황이 아닌 부하직원 개인을 더 탓하게 된다. 이런 것을 피하려면 좀 더 차분해지고 어떤 일이 발생했는지, 왜 발생했는지 더 명확하게 사태를 파악해야 한다. 그러기 위해서는 자신이 들었다고 생각하는 내용을 다시 한 번 반복함으로써 부하직원들이 오해를 바로잡고 좀 더 자세히 설명할 수 있도록 해야 한다.

상사인 당신이 그 당시에는 생산적으로 정보를 처리하고 반응하지 못하는 경우도 있다. 세 번 연속 나쁜 소식을 듣는 바람에 '시스템 과부하'가 생길 수도 있다. 걷잡을 수 없을 정도로 감정이 격해지는 것을 느낄 때 한 가지 할 수 있는 일은 그 상황에서 벗어나 차분해질 수 있는 시간을 갖는 것이다. 6장과 7장에서 우리는 '에너지 단지'에 대해 살펴보았다. 이미 스트레스를 받았거나 짜증이 나는 어려운 대화를 이어가면서 상당한 양의 에너지를 감정을 억누르는 데 할애하는 대신, 그 상황에서 벗어나면 부하직원에게 불필요하게 듣기 싫은 소리를 하지 않을 수 있다. 화를 내면 그 즉시는 해소가 되겠지만 관계 회복을 위해서는 상당한 대가를 치러야 한다. 생산적인 대화를 나눌 수 없다고 느끼면 변하려는 노력이 수포로 돌아가게 만드는 위험을 감수하는 대신, 부하직원에게 이유를 설명한 후 그 자리에서 벗어나는 것이 좋다. 이럴 때 보일 수 있는 반응은 사실대로 털어놓는 것이다. "이보게, 이것이 내가 연속적으로 들은 세 번째 나쁜 소식이야. 이건 좀 심하지 않나! 몇 분 뒤에 다시 이야기하지. 내가 이걸 효과적으로 처리할 수 있을 때 다시 자네를 부르겠네."

스트레스를 받을 때 타임아웃을 선언하고 질문을 할 수 있으려면 의식적으로 '신호를 포착하는 법'을 배워야 한다. 스스로를 통제하지 못하고 지배적인 행동에 굴복하기 전에 먼저 초조함이나 절망, 분노와 같은 느낌이 점점 치밀어 오른다. 이렇게 치밀어 오르는 감정을 감시하는 능력을 향상시켜야 한다. 예를 들어 사람들에게 분통을 터뜨리는 경향이 있다면, 그건 화를 내기 전에 아드레날린이 급증하는 것을 인식하는 법을 배워야 한다는 뜻이다. 일반적으로는 분노를 터뜨리게 만드는 '뜨거운 감자'가 무엇인지, 어떤 상황에서 문제 행동을 보이는지 잘 파악할 필요가 있다. 이런 사전 경고 신호를 읽는 법을 배우면 머리와 입 사이의 완충제를 가동시킬 수 있다.

이쯤에서 이런 생각이 들지도 모른다. "맙소사. 놀라울 정도로 부자연스럽고 억지로 꾸며낸 듯한 반응처럼 들리는데!" 그렇기도 하고 아니기도 하다. 한편으로 자신의 행동을 의식적으로 꾸며내기 위해 반응 속도를 늦추는 것이 대부분의 사람들이 일반적인 경우에 보이는 행동과 다른 것은 사실이다. 이런 식으로 생각하면 '자연스럽지' 못하다. 그러나 두 가지 요점을 더 생각해봐야 한다.

첫째, 우리가 자연스런 반응이라고 부르는 건 지금은 자연스럽게 느껴질지 모르겠지만 평생에 걸쳐 구성되어온 마스터 프로그램의 산물일 뿐이다. 마스터 프로그램의 일부는 유전적으로 타고난 것도 있지만 대부분은 사회와 경험에 의해 구성되었다. X라는 상황에서 Y라는 반응을 보이는 것이 우리를 위해서 생산적이라는 생각을 수년에 걸쳐 천천히 갖게 된 것이다. 여러 해에 걸쳐 이런 행동 규칙을 점진적으로 내면화했기 때문에 더 이상 그것에 대해 생각하지 않게 되었다. 자전거를 타는 것처럼 의식적으로 처리하지 않아도 되는 하나의 기술로 변해버렸다. 그렇다고 해서 이것을 자연스러운 반응이라고는 할 수 없다. 여전히 사회적으로 쌓아온 과정이 낳은 결과물이기 때문이다.

둘째, 우리는 마스터 프로그램과 그것이 불러일으키는 자연스런 반응이 주로 역기능적이라고 주장했다. 오랜 시간 동안 무의식적으로 내면화했다고 해서 역기능적인 규칙을 영원히 따라야 하는 것은 아니다. 따라서 좀 더 생산적인 결과를 만들어내는 다른 규칙을 수용하여 기존에 갖고 있던 마스터 프로그램을 다시 작성하지 않으면 안 된다.

대화 속도를 늦추는 것이 부자연스럽게 느껴질지 모른다. 하지만 여러 해 동안 경험을 통해 구성해온 가장 암묵적인 규칙들을 의식적으로 구성한 명백한 규칙들로 대체하는 것이 관건이다. 결국 우리가 주장하는 바는 다음과 같다.

나에게 있는 현재의 마스터 프로그램이 이런저런 상황에서 지시하는 반응이 마음에 들지 않는다. 따라서 나는 다른 규칙에 따라 반응하길 원한다. 그러나 새로운 규칙은 아직 내면화되지 않았기 때문에 자연스럽게 나타날 리가 없다. 따라서 한동안은 새로운 규칙과 행동을 강제로 맞추기 위해서라도 의식적으로 노력하지 않으면 안 된다. 시간이 지나면 이 새로운 규칙이 자연스럽게 나타날 수 있을 정도로 내면화될 것이다.

필패 신드롬

과정만 보면 이는 골프 실력을 향상시키기 위해 연습하는 것과 비슷하다. 골프를 배우는 당신은 대개 팔을 구부리는 타고난 본능적인 스윙 동작을 할 것이다. 따라서 스윙 실력을 향상시키기 위해 프로로부터 조언을 구한 후 프로가 일러준 대로 동작을 따라하며 움직임 하나하나를 컨트롤하려고 한다. 새로운 움직임을 내면화하기 시작하려면 공을 적어도 몇 백 개, 몇 천 개는 쳐야 할 것이다. 그래야 새로운 스윙 동작이 자연스럽게 나올 것이다. 그때까지는 움직임 하나하나를 의식적으로 살펴봐야 한다.

대화를 준비하고 검토하기

실제로 대화를 하는 동안 생산적인 반응을 보이기 위해서는 대화의 속도를 늦추는 것만으로는 충분하지 않다. 대화를 하지 않을 때에도 준비하고 숙고하는 시간을 가져야만 한다. 사전에 미리 생각하고 사후에 되돌아보는 시간을 가져야만 실수를 피하고 실수를 통해 배울 수 있다.

미리 생각하기: 7장에서 살펴보았던 것처럼 대화를 나눠야 한다는 생각을 가질 때 받게 되는 스트레스와 두려움의 대부분은 근본적으로 그 상황을 프레이밍하는 방식 때문에 생겨난다. 특히 성과가 낮은 직원들을 대할 때 우리는 문제가 발생할 것이라고 예상한다. 따라서 부정적인 마음가짐으로 대화에 임하면서 잘 해결될 것이라는 생각은 거의 갖지 않는다. 전형적으로 우리는 '어려운 이야기가 될 것'이라는 강한 느낌을 가지고 '감정을 자제할 수 있으면

좋겠다'라고 생각한다. 그 이후에 벌어지는 마찰이나 교착 상태가 사전에 계획된 것처럼 보이는 경우가 많다. 우리는 엉뚱한 문제를 해결하려 들거나, 중요한 목표나 선택을 간과한다. 따라서 가망이 없는 일이나 교착상태로 향하게 되는 것이다. 그러고는 신뢰와 선의, 또는 부하직원의 자율성과 참여 의욕을 무너뜨리는 헛된 해결책을 향해 갈팡질팡하며 고통스럽게 나아간다. 이런 일이 발생하는 가장 큰 이유는 문제에 접근할 때 만들어놓은 정신적 프레임 때문이다.

우리가 인식하지 못하거나 인식해도 당연하다고 느끼기 때문에 프레임이 우리를 속이는 것이다. 현실이라는 것이 보는 사람에 따라 다르다는 사실을 '알고' 있음에도 불구하고 우리는 다른 사람들이 세상을 우리와 다르게 볼 수 있다는 사실을 의식하지 않는다. 따라서 어떤 상황에 임할 때마다 '내가 보는 것은 이렇다'라고 생각하지 않고 '사실이 이렇다'라고 생각한다. 개인적인 관점과 사실이 동일한 것이라 여긴다. 우리의 관점이 진실이니 다른 사람들도 모두 우리가 바라보는 대로 봐야 마땅한 것이다. 이런 현상을 가리켜 '프레임 맹종'이라고 부른다.[22]

생산적인 대화는 사려 깊고 유연한 프레임을 가질 때만 가능하다. 이는 곧 미리 생각하는 시간을 갖고 다른 사람들이 상황을 바라보는 방식이 당신과 전혀 다를 수 있다는 사실을 깨달으며 미리 결정한 해결책에 의존하지 않는 것을 의미한다.

미리 생각하는 또 다른 방법은 머릿속으로 대화를 상상해보는 것이다. 까다로운 문제에 관해 이틀 후에 '제인'과 이야기해야 한다고 치자. 당신은 무슨 말을 할 것인가? 그러면 그녀는 뭐라고 할 것인가? 그녀가 그렇게 말하면 당신은 어떤 반응을 보일 것인가? 이런 상황을 머릿속으로 연습하거나 믿을 만한 제삼자에게 제인의 역할을 부탁해서 롤플레잉해볼 수도 있을 것이다. 이렇게 연습하는 이유는 모든 가능한 대화 내용을 상상해보고 각각의 상황에 맞는 대답을 하기 위함이 아니다. 그것은 가능하지도 않을 뿐만 아니라 꽉 막힌 프레임 속에 갇혀버리게 되기 때문에 역기능적이 다. 그보다는 이런 연습을 반복하면서 어떤 반응이 더 생산적인 대화로 이어지게 되는지 깨닫기 위함이다. 따라서 '그녀가 이렇게 말하면 난 이렇게 말해야지'라고 상상하지 않고 특정한 상황에서 해서는 안 될 말이 무엇인지 점차 파악하게 된다. 이 연습을 하면 자기 자신의 정신적·감정적 지도를 더 잘 이해하게 되는 것은 물론, 제인의 관점에 대한 공감대를 더 잘 형성할 수 있게 될 것이며, 실제로 대화를 나눌 때에도 상당히 도움이 될 것이다.

우리가 인터뷰한 한 임원이 미리 상황과 대화를 생각해보는 또 다른 방법을 알려주었다. 확실하지 않을 때마다 그는 다음과 같은 두 가지 질문을 스스로에게 던져본다고 한다. "내가 몇 년 동안 같이 일했던 훌륭한 두 상사들은 이런 상황에서 어떤 식으로 접근했을까? 그리고 부하직원의 입장이라면 이런 상황에서 상사가 나를 어떻게 대해주길 바랄까?" 이런 질문을 던지는 이유는 과거에 모셨던 상사의 행동을 아무 생각 없이 따라하거나 자신의 개성과 자신이 보일 수 있는 반응을 부하직원에게 투영하려는 것도 아니다. 당면한 문제를 다른 식으로 조명해보고 그에 따라 프레이밍하는 방식과 이유의 폭을 넓히기 위함이다.

지난 대화 되돌아보기: 철학자들은 우리에게 실수를 통해 배우라고 독려하는 명언을 남겼다. 예를 들어 로마인들은 "실수하는 것은 인간이다. 하지만 계속하는 건 사악하다Errare humanum est, persevere diabolicum"라고 말했다. 비즈니스 세상의 권위자들도 똑같은 교훈을 가르친다. 소니의 공동 설립자인 아키오 모리타는 "실수할까봐 두려워하지 말라. 그러나 똑같은 실수를 두 번 저질러서는 안 된다"고 말했다. 조지 소로스George Soros의 생각도 마찬가지다. "불완전한 이해가 인간의 조건이라는 것을 깨닫는 순간 잘못을 저지르는 것은 하나도 부끄러울 것이 없다. 다만 실수를 바로잡지 못할 때가 부끄러울 뿐이다."[23] 우리가 컨설팅한 인도계 선임 임원 역시 전 세계 있는 자신의 직원들에게 "계속 똑같이 행동하면서 다른 결과를 바라는 것이야말로 미친 짓이다"라는 아인슈타인의 말을 다시 일깨워주었다.

경험은 위대한 배움의 기반이 될 수 있지만 경험했다고 해서 저절로 배우게 되는 것은 아니다. 경험한 것을 이해하고 그로부터 유용한 교훈을 찾아내야 한다. 행동 패턴을 바로잡고 싶을 때는 더욱 그렇다. 행동을 바꾸기 위해서는 경험을 통해 배우는 능력을 향상시켜야만 한다. 그러기 위한 한 가지 방법으로 당신이 실제로 참여했거나 목격했던 사람들의 대화에 대해 생각해보는 시간을 더 많이 갖는 것이 있다.

자신이 참여했던 대화에 대해 생각해본다는 것은 사후에 자신의 행동을 평가하고 대화를 통해 배울 수 있었던 것이 무엇인지 마음속으로 다시 한 번 대화 내용을 떠올리는 것을 뜻한다. 참을성을 잃지는 않았는지, 사람들의 말을 잘라버리지는 않았는지, 다른 사람의 말을 제대로 들었는지, 근본 원인을 파악해서 다 같이 힘을 모아 해결책을 찾아냈는지? 상대방은 어땠는가? 당신의 의도를 상대방이 오해하지 않도록 질문하거나 확인해보았는가? 당신이 들은 말에 대해서 당신은 어떤 반응을 보였는가? 상대방이 하는 말을 이해하고 당신이 제대로 이해했는지 확인해보았는가? 대화를 하면서 참아야 한다고 생각했던 반응에는 어떤 것이 있고 그 이유는 무엇인가? 짜증이든 당황이든 두려움이든 당신이 감정적인 반응을 보이도록 상대방이 자극한 것이 무엇인가? 그런 행동을 볼 때마다 이런 감정이 드는 이유는 무엇인가? 그 순간 감정이 북받쳐 오르게 만드는 것은 무엇인가?

과거의 사건을 되돌아보면 자신의 행동이(그리고 다른 사람의 행동이) 다른 사람들에게 미치는 영향과 다른 사람들이 그런 식의 반응을 보였던 이유를 이해하는 데 도움이 될 것이다. 자신의 행동이 부하직원에게 미치는 영향을 잘 이해하는 것은 좀 더 생산적인 반응을 이끌어내기 위해 배워야 할 필수 요소다. 부하직원이 어떤 반응을 보이는 이유는 어느 정도 개인적인 성격 탓도 있겠지만, 그래도 특정한 추세와 경향을 파악해볼 수는 있을 것이다. 예를 들어 어느 임원은 지난 몇 년 동안 "이 문제를 어떻게 해결할 건가?"라고 묻는 대신 "이 문제를 해결하기 위해 우리가 할 수 있는 일이 무엇일까?"라고 묻는 법을 배웠다고 알려주었다.

두 질문 사이에는 중요한 차이가 있습니다. 하나는 "이 문제를 어떻게 해결할 건가"라고 물음으로써 제 자신은 문제와 아무런 관련이 없다고 선언하는 것이지요. 그저 부하직원에게 골치 아픈 문제를 떠넘기는 것일 뿐입니다. 그러나 "이 문제를 해결하기 위해 우리가 할 수 있는 일이 무엇일까?"라고 물으면 문제 해결에 나 자신도 동참한다는 사실을 부하직원들에게 알려주는 것이지요. 지금은 "자네"라는 말 대신 "우리"라는 단어를 사용하기 위해 의식적으로 생각하지 않아도 돼요. 지금은 이 방식이 편하거든요. 완전히 자연스러운 표현은 아니었기 때문에 이렇게 말하게 되기까지 노력을 해야 했죠. 몇 명의 상사들이 하는 행동과 그에 따른 결과를 관찰하면서 '아! 이 사람은 모두들 싫어하는구나. 저 사람은 모두들 좋아하는구나'라는 것을 깨닫기 시작했어요. 그런데 사람들이 똑같은 질문을 하면서도 질문하는 방식이 다르더라고요. 그러니까 다른 사람들이 하는 것을 관찰하고 그 사람들을 통해 배우게 되는 것이지요.

개인적으로 숙고하는 법은 멘토나 코치, 또는 연습 상대의 도움을 받아 단련할 수 있다. 이런 사람들은 당신이 추측하는 것이 맞는지 질문을 던지거나 선의의 비판을 하거나 부하직원의 입장에 서서 롤플레잉해줄 수 있다. 일기나 일지를 쓰는 것도 도움이 된다. 잘한 것과 잘못한 것이 무엇인지 적는 것, 원인과 결과를 좀 더 체계적으로 살펴보는 것, 예상했던 것과 실제로 벌어진 결과 사이의 차이를 파악하는 것, 이 모든 것들이 학습 속도를 높이는 데 도움이 된다. 그러면 자신이 부적절한 행동을 보였던 때를 인식하기 시작

필패 신드롬

할 것이다. "여기가 잘못되었네. 잘못되었다고 생각하는 이유는 이래. 그래서 앞으로 다시는 이런 일이 발생하지 않도록 나는 이렇게 할 거야. 내가 배운 것은 이것이야."

도움이 될 만한 또 다른 방법은 7장에 나왔던 것처럼 다른 사람과 나눈 대화를 기록해보는 것이다. 오른쪽에는 기억하는 대로 실제로 벌어진 대화 내용을 적고 왼쪽에는 표현하지 않은 생각이나 느낌을 적는다. 한 페이지에 반반씩 '나누어 적는' 연습을 하면 힘겨웠던 대화를 되돌아보는 데 도움이 된다. 이런 식으로 적으면 자기 자신의 마음을 들여다볼 수 있고, 자신이 왜 그렇게 행동하고 그런 반응을 보였는지 자문하는 데 도움이 된다. 또한 자신이 다른 사람에게 부여한 입증되지 않은 속성과 평가를 인식하는 데도 도움이 된다. 자신의 행동이 다른 사람에게 미치는 영향을 잘 이해하는 것이 숙고의 주요 목적이다. 더 나아가 자신이 갖고 있는 기존의 마스터 프로그램이 무엇이고 다른 사람의 행동이 자신에게 미치는 영향을 잘 이해하는 것도 중요하다.

자신의 행동을 분석하는 데 도움이 되는 또 다른 방법은 중요한 대화를 녹음하거나 녹화하는 것이다. 제록스의 팰로앨토연구소에서 최고과학자Chief Scientist로 일하는 존 실리 브라운John Seely Brown은 자신의 행동이 직원들에게 방해가 되는지 판단하기 위해 이 방법을 이용한다.

팀이 나쁜 습관을 버리는 데 리더인 내가 가장 큰 걸림돌이 될 수 있습니다. 우리들은 저마다 신호를 보내지요. 목소리를 높이거나 눈을 찡그리거나 몸을 경직시키면서 말입니다. 그러면 대화가 막히고 사람들이 입을 다물게 됩니다. 그런 신호가 나오는 것을 막기 위해 저는 중요한 회의를 할 때마다 내 자신이 어떻게 행동했는지, 내가 미처 깨닫지 못하는 사이에 어떤 신호를 보냈는지 정확히 파악하려 녹화를 하기 시작했습니다.[24]

이런 방법들은 저마다 장단점이 있다. 회의를 녹화하면 당신이 기억하는 것보다 더 풍부한 데이터를 얻을 수 있겠지만 대화 내용을 기록하는 것만큼 자신의 생각까지 투명하게 밝히지는 못한다. 어떤 방법을 사용하든 첫 단계는 일정 시간을 들여 자신이 했던 대화를 되돌아보며 배우는 습관을 들이는 것이다.[25]

완벽함보다는 약간의 허술함이 낫다 —————————————

개인적인 변화를 연구한 결과, 지속적으로 발전만 하는 경우는 거의 없는 것으로 나타났다. 성공적인 변화 과정에는 향상되는 시기가 있는가 하면 정체기와 퇴보기, 회복기도 있다. 따라서 역으로 거슬러 올라가는 일도 예상할 수 있다. 예를 들어 흡연자들의 경우 꾸준히 금연하는 습관을 들이기 전에 평균 서너 번은 담배를 끊으려고 시도한다. 새해에 새로운 결심을 하는 사람들이 적어도 6개월 동안 새로운 습관을 유지하려면 그 전에 5년 이상 새해마다 같은 결심을 해야 한다고 한다.[26] 무수히 많은 리더들도 이런 문제를

필패 신드롬

- 대화 속도를 늦춘다.
- 듣고 생각한다.
- 머리와 입 사이의 완충제를 유지한다. 자신의 반응을 새로운 규칙에 입각해 주의 깊게 살펴본다.
- 관련된 정보를 얻기 위해 질문을 던진다.
- 신호를 포착한다.
- 필요하면 타임아웃을 요청한다(즉각적인 반응을 보이지 않기 위해서).
- 대화에 대해 사전 준비를 하고 이미 가졌던 대화를 생각해본다.
- 앞으로 나눌 대화와 교류를 미리 상상해본다.
- 이미 지나간 대화와 교류를 떠올려본다.

겪었다.

어느 컨설턴트가 존슨빌푸드Johnsonville Foods가 가진 문제의 원인에 대한 불편한 진실을 창업자 랠프 스테이어Ralph Stayer와 최고 경영진에게 알려주었다. "여러분이 문제입니다. 여러분은 여러분의 의견을 먼저 이야기하고 다른 사람의 말을 잘라버리며 모든 결정을 여러분이 내리려고 고집합니다. 사람들이 책임을 지지 않으려고 하는 게 당연하지요. 그렇게 내버려두지 않으니까요." 그 말을 들은 사람들은 깜짝 놀랐다. 특히 회의의 녹음 내용을 듣고 난 뒤에는 더욱 놀라지 않을 수 없었다. 그들은 자신들의 리더십 행동이 비생산적임을 깨달았다. 따라서 그들은 변하기로 결심했다. 스테이어는 "그 다음 회의 시간에 우리는 최대한 가만히 있으려고 노력했지요. 한 3분 정도는요. 해결책을 제시하지 않으려고도 했어요. 그것도 한 3분 동안은 그랬죠. 변한다는 것이 정말 어렵더라고요"라고 당

시 상황을 회상했다.[27]

짐 차트란트Jim Chartrand는 30대 중반에 인터내셔널 페이퍼의 공장장으로 승진했다. 공장 직원들 모두가 그가 지시한 사항 따르기를 거부하자 그 자신이 리더십 스타일을 바꾸지 않으면 안 되었다. 이런 변화에 대해 그는 다음과 같이 말했다.

전에는 현장에 나가면 문제점만 찾곤 했죠. 모든 문제에 뛰어들어 제가 직접 해결하려고 했거든요. 이제 제 역할은 사람들이 문제를 해결하도록 도와주는 것입니다. 제가 도와주고 필요한 것을 지원해줄 수는 있지만 그들이 해결해야 할 그들의 책임이지요. 무엇보다 제 일은 다른 사람들의 말을 듣는 것입니다. 아직도 듣는 것보다 말하는 것을 더 잘하는 문제가 있어요. 억지로 다른 사람이 하는 말을 듣고 이해하려고 노력해야 하죠. 지금도 성급히 결론을 내리고 싶어 해요. 그런 생각이 들 때마다 의식적으로 억누르지 않으면 안 되죠. 문제를 조사해보기도 전에 이미 답을 알고 있다고 생각하거든요. 이런 변화가 업무적으로도 개인적으로도 보람된 일이었지만 절대 쉬운 건 아니었어요.[28]

1992년도에 데이비드 포트럭David Pottruck은 그 당시 찰스슈왑Charles Schwab의 사장이었던 래리 스텁스키Larry Stupski로부터 동료들이 더 이상 그와 함께 일할 수가 없다고 했다는 말을 들었다. "자네는 사람들을 너무 몰아붙여. 화물 열차처럼 말이야." 포트럭은 망연자실했지만 그 문제를 극복하기 위해 개인 코치를 두면서까지 열심히 노력한 결과 공동 CEO가 될 수 있었다. 그러나 지금도 그는 매일 같이 스스로를 억누르지 않으면 안 된다고 털어놓았다. 최근에 있었던 회의석상에서도 그는 동료들에게 자신의 생각을 강요하려 들었다. 그러자 동료들이 그에게 강요한다는 사실을 일깨워주었고 그제야 자신이 잘못했다는 사실을 인정할 수 있었다. "회복 중인 알코올중독자와 같은 말은 하기 싫지만, 스트레스를 받으면 예전 버릇이 다시 나오게 마련이지요"라고 포트럭은 말했다.[29]

따라서 아무리 열심히 노력해도, 아무리 잘해도 무너지는 때가 있다는 걸 당연하게 여겨도 좋다. 자신이 신봉하는 가치에 따라 살지 못하고 내면화하려고 노력하는 행동들을 보이지 못할 때도 있을 것이다. 그건 안 좋은 소식이다.

좋은 소식은 이렇게 이따금 실패한다고 해서 당신이 약속한 것에 대해 부하직원들의 신뢰가 송두리째 사라지는 것은 아니라는 점이다. 상사와 마찬가지로 부하직원들 역시, 특히 초반에 있었던 상사와의 교류를 토대로 갖게 된 프리즘을 통해 상사의 행동을 해석한다는 사실을 기억하는가. 당신이 진심으로 당신의 행동을 고치기 위해 노력하고 당신이 좋은 의도를 갖고 있다고 부하직원들이 생각하면, 그들은 당신의 행동을 그런 렌즈를 통해 해석할 것이다. 따라서 가끔씩 잘못해도 용서하고 잊어버릴 것이다.

이 장의 도입부에서 언급했던 모리스보다 직급이 두 단계 낮은 한 제조 감독관이 이 과정을 섬세하게 설명해주었다. 주말 특근 생산으로 인해 여러 개의 부품이 완성될 가능성이 크다고 예상한 그는 품질 지원 직원에게 주말에 나와줄 것을 요청했다. 그러나 제시간에 부품이 완성되지 않는 바람에 그 품질 지원 직원은 특근 수당을 받을 수가 없었다. 감독관은 모리스가 나무라는 톤으로 이렇게 물었던 것을 떠올렸다. "배송할 것도 없는데 주말에 품질 지원 직원은 왜 나오라고 했나?" 감독관은 당연히 부품을 배송할 수 있게 될 것이라고 생각했다고 설명했다. 그 일에 대해 감독관은 우리에게 다음과 같은 말을 들려주었다.

아니요. 화가 났던 것은 아니었습니다. 그는 앙심을 품는 사람이 아니거든요. 저는 그저 어리둥절했을 뿐이지요. 아마도 부품이 제때 배송되지 않아서, 짜증이 나서 소리치고 싶었나 보다 생각했지요. 그렇지만 원래 예의 바르고 사려 깊은 사람이었기 때문에 그렇게 소리만 쳤을 뿐 다른 일은 없었어요.

부하직원들이 이해해줄 수 있는 분위기를 조성하는 것 외에도 상사는 자신이 잘못 처신한 상황을 생산적으로 처리함으로써 스스로를 도울 수 있다. 1990년도 초에 영국항공이 실시한 고객만족도 조사에 따르면 아무런 문제없이 여행한 사람들이 아니라 문제가 발생했지만 만족할 만한 수준으로 해결된 경험이 있는 사람들이 가장 행복한 고객들로 나타났다.[30]

이와 마찬가지로 잘못 처신했더라도 그 상황을, 행동을 바꾸겠다는 당신의 약속과 부하직원에 대한 신뢰, 당신이 이루고자 하는 변화의 어려움, 그리고 직원들을 위해 그렇게 어려운 노력을 기울이고 있다는 사실을 다시 한 번 확인시켜줄 수 있는 기회로 삼으면 된다. 그렇다고 이렇게 잘못하는 것이 바람직한 현상이라는 것은

필패 신드롬

아니다. 그러나 잘못해도 생산적으로 대처한다면 다시 일어설 수 있는 수단이 될 것이다. 사람들을 대할 때 자신이 옳지 못한 행동을 보였다는 사실을 인정할 준비가 되어 있는 상사들은("이봐, 생각해 보니 아까 자네 말을 듣고 내가 적절한 반응을 보이지 않은 것 같네.") 스스로를 감시하고 있으며 자신이 했던 행동을 되돌아보고 진심으로 전보다 나아지고 싶다는 신호를 보내는 것이다. 그런 사람들은 또한 생각이 꽉 막히지 않은, 그래서 '대면할 만한' 사람들이라는 신호를 보내기도 한다. "실패를 최대한 활용하기"에서 소개하는 사례를 참조하기 바란다.

따라서 잘못한 일에 대해 생산적인 반응을 보이는 것은 두 가지 효과를 낳는다. 변화를 이루려는 사람에게 가속도를 붙여주기도 하지만, 피드백을 제공하는 사람과 그가 진심으로 변화를 이루고자 한다는 사실을 알아보는 사람에게 확신을 심어주는 계기가 되기도 한다. 상사가 스스로 잘못한 일을 처리하는 방식을 부하직원들이 보게 되는 것은 또 다른 장점이라 할 수 있다. 그 모습을 본 부하직원들도 자신의 부하직원에게 그런 식으로 행동할 수 있기 때문이다.

다른 사람들이 필패 신드롬을 사전에 막을 수 있도록 장려한다는 측면에서 이런 식의 모델링은 대단히 중요하다. 연구 결과, 확실하지 않게 시작해서 어려움을 극복하는 모습을 보이는 '대처 모델'을 관찰하는 것이 아무런 어려움 없이 모든 일을 척척 해내는 '능수능란한 모델'을 관찰하는 것보다 더 도움이 되는 것으로 나타났다. '완벽하게 쉽게' 일을 처리하지 않는 사람들이 행동 모델로서는 거

실패를 최대한 활용하기

조지라는 한 공장장은 부하직원들의 작업대 정리 수준이 나아지지 않자 불만이 쌓이기 시작했다. 그래서 어느 날 공장을 돌아다니며 잘못된 곳에 놓여 있다고 생각되는 물건에 조그만 빨간색 '불합격' 스티커를 붙였다.

그날 오후 관리자들 가운데 두 명이 그의 사무실로 와서 모든 사람들이 화가 나 있다고 알려주었다. "왜?" 그가 물었다. "너무 우리를 비하하는 것 같잖아요. 마치 방 청소하라는 잔소리를 들은 아이들 같다고요." 조지는 그게 사람들이 일반적으로 인식하는 것인지 물었다. 그들은 그렇다고 대답했고 그제야 조지는 자신이 실수를 했다는 것을 알아차렸다. "이런. 내가 잘못한 것 같군."

그 다음 날 조지는 관리자들에게 알리지 않고 공장으로 내려가 직원들에게 일일이 사과를 했다. "제가 어제 불합격 스티커를 붙여서 여러분 마음을 상하게 한 것 같군요. 미안합니다. 제 실수입니다"라고 그는 인정했다.

직원들은 공장장이 그러는 모습을 그때까지 본 적이 없었다. 한 관리자의 말을 빌리면 "그 일로 모든 사람들이 깜짝 놀랐지요." 조지가 실수를 인정하기만 한 것이 아니라 올바른 피드백을 받아들일 의지까지 가지고 있었기 때문이다. 그 일을 되돌아보면서 조지는 "뭐 대단한 것을 얻겠다고 한 일은 아닙니다. 그저 제가 일을 망쳤다고 생각했던 것이지요. 그런데 그게 정말 전환점이 되어주었죠. 그날부터 200명이 넘는 공장 직원들과 제가 하나가 되었으니까요. 우리 모두를 단단하게 엮어주는 계기가 되었습니다."

리감이 덜하기 때문에 그들이 보이는 행동을 따르기가 더 쉽게 느껴진다.[31] 또한 그런 사람들은 인내가 필요하다는 것과 실패를 극복해야 한다는 점을 몸소 보여주기도 한다.

이것이 중요한 이유는 리더들이 대개는 직속 부하, 경우에 따라서는 직속 부하의 부하 정도에게만 행동 '모델'이 되어줄 수 있기 때문이다. 리더인 당신의 궁극적인 목표는 직속 부하들만 필패 신드롬을 막게 하는 것이 아니라 당신과 연결된 모든 업무 관계에서 필패 신드롬을 박멸하는 것이다. 모든 사람들이 모든 사람들로부터 배울 수 있는 분위기를 강화하고 배운 메시지를 조직 내에 퍼뜨리는 데에는 부하직원들이 중심적인 역할을 담당한다.

맥킨지앤드컴퍼니와 제휴한 변화 컨설턴트 마크 말레츠Mark Maletz는 이와 같은 결론에 도달했다.

리더와 변화를 모색하는 사람들은 분명 실패할 때마다 공공연하게 알려지는 것을 피해야 한다. 그러나 이따금 자신이 잘못했다고 인정하면 당신이 진심으로 건전한 논쟁에 참여하겠다는 강력한 메시지를 전달하게 된다. 그런데 그렇게 인정하려는 선임 임원들이 별로 없다는 사실이 정말 놀랍다. 그들은 하나의 실수라도 인정하면 무능력한 리더로 보일 것이라 생각하지만 사실은 정반대의 결과로 이어진다.[32]

당신 자신에게 투자하라

우리는 실수를 저지르고 난 다음에 이런 결론을 내리면서 포기하는 임원들을 많이 만나보았다. "저에겐 너무나 어려운 일인 것 같습니다. 나는 그저 나일 뿐이고, 이 나이에 변한다는 게 너무 늦은 것 같네요." 이것은 우리가 각자 내려야 할 결정이다. 우리는 그동안 함께 일해온 임원들 덕분에 지금과 같은 관점을 갖게 되었다. 특히 우리가 연구해온 가장 뛰어난 리더들은 하나 같이 자신들도 항상 그렇게 능력이 있었던 것은 아니었으며 자신의 행동을 고치려고 수년 동안 노력한 결과 지금과 같은 모습으로 변하게 되었다고 말했다.

그들의 말을 토대로 우리는 더 이상 "변하고 싶지만 나는 그저 나일 뿐"이라는 주장을 믿지 않는다. 우리가 체스의 그랜드마스터가 될 수 없다는 사실이, 우리가 더 나은 체스 선수가 될 수 없다는 걸 의미하는 것은 아니다. 미하일 바리시니코프는 그의 세대에서 유명한 발레 댄서 중에 하나였지만 그는 다른 사람들이 아니라 자기 자신보다 더 춤을 잘 추려고 노력했을 뿐이다.

그러나 결국 어떤 연구가도 어떤 컨설턴트도 어떤 스승도 당신이 변할 수 있다는 결정적인 근거를 제시할 수는 없다. 그 이유는 아주 간단하다. 당신 말고는 다음과 같은 결정적인 질문에 답할 수 있는 사람이 없기 때문이다. 성공하기 위해 당신은 어떤 대가를 치를 각오가 되어 있는가? 이 과정에 당신은 얼마만큼의 시간과 에너지를 투자할 의지가 있는가?

이 점에 있어서 우리는 리더십 기술을 향상시키는 것은 자기 능력 밖의 일이라고 주장하는 일부 리더들이 테니스나 골프 실력을 향상시키는 데는 엄청난 시간과 에너지, 돈을 투자한다는 사실에 놀라지 않을 수 없다. 골프나 테니스 연습을 할 때는 백핸드나 스윙 동작을 바꾸는 데 몇 년이 걸린다고 인정한다. 골프의 경우에는 실패를 해도 이겨내고, 의식하지 않고도 팔의 위치를 제대로 잡을 수 있도록 몇 시간 동안 팔꿈치를 싸매고 있기도 한다. 어쨌든 골프나 테니스 실력을 향상시키는 것이 리더십 스타일을 바꾸는 것보다 쉽게 느껴진다. 테니스와 골프의 경우에는 노력에 대한 결과를 그 즉시 알 수 있는데다 실패한다고 해도 상처받는 사람이 없다. 그러나 직장에서는 자신의 행동이 미치는 영향에 대한 즉각적이고도 확실한 피드백을 받을 수 없는데다 새로운 관리 방식을 실험하면서 그들 스스로나 다른 사람들에게 상처를 주기도 한다.

그럼에도 불구하고 취미로 하는 스포츠 실력을 향상시키는 데 몇 년씩 투자할 의향이 있는 관리자들이 업무 성과 향상을 위해 시간과 에너지를 투자하지 않는다는 사실은 정말 놀랍다. 관리자의 역할에는 여러 가지 면이 있지만 부하직원의 기여를 극대화시키는 것이 중요하다는 건 의심할 여지가 없다. 1장에서 언급했던 것처럼 동료와 부하직원들과 좋은 관계를 맺지 못하는 것이 임원들이 도태되는 가장 큰 이유이기 때문이다.

품질 전문가인 에드워드 데밍은 자신의 세미나에 참석한 사람들에게 이런 사실을 자주 일깨워주곤 한다. "반드시 배워야 할 필요는 없지만 반드시 살아야 할 필요도 없다."[33] 똑같은 사실을 일깨워주기 위해 비유를 하나 들어보도록 하자. 당신 자신을 하나의 비즈니스로 생각하면 가치 사슬의 모든 측면에 관심을 가져야 할 것이다. 그건 곧 영업과 마케팅, 네트워크 개발, 이미지 관리에 시간을 들여야 한다는 것을 의미한다. 즉, 비즈니스 목표와 목적을 이루기 위해 생산에 시간을 들여야 한다는 것을 의미한다. 그것은 또한 기존의 기술을 향상시키고 새로운 기술을 습득하는 연구 개발에 투자해야 함을 의미한다. 당신이라면 변화무쌍한 환경에 처해 있으면서 연구개발에는 아무런 투자도 하지 않는 회사에 투자하겠는가?

업무 성과를 향상시키는 것은 중요한 일이다. 사실 업무 성과 향상은 점점 어려워지는 세상에서 살아남는 데 필수적인 조건이 되어버렸다. 부하직원들, 그중에서도 특히 성과가 낮은 직원들의 성과를 대부분의 관리자들이 수년 동안 내면화했던 '상식적인' 방법보다 덜 고통스러운 방식으로 향상시키는 것이 가능하다고 우리는 믿는다. 그러기 위해 어떻게 해야 하는지 이 책을 통해 보여주고자 노력했다. 우리의 노력이 도움이 되길 바라며 실제로 노력한 결과가 어땠는지 들을 수 있기를 희망한다.

절대 갚지 못할 만한 빚이란 것이 있다. 우리 역시 수년 간 함께 일
해왔던 수많은 임원들에게 그런 빚을 지고 있다. 그들은 우리에게
시간과 에너지를 내어주었고, 솔직하게 자신의 생각을 밝혔으며
우리가 상사와 부하직원의 관계를 좀 더 잘 이해할 수 있도록 도움
을 주었다. 그들의 이름을 여기에 모두 열거하지는 않을 것이다. 그
들의 이름이 독자들에게는 별다른 의미를 갖지 않을 테니 말이다.
그러나 이 글을 쓰는 지금 이 순간 우리가 그들을 잊지 않고 있다는
사실을 최소한 몇 사람에게는 알리고자 한다.

　몇몇 사람들의 이름을 밝힘으로써 그들에게 감사의 인사를 전
하고 싶다. 그들 중 일부는 우리를 훈련시켰으며 우리에게 어마
어마한 영향을 끼쳤다. 하버드 경영대학원의 크리스 아지리스Chris
Argyris와 잭 개바로Jack Gabarro, 밥 카플란Bob Kaplan, 그리고 켄 머천트Ken

Merchant, 러프버러 대학교의 피터 로렌스Peter Lawrence, 옥스퍼드 대학교의 로즈머리 스튜어트Rosemary Stewart. 우리가 잘하는 것 중 많은 부분을 그들을 통해 배우게 되었다.

지난 수년 동안 몇몇 친구와 동료들이 우리를 도와주었고 또 믿어주었다. 그들은 지적인 자극과 감정적인 지원이라는 멋진 혼합체를 우리에게 제공해주었다. 인시아드 소속의 여러 사람 가운데 특히 앙리-클라우드 드 베티그니Henri-Claude de Bettignies, 린다 브림Linda Brimm, 마이크 브림Mike Brimm, 이브스 도즈Yves Doz, 폴 에반스Pual Evans, 맨프레드 켓즈 드 브라이즈Manfred Kets de Vries, 챈 김Chan Kim, 르네 모보르뉴Renee Mauborgne, 클라우드 미쇼Cloude Mich, 디이간 모리스Deigan Morris, 하인즈 센하이저Heinz Thanheiser, 장-클라우드 소에니그Jean-Claude Thoenig, 비카스 티브레왈라Vikas Tibrewala에게 감사를 전하고 싶다. 인시아드 관계자 외에도 디디에 코신Didier Cossin, 마크 엡스타인Marc Epstein, 래리 와이스Larry Weiss에게도 감사를 전한다.

〈하버드 비즈니스 리뷰〉에 맨 처음 실렸던 기사가 아니었다면 이 책은 탄생하지 못했을 것이다. 그리고 당시 〈하버드 비즈니스 리뷰〉의 선임주간이었던 수지 웻로퍼가 아니었다면 그 기사는 실리지 않았을 것이다. 웻로퍼 편집장은 매달 다루는 엄청난 수의 기삿거리 가운데에서 우리 것을 선택해주었을 뿐만 아니라 우리가 기사를 작성할 때도 헤아릴 수 없을 정도의 많은 도움을 주었다. 또한 편집자가 없었다면 책이 나오기는 불가능했을 것이다. 마조리 윌리엄스Marjorie Williams는 〈하버드 비즈니스 리뷰〉에 기사가 실리고 난 다음에도 우리에게 아직 못 다한 말이 많다고 주장하며 이 책의

필패 신드롬

집필을 시작하게 만들었고 마조리가 하버드 비즈니스 출판사를 떠나고 난 다음에는 수잔 로톤도Suzanne Rotondo가 바통을 이어받아 노련하고 열정적으로 일해주었다. 수잔의 열정으로 우리는 활력을 유지할 수 있었고 그녀의 질문과 제안은 우리의 사고를 날카롭게 다듬어주었으며, 마감일에 대해 분명하게 상기시켜주었던 덕분에 우리는 집중을 할 수 있었다. 그 과정에서 제프 케호Jeff Kehoe 역시 도움을 주었으며 애스트리드 샌도벌Astrid Sandoval은 작가와 편집자, 그리고 검토자의 일을 능수능란하게 지원해주고 조정해주었다. 페니 스트래튼Penny Stratton은 편집에 관한 소중한 제안을 했고 통찰력 있는 질문을 통해 우리의 주장이 확고해지도록 도와주었다. 그리고 질 코너Jill Connor는 원고가 책으로 만들어지는 데 필요한 무수히 많은 일들을 맡아주었다.

마지막으로 감사해야 할 주요 인물은 우리 가족들이다. 그들이 없었다면 이 모든 것을 이룰 수 없었을 것이다. 부모님과 형제자매, 그리고 우리 아이들이 우리에게 영감을 주었고 지금도 끊임없이 영감을 주고 있다. 무엇보다 우리에게 영감을 주었을 뿐만 아니라 언젠가는 우리가 '전송' 버튼을 누를 수 있으리라는 확신을 보여주었으며, 우리가 이 프로젝트를 완수할 수 있도록 공간을 확보해주고 힘을 불어 넣으면서 우리가 집안에서 맡은 일까지 도맡아 해준 우리의 배우자 앤과 애스트리드에게 감사를 표한다.

1장

1   《변화의 리더십(What Leaders Really Do)》, 존 코터, 보스턴: 하버드 비즈니스 스쿨 프레
     스, 1999, 52-53.

2   《Learning to Lead》, W. 베니스(W. Bennis) & J. 골드스미스(J. Goldsmith), 리딩(Reading,
     MA: 애디슨-웨슬리(Addison-Wesley), 1994, 4. "리더십과 매니저십(Managership)" 차이에
     관한 설명을 원한다면 《Charismatic Leadership in Organizations》, J. A. 콩거(J. A.
     Conger) & R. N. 카눈고(R. N. Kanungo), (사우전드 오욱스 CA: 세이지, 1998) 중 특히 1-11 페
     이지를 참고 할것.

3   '360도 피드백'이란 관리자의 행동에 관한 정보를 관리자 자신, 상사, 동료, 부하
     직원 등 다양한 응답자로부터 수집하는 것을 말한다.

4   "The War for Talent, Part Two" E. L. 액셀로드(E. L. Axelrod), H. 핸드필드-존스(H.
     Handfield-Jones) & T. A. 웰시(T. A. Welsh), 《맥킨지 쿼털리 2(McKinsey Quarterly)》(2001):
     9-12.

5   《Coaching for Leadership》, M. 골드스미스(M. Goldsmith), L. 라이온스(L. Lyons), &
     A. 프리즈(A. Freas) 편집, 샌프란시스코: 조시-베이스(Jossey-Bass)/파이퍼(Pfeiffer),

2000) 중 J. M. 코우즈(J. M. Kouzes)와 B. Z. 포스너(B. Z. Posner)의 "When Leaders are Coaches"에 인용된 조디 테일러(Jodi Taylor)와 CCL 동료들이 진행한 출간되지 않은 연구 결과.

6 이전에 진행된 연구와 추가적인 근거를 살펴보기 위해서는 E. 반 벨저(E. Van Velsor)와 J. B. 레슬리(J. B. Leslie)의 "Why Executives Derail: Perspectives across Time and Cultures", 《Academy of Management Executive 9》(1995): 62-72 페이지를 참조할 것.

7 1998년 6월 22일자 〈포춘〉에 실린 A. 피셔(A. Fisher)의 "Don't Blow Your New Job"을 참조할 것.

8 《Managerial Lives in Transition: Advancing Age and Changing Times》, A. 하워드(A. Howard) & D. W. 브레이(D. W. Bray), 뉴욕: 길포드 프레스(Guilford Press), 1988.

9 1998년 12월 1일자 〈가디언(Guardian)〉 4페이지에 실린 S. 밀른(S. Milne)의 "Managers Under Stress"에 인용됨.

10 2001년 1월 16일자 〈월스트리트 저널(Wall Street Journal)〉 B1 페이지에 실린 D. 코스텔로(D. Costello)의 "Stressed Out: Can Workplace Stress Get Worse?"

11 구체적으로 살펴보면 미국 미시건주에서 근무하는 930명의 직원들을 설문조사한 결과 지난 12개월 동안 "부당한 대우를 받았다고" 응답한 사람이 27.2퍼센트에 달한 것으로 나타났다. L. 키쉴리(-L. Keashly)와 K. 재거틱(K. Jagatic)의 "Workplace Abuse and Aggression"을 참조할 것. (1999년 11월 시카고에서 열린 미국 공중 보건 연합회 컨퍼런스에서 발표된 논문). 좀 더 자세한 사항은 〈http://www.bullybusters.org〉를 참조할 것.

12 영국에서 실시된 연구를 근거로 전문가들은 직장에서 집단 괴롭힘을 당하는 사람들의 경우 그렇지 않은 사람들보다 매년 휴가를 7일 더 쓰는 것으로 추정하고 있다. 《Survey of Workplace Bullying》, C. 쿠퍼(C. Cooper) & H. 호얼(H. Hoel) (맨체스터, 영국: 우미스트/영국 직장 건강 연구 재단, 2000)을 참조할 것.

13 《Stop au Harcelement Moral!》 M. F. 이리고엔(M. F. Hirigoyen), 파리: 에디션스 시로스(Editions Syros), 1998.

14 "La violence au travail", F. 콜롬프(F. Collomp) & P. M. 데샹(P. M. Dechamps), 〈렉스팡시옹(L'Expansion)〉 1999년 5월 27일자, 48-52페이지.

15 《Violence at Work》, D. 채플(D. Chappell) & V. 디 마르티노(V. Di Martino), 제네바: 국제노동기구(International Labor Organization), 1998.

16 이 1998년 연구는 노스캐롤라이나 대학교의 연구원들에 의해 실시된 것으로 2001년 7월 1일자 〈로스엔젤리스 타임즈(Los Angeles Times)〉1페이지에 실린 S. 번(S. Vaughn)의 "Career Challenge"에 인용되었다.

17 샌프란시스코 주립대학교의 인사관리 프로그램(HRM program)의 수장인 존 설리번(John Sullivan)의 발언. 1998년 12월호 〈패스트 컴퍼니〉212-219페이지에 실린 G. 임페라토(G. Imperato)의 "How to Hire the Next Michael Jordan"에 인용.

2장

1 리더십에 관한 대단히 방대한 연구 자료를 위해서는 다음의 두 도서 참조할 것. 《Bass & Stogdill's Handbook of Leadership》B. M. 베이스(B. M. Bass) & R. M. 스톡딜(R. M. Stogdill), 뉴욕: 프리 프레스, 1990. 또한《현대조직의 리더십 이론(Leadership in Organizations)》, 게리 유클(Gary Yukl), 잉글우드 클리프스(Englewood Cliffs), NJ: 프렌티스-홀(Prentice-Hall), 2001.

2 다음 주석들은 이 연구 흐름과 관련된 몇 가지 참고자료를 제공하는 것들이다. 이 책의 초안에는 이 분야에 관한 핵심 연구 결과를 요약해놓은 부록이 실려 있었으나 지면의 제약으로 인해 제외할 수밖에 없었다. 그러나 원한다면 우리 웹사이트인 〈http://www.set-up-to-fail.net〉의 지식 기반에서 무료로 다운로드할 수 있다.

3 "A Vertical Dyad Linkage Approach to Leadership within Formal Organizations: A Longitudinal Investigation of the Role Making Process", F. 댄서로우(F. Dansereau), G. 그랜(G. Graen) & W. J. 해가(W. J. Haga), 〈Organizational Behavior and Human Performance 13〉(1975): 46-78페이지.

4 최근에 검토해본 결과 이런 결과를 나타내는 논문이 150건에 달하는 것으로 나타났다. "Delegation and Leader-Member Exchange: Main Effects, Moderators, and Measurement Issues", C. A. 슈리샤임(Schriesheim), L. L. 나이더(L. L. Neider) & T.

A. 스캔듀라(T. A. Scandura), 〈Academy of Management Journal 41〉(1999):298-318 페이지를 참조할 것.

5   "Psychological Contracts and OCB: The Effect of Unfulfilled Obligations on Civic Virtue Behavior", S. L. 로빈슨(S. L. Robinson) & E. W. 모리슨(E. W. Morrison), 〈Journal of Organizational Behavior 16〉(1995):289-299페이지를 참조할 것. "Citizenship Behavior and Social Exchange", M. A. 코노브스키(Konovsky)와 S. D. 푸(S. D. Pugh), 《Academy of Management Journal 37》(1994):656-667페이지 참조.

6   《자기효능감과 인간 행동(Self-Efficacy: The Exercise of Control)》, 알베르트 반두라(Albert Bandura), 뉴욕: 프리맨(Freeman), 1997.

7   "Divergent Effects of Job Control on Coping with Work Stressors: The Key Role of Self-Efficacy", J. 샤우브록(J. Schaubroeck) & D. E. 메리트(D. E. Merritt), 〈Academy of Management Journal 40〉(1997):738-753페이지.

8   "Cognitive Self-control Factors in the Reduction of Smoking Behavior", M. 블리트너(M. Blittner), J. 골드버그(J. Goldberg) & M. 메르바움(M. Merbaum), 《Behavior Therapy 9》(1978):553-561페이지.

9   《마음챙김: 생각을 여는 심리학(Mindfulness)》, 엘렌 랑거(E. J. Langer), 리딩, MA: 애디슨-웨슬리, 1989.

10   "Impact of Conceptions of Ability on Self-Regulatory Mechanisms and Complex Decision Making", R. 우드(R. Wood) & A. 반두라(A. Bandura), 〈Journal of Personality and Social Psychology 56〉(1989):407-415페이지.

11   "Learned Helplessness, Depression and the Attribution of Failure", D. C. 클라인(D. C. Klein), E. 펜슬-몰스(E. Fencil-Morse) & M. E. P. 셀리그만, 〈Journal of Personality and Social Psychology 33〉(1976):508-516페이지.

12   〈Intrinsic Motivation and Self-Determination in Human Behavior〉, E. L. 데시(E. L. Deci) & R. M. 라이언(R. M. Ryan), 뉴욕: 플레넘(Plenum), 1985. "Self-determination Theory and the Facilitation of Intrinsic Motivation, Social Development, and Well-being", R. M. 라이언 & E. L. 데시, 《American Psychologist 55》(2000):68-78 페이지도 참조할 것.

13   자기결정성 이론에 관한 연구를 짤막하고 읽기 쉽게 요약해놓은 내용은 우리 웹

사이트(http://www.set-up-to-fail.net)에서 무료로 쉽게 다운로드할 수 있다.

14   "Perceived Locus of Causality and Internalization", R. M. 라이언 & J. P. 커넬(J. P. Connell), 〈Journal of Personality and Social Psychology 57〉(1989):749-761페이지.

15   "학습된 무력감"은 J. B. 오버미어(J. B. Overmier) & M. E. P. 셀리그만(M. E. P. Seligman)의 "Effects of Inescapable Shock upon Subsequent Escape and Avoidance Learning", 〈Journal of Comparative and Physiological Psychology 63〉(1967):28-33페이지.

16   《Helplessness》, M. E. P. 셀리그만, 샌프란시스코: 프리맨, 1975.

17   학교와 직장에서의 피그말리온 효과에 관한 연구를 짧고 읽기 쉽게 요약해놓은 내용은 우리 웹사이트(http://www.set-up-to-fail.net)에서 무료로 쉽게 다운로드할 수 있다.

18   《피그말리온 효과: 기대와 칭찬의 힘(Pygmalion in the Classroom: Teacher Expectations and Pupils' Intellectual Development)》, 로버트 로젠탈(R. Rosenthal) & L. 제이콥슨(L. Jacobson), 뉴욕: 홀트, 라인하트 & 윈스턴(Holt, Rinehart & Winston), 1968.

19   그러나 연구 결과 피그말리온 효과가 나타나지 않은 것들도 있다. 메타 분석에 따르면 선생이 혼자만의 생각을 가지고 어떤 기대치를 형성할 기회를 가진 다음 선생의 기대치가 조작된 경우에는 피그말리온 효과가 발생하지 않는 것으로 나타났다. 선생이 학생들을 처음 만난 지 2주가 지나기 전에 조작이 이루어졌을 경우에는 피그말리온 효과가 뚜렷하게 나타났다. "Magnitude of Teacher Expectancy Effects on Pupil IQ as a Function of the Credibility of Expectancy Induction: A Synthesis of Findings from 18 Experiments", S. W. 로덴부시(S. W. Raudenbush), 〈Journal of Educational Psychology 76〉 (1984):85-97페이지 참조. "Critiquing Pygmalion: A 25-year Perspective", R. 로젠탈, 〈Current Directions in Psychological Science 4〉(1995):171-172페이지도 참조할 것.

20   "Do Self-fulfilling Prophecies Accumulate, Dissipate or Remain Stable over Time?", A. E. 스미스(A. E. Smith), L. 주심(L. Jussim) & J. 에클레스(J. Eccles), 〈Journal of Personality and Social Psychology 77〉(1999):548-565페이지.

21   이 실험들의 대부분은 이든과 동료들이 이스라엘 방위군의 협조를 받아 실시했다. 이 연구들이 특히 주목받는 이유는 기발한 디자인과 뚜렷한 결과 때문이다.

군대라는 정황상 정확한 비교와 표준화된 테스트, 측정 가능한 결과가 나올 수 있었다. 그뿐만 아니라 이든은 5분 길이의 브리핑을 하면서 단어 하나만 바꾸는 등 신중을 기해 리더의 기대치를 가능한 한 많이 조작하지 않으려 했다.

22   "Pygmalion Goes to Boot Camp", D. 이든& A. B. 샤니, 〈Journal of Applied Psychology 67〉(1982):194-199페이지.

23   "Pygmalion vs. Self-expectancy: Effects of Instructor-and Self-expectancy on Trainee Performance", D. 이든 & G. 래비드(G. Ravid), 《Organizational Behavior and Human Performance 30》(1982):351-364페이지.

24   "Restraining the Golem: Boosting Performance by Changing the Interpretation of Low Scores", S. 오즈(S. Oz) & D. 이든, 〈Journal of Applied Psychology 79〉 (1994):744-754페이지.

25   "Teachers-Judgement of Students' Potential as a Function of Teachers-Susceptibility to Biasing Information", E. Y. 바바드(E. Y. Babad), J. 인바(J. Inbar) & R. 로젠탈, 〈Journal of Personality and Social Psychology 42〉(1982):541-547페이지.

26   "Motivational Predictors of Weight Loss and Weight-Loss Maintenance", G. C. 윌리엄스(G. C. Williams), V. M. 그로우(V. M. Grow), Z. R. 프리드먼(Z. R. Freedman), R. M. 라이언 & E. L. 데시, 〈Journal of Personality and Social Psychology 70〉(1996):115-126페이지.

3장

1   "The Nonverbal Mediation of Self-fulfilling Prophecies in Interracial Interaction", C. O. 워드(C. O. Word), M. P. 자나(M. P. Zanna) & J. 쿠퍼(J. Cooper), 〈Journal of Experimental Social Psychology 10〉(1974):109-120페이지.

2   문제 해결 실험은 〈Journal of Personality and Social Psychology 50〉 (1986):492-501페이지에 실린 D. 세르본(D. Cervone)과 P. K. 피크(P. K. Peake)의 "Anchoring, Efficacy, and Action: The Influence of Judgemental Heuristics on Self-efficacy Judgements and Behavior"에서 다루고 있다. 체력 실험은 〈Journal of Sports

Psychology 1〉(1979):320-331페이지에 실린 R. S. 와인버그(R. S. Weinberg), D. 굴드 (D. Gould) & A. 잭슨(A. Jackson)의 "Expectations and Performance: An Empirical Test of Bandura's Self-efficacy Theory"를 통해 보고됐다. 자기효능감과 성과 사이의 관계에 관한 포괄적인 설명을 원한다면 알베르트 반두라의《자기효능감과 인간 행동(Self-Efficacy: The Exercise of Control)》(뉴욕: 프리맨(Freeman), 1997)을 참조하기 바란다.

3   자신감이 많다고 해서 반드시 능력 있는 리더가 된다거나 승진을 잘한다는 것을 의미하지는 않는다. 자신감은 특히 조직에서 매우 높은 위치에 있을 경우 결점으로 작용할 수도 있다. 겸손과 의지 사이의 균형의 필요성에 관한 설명을 위해서는 J. 콜린스(J. Collins)의 "Level 5 Leadership: The Triumph of Humility and Fierce Resolve", 〈하버드 비즈니스 리뷰〉 2001년 1월호, 66-76페이지를 참조하기 바란다. 수십 년에 걸쳐 이루어진 리더의 능력과 관련된 특성에 관한 포괄적인 연구 내용을 살펴보기 원한다면 B. M. 베이스와 R. M. 스톡딜의《Bass & Stogdill's Handbook of Leadership》(뉴욕: 프리 프레스, 1990)의 4장과 5장이나 게리 유클의《현대조직의 리더십 이론(Leadership in Organizations)》(잉글우드 클리프스, NJ: 프렌티스-홀, 2001)의 10장을 참조하기 바란다.

4   "Four Minutes to Impress", J. W. 헌트(J. W. Hunt), 〈파이낸셜 타임즈(The Financial Times)〉, 1999년 7월 14일자, 13페이지.

5   "Closing the Gap: Expectations versus Reality among Repatriates", L. K. 스트로 (L. K. Stroh), H. B. 그레저슨(H. B. Gregersen) & J. S. 블랙(J. S. Black) 〈Journal of World Business 33〉(1998):111-124페이지.

6   《잭 웰치 끝없는 도전과 용기(Jack: Straight from the Gut)》, 잭 웰치(Jack Welch) & J. A. 번 (J. A. Byrne), 뉴욕: 와너 북스(Warner Books), 2001, 29페이지.

7   "Pygmalion vs. Self-expectancy: Effects of Instructor-and Self-expectancy on Trainee Performance", D. 이든 & G. 래비드,《Organizational Behavior and Human Performance 30》(1982):351-364페이지.

8   두 건의 연구가 이와 같은 결과를 나타냈다. 하나는 남성 피험자들에게 면접관 역할을 맡기고 여성 피험자들에게 면접 대상자 역할을 맡게 했다.(M. 스나이더(M. Snyder), E.D. 탄키(E.D. Tanke), E. 버샤이드(E. Berscheid), "사회적 인식과 대인 행동: 사회적 고정관념의 자기 충족적 본질에 대해(Social Perception and Interpersonal Behavior: On the

Self-fulfilling Nature of Social Stereotypes)", 〈인성과 사회심리학 저널9(Journal of Personality and Social Psychology9)〉(1977): 656-666.) 다른 연구원들이 실시한 또 다른 연구는 성별 역할을 바꾸이 실시했다.(S,M. 앤더슨(S,M. Andersen), S.L. 벰(S.L. Bem), "양자 상호작용에서 성별에 대한 고정관념과 양성성: 육체적인 매력에 대한 개인적인 반응의 차이(Sex Typing and Adrogyny in Dyadic Interaction: Individual Differences in Response to Physical Attractiveness", 〈인성과 사회심리학 저널14(Journal of Personality and Social Psychology14)〉(1981): 74-86.)

9   《The Age of Paradox》, C. B. 핸디(C. B. Handy), 보스턴: 하버드 비즈니스 스쿨 프레스, 1994.

10   "Beyond Distrust: 'Getting Even' and the Need for Revenge", R. J. 바이즈(R. J. Bies) & T. M. 트립(T. M. Tripp), R. M. 크래머(R. M. Kramer) & T. R. 타일러(T. R. Tyler) 편집 (뉴버리 파크(Newbury Park), CA: 세이지, 1996), 246-260페이지.

11   "Behavioral Self-handicaps versus Self-reported Handicaps: A Conceptual Note", M. R. 리어리(M. R. Leary) & J. A. 셰퍼드(J. A. Sheppard), 〈Journal of Personality and Social Psychology 51〉(1986):1265-1268페이지.

4장

1   오래된 원본에 쓰인 인용문은 다음과 같다. "일단 의견을 수용하고 나면 인간의 머리는 그 의견을 뒷받침하고 동의하는 모든 것들을 찾아낸다. 자신의 의견과 맞지 않는 근거와 상황들이 훨씬 더 많을지라도 인간은 그것을 무시하거나 경시하지 않으면 어떤 식으로든 구분을 지어 한쪽으로 치워놓고 거부한다. 이 위대하고 치명적인 선결에 의해 앞서 결정한 사항이 어겨질 수 없도록 하기 위함이다." 《The New Organon and Related Writings》, F. 베이컨(F. Bacon), 뉴욕: 리버럴 아츠 프레스(Liberal Arts Press), 1960/1620.

2   "How Hardwired Is Human Behavior?", N. 니콜슨(N. Nicholson), 〈하버드 비즈니스 리뷰〉, 1998년 7-8월호, 134-147페이지.

3   "A Longitudinal Study on the Early Development of Leader-Member

Exchanges", R. C. 리든(R. C. Liden), S. J. 웨인(S. J. Wayne) & D. 스틸웰(D. Stilwell), 〈Journal of Applied Psychology 78〉(1993):662-674페이지.

4   "Prediction of Leader-Member Exchange Quality by Jungian Personality Type", J. Z. 번즈(J. Z. Burns), 1995년도 조지아 주립 대학교 미출간 박사 논문.

5   〈Decision Traps〉, J. E. 루소(J. E. Russo) & P. J. H. 슈마커(P. J. H. Schoemaker) (뉴욕: 사이먼 & 슈스터(Simon & Schuster), 1990), 88-89페이지.

6   "Effects of Dyadic Quality and Duration on Performance Appraisal", N. T. 듀 아트(N. T. Duarte), J. R. 굿슨(J. R. Goodson) & N. R. 클릭(N. R. Klich), 〈Academy of Management Journal 37〉(1994):499-521페이지.

7   "A Field Study of the Influence of Situational Constraints, Leader-Member Exchange, and Goal Commitment on Performance", H. J. 클라인(H. J. Klein) & J. S. 김(J. S. Kim), 〈Academy of Management Journal 41〉(1998):88-95페이지.

8   "Influence Tactics, Affect and Exchange Quality in Supervisor-Subordinate Interactions: A Laboratory Experiment and Field Study", S. J. 웨인(S. J. Wayne) & G. R. 페리스(G. R. Ferris), 〈Journal of Applied Psychology 75〉(1990):487-499페이지.

9   "Perceived Organizational Support and Leader-Member Exchange: A Social Exchange Perspective", S. J. 웨인(S. J. Wayne), L. M. 쇼어(L. M. Shore), & R. C. 리든(R. C. Liden), 〈Academy of Management Journal 40〉(1997):82-111페이지와 "Implicit Theories, Self-schemas, and Leader-Member Exchange", E. M. 엥글(E. M. Engle) & R. G. 로드(R. G. Lord), (Academy of Management Journal 40)(1997):988-1010페이지를 참조할 것.

10   "A Longitudinal Study on the Early Development of Leader-Member Exchanges", 리든, 웨인 & 스틸웰.

11   눈에 띄는 것으로 댄서로우, 그랜 & 해가의 "A Vertical Dyad Linkage Approach to Leadership within Formal Organizations", G. 그랜과 J. F. 캐쉬맨(J. F. Cashman)의 "A Role Making Model in Formal Organizations: A Developmental Approach", 〈Leadership Frontiers〉, J. G. 헌트 & L. L. 라슨(L. L. Larson) 편집(켄트 스테이트 프레 스(Kent State Press), 1975): 143-165페이지, "Generalizability of the Vertical Dyad Linkage Model of Leadership", R. C. 리든 & G. 그랜, 〈Academy of Management

Journal 23〉(1980):451-465페이지, 리든, 웨인 & 스틸웰의 "A Longitudinal Study on the Early Development of Leader-Member Exchanges", 662-674페이지.

12 "Overconfidence in Case Study Judgments", S. 오스캠프(S. Oskamp), 〈Journal of Cosulting Psychology 29〉(1965):261-265페이지.

13 대인관계 예측은 리 로스(Lee Ross)와 그의 동료들에 의해 보고되었다. "The Overconfidence Effect in Social Interaction", D. W. 그리핀(D. W. Griffin), J. 밀로코빅(J. Milojkovic) & L. 로스, 〈Journal of Personality and Social Psychology 58〉(1990):568-581페이지를 참조할 것. 또한 "The Overconfident Prediction of Future Actions and Outcomes by Self and Others", R. P. 발로네(R. P. Vallone), D. W. 그리핀, S. 린(S. Lin) & L. 로스, 〈Journal of Personality and Social Psychology 58〉(1990):582-592페이지도 참조할 것. 과신을 부추기는 데 불안감이 맡은 역할은 "Effects of Decision Importance on Ability to Generate Warranted Subjective Uncertainty", J. E. 사이버(J. E. Sieber), 〈Journal of Personality and Social Psychology 30〉(1974):688-694페이지에 소개되어 있다.

14 "Inside Track", L. 켈러웨이(L. Kellaway), 〈파이낸셜 타임즈〉, 2001년 2월 5일자, 15페이지.

15 "The Truth Is, the Truth Hurts", A. 무오이오(A. Muoio), 〈패스트 컴퍼니〉, 1998년 4월호 93-102페이지에 인용되어 있음.

16 "Biased Assimilation and Attitude Polarization: The Effects of Prior Series on Subsequently Considered Evidence", C. G. 로드, L. 로스 & E. R. 레퍼(E. R. Lepper), 〈Journal of Personality and Social Psychology 37〉(1979): 2098-2109페이지를 참조할 것.

17 H. 켈리(H. Kelly), "사람의 첫인상 속에 담긴 따스함과 차가움의 변수 (The Warm-Cold Variable in First Impressions of Persons)", 〈인성 저널 18(Journal of Personality18)〉(1950):431-439페이지. 대표적인 이 연구는 세월이 흐른 뒤에도 그 결과가 입증되었으며 아직도 사회심리학 교과서에 눈에 띄게 많이 등장한다. 일례로 R.스미스(R.Smith)와 D.M. 맥키(D.M. Mackie)의 《Social Psychology(필라델피아, PA: 사이컬러지 프레스(Psychology Press), 2000)》가 있다. 최근에 M. 골드먼(M. Goldman), M.D. 코울스(M.D. Cowles), C.A. 플로레즈(C.A. Florez)가 실시한 "The Halo

Effect of an Initial Impression Upon Speaker and Audience", 〈Journal of Social Psychology 120〉(1983):197-201.에도 이와 같은 결과가 나타났다. 이 연구에는 새로운 요소가 추가되었다. 청중이 '따뜻한 사람들' 또는 '차가운 사람들'일 것이라고 예상하도록 강사의 기대치까지 조작하였던 것이다. 예상대로 강사와 청중의 기대가 같은 방향으로 조작되었을 때 가장 영향이 큰 것으로 나타났다.

18   "Pattern of Performance and Ability Attribution: An Unexpected Primacy Effect", E. E. 존스(E. E. Jones), L. 록(L. Rock), K. G. 셰이버(K. G. Shaver), G. R. 괴털스(G. R. Goethals) & L. M. 워드(L. M. Ward), 〈Journal of Personality and Social Psychology 10〉(1968):317-340페이지.

19   근본적 귀인 오류와 행위자-관찰자 오류는 대부분의 사회심리학 교과서에서 다룬다.《The Handbook of Social Cognition》4판, 제2권, D. T. 길버트(D. T. Gilbert), S. T. 피스크(S. T. Fiske) & G. 린지(G. Lindzey) 편집(뉴욕: 맥그로우-힐, 1998)에 실린 D. 길버트(D. Gilbert)의 "Ordinary Personology" 20장(89-150페이지 중에서도 특히 127-134페이지)을 참조할 것. 서양 문화가 아닌 다른 문화에서는 서양 문화에서만큼 근본적 귀인 오류에 취약하지 않다는 연구 결과를 살펴보려면《Social Cognition: Making Sense of People》, Z. 쿤다(캠브릿지, MA: MIT 프레스(The MIT Press), 1999) 11장을 참조할 것.

20   "They Saw a Game: A Case Study", A. 호스토프(A. Hastorf) & H. 칸트릴(H. Cantril), 〈Journal of Abnormal and Social Psychology 49〉(1954):129-134페이지. 이는 또 하나의 전형적인 연구로 R. 스미스와 D. M. 맥키가 저술한《Social Psychology》(필라델피아, PA: 사이컬러지 프레스(Psychology Press), 2000) 가운데 "사회심리학이란 무엇인가?"를 설명해주는 첫 번째 실험 자료로 이용되었다.

21   "Attributions and Exchanges: The Effects of Interpersonal Factors on the Diagnosis of Employee Performance", R. L. 헤네만(R. L. Heneman), D. B. 그린버거(D. B. Greenberger) & C. 아노뉴오(C. Anonyuo), 〈Academy of Management Journal 32〉(1989):466-476페이지.

22   "Consciousness and Control: The Case of Spontaneous Trait Inferences", J. S. 율레만(J. S. Uleman),《Personality and Social Psychology Bulletin 33》(1987):337-354페이지.

23   "When Expectancy Meets Desire: Motivational Effects in Reconstructive Memory", H. E. 맥도널드(H. E. McDonald) & E. R. 허트(E. R. Hirt), 〈Journal of Personality and Social Psychology 72〉(1997):5-23페이지.

24   이 예는 "Judgment under Uncertainty: Heuristics and Biases", A. 트버스키(A. Tversky) & D. 카네만(D. Kahneman), 〈Science〉 1974년 9월 27일자, 1124-1131페이지에서 발췌.

25   "Person Categories and Social Perception: Testing Some Boundary Conditions of the Processing Effects of Prior Knowledge", C. 코헨(C. Cohen), 〈Journal of Personality and Social Psychology 40〉(1981):441-452페이지.

<u>5장</u>

1   "A Longitudinal Study on the Early Development of Leader-Member Exchanges", R. C. 리든, S. J. 웨인 & D. 스틸웰, 〈Journal of Applied Psychology 78〉(1993):662-274페이지.

2   B. F. 스키너(B.F. Skinner)가 했던 유명한 말처럼, "어떤 사람이 왜 그렇게 행동하는지 원인을 알지 못할 경우 우리는 그 행동이 그 사람의 성격 때문이라고 생각한다."《자유와 품위를 넘어(Beyond Freedom and Dignity)》, 뉴욕: 알프레드 노프(Alfred Knopf), 1971, 53페이지.

3   이 획기적인 모델은 "A Behavioral Model of Rational Choice", H. A. 사이먼(H.A. Simon), 〈Quarterly Journal of Economics 69〉(1955):99-118페이지에 맨 처음 소개되었다.

4   '집단 가치 모델(Group Value Model)'의 정수에 바로 이런 관점이 놓여 있다. 집단 가치 모델이란 권위 있는 사람과의 경험을 통해 집단 내에서 자신이 차지하는 위치에 관한 정보를 얻는다는 것이다. 무신경한 대우를 받거나 불공평한 취급을 당하는 것은 곧 자신이 집단에서 소중하게 생각하는 일원이 아님을 나타내는 것이다. 따라서 사회적 지위가 변변치 않음을 시사한다. E.A. 린드(E.A. Lind)와 T.R. 타일러의《절차 정의의 사회심리학(The Social Psychology of Procedural Justice)》(뉴욕: 플레넘, 1988)를

참조할 것.

5 "At the Breaking Point: Cognitive and Social Dynamics of Revenge in Organizations", R. J. 바이즈, T. M. 트립 & R. M. 크래머, 〈Antisocial Behavior in Organizations〉, R. 지아칼로니(R. Giacalone) & J. 그린버그 편집(사우전드 오웍스, CA: 세이지, 1997), 18-36페이지.

6 "Constructing Perceptions of Differential Treatment: An Analysis of Coworker Discourse", P. M. 시아스(P. M. Sias), 《Communication Monographs 63》 (1996):171-187페이지.

7 기존에 직감적으로 느끼고 있던 것이나 관점을 뒷받침하는 정보를 찾으면서 그것과 반대되는 정보를 무시하는 경향을 일컬어 '증거 찾기의 함정(Confirming evidence trap)'이라고 부른다. 이에 관해서는 J.S. 해몬드(J.S. Hammond), R.L. 키니(R.L. Keeney), H. 라이파(H. Raiffa)의 《Smart Choices: A Practical Guide to Making Better Decisions》, 보스턴: 하버드 비즈니스 스쿨 프레스(1999), 198-200페이지를 참조할 것.

8 "The Sinister Attribution Error", R. M. 크래머, 《Motivation and Emotion 18》 (1994):199-231페이지.

9 "A Demonstration and Comparison of Two Types of Inference-based Memory Errors", S. L. 하니건(S. L. Hannigan) & M. T. 라이니츠(M. T. Reinitz), 〈Journal of Experimental Psychology 27, no. 4〉(2001):931-940페이지.

10 이 심리적 덫에 관한 설명을 위해서는 해먼드, 키니, 라이파의 《Smart Choices》 211-212페이지를 참조할 것.

11 "When Is Criticism Not Constructive? The Roles of Fairness Perceptions and Dispositional Attributions in Employee Acceptance of Critical Supervisory Feedback", K. 룽(K. Leung), S. 수(S. Su) & M. W. 모리스(M. W. Morris), 《Human Relations 54》(2001):1155-1187페이지.

12 '공정성 이론(Equity Theory)' 분야를 개척한 사람은 J.S. 애덤스(J. S. Adams)이다. 공정성 이론에 따르면 근로자들은 자신이 기여한 바와 그에 따른 금전적 보상 비율이 동료 근로자들과 비슷한 수준이 되도록 기여를 더하거나 덜하며 맞춰나간다고 한다. J. S. 애덤스의 "Inequity in Social Exchange" 《Advances in Experimental

Social Psychology 2권》 L. 버코비츠(L. Berkowitz) 편집(뉴욕: 아카데미 프레스(Academic Press, 1965), 267-299페이지, 비교적 최근에 실시된 연구에 따르면 직원들이 생각하는 형평성과 정당성에 대한 개념에는 돈 이외의 것들도 많이 포함되며 불공정함을 인식했을 경우 노력을 하지 않는 수준에서 그치지 않고 복수를 하는 정도에까지 이를 수 있다고 한다. R. 호건(R. Hogan)과 N.P. 헤머(N.P. Helmer)의 "Retributive Justice"《The Justice Motive in Social Behavior》, M.J. 레너(M.J. Lerner), S.C. 레너 (S.C. Lerner) 편집(뉴욕: 아카데미 프레스(Academic Press, 1981), 125-144. 또는 J.A. 콜큇(J.A. Colquitt), D.E. 콘론(D.E. Conlon), M.J. 웨슨(M.J. Wesson), C.O. 포터 (C.O. Porter), K.Y. 응(K.Y. Ng)의 "Justice at the Millenium: A Meta-Analytic Review of 25 Years of Organizational Justice Research", 〈Journal of Applied Psychology 86〉(2001): 425-445페이지 참조.

13   "Do People Aggress to Improve Their Mood? Catharsis Beliefs, Affect Regulation Opportunity, and Aggressive Responding", B. J. 부쉬맨(B. J. Bushman), R. F. 바우마이스터(R. F. Baumeister) & C. M. 필립스(C. M. Phillips), 〈Journal of Personality and Social Psychology 81〉(2001):17-32페이지.

14   《Responses to Loss of Freedom: A Theory of Psychological Reactance》(모리스타운 (Morristown, NJ: 제네럴 러닝 프레스(General Learning Press), 1972).

15   워크아웃이란 1980년대 후반 GE에서 개발한 절차를 가리킨다. 워크아웃의 첫 번째 목표는 가치를 더하지 않는 요소들을 제거하기 위해 조직 차원에서 과정과 절차를 검토하지 않으면 안 되게 하기 위함이다. 워크아웃 세션은 한 부서나 사업부의 전 직급에서 뽑은 40~50명의 직원들을 모아서 실시하는데 그로 인해 기능적 장애와 계급에 따른 장애가 없어지는 중요한 이점이 생긴다. 워크아웃 세션에 참가하는 사람들은 3일 동안 안건을 연구한 후 부서장에게 권할 만한 해결책을 생각해내는데 부서장은 다음 세 가지 대답 중 하나만 할 수 있다. "좋다", "싫다", 또는 "한 달 내에 알려주겠다." 워크아웃에 관한 좀 더 자세한 사항은 로버트 슬레이터(R. Slater)의 《잭 웰치와 GE 방식 필드북(The GE Way Fieldbook)》(뉴욕: 맥그로-힐, 2000)을 참조할 것.

16   이 두 가지 예는 모두 "Managing Your Career", H. 랜카스터(H. Lancaster), 〈월 스트리트 저널(Wall Street Journal)〉, 2001년 6월 17일, B1:1 페이지에서 발췌.

17   '갈등의 편향된 구두법(Biased punctuation of conflict)'이라고 알려진 이 개념은 바이즈, 트립, 크래머의 "At the Breaking Point"에 나와 있다.

18   "Beyond Distrust: 'Getting Even' and the Need for Revenge", R. J. 바이즈 & T. M. 트립, 《Trust in Organizations》, R. M. 크래머 & T. R. 타일러 편집, 뉴버리 파크, CA: 세이지, 1996, 246-260페이지.

19   상동.

6장

1   "Andy Pearson Finds Love", D. 돌시(D. Dorsey), 〈패스트 컴퍼니〉, 2001년 8월호 78-86페이지.

2   IBM의 스피드 팀에 관한 자세한 사항은 "Faster Company", S. 커스너(S. Kirsner), 〈패스트 컴퍼니〉, 2000년 5월호 162페이지를 참조할 것. 이 내용은 〈http://pf.fastcompany.com/online/34/ibm.html〉에서도 찾을 수 있다.

3   "Report from the Past-Jane Harper", A. 레인(A. Layne), 〈패스트 컴퍼니〉 2001년 1월호, 〈http://www.fastcompany.com/feature/rftp_harper.html〉. 이것은 전월호에 실린 특집 기사 후속 차원의 인터뷰로 인터넷에만 실렸다.

4   인사 부서가 전략 파트너가 됨으로써 부가가치를 더할 수 있는 방법에 관한 설명과 사례를 위해서는 《HR Champions(Human Resource Champions)》, 데이비드 얼리치(D. Ulrich), (보스턴: 하버드 비즈니스 스쿨 프레스, 1997)을 참조할 것.

5   이 인용문은 브론윈 프라이어와 에릭 슈미트의 인터뷰에서 발췌한 것으로 2001년 5월호 〈하버드 비즈니스 리뷰〉 116-123페이지에 "Leading Through Rough Times"라는 제목으로 실렸다.

6   예를 들어 《Reasoning, Learning and Action: Individual and Organizational》(샌프란시스코: 조시-베이스, 1982)를 참조할 것. 또는 보다 최근 자료로 〈Flawed Advice and the Management Trap: How Managers Can Know When They Are Getting Good Advice and When They're Not〉(뉴욕: 옥스퍼드 유니버시티 프레스)을 참조할 것.

7   "Welch's Ideas on Motivating Employees", C. 이모비츠(Hymowitz) & M. 머레이(M.

Murray), 〈월 스트리트 저널〉 1999년 6월 21일에 실림.

8 크리스띠앙 블랑77가 이루었던 에어프랑스 회생에 관한 좀 더 자세한 사항은 우리의 사례연구인 "Pulling Out of Its Dive: Air France Under Christian Blanc"와 Teaching Note, ECCH#398-079, 398-379-8을 참조할 것. (퐁텐블로(Fontainebleau), 프랑스: 인시아드). 프랑스어권 독자들은 〈Air France: Des annees heroiques a la refondation〉, F. 오띠에(F. Autier), G. 꼬르꼬스(G. Corcos) & G. 뜨레포(G. Trepo)(파리: 뷔베르(Vuibert), 2001)의 파트 4를 참조하기 바란다.

9 "Fair Process: Managing in the Knowledge Economy", W. C. 김(W. C. Kim) & R. 모보르뉴, 〈하버드 비즈니스 리뷰〉, 1997년 7-8월호, 65-76페이지, 〈Organizational Justice and Human Resource Management〉, R. 폴저(R. Folger) & R. 크로판자노(R. Cropanzano), (사우전드 오욱스: CA: 세이지, 1998), 또는 〈Theoretical and Cultural Perspectives on Organizational Justice〉, D. 스타이너(D. Steiner) & D. 스칼리키(D. Skarlicki) 편집(그리니치, CT: 인포메이션 에이지 퍼블리싱(Information Age Publishing), 2001)을 참조할 것.

10 C. 아지리스의 "Good Communication That Blocks Learning", 〈하버드 비즈니스 리뷰〉, 1994년 7-8월호, 77-85페이지에서 차용.

11 상동

7장

1 피드백의 효과에 관한 과학적인 문헌을 검토한 내용은 "Consequences of Individual Feedback on Behavior in Organizations", D. R. 일젠(D. R. Ilgen), C. D. 피셔(C. D. Fisher) & M. S. 테일러(M. S. Taylor), 〈Journal of Applied Psychology 64〉 (1979)349-371페이지에서 찾을 수 있다. 보다 최근 자료로는 "The Effects of Feedback Interventions on Performance: A Historical Review, a Meta-Analysis, and a Preliminary Feedback Intervention Theory", A. N. 클루거(A. N. Kluger) & A. 드니시(A. DeNisi), 《Psychological Bulletin 119》(1996):254-284페이지를 참조할 것. 공정한 과정이 피드백 수용에 미치는 영향은 좀 더 최근에 밝혀졌는데 K.

룸, S. 수 & M. W. 모리스의 "When Is Criticism Not Constructive? The Roles of Fairness Perceptions and Dispositional Attributions in Employee Acceptance of Critical Supervisory Feedback", 《Human Relations 54》(2001):1155-1187페이지에서 설명하는 두 가지 연구를 통해 자세히 설명되어 있다.

2 이 정의는 《The Psycholocy of Decision Making: People in Organizations》, L. R. 비치(L. R. Beach), (사우전드 오욱스, CA: 세이지, 1997) 22-23페이지에서 발췌한 것이다. 비치는 프레이밍, 그리고 프레이밍과 관련된 의사결정 문제를 다루는 좋은 방법을 제시했는데 읽기 쉬울 뿐만 아니라 학문적인 참고자료를 제공하기도 한다. 특별히 관리자들만을 위한 방법을 알고 싶다면 《Decision Traps: The Ten Barriers to Brilliant Decision-making and How to Overcome Them》, J. E. 루소 & P. J. H. 슈마커(뉴욕: 파이어사이드(Fireside), 사이먼 & 슈스터, 1989), 《Smart Choices: A Practical Guide to Making Better Decisions》, J. S. 해몬드, R. L. 키니, H. 라이파, (보스턴: 하버드 비즈니스 스쿨 프레스(1999)), 또는 《학습조직의 5가지 수련(The Fifth Discipline: The Art and Practice of the Learning Organization)》, 피터 셍게(P. Senge)(뉴욕: 더블데이/커런시(Doubleday/Currency), 1990)의 10장을 참조할 것. 프레이밍과 멘탈 스키마에 관한 훨씬 더 포괄적인 설명을 위해서는 《두뇌로부터 문화에 이르는 사회 인지(Social Cognition)》 2판, T. S. 피스크(T. S. Fiske) & S. E. 테일러(뉴욕: 맥그로-힐, 1991)을 참조할 것.

3 두 가지 사례는 각각 해먼드, 키니, 라이파의 《Smart Choices》 200페이지와 26-28페이지에서 발췌.

4 아지리스는 사람들이 위협적이거나 당황스러운 상황 속에서 비생산적으로 행동하는 모습과 그 이유에 관해 방대한 내용을 저술했다. 《Reasoning, Learning and Action: Individual and Organizational》(샌프란시스코: 조시-베이스, 1982)나 《Knowledge for Action: A Guide to Overcoming Barriers to Organizational Change》(샌프란시스코: 조시-베이스, 1993)을 참조할 것. 이 저서들은 조시-베이스 출판사에서 1974년에 출간했다가 1992년에 조시-베이스 클래식으로 재출간 된 《Theory in Action: Increasing Professional Effectiveness》 등 돈 쇼엔(Don Schon)과 공동 저술했던 이전 저서를 기반으로 저술한 것이다.

5 이 사례 형식은 아지리스와 쇤이 1974년에 저술한 《Theory in Action》을 통해 맨 처음 발표된 것이다. 피터 셍게 역시 그런 사례들은 《학습조직의 5가지 수련》에

서 인용하고 있다.

8장

1   홀리 윅스가 "스트레스 쌓이는 대화에서 스트레스 제거하기(Taking the Stress Out of Stressful Conversations)" 〈하버드 비즈니스 리뷰〉, 2001년 7-8월, 112-119페이지를 통해 조언한 내용에는 '중립적인 친구'의 도움을 받아 롤플레잉해보는 것도 포함된다. 그녀는 또한 부하직원과의 어려운 대화에 대비하기 위해 관리자들이 스트레스를 받는 상황에서 자신이 어떤 반응을 보이는지 좀 더 자각해야 한다고 조언한다. 어떤 상황에서 내가 비생산적이 되는지? 감정적 지적 균형을 잃게 만드는 '버튼'이 무엇인지? 자신의 약점을 자각한 관리자들은 스트레스를 받지 않는 동안 미리 대처 능력을 개발해놓을 수 있고 실제로 불편함을 느끼는 상황이 닥쳤을 경우 증상과 원인을 좀 더 신속하게 파악할 수 있다.

2   공정한 과정에 관한 좀 더 자세한 사항은 C. 김과 R. 모르보뉴의 "Fair Process: Managing in the Knowledge Economy", 〈하버드 비즈니스 리뷰〉, 1997년 7-8월호, 65-75페이지, "Building Trust and Cooperation through Fair Process", 〈The Antidote 14〉(1998):33-36페이지나 R. 폴저와 R. 크로판자노의 《Organizational Justice and Human Resource Management》(사우전드 오욱스, CA: 세이지, 1998)을 참조할 것.

3   대화는 어려운 장르이기 때문에 불과 몇 페이지만으로 대화에 대해서 다룬다는 것은 가당치도 않다. 대화 능력을 향상시키는 데 관심이 있는 독자라면 윌리엄 아이작스(William Isaacs)의 《대화의 재발견: 더불어 생각하고 반성하는 방법(Dialogue and the Art of Thinking Together: A Pioneering Approach to Communicating in Business and in Life)》(뉴욕: 더블데이:1999)을 읽어보기 바란다.

4   "Taking the Stress Out of Stressful Conversations", H. 윅스(H. Weeks), 〈하버드 비즈니스 리뷰〉 2001년 7-8월호, 112-119페이지.

5   이 모순에 관한 통찰력 있는 설명을 위해서는 C. 아지리스의 "Teaching Smart People How to Learn", 〈하버드 비즈니스 리뷰〉, 1991년 5-6월호, 99-110페이지

를 참조할 것.

6 전 세계적으로 이 현상이 점점 더 현실화되고 있다. 일본이나 인도, 심지어 프랑스처럼 역사적으로 평생직장을 제안해온 나라에서도 점점 치열해지는 제품, 서비스, 인력 경쟁으로 인해 기업들이 낮은 성과, 심지어 '만족스러운' 수준의 성과를 용납하는 허용치를 낮추지 않으면 안 되게 되었다. 일본과 인도에서 이런 트렌드를 선도하는 기업은 닛산과 타타 스틸(Tata Steel)이다. 프랑스에서는 미쉐린(Michelin)이 1999년도에 기록적인 수익을 발표함과 동시에 구조조정을 선언함으로써 가정적 경영방식이라는 오랜 전통을 극적으로 깨뜨렸다.

7 "The CEO as Coach: An Interview with AlliedSignal's Lawrence A. Bossidy", N. M. 티치(N. M. Tichy) & R. 카란(R. Charan), 〈하버드 비즈니스 리뷰〉, 1995년 3-4월호, 69-78페이지, 76페이지에 인용됨.

8 〈Maximum Leadership 2000〉, C. 파카스(C. Farkas), P. 드 베이커(P. De Baker) & A. 셰퍼드, 런던: 오리온(Orion), 2000, 61페이지.

9장

1 일부 기업의 경우 임원 연수를 실시하는 동안 임원들의 역할을 뒷받침하는 '가르칠 수 있는 관점(Teachable point of view)'이라고 불리기도 하는 개인적인 '리더십 관점'을 개발하도록 임원들에게 권하고 있다. 이 관점에는 좀 더 성공적인 비즈니스를 위한 리더의 생각도 포함되어야 하지만 리더가 리더십에 관해서 갖고 있는 믿음과 가치도 포함되어야 한다(우리가 주장하는 바와 일치하는 것이 후자다). 회사에서 공식적인 리더십 연수 활동에 참여하도록 권장하지 않더라도 자신만의 리더십 관점을 개발하고 표현하는 것은 여러 가지 이점을 가져다주는 소중한 행동이다. 이런 관점을 개발하면 자신이 믿는 것과 가치 있게 생각하는 것을 숙고해볼 수 있고, 그것이 타당한지 타진해볼 수 있으며 어쩌면 자기 자신에 대해 많은 것을 깨달을 수 있도록 도움을 줄지도 모른다. 일단 표현하고 나면 그 결과물로 인해 새로운 부하직원들과 업무 관계를 형성하는 중요한 시기에 좀 더 명확하고 솔직하게 행동할 수 있게 될 것이다. 가르칠 수 있는 관점에 관해서는 노엘 티치(Noel Tichy)가 작

성한 폭넓은 연구 자료가 있다. "How Leaders Develop Leaders"(엘리 코헨(Eli Cohen) 공저), 〈Training & Development〉 1997년 5월, 58-71. "The Teachable Point of View", 〈Journal of Business Strategy〉, 1998년 1-2월호, 29-33, "The Teachable Point of View: A Primer"(82-83) 수지 라우퍼(Suzy Wetlaufer)의 "Driving Change: An Interview with Ford Motor Company's Jacques Nasser" 〈하버드 비즈니스 리뷰〉 1999년 3-4월호, 76-88페이지.

2   《Right From the Start: Taking Charge in a New Leadership Role》, D. 키암파(D. Ciampa) & M. 킨스(M. Watkins), 보스턴: 하버드 비즈니스 스쿨 프레스, 1999, 97-98 페이지.

3   이 인용문은 "Why Should We Change? The Nissan Revival Plan", E. 너스(E. Nuss), 《인시아드-The Business Link》 3권(2000):18-22페이지에서 발췌.

4   《Instrinsic Motivation and Self-Determination in Human Behavior》, E. L. 데시, R. M. 라이언, 뉴욕: 플레넘, 1985.

5   "Big Blue", B. 모리스 & J. 맥고완(McGowan), 〈포춘〉, 1997년 4월 14일, 68-79페이지.

6   《Dossier Society: Value Choices in the Design of National Information Systems》, K.C. 로우돈(K. C. Laudon), 뉴욕: 컬럼비아 유니버시티 프레스, 1986.

7   이솝은 고대 그리스 시대의 노예였다. 그의 주인인 크산투스가 그에게 중요한 연회를 준비하라고 일렀는데 연회 음식이 다양한 방식의 혀 요리로만 이루어진 것을 알고 실망하게 된다. 크산투스가 그 이유를 묻자 이솝은 혀야 말로 가르침과 영감을 불러일으킬 수 있는 것이며 사람들을 행복하게 만들 수 있는 온갖 종류의 달콤한 말을 담당하는 것이라고 설명했다. 전혀 감명을 받지 않은 크산투스는 이솝에게 다시 연회를 준비하라고 시켰다. 그런데 이번에는 "자네가 가진 것 중에 가장 형편없는" 것으로 준비하라고 했다. 놀랍게도 이솝은 이번에도 혀 요리만 준비했다. 이번에는 왜 그랬을까? 가장 나쁜 것도 혀이기 때문이다. 혀는 거짓말도 하고 비방도 하며, 남을 속이기도 하고 꾸짖기도 하며 으스대기도 한다.

8   "The Reluctance to Transmit Bad News: Private Discomfort or Public Display?", C. F. 본드(C. F. Bond) & E. L. 앤더슨(E. L. Anderson), 〈Journal of Experimental Social Psychology 23〉(1987):176-187페이지를 참조할 것. 또한 "Face Your Problem

Subordinates Now!", J. F. 바이가(J. F. Veiga), 〈Academy of Management Executive 2〉(1988):145-152페이지도 참조할 것.

9 《Feedback Toolkit》, R. 마이러(R. Mayrer)(포틀랜드, OR: 프러덕티브 프레스(Productive Press), 1994에서 설명된 대로 실음. 이 인용문은 "How to Give Good Feedback", G. 임페라토, 〈패스트 컴퍼니〉, 1998년 9월호, 144-156페이지.

10 《수상록(Les Essais, 3판)》, 미셸 드 몽테뉴(M. de Montaigne), tome 2, 파리: 프레스 우니베르시테레 데 프랑스(Universitaires de France), 1999.

11 "Engines of Democracy", C. 피셔맨(C. Fisherman), 〈패스트 컴퍼니〉, 1999년 10월호, 174-198페이지.

12 "Creative Tension", C. 피셔맨, 〈패스트 컴퍼니〉, 2000년 11월호, 359-388페이지.

13 "McKinsey's Managing Director Rajat Gupta on Leading a Knowledge-based Global Consulting Organization", J. V. 싱(J. V. Singh), 〈Academy of Managment Executive 15〉(2001):34-44페이지.

10장

1 "How Do We Break out of the Box We're Stuck in?", K. 해먼즈(K. Hammonds), 〈패스트 컴퍼니〉, 2000년 11월호, 260-272페이지.

2 "Championing Change: An Interview with Bell Atlantic's CEO Raymond Smith", R. M. 칸터(R. M. Kanter), 〈하버드 비즈니스 리뷰〉, 1991년 1-2월호, 119-130페이지.

3 "Building Corporate Character: An Interview with Stride Rite Chairman Arnold Hiatt", N. 스톤(N. Stone), 〈하버드 비즈니스 리뷰〉, 1992년 3-4월호, 104페이지.

4 "An Interview with Percy Barnevik of ABB", M. 켓츠 드 프라이스(M. Kets de Vries), 〈INSEAD Video〉, 퐁텐블로, 프랑스, 1994.

5 "Andy Pearson Finds Love", D. 돌시, 〈패스트 컴퍼니〉, 2001년 8월, 78-86페이지.

6 상동.

7 "Leading Change: Why Transformation Efforts Fail", 〈하버드 비즈니스 리뷰〉 1995
년 3-4월호, 59-67페이지,《기업이 원하는 변화의 리더(Leading Change)》(보스턴: 하
버드 비즈니스 스쿨 프레스, 1996)에 나오는 존 코터의 8단계 변화 모델을 참조할 것.
"Implementing Change", 〈Managing Change: Cases and Concepts〉, (시카고: 리처
드 어윈(Richard Irwin), 1993) 가운데 토드 직(Todd Jick)의 관점과 "Managing Change",
《The Portable MBA in Management》, A. R. 코헨 편집(뉴욕: 존 와일리 & 선스(John
Wiley & Sons), 1993)을 참조할 것. 컨설팅에 입각한 관점을 위해서는 프라이스 워
터하우스 변화 통합팀(Price Waterhouse Change Integration Team)의《Better Change: Best
Practices for Transforming Your Organization》(시카고: 리처드 어윈, 1995)나《체인
지 몬스터(The Change Monster: The Human Forces that Fuel or Foil Corporate Transformation and
Change)》, J. D. 브럭(J. D. Bruck), (뉴욕: 크라운 비즈니스, 2001)을 참조할 것.

8 각각 순서대로 "Career Development-Anytime, Anyplace", B. 케이(B. Kaye), 235-
246페이지, "Coaching for Organizational Change", W. 호킨스(W. Hawkins) & T.
페티(T. Pettey), 307-315페이지, "Re-grooving Critical Behavior", D. 앨런(D. Allen),
231-234페이지. 모두《Coaching for Leadership》, M. 골드스미스, L. 라이온스,
& A. 프리즈 편집(샌프란시스코: 조시-베이스/파이퍼, 2000)에서 발췌.

9 《The International Handbook of Organizational Culture and Climate》, C. L. 쿠
퍼(C. L. Cooper), S. 카트라이트(S. Cartwright) & P. C. 얼리(P. C. Early) 편집(치체스터, UK:
존 와일리 앤 선스, 2001)의 섹션 1과 섹션 4를 참조할 것.

10 "Re-grooving Critical Behavior", 앨런,《Coaching for Leadership》, 골드스미스,
라이온스 & 프리즈, 231-234페이지.

11 "How to Make the Most of the Coaching Relationship for the Person Being
Coached", D. 그레이슨(D. Grayson) & K. 라슨(K. Larson),《Coaching for Leadership》,
골드스미스, 라이온스, 프리즈 편집. 121-130페이지에서 발췌한 인용문들임.

12 "How to Tell Employees All the Things They Don't Want to Hear", C. 이모비츠, 〈
월스트리트 저널〉, 2000년 8월 22일, B1페이지.

13 "Coaching from Below", D. 세티(D. Sethi),《Coaching for Leadership》, 골드스미스,
라이온스, 프리즈, 143-147페이지, 144페이지.

14 "Harley's Leadership U-turn", R. 티어링크(R. Teerlink), 〈하버드 비즈니스 리뷰〉,

2000년 7-8월호, 43-48페이지.

15   "The Executive as Coach", J. 월드롭(J. Waldroop) & T. 버틀러(T. Butler), 〈하버드 비즈니스 리뷰〉, 1996년 11-12월호, 111-117페이지.

16   "The Influence of Feedback Framing on the Self-regulatory Mechani는 Governing Complex Decision Making", F. 주덴(F. Jourden), 스탠퍼드 대학교 박사 학위 논문, 1991.

17   "Re-grooving Critical Behavior", 앨런, 231-234페이지.

18   "Want to Grow as a Leader? Get a Mentor!", J. 레인골드(J. Reingold), 〈패스트 컴퍼니〉, 2001년 1월호 58-60페이지.

19   "Developmental Relationships", C. D. 맥컬리(C. D. McCauley) & C. A. 더글라스(C. A. Douglas), 〈Handbook of Leadership Development〉, C. D. 맥컬리, R. S. 목슬리(R. S. Moxley) & E. 반 벨저 편집(샌프란시스코: 조시-베이스, 1998), 160-193페이지.

20   "Women's Ways of Mentoring", C. 달리(C. Dahle), 〈패스트 컴퍼니〉, 1998년 9월호, 186-197페이지.

21   크리스 아지리스와 돈 쇼엔은 인간의 행동이 '행동 이론(Theories of Action)'에 따라 나타난다는 개념을 처음으로 주장한 사람들이다(《행동 이론: 전문적인 능력 향상(Theories in Action: Increasing Professional Effectiveness)》). 그들은 두 가지 유형의 행동 이론이 있다고 주장했다. 개인의 믿음과 태도, 가치로 구성되어 있으며 개인이 행동하고 싶어 하고 자신이 그렇게 행동한다고 생각하는 방식을 나타내는 '지지하는 이론(Espoused Theory)'과 실제 개인의 행동을 좌우하는 '사용 중인 이론(Theory-in-use)'으로 말이다. '마스터 프로그램'이라는 용어는 나중에 생긴 것으로 우리 삶에 점점 중요하게 여겨지는 컴퓨터의 존재를 반영한 것이 아닌가 싶다. 예를 들어 아지리스는 [조직의 수동성 극복: 조직 차원의 학습 활성화(Overcoming Organizational Defenses: Facilitating Organizational Learning)(니드햄(Needham), MA: 알린 앤 베이컨(Allyn and Bacon, 1990), 12-13]를 통해 "우리는 사람들이 어린 시절 스스로를 통제하는 방법을 배운다고 생각할 수 있다. … 사람들은 그렇게 배운 교훈을 행동 이론으로 삼는다. 따라서 행동 이론에는 일상생활에서 우리가 보이는 행동을 고안하고 실천하는 데 이용되는 규칙이 담겨 있다"고 설명했다. 그는 또한 "사용 중인 이론은 개개인이 스스로를 통제하기 위해 가지고 있는 마스터 프로그램이라 할 수 있다"고 설명

했다. C. 아지리스의 《조직 차원의 학습에 관해(On Organizational Learning)》 2판(옥스퍼드: 블랙웰 비즈니스(Blackwell Business, 1999)에 나오는 '마스터 프로그램'을 참조할 것.

22 프레임 맹종에 관한 좀 더 자세한 사항은 7장 2번 주석의 첫 세 권의 참고도서들을 참조할 것.

23 모리타의 말은 《Akio Morita and Sony: Made In Japan》, A. 모리타, M. E. 레인골드 & S. 미츠코(Mitsuko)(런던: 콜린스(Collins), 1990):150페이지에서 발췌했으며 소로스의 말은 《Soros on Soros》, G. 소로스, B. 바인(B. Wien) & K. 퀘넌(K. Koenen), 뉴욕: 존 와일리, 1995, 11페이지에서 발췌.

24 "The Art of Smart", A. 무오이오, 〈패스트 컴퍼니〉, 1999년 7-8월호, 85-97페이지.

25 돈 쇼엔은 특히 전문가들이 실력을 향상시키는데 "행위 중 반성(Reflection-in-action)"의 역할에 관해 방대한 내용을 저술했다. 《The Reflective Practitioner: How Professionals Think in Action》(뉴욕: 베이직 북스(Basic Books), 1993)과 《Educating the Reflective Practitioner: Toward a New Design for Teaching and Learning in the Professions》(샌프란시스코: 조시-베이스, 1987)을 참조할 것. 피터 셍게의 《학습조직의 5가지 수련》 가운데 개인 차원의 통달과 심상지도에 관한 장들도 흥미롭다. 상호관계에 초점을 맞춘 성찰에 관해서는 《대화의 재발견: 더불어 생각하고 반성하는 방법》(뉴욕: 더블데이:1999)을 참고하기 바란다.

26 사회 심리학자들은 재발이 성공적인 변화의 필수요소라고 강조한다. A. 밴두라(A. Bandura)의 《자기 효능감: 통제 연습(Self-Efficacy: The Exercise of Control)》(뉴욕: 프리먼(Freeman, 1997) 참고. 중독성 있는 행동을 없애려고 노력하는 사람들을 집중적으로 치료한 심리 치료학자들도 이 점을 강조했다. J. O. 프로카스카(J. O. Prochaska), C. C. 디클레멘트(C. C. DiClemente), J. C. 노르크로스(J. C. Norcross)의 "In Search of How People Change" 〈American Psychologist〉, 1992년 9월호, 1102-1114페이지 참조. 끽연가들이 금연을 선언한 후에도 다시 흡연을 한다는 근거는 S. 슈낵터(S. Schnacter)의 "Recidivism and Self-cure of Smoking and Obesity" 〈American Psychologist 37〉(1982) 436-444. 새해 결심을 지키지 못할 확률은 J. C. 노르크로스와 D. J. 뱅가렐리(D. J. Vangarelli)의 "Longitudinal Examination of New Year's Change Attempts" 〈Journal of Substance Abuse 1〉(1989): 127-134페이지에서 발

췌.

27   "Why Empowerment Doesn't Empower: The Bankruptcy of Current Paradigms",
      J. A. 벨라스코(J. A. Belasco) & R. C. 스테이어(R. C. Stayer), 〈Business Horizons〉, 1994
      년 3-4월호, 29-41페이지.

28   "The Philadelphia Story", R. 웰린스(R. Wellins) & J. 워크란(J. Worklan), 〈Training
      31〉(1994):93-105페이지.

29   "Get over Yourself", P. 셀러스(P. Sellers), 〈포춘〉, 2001년 4월 30일, 62-67페이지.

30   "Championing the Customers", C. 와이저(C. Weiser), 〈하버드 비즈니스 리뷰〉,
      1995년 11-12월호, 113-116페이지.

31   근거를 살펴본 자료를 위해서는 알베르트 반두라의《자기효능감과 인간 행동》,
      (뉴욕: 프리맨(Freeman), 1997), 99-101페이지를 참고할 것.

32   "Resistance Fighter", C. 달리, 〈패스트 컴퍼니〉, 1999년 12월, 390-399페이지.

33   이 말은 데밍이 한 말로 여겨지는 경우가 많다. 그러나 출처를 찾을 수 없었던 우
      리는 프랑스 데밍 연합회(French Deming Association)에 연락을 취했다. 연합회 회장인
      장 마리 고그(Jean-Marie Gogue)는 데밍의 저서에서 이런 문구를 읽은 적은 없지만
      데밍이 여러 행사에서 이 말을 반복적으로 사용했던 것을 들은 적은 있다고 확인
      해주었다. 그는 또한 이 문구가 데밍의 기조연설을 홍보하는 포스터에도 한 번 등
      장한 적이 있다고 했다.

옮긴이 **이아린**

호주 멜버른 대학에서 심리학을 공부했고 주한호주대사관에서 근무했다. 현재 출판전문 번역가로 왕성한 활동을 펼치면서 세계 곳곳에 숨어 있는 아름답고 좋은 책들을 국내 독자들에게 소개하고자 노력하고 있다. 옮긴 책으로는 《텔링 라이즈:상대의 속마음을 간파하는 힘》《피드백 이야기》《리치웨이》《팀장이 CEO다》《매력 있는 팀장은 피드백이 다르다》《긍정의 한 마디》《한 권으로 끝내는 심리학》 등이 있다.

필패 신드롬

초판 1쇄 발행 2014년 3월 26일 **개정판 1쇄 발행** 2022년 1월 5일

지은이 장 프랑수아 만초니, 장 루이 바르수
옮긴이 이아린
펴낸이 이승현

편집2 본부장 박태근
W&G 팀장 류혜정

펴낸곳 ㈜위즈덤하우스 **출판등록** 2000년 5월 23일 제13-1071호
주소 서울특별시 마포구 양화로 19 합정오피스빌딩 17층
전화 02) 2179-5600 **홈페이지** www.wisdomhouse.co.kr

ISBN 979-11-6812-185-0 03320